Controle de Constitucionalidade das Leis

AÇÃO DIRETA DE INCONSTITUCIONALIDADE

Tribunal de Justiça e Município

Primeira edição, 2001
Leis Municipais e seu Controle Constitucional pelo Tribunal de Justiça

---

D357c   Della Giustina, Vasco
            Controle de constitucionalidade das leis: ação direta de inconstitucionalidade: Tribunal de Justiça e município: doutrina e jurisprudência / Vasco Della Giustina. – 2. ed., rev. e atual. – Porto Alegre: Livraria do Advogado Ed., 2006.
            261 p.; 23 cm
            ISBN 85-7348-426-8

            1. Controle da constitucionalidade. 2. Constitucionalidade das leis. 3. Ação direta de inconstitucionalidade. I. Título.

                                                            CDU - 342:352

Índices para o catálogo sistemático

Ação direta de inconstitucionalidade
Controle da constitucionalidade
Constitucionalidade das leis

(Bibliotecária responsável: Marta Roberto, CRB-10/652)

VASCO DELLA GIUSTINA

Controle de Constitucionalidade das Leis

AÇÃO DIRETA DE INCONSTITUCIONALIDADE

Tribunal de Justiça e Município

DOUTRINA E JURISPRUDÊNCIA

2ª edição, revista e atualizada

livraria
DO ADVOGADO
editora

Porto Alegre, 2006

© Vasco Della Giustina, 2006

Capa, projeto gráfico e diagramaçãp de
Livraria do Advogado Editora

Revisão
Rosane Marques Borba

Direitos desta edição reservados por
Livraria do Advogado Editora Ltda.
Rua Riachuelo, 1338
90010-273 Porto Alegre RS
Fone/fax: 0800-51-7522
editora@livrariadoadvogado.com.br
www.doadvogado.com.br

Impresso no Brasil / Printed in Brazil

Dedico o presente trabalho ao Tribunal de Justiça do Rio Grande do Sul, que há mais de 130 anos vem distribuindo Justiça nesta terra sul-rio-grandense.

Não há controvérsia mais séria do que o saber, se o ato normativo consoa ou não com o texto constitucional. Nesse momento, o Judiciário está "dizendo o Direito", no mais expressivo dos litígios ocorrentes no Estado: o confronto entre a manifestação de um órgão constituído e a manifestação anterior do poder constituinte.

Michel Temer

Nota do autor

Atuando no Órgão Especial do Tribunal de Justiça do Estado do Rio Grande do Sul há mais de nove anos, e enfrentando o julgamento de ações diretas de inconstitucionalidade ou mesmo incidentes, envolvendo, a maioria das vezes, diplomas legais oriundos dos mais diversos municípios do Estado, senti a falta de uma obra que sistematizasse o complexo tema do controle da constitucionalidade das leis e atos normativos municipais pela Corte Estadual.

Não só. Apercebi-me do alto valor jurídico dos julgamentos do Tribunal e da paralela ausência de um repositório que facilitasse sobremodo a tarefa dos julgadores e de quantos se interessassem pelas decisões judiciais.

Daí nasceu a presente obra, que visa, em primeiro lugar, a reunir o material esparso em torno da teoria do controle da constitucionalidade pelos Tribunais estaduais, com destaque para o do Rio Grande do Sul, enfocando a legislação municipal, justamente por ser ela o núcleo da atuação do Tribunal de Justiça, em sua competência constitucional.

Em segundo lugar, e não menos importante, a publicação pretende divulgar uma parcela, ainda que diminuta, do trabalho dos desembargadores que compõem o Órgão Especial do Tribunal de Justiça do Rio Grande do Sul. Trabalho esse que, amiudadamente, resta anônimo, jazendo em algum escaninho de jurisprudência ou merecendo, quiçá, pálido registro em nossas Revistas especializadas, não obstante sua crescente importância e seus múltiplos efeitos na vida dos jurisdicionados.

Como se poderá facilmente concluir, os julgados do Tribunal atestam a vitalidade jurídica, assim como a sensibilidade humana e social dos magistrados que o integram, versando os mais variados temas que lhes são propostos.

Nem sempre compreendido, objeto, por vezes, de críticas infundadas, mantém-se o Tribunal de Justiça do Rio Grande do Sul, sublinhe-se, fiel à sua missão de distribuir a "ars boni et aequi" nestas terras sul-rio-grandenses, como o vem fazendo desde sua criação, há mais de 130 anos.

Reconheço que não há de parte do autor estudos aprofundados sobre os mais variados assuntos aqui expostos, restringindo-se a observações, transcrições e sistematizações.

Por evidente, o objetivo da publicação não foi o de dissecar os capítulos, mesmo porque em cada um deles mister se faria escrever uma obra.

Porém, mesmo sem o estudo acabado dos temas, colima o presente trabalho apontar para um norte, bem como servir de subsídio, auxílio e fonte de consulta, para quantos lidam com a problemática da lei municipal confrontada com a norma constitucional, onde se inscrevem Juízes, Promotores, Procuradores, Defensores, Advogados, Prefeitos, Câmaras Municipais, entidades associativas, comunidades interioranas e acadêmicos de Direito.

Nada mais objetiva a presente obra do que congregar, sistematizar, divulgar e colaborar!

Nesta segunda edição, procurei atualizar o trabalho com decisões do Tribunal de Justiça do Estado, nos últimos cinco anos, isto é, desde a primeira edição desta obra. O título do livro foi modificado, tendo em vista exigências do mercado consumidor. Por igual, refundi alguns capítulos, enriquecendo-os com novos subsídios. Penso que com isso o trabalho reflete o pensamento atual do Tribunal de Justiça, em inúmeros temas, de alta indagação jurídica e de profunda implicação na vida de todos os munícipes.

Porto Alegre, abril de 2006.

Lista de abreviaturas

AC.	Acórdão
A.C.	Apelação cível.
ADIN	Ação Direta de Inconstitucionalidade
AGR.	Agravo
A. I.	Agravo de Instrumento
A. INT.	Agravo Interno
A.R.	Agravo Regimental
AJURIS	Revista da Associação dos Juízes do Rio Grande do Sul
AP.	Apelação
ART.	Artigo
C.C.	Câmara Cível
CE	Constituição Estadual
CF	Constituição Federal
COJE	Código de Organização Judiciária do Estado
CTN	Código Tributário Nacional.
DES.	Desembargador
DJU	Diário da Justiça da União
DOE	Diário Oficial do Estado
DOU	Diário Oficial da União
ED	Edição
INCID. INCONST.	Incidente de Inconstitucionalidade
J	Julgado
JURISP	Jurisprudência
LOM	Lei Orgânica Municipal
MED. PROV.	Medida Provisória
P	Página
PUBL.	Publicado
RDA	Revista de Direito Administrativo
RDP	Revista de Direito Público
RE	Recurso Extraordinário
REL.	Relator
RF	Revista Forense
RS	Rio Grande do Sul
RJTJRS	Revista de Jurisprudência do Tribunal de Justiça do Rio Grande do Sul

RSTJ	Revista do Superior Tribunal de Justiça
RT	Revista dos Tribunais
RTDP	Revista Trimestral de Direito Público
RTJ	Revista Trimestral de Jurisprudência
STF	Supremo Tribunal Federal
STJ	Superior Tribunal de Justiça
TJRS	Tribunal de Justiça do Rio Grande do Sul
TJSP	Tribunal de Justiça de São Paulo
V ou vol.	Volume

Prefácio da 1ª edição

O ilustre Desembargador Vasco Della Giustina, bem conhecido por notáveis contribuições científicas tanto no direito penal, quanto no direito civil, solicitou-me a honrosa apresentação da presente monografia, apesar de totalmente rebarbativa. A incumbência talvez se explique em razão dos cordiais laços e julgamentos convergentes, desenvolvidos a partir de frutífero trabalho conjunto em órgãos fracionários do Tribunal de Justiça do Rio Grande do Sul.

O fato é que o grave e intrincado tema da inconstitucionalidade das leis municipais e estaduais perante a Constituição Estadual pouca atenção mereceu, até o momento, na bibliografia pátria. A divulgação dos ricos julgados dos Tribunais de segundo grau é precária, senão inexistente. Daí o interesse que, seguramente, a monografia despertará no público especializado e nos agentes políticos envolvidos na criação desses diplomas.

Em várias oportunidades já externei o ponto de vista de que toda obra jurídica há de ser avaliada pragmaticamente. É essencial que se volte aos problemas da vida forense, abdicando do discurso erudito e das abstrações principiológicas, e focalize o interesse de postulantes e aplicadores do direito. Foi Pontes de Miranda quem o afirmou do modo enfático: "Livro de doutrina - manual, comentários ou tratado - há de ser livro útil aos juízes e advogados, como roteiro para as suas atividades. Os livros que não resolvem dúvidas, os livros sem valor prático, são livros de metafísica ou de retórica jurídica; não são livros de ciência. É perder tempo lê-los ou mencioná-los".

Bastará o leitor atento passar os olhos pelo sumário para certificar-se de que a monografia preenche tal requisito. E, ao mesmo tempo, apurará as excelsas virtudes do seu autor na espinhosa tarefa de julgar e controlar a constitucionalidade das leis.

Araken de Assis

Desembargador do Tribunal de Justiça do Rio Grande do Sul,
Professor Titular de Direito Processual Civil na PUC/RS
e Doutor em Direito.

Sumário

Capítulo I – O Poder Judiciário como Árbitro da Constitucionalidade 21
1. A supremacia da Constituição 21
2. Os sistemas de controle da constitucionalidade 22
3. O sistema jurisdicional 24
4. O controle da constitucionalidade nasceu nos Estados Unidos 26
5. As várias Constituições brasileiras e suas Emendas 29
6. A Constituição de 1988 33
7. A interpretação judicial 34

Capítulo II – Objeto e Formas de Controle da Constitucionalidade. Controle em Nível Estadual 39
8. O objeto do controle da constitucionalidade. O regulamento 39
9. O controle concentrado 42
10. O controle difuso 44
11. O controle por omissão. O mandado de injunção 48
12. O controle por ação declaratória 52
13. O controle por descumprimento de preceito fundamental 57
14. O Controle da constitucionalidade em nível estadual. O Rio Grande do Sul .. 59

Capítulo III – O Município e o Controle de suas Leis e Atos Normativos 67
15. O Município. Histórico. A Constituição de 1988 67
16. A lei municipal e o processo legislativo 69
17. O controle da constitucionalidade das leis municipais 76
18. A competência do Tribunal de Justiça no controle das leis municipais. O Rio Grande do Sul 81
19. A ação direta de inconstitucionalidade interventiva no município, em face da lei violadora dos princípios sensíveis 83

Capítulo IV – O Procedimento na Ação Direta e no Incidente de Inconstitucionalidade 87
20. A natureza da ação direta de inconstitucionalidade 87
21. A disciplina do processo da ação direta e do incidente de inconstitucionalidade. O Regimento Interno do Tribunal de Justiça do Rio Grande do Sul 90
22. A legitimidade ativa 95
23. A petição inicial 97
24. A medida cautelar 102
25. A assistência e a desistência 104
26. O Ministério Público e a Procuradoria-Geral do Estado 107

27. O Julgamento pelo Tribunal de Justiça 112
28. Recursos. O Recurso especial e o extraordinário 115
29. Preceitos interpretativos a serem observados pelo Tribunal de Justiça 118

Capitulo V – Efeitos da Declaração de Inconstitucionalidade 125
30. Efeitos do controle concentrado. A coisa julgada 125
31. Efeitos do controle difuso 137
32. Inaplicabilidade do controle concentrado a norma anterior conflitante com a nova Carta 140
33. Revogação de lei ou ato tido como inconstitucional, antes ou após a propositura da ação 143
34. Restabelecimento de lei revogada. Efeito repristinatório 146
35. Comunicação ao Legislativo 148

Capítulo VI – Questões Esparsas 153
36. As inconstitucionalidades formal e material 153
37. Violação a normas constitucionais estaduais que reproduzem Disposições Constitucionais Federais 155
38. Conflito entre lei municipal e a Constituição ou Lei Federal. Bloqueio de competência 159
39. Lei ou decreto normativo de efeitos concretos 164
40. Leis e decretos meramente autorizativos 168
41. A ação civil pública e a ação direta de inconstitucionalidade 172
42. Lei sancionada não convalida vício de origem 176
43. Declaração de inconstitucionalidade sem redução do texto 179
44. Normas puramente programáticas 181
45. ADIN e confronto de lei, emenda ou ato normativo municipal com a Lei Orgânica 183
46. A interpretação conforme a Constituição 186

Capítulo VII – Jurisprudência do Tribunal de Justiça do Rio Grande do Sul . . . 195
1. Administração Municipal e Organização Administrativa 195
   Ver, também, "Educação, Ensino, Escola" e "Servidor Público".
2. Acordos com a Justiça do Trabalho 196
3. Agência Lotérica 196
4. Agrotóxicos 196
   Ver, também, "Produtos Veterinários".
5. Água e Esgoto 197
6. Alienação de Móveis e Imóveis 197
   Ver, também, "Bens Públicos".
7. Alimento para Consumo Humano -"Ticket"- Alimentação 197
8. Aluguéis do Município 198
9. Apartamentos - Aquisição e Financiamento 198
10. Artes Marciais 198
11. Árvores – Plantio 198
    Ver, também, "Cultivo de Flores e Árvores" e "Viveiro Florestal".
12. Atendimento Médico 198
    Ver, também, "Hospitais" e "Receita Médica e Dentária".
13. Atribuições do Ministério Público e do Poder Judiciário 198

14. Autarquia 199
15. Bancos e Estabelecimentos Financeiros 199
    Ver, também, "Horários".
16. Bens Públicos 199
    Ver, também, "Alienação De Móveis E Imóveis".
17. Bingo 200
18. Caça-Níqueis 200
19. Câmara Municipal 200
    Ver, também, "Cargos - Criação e Extinção", "Diárias", "Processo Legislativo" e "Subsídios".
20. Canil Municipal 203
21. Cargos - Criação e Extinção 203
    Ver, também, "Câmara Municipal" e "Servidor Público".
22. Cargos em Comissão, Funções de Chefia e Assessoramento 203
    Ver, também, "Cargos - Criação e Extinção" e "Concurso Público".
23. Chimarródromo 204
24. Cinto de Segurança 204
25. Colaboração nas Contas Públicas para Particulares 205
26. Combustíveis 205
27. Comércio 205
    Ver, também, "Horários".
28. Concessão de Serviço Público 206
    Ver, também, "Bens Públicos", "Permissão de Serviço Público" e "Prefeito Municipal".
29. Conclusão de Obra 206
30. Concorrência 206
    Ver, também, "Concursos Públicos", "Servidor Público" e "Transportes".
31. Concursos Públicos 207
    Ver, também, "Servidor Público".
32. Conselho Municipal 207
    Ver, também, "Câmara Municipal".
33. Conselho Tutelar 207
    Ver, também, "Estatuto da Criança e do Adolescente".
34. Contas Municipais 208
35. Contratação e Concurso 208
    Ver, também, "Concursos Públicos" e "Servidor Público".
36. Convênios e Contratos 209
    Ver, também, "Câmara Municipal".
37. Cores 209
38. Corrida de Cavalo em Cancha Reta 209
39. Crédito Suplementar 209
40. Cultivo de Flores e Árvores 209
    Ver, também, "Árvores – Plantio" e "Viveiro Florestal"
41. Desapropriação 210
42. Desenvolvimento Urbano 210
43. Despesas Públicas 210
    Ver, também, "Previdência Pública" e "Servidor Público".
44. Diárias 210
    Ver também "Secretário Municipal", "Servidor Público" e "Subsídios".
45. Diploma de Reconhecimento 210

46. Diretrizes Orçamentárias, Planos Plurianuais, Orçamento e
    Execução Orçamentária 211
    Ver, também, "Orçamento" e "Plano Plurianual".
47. Divulgação de Recursos Financeiros 211
48. Documentos 211
49. Educação, Ensino, Escola 211
50. Energia Elétrica 212
51. Esportes 212
52. Estacionamento 212
53. Estatuto da Criança e do Adolescente 213
    Ver, também, "Conselho Tutelar".
54. Estudantes 213
    Executivo - Ver "Prefeito Municipal"
55. Exercício de Profissões 214
56. Farmácias 214
    Ver, também, "Horários".
57. Feiras de Eventos Itinerantes ou Eventuais 214
58. Feriado Civil e Municipal (Zumbi) 214
59. Festivais 215
    Fiscal - Ver "Tributário e Fiscal"
    Fogo - Ver "Queimadas"
60. Gás 215
61. Gratificação – Instituição 215
    Ver, também, "Servidor Público".
62. Guarda do Patrimônio 215
63. Honorários Advocatícios 216
64. Horários 216
    Ver, ainda, "Bancos e Estabelecimentos Financeiros", "Comércio" e "Farmácias".
65. Hospitais 216
    Ver, também, "Atendimento Médico" e "Receita Médica".
66. Idosos 216
67. Iluminação Pública 216
    Ver, também, "Tributário e Fiscal".
68. Imobiliária 217
69. Incêndios 217
70. Indenização - Ato Ilícito 217
71. Lei de Efeitos Concretos ou Meramente Autorizativa .. 217
    Ver, também, "Questões Processuais".
72. Licitação 217
73. Lixo Urbano 218
74. Locação de Postes em Via Pública 218
75. Material de Expediente 218
    Médico - Ver "Atendimento Médico", "Hospitais" e "Receita Médica".
76. Meio-Fio 218
77. Nepotismo 219
78. Nome do Autor 219
79. Orçamento 219
    Ver, também, "Diretrizes Orçamentárias, Planos Plurianuais, Orçamento e Execução Orçamentária"
    e "Plano Plurianual".

80. Organização Administrativa Municipal 220
Ver, também, "Administração Municipal e Organização Administrativa".
81. Órgãos de Controle 221
82. Passagem Escolar 221
83. Passeios e Logradouros Públicos 221
84. Permissão e Licença de Serviço Público 221
Ver, também, "Concessão de Serviço Público".
85. Pertinência Temática 221
86. Pesca 221
87. Planejamento Familiar 221
88. Plano Diretor e Construção Urbana 222
Ver, também, "Prédios Irregulares"
89. Plano Plurianual 222
Ver, também, "Diretrizes Orçamentárias, Planos Plurianuais, Orçamento e Execução Orçamentária" e "Orçamento".
90. Plantas Transgênicas 223
91. Poços Artesianos 223
92. Poluição Sonora 223
93. Prazos 223
Ver, também, "Processo Legislativo".
94. Prédios Irregulares 224
Ver, também, "Plano Diretor e Construção Urbana".
95. Prefeito 224
Ver, também, "Câmara Municipal", "Cargos - Criação e Extinção", "Convênios e Contratos", "Diárias", "Processo Legislativo" e "Subsídios".
96. Previdência Pública 228
97. Privacidade - Oferta Telefônica 228
98. Processo Administrativo 228
99. Processo Legislativo 228
Ver, também, "Câmara Municipal".
100. Produtos Veterinários 233
Ver, também, "Agrotóxicos".
101. Programas Públicos 233
102. Publicidade e Propaganda 233
103. Queimadas 234
104. Questões Processuais 235
105. Recebimento de Imóvel 237
106. Receita do Município 238
107. Receitas Médica e Dentária 238
Ver, também, "Atendimento Médico" e "Hospitais".
108. Referendo 238
109. Religião 238
110. Remédios 238
111. Rinha 239
112. Saúde Pública 239
Ver, também, "Administração Municipal e Organização Administrativa" e "Serviços Públicos".
113. Secretário Municipal 239
Ver, também, "Diárias", "Servidor Público" e "Subsídios".
114. Segurança Pública 239

115. Serviços Públicos 240
   Ver, também, "Administração Municipal e Organização Administrativa" e "Saúde Pública".
116. Servidor Público 240
   Ver, também, "Câmara Municipal", "Cargos - Criação e Extinção", "Contratação e Concurso", "Diárias", "Processo Legislativo" e "Subsídios".
117. Sistema Monetário Municipal 247
118. Subsídios 247
   Ver, também, "Câmara Municipal" e "Prefeito Muncipal".
119. Telefonia Celular 248
120. Trailers 248
121. Transferibilidade do Ato de Votar 249
122. Trânsito 249
123. Transportes 249
124. Tributário e Fiscal 250
   Ver, também, "Iluminação Pública".
125. Veículos 255
   Ver, também, "Trânsito" e "Transportes".
126. Velocidade 255
127. Venda de Bebida Alcoólica e Cigarros para Menores 255
128. Verbas Públicas 255
   Vereadores - Ver "Câmara Municipal"
129. Via Pública 256
130. Vice-Prefeito 256
   Ver, também, "Diárias" e "Subsídios".
131. Viveiro Florestal 257
   Ver, também, "Árvores – Plantio" e "Cultivo de Flores e Arvores"

Bibliografia 259

Capítulo I

O PODER JUDICIÁRIO COMO ÁRBITRO DA CONSTITUCIONALIDADE

1. A supremacia da Constituição

No dizer do emérito constitucionalista Paulo Bonavides, as Constituições rígidas, como a nossa, exigem uma forma especial de revisão. Isso porque têm estabilidade superior em relação às demais leis ordinárias. Daí "a supremacia incontrastável da lei constitucional sobre as demais regras de direito vigente num determinado ordenamento. A conseqüência desta hierarquia é o reconhecimento 'da superlegalidade constitucional', que faz da Constituição a lei das leis, ou seja, a mais alta expressão jurídica da soberania".[1]

Não é diverso o pensamento de José Afonso da Silva, que igualmente faz dimanar da rigidez constitucional o princípio da Supremacia da Constituição: "Da rigidez emana, como primordial conseqüência, o princípio da Supremacia da Constituição que, no dizer de Pinto Ferreira 'é reputado como uma pedra angular, em que assenta o edifício do moderno direito político'. Significa que a Constituição se coloca no vértice do sistema jurídico do país, a que confere validade e que todos os poderes estatais são legítimos na medida em que ela os reconheça e na proporção por ela distribuídos. É, enfim, a lei suprema do Estado, pois é nela que se encontram a própria estruturação deste e a organização de seus órgãos; é nela que se acham as normas fundamentais do Estado, e só nisso se notará sua superioridade em relação às demais normas jurídicas".[2]

E continua: "Nossa Constituição é rígida. Em conseqüência, é a lei fundamental e suprema do Estado brasileiro. Toda autoridade só nela encontra fundamento e só ela confere poderes e competências governamentais. Nem o governo federal, nem os governos dos Estados, nem os dos Municípios ou do Distrito Federal são soberanos, porque todos são limitados, expressa ou implicitamente, pelas normas positivas daquela lei fundamental. Exercem suas atribuições nos termos nela estabelecidos. Por outro lado, todas as normas que integram a ordenação jurídica

---

[1] "Curso de Direito Constitucional", p. 267.
[2] "Curso de Direito Constitucional Positivo", p. 49.

nacional só serão válidas se se conformarem com as normas da Constituição Federal".[3]

A supremacia da Carta Federal deixa até de ser uma noção jurídica, para se tornar uma idéia popular.

Assim, desde o estudante ao homem iletrado, todos têm a idéia de que a Constituição é a lei suprema. Podem ignorar seu conteúdo, mas entendem que ela tem um alcance, uma importância e uma precedência que sobrepaira as das demais leis, e que ela se constitui no ponto de partida e de chegada da legislação de um país.

Os políticos, amiúde, falam no respeito à Constituição e até na necessidade de reforma da mesma. Ou seja, ela é o referencial primeiro de que a sociedade organizada dispõe.

A partir da mesma, estruturam-se os demais órgãos que dão consistência ao Estado de Direito. Sem ela, não se compreende um Estado juridicamente constituído.

2. Os sistemas de controle da constitucionalidade

Na lição de Nelson Oscar de Souza, "o controle da constitucionalidade constitui o exame da compatibilidade existente entre a lei e atos normativos e a Constituição de determinado Estado".

"O controle se fará pela análise da lei ou de um ato administrativo frente à Constituição ou de algum de seu princípios e preceitos, afirmando-se, ou não, a possibilidade de co-existência de ambos no mesmo sistema jurídico. Isto conduz a um processo de verificação da possibilidade de conciliarem-se ambas dentro de um todo, que, como tal, deve ser harmônico, conseqüente, coerente".

"Deduz-se dessas premissa que toda lei ou norma, ou ato normativo, que não se coadunarem com os preceitos maiores e mais amplos da ordem constitucional, hão de ser devidamente depurados. A norma ou o ato incompatíveis com a abrangência constitucional serão excluídos do sistema jurídico, que é um todo ordenado e harmônico. A norma inconstitucional constitui um corpo estranho dentro do organismo jurídico-político, e, como tal, precisa ser extirpado".[4]

A imagem do corpo estranho no organismo dá bem a idéia da norma eivada de inconstitucionalidade. Para que o corpo funcione a contento, importa que todo o organismo assim aja. A eventual presença de um elemento estranho atenta contra o equilíbrio do todo. Somente com a extirpação da anomalia é que se restabelecerá a perfeita sintonia corporal.

---

[3] "Curso de Direito Constitucional Positivo", p. 49-50.

[4] "Manual de Direito Constitucional," p. 163-164.

Ou seja, transpondo o paralelismo para a matéria *sub examine*, importa que se verifique se uma determinada norma está ou não na linha da Constituição, se ela se adequa à mesma e se não briga com os postulados e diretrizes da Carta.

"Controlar a constitucionalidade de ato normativo significa impedir a subsistência da eficácia de norma contrária à Constituição. Também significa conferência de eficácia plena a todos os preceitos constitucionais, em face da previsão do controle da inconstitucionalidade por omissão."

"Pressupõe, necessariamente, a supremacia da Constituição; a existência de escalonamento normativo, ocupando a Constituição o ponto mais alto do sistema normativo. É nela que o legislador encontrará a forma de elaboração legislativa e o seu conteúdo. Aquele, ao inovar a ordem jurídica infraconstitucional, haverá de obedecer à forma prevista e ao conteúdo anteposto. Se um deles for agravado, abre-se espaço para o controle da constitucionalidade daquele ato normativo cujo objetivo é expelir, do sistema, o ato agravador."

"Por isso, tais atos são presumidamente constitucionais até que, por meio de fórmulas previstas constitucionalmente, se obtenha a declaração de inconstitucionalidade e a retirada de eficácia daquele ato ou a concessão de eficácia plena."

"A idéia de controle está ligada, também, à de rigidez constitucional."

"De fato, é nas Constituições rígidas que se verifica a superioridade da norma magna em relação àquela produzida pelo órgão constituído. O fundamento do controle, nestas, é o de que nenhum ato normativo, que necessariamente dela decorre, pode modificá-la".[5]

As leis, cada vez mais e em maior profusão, são editadas, visando a disciplinar a vida da sociedade.

Elas, de direito, regulam o comércio, a indústria, a agricultura, os bens dos cidadãos, as relações entre estes e o Estado, o matrimônio, o funcionamento do Estado, enfim, as mais diversas políticas dos governantes.

Assim, importa submetê-las a um controle constitucional, criando-se um sistema que possa conferir se a legislação está ou não adequada à Constituição, pois é normal que em meio a esta pletora legislativa, muitos ou alguns diplomas legais ou atos de governo afrontem princípios ou normas estabelecidas na Constituição da República e nas Constituições dos Estados federados.

Três são os sistemas, formas ou maneiras de controle da constitucionalidade, acolhidos pela maioria dos doutrinadores: o político, o jurisdicional e o misto.

---

[5] Michel Temer, "Elementos de Direito Constitucional", p. 40-41.

Pelo controle político, e o termo está a expressar, a análise da constitucionalidade é confiada a um órgão político, como o próprio Poder Legislativo ou a um Conselho especial, como o Soviete Supremo na União Soviética ou o Conselho Constitucional em vigor na França. É chamado de sistema francês, pela tradição e larga aplicação naquele país.

No controle jurisdicional, a análise é feita pelo Poder Judiciário e neste, muitas vezes, por um tribunal especial. É o chamado *judicial revew* dos americanos.

No controle misto, há uma simbiose dos dois primeiros, como na Suíça, onde as leis federais são controladas, politicamente, pela Assembléia Nacional, e as leis locais, pelo controle jurisdicional.

Tal modalidade foi mesmo prevista na Constituição Francesa de 1946, que criou um "comitê constitucional".

Segundo Paulo Bonavides, "esse órgão pode ser uma assembléia, como um conselho ou comitê constitucional. O País onde tal controle primeiro floresceu foi a França, que o viu nascer da obra de um dos principais legisladores da Revolução Francesa: o jurista Sieyés. Com propor ele um mecanismo político de controle, cuidava interpretar e remediar o sentimento nacional de desconfiança contra os tribunais do *ancien régime*".

"As esperanças de estabelecer um verdadeiro controle de constitucionalidade por via de um órgão mais sério de natureza política, renasceram em França com o Conselho Constitucional da Constituição de 1958".

"De conformidade com o art. 62 dessa Constituição, 'as decisões do Conselho Constitucional não são suscetíveis de recurso' e 'se impõem a todos os poderes públicos e a todas as autoridades administrativas e jurisdicionais'. O art. 56 fixa a composição do Conselho, de que fazem parte 9 membros com mandato de 9 anos, não podendo ser reconduzidos".

"A Constituição soviética de 1936, de inspiração stalinista, também, adotou o controle constitucionalidade por um órgão político".[6]

3. O sistema jurisdicional

Por esse sistema, o controle da constitucionalidade de uma lei é cometido ao Poder Judiciário, e neste, a um órgão judicial.

Em princípio, este órgão judicial gozaria da necessária isenção para o exercício desta técnica. Ademais, no dizer do constitucionalista Pinto Ferreira, "o controle judiciário tem por si a naturalidade. De fato,

---

[6] Ob. cit., p. 270-271.

a verificação de constitucionalidade não é senão um caso particular de verificação da legalidade, ou seja, da verificação da concordância de um ato qualquer, como de um regulamento, à lei, tarefa que rotineiramente é desempenhada pelo Judiciário. O mesmo argumento milita em favor de que todo juiz possa exercê-lo nos casos de sua competência".[7]

Todavia, não está o sistema judicial imune a críticas.

"Produz a adoção do sistema em apreço um grave problema teórico, decorrente de o juiz ou tribunal investido nas faculdades desse controle assumir uma posição eminencialmente política".

"Com efeito, ao adquirir supremacia decisória tocante à verificação de constitucionalidade dos atos executivos e legislativos, o órgão judiciário estaria tutelando o próprio Estado. Graves objeções relativas pois à preservação de princípios básicos como os da separação e igualdade de poderes acompanham de perto a fórmula do controle judiciário, sem contudo lograr uma quebra da extraordinária importância que se tem atribuído ao seu emprego desde a célebre sentença do juiz Marshall na questão constitucional Marbury v. Madison. Há publicistas que, aferrados à tese da inteira neutralidade de procedimento jurisdicional, vêem no controle uma aferição estritamente jurídica dos atos inconstitucionais".

"Não há dúvida de que exercido no interesse dos cidadãos o controle jurisdicional se compadece melhor com a natureza das Constituições rígidas e sobretudo com o centro de sua inspiração primordial – a garantia da liberdade humana, a guarda e proteção de alguns valores liberais, que as sociedades livres reputam inabdicáveis".

"A introdução do sobredito controle no ordenamento jurídico é coluna de sustentação do Estado de Direito, onde ele se alicerça sobre o formalismo hierárquico das leis".[8]

Em perfeita síntese, Nelson Oscar de Souza define os prós e os contras do controle constitucional:

"Aponta-se como a principal vantagem do controle judiciário a de que este exerce uma tarefa técnica, e, assim, livre de injunções. Trata-se de mais uma dentre as competências do Judiciário, não uma nova tarefa. O juiz, ou os tribunais, exercem-na como profissionais afeitos ao ato de julgar. As suas decisões são mais confiáveis, emprestando maior segurança jurídica aos interessados e à sociedade".

"Mas de outro lado, aponta-se o tecnicismo desse controle como demasiado estreito e sem a abertura necessária para o social e o político. Aí residiria a sua grande desvantagem, sem referir o argumento daqueles que entendem que esse sistema atentaria até mesmo contra o princípio da separação dos Poderes".[9]

---

[7] "Curso de Direito Constitucional", p. 36.

[8] Paulo Bonavides, "Curso de Direito Positivo", p. 272.

[9] "Manual de Direito Constitucional ", p. 168.

Registra Orlando Soares que "tanto nos Estados Unidos da América como aqui, o acatamento do princípio do controle jurisdicional da constitucionalidade das leis e da livre convicção dos juízes constitui uma árdua luta, uma dura conquista do próprio Poder Judiciário, exortado por advogados e juristas intimoratos, em meio à discussão dos grandes temas, muitos dos quais envolveram juízes, como réus em processos criminais, sob a acusação de prevaricação.

Com efeito, tais processos criminais contra juízes não foram exclusividade do Brasil; nos EUA, sob a presidência de Thomas Jefferson, este tentou por vários modos livrar-se dos magistrados federalistas, de sorte que, de 1802 a 1804, nada menos de sete juízes estadunidenses foram processados criminalmente.

"No Brasil, Ruy Barbosa patrocinou o juiz riograndense do sul, Alcides Mendonça Lima, perante o Supremo Tribunal Federal, num caso dessa natureza, em 1897, sustentando, em memorável defesa, que estava em jogo a própria independência do Poder Judiciário".[10]

Não obstante o eminente jurista gaúcho Nelson Oscar de Souza sustentar que o controle da constitucionalidade foi "tratado secundariamente no capítulo dedicado ao poder Judiciário",[11] entendemos que o instituto mereceu projeção constitucional destacada.

"Trata-se de cláusula de bloqueio (ou pétrea), inserida no art. 60, § 4º, III e IV. A lógica do constituinte é sábia. Os direitos individuais e a separação dos poderes não podem ser alterados. Sendo assim, preserva-se via de acesso à Constituição, podendo-se bater sempre às portas do Judiciário contra violações cometidas ao seu texto ou seu espírito".[12]

Duas são as formas de controle da constitucionalidade pelo sistema jurisdicional: o controle por via da ação, direto, e o indireto, ou incidental, por via da exceção.

4. O controle da constitucionalidade nasceu nos Estados Unidos

As Constituições da idade antiga não existiam em documentos, mas eram um conglomerado de tradições, costumes e regras morais.

Licurgo e Solon outorgaram Constituições políticas.

"Eram mais instituições que constituições, documentos escritos, códigos políticos. Não escritas, consuetudinárias, e, por isso mesmo, plásticas, podiam ser modificadas sem outra formalidade além do

---

[10] "Comentários à Constituição da República Federativa do Brasil", p. 469.
[11] "Manual de Direito Constitucional", p. 161.
[12] "Inconstitucionalidade da Lei por Desvio Ético-Jurídico do Legislador", Marcelo Figueiredo, art. publ. na RTDP, 11/95, p. 245.

simples ato de modificação. Não se conhecia, ainda, o 'poder constituinte', de onde emanam as Constituições escritas, mas tão-só, o 'poder legiferante ordinário'. Todas as leis, emanando de um mesmo poder, tinham a mesma força e hierarquia".[13]

As Constituições escritas datam da segunda metade do século 18. Mais precisamente, Virgínia, nos Estados Unidos, em 1776, foi a primeira a publicar suas regras básicas.

Posteriormente, já no final do século, em 1791, surgiu a primeira Constituição francesa, fruto da revolução que se operara pouco tempo antes, daí se espalhando pelo mundo civilizado de então.

Diga-se que os Estados Unidos detêm, não só a primazia na promulgação das Constituições escritas, como foram eles os primeiros a exercitar o controle jurisdicional.

A propósito, discorre o eminente professor Bonavides: "O controle jurisdicional nasceu nos Estados Unidos, sendo fruto de uma feliz reflexão acerca da supremacia da Constituição sobre as leis ordinárias. Reputou Grant o controle jurisdicional da constitucionalidade das leis 'uma contribuição das Américas à ciência política', conforme lembra Cappeletti. Contribuição a nosso ver tão importante quanto a do federalismo e do sistema presidencial de governo, formas políticas também desconhecidas até ao advento do sistema republicano nos Estados Unidos".

"A possibilidade de um controle jurisdicional permanecia contudo pálida e remotamente representada na Constituição federal dos Estados Unidos, de 1787, em seu art. VI, cláusula segunda, que dispunha: 'Esta Constituição e as leis dos Estados Unidos que se fizerem para aplicá-las serão a lei suprema do país; e os juízes em cada Estado a ela se vincularão...' ou no teor do art. III, Seção 2, § 1º, que rezava: "O poder judiciário se estende a todas as causas, de direito ou de eqüidade, que terão sua fonte nesta Constituição, ou mais nas leis dos Estados Unidos e nos tratados celebrados debaixo de sua autoridade".

"É de presumir que os constituintes de Filadélfia tivessem já presente ao espírito a necessidade de estabelecer um sistema de controle que fizesse as leis ordinárias sempre conformes à Constituição. Basta que se atente no lugar seguinte do 'Federalista' onde Hamilton parece inculcar a conveniência desse controle. Senão vejamos: 'Por uma Constituição limitativa, eu entendo aquela que contém certas exceções específicas à autoridade legislativa, como por exemplo as de que não aprovarão *bills of attainder* nem leis *ex post facto* ou outras semelhantes. Tais limitações na prática somente poderão ser preservadas por via dos tribunais, cuja obrigação deve ser a de declarar nulos

---
[13] "Curso de Direito Constitucional", Paulino Jacques, p. 30.

todos os atos contrários ao teor manifesto (*manifest tenor*) da Constituição. Sem isto todas as reservas de direitos particulares ou privilégios se reduziriam a nada'".

"Dessas humildes fontes Marshall provavelmente recolheu a inspiração que o conduziu ao desenvolvimento de um sólido e exemplar raciocínio acerca da supremacia da lei constitucional sobre a lei ordinária".

"Em verdade, a Constituição federal dos Estados Unidos não faz menção expressa de um controle de constitucionalidade das leis deferidas aos seus tribunais. Como não faz também nenhuma menção ao princípio da separação de poderes. Isto, todavia, não foi obstáculo a que Marshall, valendo-se de impecável lógica, demonstrasse no célebre aresto da questão *Marbury versus Madison* que o princípio das Constituições rígidas impõe necessariamente aquela supremacia".

"As reflexões do juiz foram literalmente do seguinte teor, conforme consta da sentença histórica. Os poderes do legislativo são definidos e limitados, sendo essa limitação a causa das Constituições escritas. Se não fossem eles definidos e limitados, por que reduzi-los à forma escrita, se a cada passo poderiam esses poderes ser alterados por aqueles cuja competência se pretende restringir?"

"Partiu assim Marshall para uma proposição evidente e incontestável: ou a Constituição controla todo ato legislativo que a contrarie, ou o legislativo, por um ato ordinário, poderá modificar a Constituição. Não há meio termo entre tais alternativas. Logo, afirma ele: ou a Constituição é lei superior e suprema, que se não pode alterar por vias ordinárias, ou entra na mesma esfera e categoria dos atos legislativos ordinários, sendo como tais suscetível também de modificar-se ao arbítrio da legislatura. Assevera na mesma ordem de idéias que, se um ato do legislativo, oposto à Constituição, é nulo, como pode ele – interroga –, sem embargo de sua invalidade, vincular tribunais e obrigá-los a reconhecer-lhe efeito?"

"Assinala ainda Marshall, em prosseguimento a esse irretorquível raciocínio, que é dever do Poder Judiciário declarar o direito. De modo que se uma lei colide com a Constituição, se ambas, a lei e a Constituição, se aplicam a uma determinada causa, o tribunal há de decidir essa causa, ou de conformidade com a lei, desrespeitando a Constituição, ou de acordo com a Constituição ignorando a lei; em suma, à Corte compete determinar qual dessas regras antagônicas se aplica à espécie litigiosa, pois nisso consiste a essência mesma do dever judiciário".[14]

---

[14] "Curso de Direito Constitucional", p. 275-277.

5. As várias Constituições brasileiras e suas Emendas

Não se pode falar em Constituição no Brasil antes de 1824.
Independente a nação em 1822, uma das primeiras tarefas foi a de organizar sua primeira Constituição.

Esta foi outorgada a 25 de março de 1824, por Dom Pedro Primeiro, "por graça de Deus e unânime aclamação dos povos, Imperador Constitucional e Defensor perpétuo do Brasil"!

Não havia dispositivo acerca do controle da constitucionalidade.

Todo o poder estava enfeixado nas mãos do Imperador.

Segundo o art. 99, "a pessoa do imperador é inviolável e sagrada; ele não está sujeito a responsabilidade alguma". Ou seja, mesmo no primeiro quartel do século dezenove, a Carta Magna traduzia o absolutismo real, que ainda vigorava...

O Imperador é quem deveria velar, na condição de representante-mor do Poder Moderador, "sobre a manutenção da independência, equilíbrio e harmonia dos demais poderes políticos".

A mentalidade da época, por óbvio, tecia loas ao poder onipotente do Imperador em face da Constituição, o que explica a ausência de qualquer mecanismo de controle da constitucionalidade.

Todavia, alguns doutrinadores encontraram elementos do controle judicial, exercido pela Assembléia Geral, com base no art. 15, IX, da Constituição Imperial, que assim dispunha:

"É da atribuição da Assembléia Geral: – Velar na guarda da Constituição e promover o bem geral da Nação".

Força é reconhecer, porém, que o enunciado constitucional, a par de tímido, não foi objeto de maior discussão ou contestação.

Com a queda do império, a Carta de 1824 foi substituída.

A Constituição que se seguiu, a de 1891, foi influenciada pelos acontecimentos políticos de então: a república e o presidencialismo.

Ela absorveu parte das normas do Decr. 848 de 1890, que organizara a Justiça Federal.

No seu art. 59, III, § 1º, *a*, estatuiu que "das sentenças das justiças dos Estados, em última instância, haverá recurso para o Supremo Tribunal Federal, quando se questionar sobre a validade, ou a aplicação de tratados e leis federais, e a decisão do Tribunal do Estado for contra ela".

Assim, formalmente, admitiu-se uma forma incipiente de fiscalização das leis pelo Supremo, relativamente à constitucionalidade, no confronto entre leis estaduais e federais.

Aliás, teve ela como inspiração o art. 3º, secção 2ª, da Carta Federal dos Estados Unidos de 1787, que assim prescrevia:

"O Poder Judiciário estender-se-á a todas as causas, de direito e de eqüidade, que nascerem desta Constituição ou das leis dos Estados Unidos".

A Constituição de 1891 foi a primeira a acolher o controle judicial, ainda que difuso, da constitucionalidade.

Já na Constituição de 1934, avançou-se ainda mais.

A Corte Suprema, assim chamado o Supremo Tribunal Federal, passou a ter competência para julgar em única ou última instância "quando se questionar sobre a validade ou vigência da lei federal em face da Constituição e a decisão do tribunal local negar aplicação à lei impugnada e quando se contestar a validade de lei ou ato dos governos locais em face da Constituição" (art. 76, III, letras *b* e *c*).

No seu art. 91, IV, dispunha-se que competiria ao Senado Federal "suspender a execução no todo ou em parte, de qualquer lei ou ato, deliberação ou regulamento, quando hajam sido declarados inconstitucionais pelo Poder Judiciário".

A comunicação da decisão judicial deveria ser feita pelo Procurador-Geral da República (art. 96).

Anota Oswaldo Luiz Palu que "em realidade tal competência era plenamente explicada à luz das idéias vigentes no direito constitucional e na ciência política à época da Constituição de 1934, com a preeminência dos órgãos legislativos, bem como calcados em uma ortodoxa separação de poderes, especialmente no que concerne à limitação de uma maior interferência judiciária e executiva, que deu ao Senado Federal *status* de órgão de coordenação dos poderes".

"Por essa época, em alguns países da Europa, cortes constitucionais haviam sido criadas, subjacentes à teoria kelseniana, como exsurgiu na Constituição da Áustria de 1920, e propostas semelhantes ecoaram entre os Constituintes de 1934. Os constituintes de então resistiram a tal idéia, sendo que o Deputado Levi Carneiro chegou a dizer, no que concerne à criação de uma corte constitucional, que as nossas condições não a recomendavam".

"Resistiram os constituintes à idéia da criação de uma Corte Constitucional, mas foi instituída a intervenção do Senado Federal no controle da constitucionalidade e criada a ação direta interventiva, tornando singular nosso sistema. Vê-se, portanto, que na concepção da Constituição de 1934, ao invés do controle exclusivamente judicial da constitucionalidade das leis *judicial revew*, de concepção norte-americana e previsto na Constituição de 1891, o controle da constitucionalidade passou a ter natureza jurisdicional-política complexa (dependeria da atuação sucessiva de dois órgãos, competentes horizontalmente a tanto) porque: a) se a intervenção federal nos Estados dependia de lei de iniciativa exclusiva do Senado Federal, (art. 41, § 3º), o Poder Judiciário decidia se a lei que determinou a intervenção era constitucional ou não, por provocação do Ministério Público, cabendo-lhe a decisão final; b) inversamente, o controle difuso da constitucionalidade efetuado pelo Poder Judiciário apenas tinha efeito entre as partes e cabia ao Senado Federal dar eficácia *erga omnes* a tal decisão".[15]

Finalmente, em seu art. 179, a Carta de 1934 estatuiu que "só por maioria absoluta de votos da totalidade dos seus juízes, poderão os tribunais declarar a inconstitucionalidade de lei ou ato do poder público".

Os constitucionalistas assinalam o grande relevo da Constituição de 1934 como ponto de partida para o controle direto da constitucionalidade.

A Constituição de 1937, que instituiu o Estado Novo no Brasil, de certa forma retornou à Constituição de 1891, havendo, neste ponto, um retrocesso. Não previu a suspensão pelo Senado da execução de lei declarada inconstitucional pelo Judiciário e até buscou reduzir a influência do Poder Judiciário ao enunciar no parágrafo único do art. 96:

"No caso de ser declarada a inconstitucionalidade de uma lei que, a juízo do Presidente da República, seja necessária ao bem estar do povo, à promoção ou defesa de interesse nacional de alta monta, poderá o Presidente da República submetê-la novamente ao exame do Parlamento: se este confirmar por dois terços de votos em cada uma das Câmaras, ficará sem efeito a decisão do Tribunal".

Este parágrafo seria revogado, posteriormente, pela Lei Constitucional nº 18, de 11.12.1945.

A Constituição de 1946, de longa duração, e editada após a redemocratização do país, absorveu as linhas gerais das Constituições de 1891 e 1934 e introduziu outros aperfeiçoamentos.

Ela manteve o controle difuso da constitucionalidade e o *quorum* de maioria absoluta para a declaração de inconstitucionalidade.

Lembra, com procedência, Raul Machado Horta que "a Constituição de 1946, aprimorando a defesa dos princípios constitucionais cuja inobservância poderia ensejar a intervenção federal nos Estados, criou a técnica da argüição de inconstitucionalidade de ato praticado no Estado, mediante iniciativa do Procurador-Geral da República, submetendo a argüição diretamente ao STF". (Constituição Federal de 1946, art. 8º, parágrafo único).

"Na iniciativa contemplada no texto de 1946, localiza-se a origem da 'Representação por Inconstitucionalidade' e da ação direta, para propiciar ao Supremo Tribunal o controle do conflito abstrato entre normas de hierarquia diversa, isto é, entre a norma constitucional federal, que dispõe de primazia e a norma constitucional ou legal do Estado. O ato constituinte estadual tornou-se objeto constante, mas não exclusivo, desse controle abstrato da inconstitucionalidade, gerando a técnica judiciária do controle da constitucionalidade das Constituições

---

[15] "O Controle de Constitucionalidade do Direito Brasileiro", art. publ. na RT 765,p. 38-39.

Estaduais... Coube ao Ministro Temístocles Brandão Cavalcanti, então no exercício da Procuradoria-Geral da República, dar cumprimento ao novo preceito constitucional, argüindo perante o STF a inconstitucionalidade de numerosas disposições de Constituições Estaduais por ofensa à Constituição Federal. Destacam-se nesse conjunto inaugural do controle na via direta da ação de inconstitucionalidade, as Representações de Inconstitucionalidade 93 e 94, de julho de 1947, que submeteram ao Supremo Tribunal questões relativas ao conflito entre as Constituições do Ceará e do Rio Grande do Sul e a Constituição Federal, envolvendo a introdução de técnicas parlamentaristas no ordenamento estadual... Acolhendo a Representação, o Supremo declarou a inconstitucionalidade de onze artigos da Constituição do Rio Grande do Sul".

"Desde os momentos iniciais da atuação jurisprudencial desta técnica, que confere ao Supremo as projeções de Corte Constitucional no exercício monopolístico de instância única da jurisdição concentrada, ficava evidenciado que a ação direta de inconstitucionalidade, se, de um lado, conduzia a dispensa da intervenção federal no Estado, por sua substituição pela declaração de inconstitucionalidade do Supremo, dentro do judiciarismo do sistema federal brasileiro, de outro lado a 'Representação de Inconstitucionalidade' tornava-se instrumento de poderosa revisão da Constituição do Estado, fora do procedimento normal do poder constituinte estadual de revisão. Essa atividade revisionista do Supremo recomenda o prudente exercício da relevante competência, para que, em matéria de configuração menos nítida, não venha ela se transformar em técnica inibidora dos poderes reservados e redutora da autonomia constitucional dos Estados".[16]

Duas leis ainda foram editadas, antes da Emenda nº 16/65, visando à disciplina do previsto no art. 8º, parágrafo único, da Carta Federal: foram as leis de nºs 2.271/54 e 4.377/64, sendo que a primeira delas criou a ação direta de declaração de inconstitucionalidade, abrangendo atos de intervenção federal, e, portanto, de âmbito restrito.

Somente a partir da Emenda Constitucional nº 16/65, de 26 de novembro de 1965, publicada no DOU em 6.12.95, adotou-se a Ação Direta de Inconstitucionalidade, com controle abstrato e concentrado das leis, sendo a competência atribuída ao Supremo Tribunal Federal.

O art. 2º da referida Emenda modificou os termos do art. 101, inciso I, alínea *k*, da Carta de 1946, com a seguinte redação:

"A representação contra inconstitucionalidade de lei ou ato de natureza normativa, federal ou estadual, encaminhada pelo Procurador-Geral da República".

---
[16] "Poder Constituinte do Estado Membro", art. publ. na RTDP, 88, p. 13-15.

Ou seja, a partir de então, competiria ao Supremo julgar e processar originariamente a representação contra inconstitucionalidade de lei ou ato de natureza normativa federal ou estadual, encaminhada pelo Procurador-Geral da República.

Assim, definitivamente, toda a lei ou ato de natureza normativa seria passível do controle de constitucionalidade, através da ação.

A Carta de 1967 não trouxe maiores modificações ao panorama legal, então existente; apenas introduziu alterações em dois pontos. Não permitiu, no âmbito estadual, o controle da constitucionalidade das leis. Posteriormente, com a Emenda nº 1/69, admitiu-se um controle estadual para fins de intervenção nos municípios (art. 15, § 3º, *d*), à semelhança do modelo federal. Manteve, o que é importante, o controle abstrato, oriundo da Emenda nº 16/65.

6. A Constituição de 1988

A atual Carta absorveu a matéria sobre o controle da constitucionalidade, até então vigente, e acrescentou novos dispositivos à moldura constitucional.

Observa, a respeito, o eminente constitucionalista Clèmerson Merlin Clève:

"Com a Constituição de 1988, o sistema brasileiro (combinação do modelo difuso-incidental com o concentrado-principal) de fiscalização da constitucionalidade foi aperfeiçoado. Com efeito, (I) ampliou-se a legitimação ativa para a propositura da ação direta de inconstitucionalidade (antiga representação); (II) admitiu-se a instituição, pelos Estados-membros, de ação direta para declaração de inconstitucionalidade de ato normativo estadual ou municipal em face da Constituição Estadual; (III) instituiu-se a ação direta de inconstitucionalidade por omissão e o mandado de injunção; (IV) exigiu-se, ademais, a manifestação do Procurador-Geral da República em todas as ações de inconstitucionalidade, bem como nos demais processos de competência do Supremo Tribunal Federal; (V) exigiu-se a citação do Advogado-Geral da União que, nas ações diretas, deverá defender, na qualidade de verdadeiro curador, o ato impugnado; (VI) não atribuiu ao Supremo Tribunal Federal competência para julgar representação para fins de interpretação, instrumento que, criado pela Emenda Constitucional 7/77 (*pacote de abril*), foi suprimido pela nova Lei Fundamental; (VII) previu a criação de um mecanismo de argüição de descumprimento de preceito fundamental decorrente da Constituição que não foi, ainda, regulamentado; e, finalmente, (VIII) alterou recurso extraordinário, que passou a ter feição unicamente constitucional".

"Salvo essas importantes alterações, a Constituição de 1988 manteve, em linhas gerais, o modelo de fiscalização da constitucionalidade presente na Constituição de 1967/69".

"A Emenda Constitucional nº 3, de 18 de março de 1993, alterou a redação dos arts. 102 e 103 da Lei Fundamental da República, para o efeito de instituir a ação declaratória de constitucionalidade de lei ou de ato normativo federal, de competência do Supremo Tribunal Federal. As decisões da Suprema Corte, nesse caso e quanto ao mérito, produzirão eficácia contra todos e efeito vinculante, relativamente aos demais órgãos do Poder Judiciário e ao Poder Executivo. A ação declaratória de constitucionalidade será proposta pelo Presidente da República, pela Mesa do Senado Federal, pela Mesa da Câmara dos Deputados e pelo Procurador-Geral da República".

"Tratou-se, até aqui, de resgatar a memória da fiscalização da constitucionalidade no Brasil... O que foi, todavia, dito, parece ser suficiente para demonstrar que, conforme ensina José Afonso da Silva (*Da jurisdição constitucional no Brasil e na América Latina*, São Paulo, Revista da Procuradoria-Geral do Estado de São Paulo 13/15:123, 1978), 'desenvolve, no Brasil, nítida tendência para o método de jurisdição concentrada (sem prejuízo da jurisdição difusa, contudo), mediante exercício de ação direta de inconstitucionalidade ou de constitucionalidade'".[17]

Assim, a ação direta de inconstitucionalidade transformou-se em meio fundamental de proteção das normas insculpidas na Carta Magna. Através dele, há uma depuração de atos e leis, que traduzam inconstitucionalidade, quer em nível federal, estadual ou municipal.

O sistema constitucional de 1988 consagra tanto a iniciativa direta do cidadão junto ao Poder Judiciário, não dependendo de pessoas ou entidades legitimadas por lei, quanto o controle concentrado.

7. A interpretação judicial

Em prefácio à obra sobre o Controle da Constitucionalidade, o brilhante Ministro José Carlos Moreira Alves aponta a importância do trabalho judicial na construção da constitucionalidade legal:

"O modelo brasileiro de controle de constitucionalidade apresenta características que o singularizam. Nele se conjugam sistemas que não se ajustam perfeitamente – o difuso do direito americano, a permitir o controle *in concreto* da constitucionalidade de normas e de atos jurídicos; e o concentrado dos países europeus continentais, no que diz

---
[17] "Declaração de Inconstitucionalidade de Dispositivo Normativo em Sede de Juízo Abstrato e Efeitos dos Atos Singulares Praticados sob sua Égide", art. pub. na RTDP, 17/97, p. 82-83.

respeito ao controle *in abstracto* da constitucionalidade de normas jurídicas".

"As peculiaridades decorrentes dessa conjugação de sistemas que diferem quanto ao processo e quanto aos efeitos – e conjugação que se fez impiricamente pela Emenda Constitucional nº 16, de 1965 – não têm sido, em geral, examinadas nas obras que, em nosso país, se têm escrito sobre o controle da constitucionalidade, as mais delas ainda demasiadamente inspiradas na doutrina norte-americana, cujos postulados são insuficientes ou impróprios para enfrentar algumas questões que o controle *in abstracto* apresenta. Este, aliás, por via de regra, vem sendo objeto de estudos que se centralizam no instrumento por que ele se exercita – a ação direta de inconstitucionalidade –, com a aplicação a ele de princípios processuais incompatíveis com a sua natureza política. E nessas obras tem sido pequena a atenção dada às decisões do Supremo Tribunal Federal, que, ao longo do tempo, a princípio com a representação interventiva e mais tarde com a representação de inconstitucionalidade, vem construindo as linhas fundamentais desse controle *in abstracto*, num trabalho incessante de depuração e de aperfeiçoamento".[18]

A posição do Supremo, na evolução do tema, vem igualmente assinalada por Gilmar Ferreira Mendes:

"Quem se dispuser a analisar sistematicamente a evolução do controle da constitucionalidade no Direito brasileiro, haverá de constatar que lenta e gradualmente o Supremo Tribunal Federal consolida-se como autêntica corte constitucional, que não somente possui o monopólio da censura em relação aos atos normativos federais ou estaduais em face da Constituição Federal no âmbito do controle abstrato de normas, como também detém a última palavra sobre a constitucionalidade das leis na sistemática do controle incidental, pelo menos em última instância, através do recurso extraordinário".[19]

A importância da interpretação judicial, na construção da constitucionalidade, é realçada por Michel Temer:

"Não há controvérsia mais séria do que o saber se o ato normativo consoa, ou não, com o texto constitucional. Nesse momento o Judiciário está 'dizendo o direito' no mais expressivo dos litígios ocorrentes no Estado: o confronto entre a manifestação de um órgão constituído (atos normativos) e a manifestação anterior do poder constituinte (Constituição)".

"Pode inexistir interesse pessoal e mesmo material em jogo. Mas o Judiciário não tem a missão constitucional de solucionar conflitos

---
[18] Gilmar Ferreira Mendes, Prefácio ao "Controle de Constitucionalidade, Aspectos Jurídicos e Políticos", p. XV e XVI.

[19] "Aspectos da Declaração de Inconstitucionalidade dos Atos Normativos", art. publ. na RTDP, 2/1993, p. 267-268.

individuais ou coletivos, apenas. Tem, também, a de manifestar-se sobre o direito infraconstitucional que pode permanecer no sistema, porque a este não vulnera. Trata-se de interpretação de normas, de apreciação do Direito, atividade decorrente da Jurisdição".[20]

Cabe ao Poder Judiciário o nobilitante e imprescindível papel de intérprete da constitucionalidade de lei ou ato normativo contestado, em face da Constituição.

Sinale-se que o Direito, contendo a norma, também se faz receptor dos fatos e valores. É o que ensina Miguel Reale, em sua teoria tridimensional do Direito.

Deve o juiz procurar retirar do ordenamento jurídico todo o seu conteúdo, ampliando ou restringindo seu alcance, até mesmo criando e construindo.

"A atividade criadora judicial também encontra justificação na sua missão essencial de conferir certeza jurídica, que é assegurada, ordinariamente, mediante a atuação da vontade concreta da lei na composição dos conflitos de interesses. A solução à controvérsia em torno da constitucionalidade da lei é um antecedente lógico em relação à sua aplicação às diferentes relações jurídicas".[21]

A certeza do Direito e a segurança jurídica dos cidadãos ficariam sobremodo expostas ante a inconstitucionalidade de uma norma.

"Ao intérprete, sobretudo ao aplicador da lei, competirá, na sua exegese, examinar se a lei é justa ou injusta e, na segunda hipótese, refutá-la, procurando fundamentos no Direito Natural, na Sociologia, na Filosofia, na Ontologia do Direito, buscando enfim, verificar se a norma se adapta ao sistema jurídico estabelecido pelo Estado. A tarefa do juiz não é meramente a de verificar se o fato de que tem conhecimento se enquadra em algum dispositivo. Se o fato se lhe apresenta justo, mas em oposição a alguma lei, é seu dever, na sua função de, em nome do Estado, distribuir a justiça, rechaçar a legalidade em nome da legitimidade, sob pena de trair o Direito. Em algum ponto, quer no contexto do sistema jurídico vigente, quer na Ontologia do Direito, quer na Constituição do Estado, interpretada segundo a Ontologia, a Política, a História do Estado, ele encontrará, na maioria das vezes, o fundamento para a sua decisão".

"Assim, um estudo jurídico não se completa se ficar na exegese das normas, se não integrar nessa tarda primordial a verificação da realidade e a identificação dos valores a inscrever. O exame dos valores pertence, precipuamente, ao campo da Filosofia, sem dúvida, o estudo da realidade social é objeto de ciência específica, mas a interpretação de

---

[20] Michel Temer, "Elementos de Direito Constitucional", p. 42.

[21] "Ação Declaratória de Constitucionalidade", Moacir Antônio Machado da Silva, art. publ. na RTDP, 6/94, p. 154.

qualquer norma pressupõe um e outro, devendo o jurista, para ser verdadeiramente um cultor da ciência, saber integrar na exegese das normas a apreciação dos fatos e o julgamento dos valores".[22]

Rememora o grande jurista gaúcho, Adroaldo Furtado Fabricio, em discurso proferido na solenidade de posse de novos juízes:

"Chegamos a um estágio em que o cidadão precisa ser protegido, não apenas em face de outras manifestações do poder, mas em face da própria lei. Nesse quadro, faz-se imprescindível a noção de que a lei é a principal, mas não a única fonte do Direito e de que, portanto, o Direito é mais extenso do que a lei".

"A questão que Mauro Cappelletti, há uns vinte anos, denominou de 'formidável problema' do controle judicial da constitucionalidade das normas, em alusão irônica à concepção centro-européia da absoluta e incontrastável supremacia da lei, em realidade é hoje muito mais ampla. Trata-se agora de arquivar para sempre a visão do juiz como 'la bouche da la loi', como ser inanimado que apenas repete mecanicamente as palavras do texto sagrado. Não, certamente, para jogar à sarjeta os escritos normativos e construir à margem deles um outro direito de imprecisas e ilegítimas fontes, com ou sem o nome de direito alternativo; sim, para buscar dentro do Direito as alternativas que ele sempre comporta e que os bons juízes sempre souberam identificar. Nessa perspectiva, a missão do juiz não é de apenas identificar a lei, mas também não é a de refazê-la, substituindo-se ao legislador. É, isto sim, a de retomar o trabalho do legislador ali onde ele naturalmente finda, e formular a regra do caso concreto dentro das coordenadas da lei, mas segundo as necessidade e particularidades do fato que lhe é submetido".

"Na realidade presente no Direito Público brasileiro, muito mais filiado ao modelo anglo-americano do que ao figurino francês, cujo fascínio tanto influiu sobre a cultura sul-americana do século passado, o Poder Judiciário assoma o quadro institucional como forma particularmente importante da soberania do Estado. Não se trata apenas de reconhecer-lhe paridade com os outros dois Poderes políticos; em verdade a ele tem de pertencer a supremacia, o papel dominante no concerto da tripartição".

"No sempre falado sistema de freios e contrapesos, a sobrevivência do Estado de Direito depende muito mais da atuação judicial do que da atividade legislativa ou daquela de administração. Pode-se compreender que a legislatura, detentora inclusive do poder constituinte secundário, eventualmente desborde dos limites constitucionais em que exerce o seu ofício. Pode-se igualmente conceber que o

---

[22] "Elaboração da Norma Jurídica por Interpretação. Construção no Direito Constitucional", Mirtô Fraga, art. pub. na RTDP, 20/97, p. 136.

Executivo, sobretudo nos sistemas exacerbadamente presidencialistas, como o nosso, ceda à tentação do totalitarismo e do monopólio da avaliação do interesse público. É sobretudo em tais circunstâncias – porque as instituições melhor se provam na crise do que na normalidade – que releva e sobressai o papel da jurisdição, para podar excessos e repor na correta medida o exercício do mando estatal".[23]

Em síntese, a interpretação judicial é a poderosa alavanca que movimenta e perpassa todo o controle da constitucionalidade, buscando o Julgador o sentido último da lei, a "mens legislatoris", procurando adaptar a letra fria da norma à realidade palpitante, tornando o Direito algo concreto e pleno de vida, realizando a Justiça, na sua sublime missão de árbitro maior da constitucionalidade das leis.

---

[23] "Discursos, Constituição, Justiça e Liberdade", p. 226-227.

Capítulo II

OBJETO E FORMAS DE CONTROLE DA CONSTITUCIONALIDADE. CONTROLE EM NÍVEL ESTADUAL

8. O objeto do controle da constitucionalidade. O Regulamento

Na lição de Manoel Gonçalves Ferreira Filho, "o controle de constitucionalidade é, pois, a verificação da adequação de um ato jurídico (particularmente da lei) à Constituição. Envolve a verificação tanto dos requisitos formais – subjetivos, como a competência do órgão que o editou – objetivos, como a forma, os prazos, o rito, observados em sua edição – quanto dos requisitos substanciais – respeito aos direitos e às garantias consagrados na Constituição -de constitucionalidade do ato jurídico".[24]

O objeto de uma ação direta de inconstitucionalidade ou declaratória de constitucionalidade vem previsto no art. 102, I, *a* da Carta Federal:

"Compete ao Supremo Tribunal Federal, precipuamente, a guarda da Constituição, cabendo-lhe processar e julgar, originariamente: ação direta de inconstitucionalidade de lei ou ato normativo federal ou estadual e a ação declaratória de constitucionalidade de lei ou ato normativo estadual".

Assim, a declaração de invalidade de leis e atos normativos é o objeto, por excelência, do controle por ação direta de inconstitucionalidade, e a declaração da validade é o objeto da ação declaratória, tanto em nível federal quanto estadual.

Por lei há que se entender todas as modalidades previstas no art. 59 da Carta Magna: emendas à Constituição, leis complementares, leis ordinárias, leis delegadas, medidas provisórias, decretos-legislativos e resoluções.

Por atos normativos, compreendem-se os decretos do Poder Executivo, normas regimentais dos Tribunais, quer federais, quer estaduais, resoluções ou outros atos normativos oriundos de qualquer órgão do poder público.

Acrescente-se que o art. 480 do CPC, com endereço para o controle difuso de constitucionalidade, contempla, por igual, o mesmo objeto:

"Arguída a inconstitucionalidade de lei ou de ato normativo do poder público, o relator, ouvido o Ministério Público, submeterá a questão à turma ou câmara, a que tocar o conhecimento do processo".

---
[24] "Curso de Direito Constitucional", p. 40.

Em se tratando, ademais, de controle difuso, o conflito pode dar-se com lei federal, estadual ou municipal em face da Constituição da República ou do Estado.

"O controle abstrato de normas, pode, em princípio, ter por objeto lei ou ato normativo federal ou estadual. Pela própria índole, e como está a indicar o seu desenvolvimento histórico, o controle abstrato há de se referir a normas, não devendo contemplar, por isso, os atos de efeito concreto. O Supremo Tribunal Federal não tem aplicado esse entendimento com muito rigor, sobretudo no tocante às providências em forma de lei".[25]

Registre-se, pois, que descabe o controle concentrado de norma de efeito concreto ou de lei ou ato normativo já revogado, ou cuja revogação vier a ocorrer no curso da ação e antes do julgamento final.

Um dos problemas que mais afloram é o relativamente à aferição da constitucionalidade do regulamento.

Inicialmente, cumpre verificar se ele é autônomo ou se regula uma lei.

No primeiro caso, em princípio, é passível a verificação de sua constitucionalidade, pelo controle concentrado, à semelhança da lei.

Assim já se posicionou o Supremo:

"Esta Corte, excepcionalmente, tem admitido ação direta de inconstitucionalidade cujo objeto seja decreto, quando este, no todo ou em parte, manifestamente não regulamenta lei, apresentando-se, assim, como decreto autônomo, o que dá margem a que seja ele examinado em face diretamente da Constituição no que diz respeito ao princípio da reserva legal". (*RTJ*, 142/718).

Há decisões, também, no Tribunal de Justiça do Rio Grande do Sul:

"Entendo, primacialmente, que não obstante o objeto desta ADIN se constituir em um regulamento, é ele passível de apreciação no âmbito desta ação especial, pois, ostenta um caráter de abstratividade e generalidade, e não se trata de mero regulamento, 'com caráter ancilar, ou secundário, em função da lei cujo texto pretende regulamentar'" (*RTJ*, 134/564).

"Ademais, como se verá, a norma objurgada está eivada de flagrante inconstitucionalidade, pois, o Executivo exorbitou da delegação recebida, invadindo competência legislativa da União e incluindo condições não autorizadas no texto legal. (ADIN nº 70001267517, Rel. Des. Vasco Della Giustina, j. 06.08.01)".

Realça, com pertinência, Luiz Oswaldo Palu que "os decretos regulamentares também não se prestam ao controle direto de constitucionalidade, segundo iterativa jurisprudência do Supremo Tribunal,

---

[25] Gilmar Ferreira Mendes, "Controle da Constitucionalidade. Aspectos Jurídicos e Políticos", p. 262.

salvo, alerta o Min. Carlos Velloso, 'na hipótese de não existir lei que preceda o ato regulamentar', quando então poderá ser acoimado de inconstitucional e, assim, sujeito ao controle concentrado".[26]

Quando o decreto se consubstancia no regulamento de norma, a matéria se resolve pelo princípio da hierarquia das leis, inexistindo o controle de constitucionalidade. Assim, se o Administrador se desvia do conteúdo da lei, semelhante ato não é passível do crivo do controle concentrado. Neste sentido, igualmente, a posição do Supremo:

"Se a interpretação administrativa da lei, que vier a consubstanciar-se em decreto executivo, divergir do sentido e do conteúdo da normal legal que o ato secundário pretendeu regulamentar, quer porque tenha este se projetado *ultra legem*, quer porque tenha permanecido *citra legem*, quer, ainda, porque tenha investido *contra legem*, a questão caracterizará, sempre, típica crise de legalidade, e não de inconstitucionalidade, a inviabilizar, em conseqüência, a utilização do mecanismo processual da fiscalização normativa abstrata".

"O eventual extravasamento, pelo ato regulamentar, dos limites a que materialmente deve estar adstrito poderá configurar insubordinação executiva aos comandos da lei. Mesmo que, a partir desse vício jurídico, se possa vislumbrar, num desdobramento ulterior, uma potencial violação da Carta Magna, ainda assim estar-se-á em face de uma situação de inconstitucionalidade reflexa ou oblíqua, cuja apreciação não se revela possível em sede jurisdicional concentrada". (*RTJ*, 158/54-55).

"A jurisprudência do Supremo Tribunal Federal, tem-se orientado no sentido de repelir a possibilidade de controle jurisdicional de constitucionalidade, por via de ação, nas situações em que a impugnação *in abstracto* incide sobre atos que, inobstante veiculadores de conteúdo normativo, ostentam caráter meramente ancilar ou secundário em função das leis, ou das medidas provisórias, a que aderem e cujo texto pretendem regulamentar. Em tais casos, o eventual extravasamento dos limites impostos pela lei, ou pela medida provisória, caracterizará situação de mera ilegalidade, inapreciável em sede de controle concentrado de constitucionalidade". (*RTJ*, 134/559).

"Se o ato regulamentar vai além do conteúdo da lei, pratica ilegalidade. Neste caso, não há falar em inconstitucionalidade. Somente na hipótese de não existir lei que preceda o ato regulamentar, é que poderia este ser acoimado de inconstitucional, assim sujeito ao controle de constitucionalidade. Ato normativo de natureza regulamentar que ultrapassa o conteúdo da lei não está sujeito à jurisdição constitucional concentrada". (*RTJ*, 137/1100). No mesmo sentido: *RTJ*, 158/54, 164/493, 164/499, STF – *RDA*, 184/202 e 185/179.

---

[26] "Controle de Constitucionalidade", p. 180-181.

As expressões "caráter ancilar ou secundário", anteriormente referidas na decisão do Supremo, em relação a regulamentos de diplomas legais, balizam a essência do pensamento da mais alta Corte acerca da matéria.

Assim, se os atos da Administração ou os regulamentos estiverem vinculados, na sua essência e forma, a leis, descabe o controle concentrado. Todavia esta condição desaparece quando o decreto regulamentar, não se pautando pela lei ou pelo regulamento, contiver autonomamente características de abstratividade e generalidade, desvinculado de lei regulamentadora, suprindo, muitas vezes, a própria lei.

Em edição recente, assim se manifestaram os juristas Ives Gandra da Silva Martins e Gilmar Ferreira Mendes:

"Há algum tempo vem o Supremo Tribunal Federal recusando-se a examinar a constitucionalidade dos atos regulamentares editados para a execução das leis, no juízo abstrato de constitucionalidade. Sustenta-se que, nesse caso, há uma colisão entre a lei e o regulamento, cuidando-se, pois, de 'questão de legalidade' a ser aferida no controle incidental ou concreto. Segundo esse entendimento, a aferição da constitucionalidade de ato normativo pressupõe colisão direta com a Constituição, conflito esse que não se configura na relação 'lei-regulamento'. O Tribunal admite a aferição de constitucionalidade do regulamento apenas na hipótese de manifesta ausência de fundamento legal para a expedição do ato (Constituição, artigo 84, IV)".

"Com isso, exclui-se a possibilidade de verificar a configuração, no controle abstrato de normas, da ilegalidade do ato regulamentar editado ao arrepio do princípio da reserva legal, ou que se revele incompatível com o princípio da supremacia da lei".[27]

Vale, finalmente, registrar a impossibilidade da declaração de inconstitucionalidade de normas constitucionais originárias, não se adotando a teoria alemã das normas constitucionais inconstitucionais, que abre a perspectiva de uma declaração de inconstitucionalidade de normas constitucionais em conflito com princípios constitucionais e ditames da justiça.[28]

9. O controle concentrado

O controle concentrado, direto ou abstrato de normas, por via da ação, originou-se da Emenda Constitucional nº 16 de 1965, à Constituição de 1946.

---

[27] Ver sobre o assunto " Controle Concentrado de Constitucionalidade", p. 139 e ss.

[28] Alexandre de Moraes, "Direito Constitucional", p. 585.

"O legislador constituinte não tinha, aparentemente, plena consciência da amplitude do mecanismo institucional que estava sendo adotado. Na Exposição de Motivos encaminhada ao Presidente da República, o Ministro da Justiça esclarecia que, afeiçoada no rito à ação direta para fins de intervenção, 'a representação limitada em sua iniciativa, tem o mérito de facultar, desde logo, a definição da controvérsia constitucional sobre leis novas, com economia para as partes, formando precedente que orientará o julgamento dos processos congêneres.' E, à Comissão Mista encarregada de apreciar o Projeto de Emenda pareceu que a fórmula proposta configurava, apenas, uma ampliação da faculdade consignada no parágrafo único do art. 8°, para tornar igualmente vulneráveis as leis federais por essa medida. Considerava-se, pois, que o instituto haveria de contribuir para a economia processual, atenuando a sobrecarga de processos do Supremo Tribunal Federal, com a imediata solução de controvérsias constitucionais".[29]

No sistema jurisdicional brasileiro, o controle judicial dos atos normativos se deu, ainda que em uma segunda etapa, pela moderna via da ação.

"Seu advento ocorreu com manifesto atraso e lentidão, mediante um processo que, sem embargo, lhe confere traços de irrecusável peculiaridade, sendo o mais significativo aquele referente à suspensão da lei, que todavia, não a anula".

"À primeira vista, isso viria contrariar o que os teoristas, costumam apontar como o resultado mais significativo de semelhante remédio contra as inconstitucionalidades legislativas, a saber, justamente, a anulação das leis. A verdade porém é que a criação engenhosa do constituinte pátrio, ladeando o princípio da separação dos poderes, habilidosamente poupado, logra, com o expediente da suspensão o mesmo efeito prático: a retirada de circulação da lei inconstitucional. E é o quanto basta!"[30]

O controle de constitucionalidade pela via direta remonta à Constituição austríaca de 1920, onde pontilhou o jurista Hans Kelsen.

"No controle concentrado, ou por ação direta, ou de via principal, ou austríaco, como o denominam os doutrinadores, as questões de inconstitucionalidade podem ser levantadas, a título principal, mediante processo constitucional autônomo. O controle é deferido ao tribunal de cúpula do Poder Judiciário, federal ou estadual, conforme a origem da norma atacada. Pode, também, ser deferido a uma Corte Especial".

"Trata-se de controle direto porque exercido via de ação principal por parte especialmente designada (*rectius*, legitimada) pelo texto

---
[29] Gilmar Ferreira Mendes, "Controle de Constitucionalidade. Aspectos jurídicos e Políticos", p. 239.
[30] Paulo Bonavides, "Curso de Direito Constitucional", p. 296.

constitucional federal ou estadual. A norma é atacada *in abstracto* e quando declarada a sua inconstitucionalidade forma-se uma decisão *erga omnes*, isto é, decisão que ampara todos aqueles que estão sob o manto da juricidade federal ou estadual violada".[31]

Como o adjetivo está a indicar, na ação direta, o vício que tisna a constitucionalidade de uma lei ou ato normativo do poder público é frontalmente reconhecido e, como tal, declarado.

Não se perquire do caso individualizado. Busca-se a invalidação, em tese, da norma ou ato administrativo objurgados. Tal inocorre com a via da exceção, como se verá, pois, ali a defesa de interesses pessoais ou materiais, em concreto, é que estará em jogo.

Compete ao Supremo Tribunal Federal a declaração direta de inconstitucionalidade de leis ou atos normativos federais ou estaduais, em face da Constituição Federal (art. 102, I, *a*) e aos Tribunais estaduais a de leis ou atos normativos estaduais ou municipais, em conflito com a Constituição local (Constituição Federal, art. 125, § 2º).

10. O controle difuso

O controle da constitucionalidade pode se realizar de uma outra forma, que não a direta, concentrada ou pela via da ação. Trata-se da via da exceção, também, cognominada de indireta, difusa ou incidental.

No Brasil, até 1934, admitia-se o controle da constitucionalidade tão-somente *incidenter tantum*. Teve ele sua origem nos Estados Unidos.

"A associação do sistema difuso ao constitucionalismo americano é justificada. Foi aí que, divergentemente da doutrina britânica da soberania do Parlamento, se desenvolveu a idéia de *higher law*, como *background* do Direito Constitucional americano".

"Segundo James Grant, o confronto difuso foi uma contribuição das Américas à ciência política".

"Há controle difuso quando a qualquer juiz é dado apreciar a alegação de inconstitucionalidade no bojo dos autos; todos os órgãos do Poder Judiciário podem declarar, incidentemente, em qualquer processo onde a questão for ventilada, a inconstitucionalidade de uma lei. É o que ocorre em nossas comarcas".

"A questão da inconstitucionalidade é levantada, por via de incidente, como preliminar ou no próprio fundo, por ocasião e no decurso de um processo comum. Pode ser processo civil, penal, ou

---

[31] Antônio César Lima da Fonseca, "Declaração de Inconstitucionalidade", art. publ. na RTDP, 5/94, p. 197.

administrativo, e é discutida na medida em que seja relevante para a solução do caso concreto".

"No controle indireto a declaração de inconstitucionalidade, pode-se dizer, é *a posteriori*. Diz-se que é por exceção, pois tem relação íntima com a resposta do réu, onde tal alegação vem deduzida. A norma é atacada *in concreto*, os seus efeitos são *inter partes*".[32]

No dizer do brilhante constitucionalista Michel Temer, "a via da exceção(ou de defesa) tem as seguintes peculiaridades: a) só é exercitável à vista do caso concreto, de litígio posto em juízo; b) o juiz singular poderá declarar a inconstitucionalidade de ato normativo ao solucionar o litígio entre as partes; c) não é declaração de inconstitucionalidade de lei em tese, mas exigência imposta para a solução do caso concreto; d) a declaração, portanto, não é objetivo principal da lide, mas incidente, conseqüência".[33]

Não é diversa a lição de Paulo Bonavides:

"O controle por via de exceção, aplicado às inconstitucionalidades legislativas, ocorre unicamente dentro das seguintes circunstâncias: quando, no curso de um pleito judiciário, uma das partes levanta, em defesa de sua causa, a objeção de inconstitucionalidade da lei que se lhe quer aplicar. Sem o caso concreto (a lide) e sem a provocação de uma das partes, não haverá intervenção judicial, cujo julgamento só se estende às partes em juízo. A sentença que liquida a controvérsia constitucional não conduz à anulação da lei, mas tão-somente à sua não-aplicação no caso particular, objeto da demanda. É controle por via incidental. A lei que ofenda a Constituição não desaparece assim da ordem jurídica, do corpo ou sistema das leis, podendo ainda ter aplicação noutro feito, a menos que o poder competente a revogue. De modo que o julgado não ataca a lei em tese ou *in abstracto*, nem importa o formal cancelamento das suas disposições, cuja aplicação fica unicamente tolhida para a espécie demandada. É a chamada relatividade da coisa julgada. Nada obsta, pois, a que noutro processo, em casos análogos, perante o mesmo juiz ou perante outro, possa a mesma lei ser eventualmente aplicada".[34]

Ao que acrescenta o constitucionalista gaúcho Nelson Oscar de Souza:

"O julgador, antes mesmo de examinar o mérito da pretensão do autor, há de se pronunciar sobre a alegada inconstitucionalidade. A decisão, nesses casos, apenas terá efeitos *inter partes*, isto é, os efeitos dessa decisão não se estendem a todos. O juiz deixará de aplicar a

---

[32] Antônio Cesar Lima da Fonseca. "Declaração de Inconstitucionalidade". Art. Publ. RTDP, 5/94, p. 197.

[33] "Elementos de Direito Constitucional", p. 43.

[34] "Curso de Direito Constitucional Brasileiro", p. 272-274.

norma invocada apenas naquele caso. Mas, como não pode deixar de decidir, ele o fará amparado em uma norma sadia e que seja aplicável, ou decidirá por analogia, de acordo com os costumes ou com os princípios gerais de Direito, na forma do art. 4º da Lei de Introdução ao Código Civil".

"A sentença poderá ser reexaminada pelo Tribunal competente. Se os integrantes de Câmara ou Turma também entenderem a norma inconstitucional, inclinar-se-ão pela inconstitucionalidade. Isto significa que remeterão o processo ao Tribunal Pleno para decidir a respeito, na forma do art. 97 da Constituição Federal. Um processo em que se discutir matéria constitucional poderá ascender ao Supremo Tribunal Federal, por via de recurso extraordinário".[35]

Como visto, na sistemática atual, qualquer órgão judiciário, em nível singular, como juiz federal ou estadual, ou em nível colegiado, como Tribunal, pode enfrentar e decidir incidentalmente acerca da constitucionalidade ou não de uma lei ou ato normativo, quer seja a lei ou o ato de âmbito municipal, estadual ou federal, quer ocorra em face da Carta Federal ou Estadual.

Porém, a decisão que invalida a lei ou o ato pode ser reexaminada por Tribunal, que se inclinar pela inconstitucionalidade, remeterá os autos ao Pleno do Tribunal. Este, então, decidirá, observadas certas formalidades, quanto à composição e ao *quorum*, sendo o resultado vinculativo para o órgão fracionário suscitante.[36]

Dela cuida o art. 480 do CPC: "Argüida a inconstitucionalidade de lei ou de ato normativo do poder público, o relator, ouvido o Ministério Público, submeterá a questão à turma ou câmara, a que tocar o conhecimento do processo".

Assim, encaminhados os autos ao Tribunal, na sua composição plena, caberá ao mesmo decidir acerca da constitucionalidade ou não de lei ou ato normativo, em manifestação da qual, aliás, sequer cabe recurso, a não ser embargos declaratórios, pois qualquer outra inconformidade só poderá ocorrer contra o acórdão do órgão fracionário que decidir a espécie.

A proclamação de inconstitucionalidade não faz desaparecer do mundo jurídico o diploma legislativo, mas não será ele aplicado no caso concreto.

Nem sempre o incidente se mostrará necessário. É do Tribunal de Justiça do Rio Grande do Sul a seguinte decisão:

"Constitucional e Processual Civil. Incidente de Inconstitucionalidade. Desnecessidade. Precedente do STF. 1. Embora seja reservado ao plenário do Tribunal pronunciar a inconstitucionalidade, no controle

---

[35] "Manual de Direito Constitucional", p. 171.

[36] Ver, a propósito, "Comentários ao Código de Processo Civil", J. C. Barbosa Moreira, p. 50-51.

difuso (CF/88, art. 97), não cabendo tal juízo a outro órgão fracionário e, *a fortiori*, ao relator do recurso aos efeitos do art. 557, desnecessário se mostra o incidente de inconstitucionalidade quando a decisão agravada apenas realizou interpretação de vários textos à luz da Constituição, e, sobre a tese constitucional, já ocorreu manifestação do STF, tornando aquele inútil, conforme reza o art. 481, parágrafo único, do CPC. Nesses termos, a decisão do relator não desobedeceu ao art. 557, § 1°-A do CPC. Agravo interno desprovido". (A.Int. n° 7000407900, 4ª C.C., Rel. Des. Araken de Assis, j. 10.04.02).

Vezes outras, já tendo se pronunciado o Tribunal, e sendo renovado o Incidente, este não será conhecido:

"Incidente de Inconstitucionalidade. Não se conhece do Incidente de Inconstitucionalidade quando o Órgão Especial do Tribunal já se pronunciara a respeito da mesma questão (art. 481, parágrafo único do CPC). Incidente não conhecido. (Incid. Inconst. n° 70000207571, j. 10.03.03, Rel. Des. Clarindo Favretto). No mesmo sentido: Incid. Inconst. n° 70002647105".

É de se registrar, ainda que amiúde, a ação declaratória, ou, até mesmo o mandado de segurança, têm sido empregados, como um sucedâneo do controle à constitucionalidade, na via da exceção.

Assim, não obstante a Súmula n° 266 do excelso STF enunciar que "não cabe mandado de segurança contra lei em tese", admite aquela Corte mandado "em caráter excepcional, se ocorre a eficácia concreta, direta e imediata da norma contra a qual se impetra a ordem, e não há outro remédio eficaz para obviar-lhe os efeitos". (STF-Pleno *RTJ*, 113/161).

O egrégio STJ também se orienta neste norte: "É cabível o mandado de segurança se a lei gera situação específica e pessoal, sendo, por si só, causa de probabilidade de ofensa a direito individual" (RSTJ 8/438), no que complementa: "toda vez que o ato administrativo, por sua natureza, produzir efeitos concretos e imediatos, perde ele sua característica de ato normativo". (RSTJ 27/212).

Interessante interpretação dos dispositivos de lei, envolvendo o incidente de inconstitucionalidade, foi enunciada em voto recente pelo culto e eminente Desembargador Irineu Mariani: "Em suma: a competência para declarar a inconstitucionalidade é a mesma tanto na ação direta quanto no controle difuso."

"Destarte, no controle difuso, quando o Tribunal Pleno ou Órgão Especial não tem competência para declarar a inconstitucionalidade, de tal modo que provoque a suspensão da execução pela Assembléia Legislativa, a competência é do Órgão Fracionário, que examinará a matéria em relação ao STF, assim como o juízo de Primeiro Grau em relação ao Segundo. O juiz não declara inconstitucional a lei ou ato porque a competência pertence ao STF ou ao Pleno ou Órgão Especial do TJ, mas deixa de aplicá-los por considerá-los inconstitucionais. Assim também faz o Órgão Fracionário em tais casos. Se a competência para declarar é do Pleno ou Órgão Especial do Tribunal de Justiça, suscita o incidente e faz o envio, o que acontece com as leis estaduais face à Constituição Estadual; e se a competência é do STF, deixa de aplicá-los por considerá-los inconstitucionais, o que acontece com todos os ordenamentos face à Constituição Federal. Neste caso – repito – não deve nem pode fazer o envio, pois estará delegando jurisdição, e qualquer manifestação do Pleno ou do Órgão Especial, sob o ponto de vista constitucional, é inócua". (Embargos Declaratórios n° 70008954117, 1ª C.C.,j 16.06.04.).

Neste passo, convém lembrar que o Governo, nos idos de junho de 2001, no PEC da minirreforma tributária, propôs a criação de um novo instrumento jurídico, um mecanismo chamado de "Incidente de Inconstitucionalidade" (acréscimo de um parágrafo quinto ao art. 103 da Carta Magna), com o que se suspenderiam as ações em tramitação nas instâncias ordinárias, pondo-se fim à indústria de liminares e descongestionando-se o Judiciário, em casos de reconhecida relevância, abrangendo qualquer matéria constitucional, permitindo-se aos mesmos legitimados do controle concentrado de constitucionalidade, "avocar" os feitos ao Supremo, quando do seu interesse.

Muitos apoiaram o projeto, entendendo que reduzia o custo da máquina judiciária, dava segurança à sociedade e melhorava os padrões de governabilidade. Porém, as entidades de classe, em especial a AMB, repudiaram o projeto, que violaria os princípios do contraditório, do juiz natural e do duplo grau de jurisdição, e impediria a ouvida da sociedade, restringido as decisões ao órgão central do Judiciário, assim como cercearia a atuação dos juízes e atentaria contra a liberdade ideológico-jurisdicional da magistratura.

A sua aprovação significaria o enfraquecimento do controle difuso e o paralelo agigantamento do controle concentrado, onde já se incluem as ações diretas de inconstitucionalidade, as declaratórias de constitucionalidade, as súmulas e a argüição de descumprimento de preceito fundamental, previsto na Lei 9.882 de 03.12.99.

O projeto, em boa hora, foi rejeitado.

11. O controle por omissão. O mandado de injunção

Uma das grandes novidades trazidas pela Carta de 1988 se constitui na previsão do controle de constitucionalidade por omissão, visando a afastar a inação do Legislativo ou do próprio Executivo em implementar, via legislação, a Constituição da República.

Ação e omissão são os dois lados de uma conduta. A ação traduz conduta positiva, um fazer. A omissão significa abstenção da atividade. Mas não de qualquer atividade. De uma atividade que se deveria ter feito, ou seja, de uma atividade devida. Este o sentido jurídico da omissão.

Há grande discussão em torno do tema, quando envolve o controle da constitucionalidade.

Inicialmente, foi a matéria debatida na Alemanha, de onde se irradiou para Portugal, que a erigiu em preceito constitucional (art. 283 da Carta de 1976).

Semelhante controle de índole constitucional se manifesta e atua em caso de lacuna ou ausência de uma norma, que materialize determinado princípio de índole constitucional, quando, então, o Poder Judiciário, a pedido da parte interessada, é chamado a intervir, suprindo a lacuna e a omissão do legislador, valendo-se, para tanto, entre outros meios, dos princípios gerais do Direito.

Diga-se que a omissão a ser suprida pode advir de lacuna do legislador, que não criou a lei necessária para a aplicação dos princípios constitucionais, ou do próprio administrador, que não tomou as providências exigíveis para tornar efetiva a norma constitucional.

A matéria vem regrada no art. 103, § 2º, da Carta Federal, *verbis*:

"Declarada a inconstitucionalidade por omissão de medida para tornar efetiva norma constitucional, será dada ciência ao Poder competente para a adoção das providências necessárias e, em se tratando de órgão administrativo, para fazê-lo em trinta dias".

Trata-se, como visto, de inovação na atual moldura constitucional.

"Não parou aí o ato inovador do constituinte em relação a esse instituto. Deu um passo adiante; criou também a ação direta de inconstitucionalidade por omissão. Mas omissão de que? Omissão de medida para tornar efetiva norma constitucional".

"Esse novo instrumento, provavelmente de inspiração constitucional portuguesa se dirige sem dúvida aos comportamentos omissivos do legislador como uma garantia destinada a resolver o problema da eficácia das normas constitucionais programáticas, principalmente em matéria de direitos sociais. O silêncio legislativo ulterior em muitos preceitos que demandam ação complementar ou regulamentadora do dispositivo constitucional tolheu ou invalidou alguns avanços básicos do Estado social brasileiro".

"Em virtude do volume e extensão da matéria programática inserida na Constituição, aquela garantia, formulada para conferir juridicidade e normatividade fática às regras constitucionais respectivas, se acaso malograr, será indubitavelmente em futuro não longínquo um fator desestabilizante da própria ordem constitucional do Estado social que ela buscou estabelecer e resguardar".[37]

"A primeira afirmação que se deve fazer é aquela referente à finalidade desse controle: é de realizar, na sua plenitude, a vontade constituinte. Seja: nenhuma norma constitucional deixará de alcançar eficácia plena. Os preceitos que demandarem regulamentação legislativa ou aqueles simplesmente programáticos não deixarão de ser invocáveis e exeqüíveis em razão da inércia do legislador. O que se quer é que a inação (omissão) do legislador não venha a impedir o auferimento de direitos por aqueles a quem a norma constitucional se destina. Quer-se – com tal forma de controle – passar da abstração para a concreção; da inação para a ação; do descritivo para o realizado. O legislador constituinte de 1988 baseou-se nas experiências constitucionais anteriores, quando muitas normas não foram regulamentadas por legislação integrativa, e, por isso, tornaram-se ineficazes. Ou seja: o legislador ordinário, omitindo-se, inviabilizou a vontade do legislador constituinte".

"A jurisprudência tem fixado o entendimento de que na ação direta de inconstitucionalidade por omissão objetiva-se a expedição de ato normativo necessário ao cumprimento de preceito constitucional que sem ele não poderia ser aplicado: 'Ação direta de inconstitucionalidade por omissão. Propositura visando prática de ato administrativo em caso concreto, cuja omissão ofende preceitos constitucionais – Descabimento – Possibilidade de ajuizamento somente se se objetivar a expedição de ato normativo necessário ao cumprimento de preceito constitucional que, sem ele, não poderia ser aplicado – Seguimento negado. – Inteligência e aplicação dos arts. 102, I e 103, § 2º da CF" (ADIN 19-5, DJU 14.04.89, in RT 645/184)'".[38]

Estão legitimados a propor a representação os mesmos autorizados nos termos do art. 103 da Constituição Federal.

Não obstante o grande passo, adverte o doutrinador, que "a mera ciência ao Poder Legislativo pode ser ineficaz, já que ele não está obrigado a legislar. Nos termos estabelecidos, o princípio da discricionariedade do legislador continua intacto e está bem que assim seja. Mas isso não impediria que a sentença que reconhecesse a omissão inconstitucional já pudesse dispor normativamente sobre a matéria até que a omissão legislativa fosse suprida. Com isso conciliar-se-iam o princípio político da autonomia do legislador e exigência do efetivo cumprimento das normas constitucionais".[39]

---

[37] Paulo Bonavides, "Curso de Direito Constitucional", p. 300-301.

[38] Michel Temer, "Elementos de Direito Constitucional", p. 51.

[39] José Afonso da Silva, "Curso de Direito Constitucional Positivo", p. 52.

Daí que a referida ação tem sido apontada por muitos juristas de ação "tímida e ineficaz".

Todavia, registre-se em contrário, que o Regimento Interno da Câmara dos Deputados fixa prazo para viabilizar o controle da inconstitucionalidade declarada por omissão judicial.

De notar-se, ainda, que não é possível a argüição de inconstitucionalidade, por omissão, na via do controle difuso. Como poderia alguém invocar uma norma que não existe, para exigir seu cumprimento?

Importa, finalmente, não se confundir o instituto acima analisado com o mandado de injunção.

Tem este a "finalidade de realizar concretamente em favor do impetrante o direito, liberdade ou prerrogativa, sempre que a falta de norma regulamentadora torne inviável o seu exercício. Não visa obter a regulamentação prevista na norma constitucional. Não é função do mandado de injunção pedir a expedição da norma regulamentadora, pois ele não é sucedâneo da ação de inconstitucionalidade por omissão. (art. 103, § 2º) É equivocada, portanto, data venia, a tese daqueles que acham que o julgamento do mandado de injunção visa à expedição da norma regulamentadora do dispositivo constitucional dependente de regulamentação, dando a esse remédio o mesmo objeto da ação de inconstitucionalidade por omissão. Isso quer apenas dizer que o mandado de injunção não passaria de ação de inconstitucionalidade por omissão subsidiária, a dizer: como os titulares dessa ação (art. 103) se omitiram no seu exercício, então fica deferido a qualquer interessado o direito de utilizar o procedimento injuncional para obter aquilo que primeiramente ocorria àqueles titulares buscar. A tese é errônea e absurda, porque: (1) não tem sentido a existência do dois institutos com o mesmo objetivo, e, no caso, de efeito duvidoso, porque o legislador não fica obrigado a legislar; (2) o constituinte, em várias oportunidades na elaboração constitucional, negou ao cidadão legitimidade para a ação de inconstitucionalidade; por que teria ele que fazê-lo por vias transversas? (3) absurda mormente porque o impetrante do mandado de injunção, para satisfazer seu direito (que o moveu a recorrer ao Judiciário), precisaria percorrer duas vias: uma, a do mandado de injunção, para obter a regulamentação que poderia não vir, especialmente se ela dependesse de lei, pois o legislativo não pode ser constrangido a legislar; admitindo que obtenha a regulamentação, que será genérica, impessoal, abstrata, vale dizer, por si, não satisfatória de direito concreto; a segunda via é que, obtida a regulamentação, teria ainda que reivindicar sua aplicação em seu favor, que, em sendo negada, o levaria outra vez ao judiciário para concretizar seu interesse, agora por outra ação porque o mandado de injunção não caberia".[40]

---
[40] José Afonso da Silva, "Curso de Direito Constitucional Positivo", p. 428.

Em síntese, pode-se dizer que o mandado de injunção e a ação direta de inconstitucionalidade por omissão se tocam no que diz com a ausência de norma, que obsta o exercício de direitos. Porém, se extremam na medida em que a legitimidade ativa do mandado é conferida a qualquer pessoa, e a ação direta tem como legitimados pessoas ou entidades arroladas nas Cartas Magnas.

Extremam-se, igualmente, nos efeitos. O mandado tem efeitos *inter partes*, e a ação direta, *erga omnes*.

Na ação direta, a omissão é do Poder Executivo ou Legislativo, enquanto no mandado pode a omissão provir de outras autoridades ou entidades, que estão nominadas nos arts. 102, I, *q*, e 105, I, *h*, da Constituição da República.

Críticas têm sido dirigidas à orientação do Supremo, tanto no que diz com a ação direta, quanto no que respeita ao mandado de injunção, dado que a decisão da mais alta Corte "só teria natureza mandamental, ou seja, a capacidade de informar ao poder ou órgão competente de sua omissão, para que ela seja suspensa. Para o ministro Moreira Alves, contou Oscar Vilhena Vieira, seria absurdo o Judiciário poder decidir de forma constitutiva, efetivando diretamente o direito individual do impetrante do mandado de injunção, inerte por falta de regulamentação infraconstitucional. Justificou o Ministro, como relatou Oscar Vilhena Vieira, afirmando que não sendo possível proferir uma sentença constitutiva na ação direta de inconstitucionalidade por omissão, que tem por objetivo a defesa do interesse público, seria contraditório permiti-lo no mandado de injunção, onde o impetrante tem objetivo único de ver prevalecer seus interesses individuais. Caso a hipótese fosse admitida, disse o Ministro, estar-se-ia conferindo maior importância aos interesses individuais do que aos interesses de caráter geral".[41]

Alexandre de Moraes rememora decisão do Supremo, onde o Ministro Néri da Silveira sintetiza a existência de três correntes no mais alto areópago, sendo que a majoritária, entende que reconhecida a existência de mora, comunica ao Legislativo para que elabore a lei. A minoritária provê, desde logo, sobre o exercício do direito. A intermediária comunica ao Congresso a mora, fixa prazo para seu cumprimento e, em caso de inobservância, provê a respeito.[42]

12. O controle por ação declaratória

A Ação Declaratória de Constitucionalidade foi erigida em nível constitucional através da Emenda nº 3, de 17.03.1993, cujo art. 1º modificou, em parte, a redação dos arts. 102 e 103 da Constituição Federal:

---

[41] Paulo Roberto Barros Ramos, "O Controle Concentrado de Constitucionalidade das Leis no Brasil", p. 93.

[42] Ver sobre o assunto, "Direito Constitucional", p. 178-179.

"Compete ao Supremo Tribunal Federal, precipuamente, a guarda da Constituição, cabendo-lhe processar e julgar, originariamente, a ação direta de inconstitucionalidade de lei ou ato normativo federal ou estadual e a ação declaratória de constitucionalidade de lei ou ato normativo federal " (art. 102, I, a).

"As decisões definitivas de mérito, proferidas pelo Supremo Tribunal Federal, nas ações declaratórias de constitucionalidade de lei ou ato normativo federal, produzirão eficácia contra todos e efeito vinculante, relativamente aos demais órgãos do Poder Judiciário e ao Poder Executivo" (art. 102, § 2º).

"A ação declaratória de constitucionalidade poderá ser proposta pelo Presidente da República, pela Mesa do Senado Federal, pela Mesa da Câmara dos Deputados ou pelo Procurador-Geral da República" (art. 103, § 4º).

A novel ação integra o sistema de controle concentrado das normas, onde o Supremo é chamado a decidir, em tese, a respeito de lei controvertida.

"A espera de uniformização da jurisprudência, pela reiterada aplicação ou recusa de aplicação da lei ou ato normativo aos casos concretos, prolongaria indefinidamente o estado de incerteza e é precisamente na correção preventiva dessa situação que a inovação apresenta maior transcendência. Considerou o legislador constituinte, segundo critério e valoração jurídica e política, preponderante o interesse geral na solução imediata da controvérsia em torno da legitimidade constitucional da lei ou ato normativo e, portanto, na defesa da integridade da ordem jurídica, para impedir a ocorrência de danos irreparáveis, prevenir a ocorrência de lesões a direitos subjetivos, que poderiam resultar irremediáveis pelo decurso do tempo, e, ainda, assegurar o mesmo tratamento jurídico a situações idênticas, devendo lembrar-se que, sem esse instrumento, o próprio pronunciamento judicial encontraria, não raro, o obstáculo dos interesses criados e dos fatos consumados, à sombra de uma interpretação equivocada da controvérsia constitucional".[43]

"É nesse contexto que surge também a necessidade de que se desenvolva um instrumento que assegure ao Legislativo e ao Executivo a possibilidade de provocar o Judiciário, não para provocar uma declaração de inconstitucionalidade, mas ao revés, para afirmar, de maneira definitiva, a legitimidade de uma lei".

"A Emenda Constitucional nº 3, de 1993, veio, ainda que parcialmente, colmatar a lacuna identificada, permitindo que, em caso de dúvida ou controvérsia sobre a legitimidade de uma lei federal,

---

[43] Moacir Antônio Machado da Silva, "Ação Declaratória de Constitucionalidade", art. pub. na RTDP, 6/94, p. 154.

pudessem o Presidente da República, a Mesa da Câmara dos Deputados, a Mesa do Senado Federal, ou, ainda, o Procurador-Geral da República provocar o Supremo Tribunal, com o objetivo de colher, com eficácia contra todos e efeito vinculante, uma declaração de constitucionalidade de ato normativos".[44]

"Enquanto na ação direta de inconstitucionalidade a demonstração da incompatibilidade vertical entre lei ou ato normativo e a Constituição Federal já é o bastante para a instauração do processo constitucional, na ação declaratória de constitucionalidade só se pode vislumbrar interesse de agir diante da controvérsia grave em torno da legitimidade da norma, capaz de abalar a presunção de sua constitucionalidade. A ação visa à defesa da integridade da ordem jurídica de modo que a configuração de uma situação contrária ao direito, a justificar a instauração do processo constitucional, depende da verificação objetiva de um estado de dúvida de grandes proporções quanto à legitimidade da norma".[45]

Lavra profundo dissídio a respeito da conveniência deste instituto.

Assim, "a Associação dos Magistrados Brasileiros sustenta que a ação declaratória de constitucionalidade suprime a função criadora judicial e garantias fundamentais, intangíveis ao poder de reforma constitucional, por força do art. 60, § 4º, IV, da Lei Maior, como a de acesso ao Judiciário, a do devido processo legal, a da ampla defesa e do contraditório, inscritas no art. 5º, incisos XXXV, LIV e LV, da Constituição Federal".

"Considera, ainda, que a inovação termina por atribuir ao Supremo Tribunal Federal a condição de órgão consultivo do Legislativo e Executivo, para exercer verdadeira função legislativa, violando o princípio da separação de Poderes, que também constitui cláusula pétrea da Carta de 1988, gerando ainda perplexidade, porque a atividade da Suprema Corte é dirigida unicamente à confirmação da presunção de validade da lei".[46]

Não parece, todavia, procedente a dúvida suscitada.

Não exerce o Supremo uma função meramente consultiva, mas tem a função específica de solucionar uma controvérsia constitucional, dando os rumos corretos na manutenção hígida da ordem jurídica.

O jurista José Afonso da Silva analisa, também, a perplexidade suscitada pela referida Emenda:

"A inovação imediatamente suscitou controvérsias sobre sua legitimidade político-constitucional. Viram-se nela inúmeras inconsti-

---

[44] Gilmar Ferreira Mendes, "O Poder Executivo e o Poder Legislativo no Controle da Constitucionalidade", art. publ. na RTDP, 19/97, p. 227.

[45] Moacir Antônio Machado da Silva, "Ação Declaratória de Constitucionalidade", art. pub. na RTDP, 6/94, p. 155.

[46] Idem, ibidem, p. 155.

tucionalidades, por violação dos princípios do acesso à justiça (art. 5º, XXXV), do devido processo legal (art. 5º, LIV), do contraditório, da ampla defesa (art. 5º, LV), do princípio da separação dos poderes, todos protegidos pelas malchamadas cláusulas pétreas da Constituição (art. 60, § 4º, III e 1V). Tal como Celso Bastos, não sustentamos que a ação declaratória de constitucionalidade seja de per si e para sempre inconstitucional. Também não a descartamos por completo, como o fez Gilmar Ferreira Mendes. Conforme expusemos de outra feita, trata-se de uma ação que tem a característica de um meio paralisante de debates em torno de questões jurídicas fundamentais de interesse coletivo. Terá como pressuposto fático a existência de decisões de constitucionalidade, em processos concretos, contrárias à posição governamental. Seu exercício, portanto, gera um processo constitucional contencioso, de fato, porque visa desfazer decisões proferidas entre partes, mediante sua propositura por uma delas. Nesse sentido, ela tem verdadeira natureza de meio de impugnação antes que de ação, com o mesmo objeto das contestações apresentadas nos processos concretos, sustentando a constitucionalidade da lei ou ato normativo federal, e sem as contra-razões das partes contrárias. Então, a rigor não se trata de processo sem partes e só aparentemente é processo objetivo, porque, no fundo, no substrato da realidade jurídica em causa, estão as relações materiais controvertidas que servem de pressupostos de fato da ação".

"Tendo isso em consideração é que se afirma que o exercício da ação pode gerar ofensa ao princípio do contraditório e da ampla defesa. Se isso acontecer, tem-se uma aplicação inconstitucional da ação. Vale dizer que a questão constitucional se desloca para a hipótese de decisão constitucional interpretativa. Se houver decisão de rejeição da ação, não há inconstitucionalidade. Se houver decisão de acolhimento, haverá, se a ação declaratória de constitucionalidade for um instrumento de decisão definitiva, que paralise processos concretos sem o contraditório e o devido processo legal. Essa é a idéia que subjaz no voto do Min. llmar Galvão no julgamento da constitucionalidade da EC 3/93, que é constitucional, mas pode ter aplicação inconstitucional se, no seu processamento, não se atender a um mínimo de contraditório; 'é indispensável na ação de constitucionalidade', segundo o voto do Min. Carlos Veloso, e 'indispensável à configuração de qualquer processo judicial', reforça o voto do Min. Ilmar Galvão. Contudo, contra esses votos e mais o voto do Min. Marco Aurélio, o STF julgou constitucional a referida emenda constitucional, sem essas restrições, nos termos do voto do Min. Moreira Alves".[47]

Também manifesta sua perplexidade o eminente jurista Clèmerson Merlin Clève:

---
[47] José Afonso da Silva, "Curso de Direito Constitucional Positivo", p. 59-60.

"Assim, não se afigura admissível a propositura de ação direta de constitucionalidade, se não houver controvérsia ou dúvida relevante quanto à legitimidade da norma".

"A insegurança poderá resultar de pronunciamentos contraditórios da jurisdição ordinária sobre a constitucionalidade de determinada disposição".

"Se a jurisdição ordinária, através de diferentes órgãos, passar a afirmar a inconstitucionalidade de determinada lei, poderão os órgãos legitimados, se estiverem convencidos de sua constitucionalidade, provocar o STF para que ponha termo à controvérsia instaurada".

"Da mesma forma, pronunciamentos contraditórios de órgãos jurisdicionais diversos sobre a legitimidade da norma poderão criar o estado de incerteza imprescindível para a instauração da ação declaratória de constitucionalidade".

"Embora as decisões judiciais sejam provocadas ou mesmo estimuladas pelo debate doutrinário, é certo que simples controvérsia doutrinária não se afigura suficiente para objetivar o estado de incerteza apto a legitimar a propositura da ação, uma vez que, por si só, ela não obsta à plena aplicação da lei".

"Assim, não configurada dúvida ou controvérsia relevante sobre a legitimidade da norma, o STF não deverá conhecer da ação proposta".

"É certo, pois, que somente a configuração de um estado de incerteza poderá legitimar concretamente a instauração do controle abstrato de normas na sua acepção positiva".

"Ao julgar a Ação Declaratória de Constitucionalidade n° 1, firmou o STF entendimento no sentido de que referida ação somente poderia ser proposta em caso de existência de firme controvérsia judicial sobre a legitimidade da lei federal".[48]

Apesar de todas as críticas e objeções que se movem à referida ação, parece certo que se impõe a existência de um instrumento assecuratório aos outros Poderes, quanto à possibilidade de recorrerem ao Poder Judiciário para aclarar-se e, como o termo está a dizer, para declarar-se definitivamente a constitucionalidade de uma lei ou ato normativo.

Exemplo mais recente acerca da matéria e de sua importância e aplicabilidade é a decisão do excelso STF, em sessão plenária de 28.06.2001, declarando constitucional os cortes de energia elétrica e multas para quem não cumprir as metas do Programa de Racionamento de Energia em vigor nas Regiões Sudeste, Centro-Oeste e Nordeste, implementadas através de Medida Provisória do Presidente da Repú-

---

[48] "Declaração de Inconstitucionalidade de Dispositivo Normativo em Sede de Juízo Abstrato e Efeitos sobre os Atos Singulares Praticados sob sua Égide", art. pub. na RTDP, 17/97, p. 243-244.

blica, com efeito, inicialmente, *erga omnes*, tornando ineficazes as liminares que já haviam sido concedidas por vários juízes.

13. O controle por descumprimento de preceito fundamental

A matéria vem, inicialmente, prevista na Carta Federal de 1988, *verbis*: "a argüição de descumprimento de preceito fundamental decorrente desta Constituição será apreciada pelo Supremo Tribunal na forma da lei " (art. 102, § 1º).

O Congresso Nacional só editou a Lei nº 9.882, de 3 de dezembro de 1999, mais de dez anos após, daí por que os precedentes acerca da matéria são raros.

Semelhante controle tem a ver diretamente com os preceitos fundamentais da Constituição.

Serão estáticos tais preceitos, constituindo-se em "numerus clausus"?

Bem aclarou Zeno Veloso, que "o que hoje se pode considerar preceito fundamental, dada a dinamicidade do ordenamento jurídico, pode ter a sua densidade normativa diminuída no decorrer do tempo. O texto do dispositivo está inserido num certo contexto fático-político-social que, variando, determina a moderação do conteúdo do preceito. Inversamente, o fenômeno pode transformar, futuramente, em preceito fundamental o que não tem este *status* atualmente".

"A Constituição já indica os seus princípios fundamentais, nos arts. 1º a 4º (forma federativa do Estado, soberania, cidadania, dignidade da pessoa humana, valores sociais do trabalho e da livre iniciativa, pluralismo político, independência e harmonia entre os poderes). Aponta, também, em enumeração que não é taxativa, os direitos e garantias fundamentais (art. 5º). Relaciona, mais, os princípios regentes da administração pública (art. 37). Designa, outrossim, os princípios constitucionais sensíveis (art. 60, § 4º, I a IV)".[49]

O objeto da argüição poderá ter caráter preventivo ou repressivo, conforme visar a evitar ou a reparar lesão a direito fundamental, resultante de ato do poder público, quando não houver outro meio eficaz de sanar a lesividade (arts. 1º e 4º, § 1º, da Lei nº 9.882/99).

Os legitimados ativos para a propositura da ação são os mesmos da ação direta de inconstitucionalidade (art. 2º, I).

Os requisitos da petição inicial não diferem das exigências de ações deste gênero, impondo-se, porém, se for o caso, a prova da violação do preceito fundamental (art. 3º).

---
[49] "Controle Jurisdicional de Constitucionalidade", p. 295-296.

O Supremo poderá deferir pedido de medida liminar, por decisão da maioria absoluta de seus membros (art. 5º).

Excepcionalmente, estará autorizado o próprio Relator a conceder a liminar, *ad referendum* do Pleno.

Solicitadas as informações às autoridades responsáveis pela prática do ato questionado, antes ou após a decisão sobre a liminar, o Ministério Público terá vista do processo por cinco dias (art. 7º).

A decisão será tomada com a presença de no mínimo dois terços dos Ministros (art. 8º).

O *decisum* terá eficácia contra todos e efeito vinculante relativamente aos demais órgãos do Poder Público.

No art. 11 se prevê que o Supremo poderá, por maioria de 2/3, restringir os efeitos da declaração ou decidir que ela só tenha eficácia a partir de seu trânsito em julgado ou de outro momento que venha a ser fixado.

Pode-se dizer que a declaração de constitucionalidade é "um novo instituto do sistema brasileiro de controle jurisdicional da constitucionalidade, fortalecendo nosso arsenal jurídico de defesa dos direitos fundamentais e das liberdades, garantindo a supremacia da Constituição e o regime democrático, que ela cultua e assegura. Para restabelecer tais direitos, pode ser necessário, eventualmente, declarar a inconstitucionalidade de lei ou ato normativo em razão dos quais ocorria a violação dos mesmos direitos. Além disto, a argüição de descumprimento de preceito fundamental é cabível quando for relevante o fundamento da controvérsia constitucional sobre lei ou ato normativo federal, estadual ou municipal".[50]

O brilhante constitucionalista Celso Ribeiro Bastos é entusiasta do instituto:

"Pode-se dizer que a medida judicial da argüição, de berço constitucional, veio lançar o Direito pátrio na vanguarda absoluta, sobranceiro no resguardo à Constituição e, especialmente, de seus valores principais, dentro do cenário internacional, criando um sofisticado e preciso sistema de medidas para proteger-se o Documento Magno. A lei representa, antes, uma resposta aos anseios da doutrina específica e à própria jurisprudência do Supremo Tribunal Federal, que se ressentiam da falta de lei que conferisse executoriedade ao instituto previsto desde a Constituição. Já agora o Direito brasileiro pode contar com medida judicial que serve especificamente ao amparo daquelas normas constitucionais nas quais estejam refletidos os valores constitucionais fundamentais".[51]

---

[50] Zeno Veloso, "Controle Jurisdicional de Constitucionalidade", p. 308-309.

[51] "Curso de Direito Constitucional", p. 425.

Escusado é dizer que, à falta de legislação específica, não cabe tal ação perante o Tribunal de Justiça do Estado.

14. O controle da constitucionalidade em nível estadual. O Rio Grande do Sul

Tem-se proclamado que o controle da constitucionalidade das leis em nível estadual é uma das formas mais marcantes de se assegurar as autonomias estadual e municipal.

"O Estado-membro, em virtude de sua autonomia, é dotado de um direito próprio para estabelecer regras obrigatórias e isto não como delegação do poder central, mas em virtude de uma disposição constitucional, o que vem a diferenciá-lo do Estado Unitário".

"A norma constitucional do Estado-membro tem supremacia frente às outras normas do ordenamento jurídico estadual, apresentando-se como um subsistema do sistema constitucional federal, estando sujeito às normas e procedimentos determinados pelo Poder Constituinte Originário, competente para a criação da norma magna da Federação, sua Constituição. O que deve ser fixado é que, em decorrência da rigidez constitucional, as Constituições dos Estados-membros da Federação são dotadas de supremacia, havendo uma hierarquia entre elas e o ordenamento jurídico conseqüente, de forma que as normas inferiores devem ser com ela compatíveis, sob pena de invalidade, toda vez que se configurar uma discordância entre as normas de nível inferior e a norma máxima do sistema estadual, representada por sua Constituição".[52]

A autonomia estadual se manifesta "sobretudo pelo poder de auto-organização, ou seja, na possibilidade de o ente federativo editar sua Constituição e suas leis; ter, enfim a sua própria ordem jurídica".

"O Poder constituinte atribuído aos Estados-membros é decorrente, sucessivo, portanto, subordinado ao Poder Constituinte originário, e os limites de seu exercício constam, expressa ou implicitamente, na Constituição Federal".

"Ao elaborar e reformar sua Constituição, ao editar suas leis, o Estado-membro deve observar os princípios estabelecidos na Carta Magna, até por ser esta a lei maior, a lei suprema de toda a ordem jurídica, e na qual todo o direito positivo estatal vai buscar seu fundamento de validade".

"A principal conseqüência da autonomia é o poder do Estado-membro criar as suas próprias normas jurídicas, editar a sua Constitui-

---

[52] Regina Maria Macedo Nery Ferrari, "Efeitos da Declaração de Inconstitucionalidade", p. 170-173.

ção, bem como revisá-la, modificá-la, adaptá-la à novas exigências sociais, políticas, econômicas".

"Havendo na Constituição do Estado-membro dispositivo que colida com os princípios da Constituição Federal, o preceito é inconstitucional. Do mesmo modo, serão inconstitucionais leis e atos normativos estaduais que antagonizem a Carta Magna. O controle da constitucionalidade, nestes casos, pode ser exercido incidentalmente ou através de ação direta de inconstitucionalidade, perante o STF " (CF, art. 102, I, *a*).[53]

A Constituição Federal preceitua que os "Estados organizam-se e regem-se pelas Constituições e leis que adotarem, observados os princípios desta Constituição" (art. 25).

A mesma Carta Federal confere aos Tribunais de Justiça a competência para a verificação da constitucionalidade das leis e atos normativos estaduais ou municipais em face da Constituição Estadual (art. 125, § 2º).

O Rio Grande do Sul, após a proclamação da República, em 15 de novembro de 1889, teve nada menos do que oito Constituições Estaduais: nos anos de 1891 (14 de julho); 1892 (29 de março); 1935 (27 de junho); 1945 (29 de outubro); 1947 (8 de julho); 1967 (14 de maio); 1970 (27 de janeiro) e 1989 (3 de outubro).

Nesse período, igualmente, foram publicadas 12 leis ou Resoluções fundamentais de Organização Judiciária: nos anos de 1895 (Lei nº 10); 1925 (Lei nº 346); 1940 (Dec.-Lei nº 9); 1942 (Dec. nº 544-Consolidação); 1945 (Dec.-Lei nº 799); 1950 (Lei nº 1008); 1957 (Lei nº 3119); 1966 (Lei nº 5.256); 1970 (DOE 02.09.70); 1975 (DOE 22.11.75) e 1980 (Lei nº 7.356).

O art. 32, I, do Decreto 544, de 5 de junho de 1942, no seu art. 32, I, dispunha que "compete ao Tribunal de Apelação: declarar a inconstitucionalidade de lei federal ou de ato do Presidente da República".

A Constituição Estadual de 1947, publicada no DOE de 8 de julho, estabelecia no art. 120: "A inconstitucionalidade de lei ou de ato do Poder Público só poderá ser declarado pelo voto da maioria absoluta dos membros do Tribunal de Justiça".

O Código de Organização Judiciária do Estado de 1950 (Lei nº 1.008, de 12 de abril) também previa, no seu art. 24, I: "Compete ao Tribunal Pleno: declarar a inconstitucionalidade de lei ou de ato do Poder Público".

O COJE que se seguiu, em 1957 (Lei nº 3.119, de 14 de fevereiro) manteve no art. 23, I, a mesma redação da legislação anterior.

Já o COJE de 1966 (Lei nº 5.256, de 2 de agosto) assim disciplinou a matéria, no art. 15:

---

[53] Zeno Veloso, "Controle Jurisdicional de Constitucionalidade", p. 329-332.

"Só pelo voto da maioria absoluta de seus membros, poderá o Tribunal declarar a inconstitucionalidade de lei ou de ato do Poder Público".

No parágrafo único do citado dispositivo, acrescentou que "no julgamento a que se refere este artigo, o Tribunal deverá funcionar com 20 de seus membros substituídos na forma deste Código, os que faltarem ou estiverem impedidos".

"A Emenda Constitucional de n° 16/65 à Carta Federal de 1946, possibilitou a instituição, pelos Estados-membros, de representação de inconstitucionalidade de lei municipal em face da Constituição Estadual. Silenciou contudo, quanto às leis estaduais. Enquanto a Constituição de 1967, nada disse, a Emenda Constitucional n° 1/69 estabeleceu a representação interventiva de lei municipal (art. 15, § 3°, d) para assegurar a observância dos princípios indicados na Constituição Estadual, bem como para prover a execução de lei, ordem ou decisão judicial. Inexistia, vigente a Constituição de 1969, dispositivo da Constituição Federal que autorizasse os Estados a instituir mecanismo de controle, em tese, de leis estaduais ou municipais em face de suas respectivas Constituições, ou mesmo em face da Constituição Federal. Não obstante, alguns Estados instituíram instrumentos de defesa da Constituição (São Paulo e Paraná, por exemplo). Outros, conquanto não os tivessem instituído, aceitaram, em sede jurisprudencial, embora inexistente norma a respeito, ações diretas de inconstitucionalidade de atos estaduais ou municipais em face da Constituição Federal. O Supremo Tribunal Federal, apreciando recursos extraordinários interpostos contra decisões proferidas nessas ações diretas, previstas ou não (expressamente) em norma constitucional estadual, definiu que o controle abstrato-concentrado da constitucionalidade era matéria de sua exclusiva competência. Por isso não poderiam os Estados-membros, adotar mecanismos próprios de defesa de suas Constituições".[54]

Este foi o caso do Rio Grande do Sul, tendo o Tribunal de Justiça estabelecido precedente, com base no art. 200 da Carta Federal.

A Constituição Estadual de 1967 (14 de maio) dispôs no seu art. 121 que "somente pelo voto da maioria absoluta de seus membros, poderão os Tribunais declarar a inconstitucionalidade da lei ou de ato do Poder Público".

A Constituição do Estado do Rio Grande do Sul, promulgada em 27 de janeiro de 1970, não disciplinou a matéria, talvez porque constante do Código de Organização Judiciária.

Já, por exemplo, a Constituição do Estado do Rio de Janeiro, no seu art. 79, parágrafo único, previu que ao Procurador-Geral de Justiça, por iniciativa própria ou mediante provocação do Governador, de

---

[54] Clèmerson, Merlin Clève, "A Fiscalização Abstrata de Constitucionalidade", p. 265.

Prefeito ou de Presidente da Câmara Municipal interessada, caberia representar ao Tribunal de Justiça sobre a inconstitucionalidade de lei ou ato normativo municipal.

A Constituição da República de 1988, no seu art. 125, §2º, dispôs caber aos Estados "a instituição de representação de inconstitucionalidade de leis ou atos normativos estaduais ou municipais em face da Constituição Estadual, vedada a atribuição da legitimação para agir a um único órgão".

Assim, foi assegurada a representação de inconstitucionalidade de leis ou atos normativos estaduais e municipais em face da Constituição Estadual, com a única ressalva de que a propositura da ação não poderia ser confiada a um único órgão ou entidade.

A disposição constitucional revogou a Súmula 614 do STF, que previa que somente "o Procurador-Geral de Justiça tem legitimidade para propor a ação direta interventiva por inconstitucionalidade de lei municipal".

"Cria-se assim um duplo mecanismo de defesa direta contra a inconstitucionalidade de atos normativos estaduais, tornando possível submeter o mesmo ato ao controle do Tribunal de Justiça, que apreciará a matéria, com base no parâmetro normativo estadual – a Constituição Estadual – e do Supremo Tribunal Federal, ao qual compete aferir a constitucionalidade dos atos normativos tendo como parâmetro a Constituição Federal".[55]

Obediente ao preceito constitucional maior, a Carta Sul-Rio-Grandense, promulgada a 3 de outubro de 1989, no seu art. 95, XII, *d*, atribuiu a competência ao Tribunal de Justiça, para processar e julgar "a ação direta de inconstitucionalidade de lei ou ato normativo estadual perante esta Constituição, e de municipal perante esta e a Constituição Federal, inclusive por omissão".

E no art. 93, IX, estabeleceu que "compete aos tribunais de segunda instância, além do que lhes for conferido em lei: declarar a inconstitucionalidade de lei ou de ato normativo, pela maioria absoluta de seus membros ou do respectivo órgão especial".

Tal dispositivo foi editado quando ainda existente o Tribunal de Alçada. Hoje só estão funcionando no âmbito estadual duas Cortes: o Tribunal de Justiça e o Tribunal Militar.

No parágrafo primeiro do art. 95, a Constituição Estadual definiu a quem competia a propositura da ação:

"O Governador do Estado; a Mesa da Assembléia Legislativa; o Procurador-Geral de Justiça; o Titular da Defensoria Pública; o Conselho Seccional da Ordem dos Advogados do Brasil; Partido político com

---

[55] Gilmar Ferreira Mendes, "Aspectos da Declaração de Inconstitucionalidade dos Atos Normativos", art. publ. na RTDP, 2/93, p. 267.

representação na Assembléia Legislativa; Entidade sindical ou de classe de âmbito nacional ou estadual; Entidades de defesa do meio ambiente, dos direitos humanos e dos consumidores, de âmbito nacional ou estadual, legalmente constituídas; o Prefeito Municipal; a Mesa da Câmara Municipal".

No parágrafo segundo do referido artigo, a Carta Estadual dispôs acerca de quem tem a legitimidade para propor a ação de inconstitucionalidade de lei ou ato normativo municipal, ou por omissão:

"O Governador do Estado; o Procurador-Geral de Justiça; o Prefeito Municipal; a Mesa da Câmara Municipal; Partido político com representação na Câmara de Vereadores. Entidade sindical; o Conselho Seccional da Ordem dos Advogados do Brasil; o Titular da Defensoria Pública; as entidades de defesa do meio ambiente, dos direitos humanos e dos consumidores legalmente constituídas; Associações de bairro e entidades de defesa dos interesses comunitários legalmente constituídas há mais de um ano".

"A Constituição do Estado do Rio Grande do Sul (3.10.89), ampliou sobremodo a legitimação para essa ação direta, legitimando até o Titular da Defensoria Pública, algo que a Carta Federal não fez, embora pudesse fazê-lo, se assim entendesse necessário".

"Parece-nos que o constituinte estadual extrapolou, transformando um meio excepcional de ataque à lei inconstitucional num meio quase comum. Claro, ampliando a legitimação, aumenta a possibilidade de ajuizamentos, com o conseqüente inchaço, pode-se dizer, das pautas do Tribunal. Também possibilita que entidades menos avisadas ataquem normas cuja constitucionalidade já está em discussão. Foi tão distante esse constituinte que permitiu a uma Mesa da Câmara Municipal a possibilidade de atacar a norma estadual, quando sabemos a carência jurídica de certos Municípios, onde não controlam sequer a legalidade das suas leis orgânicas".

"Mas, com relação à Defensoria Pública, o fato é que, se o Constituinte maior quisesse outorgar legitimidade à instituição, teria feito. E por que não o fez? Porque entendeu que já havia legitimação suficiente, e já extensa, no próprio texto criado. Logo, inadequada a 'criação' gaúcha".

"Como se não bastasse, a Carta Rio-Grandense confere letigimidade às entidades de defesa do meio ambiente, dos direitos humanos e dos consumidores, de âmbito estadual ou nacional, legalmente constituídas (art. 95, § 1º, VIII da CERS/89). Aí invadiu seara reservada ao Ministério Público. Ora, se a Instituição ministerial é encarregada (também) da defesa da ordem jurídica e dos interesses sociais individuais e indisponíveis, incluídos direitos do consumidor (art. 82, I, da Lei nº 8.078/90, atualmente e admitido antes), e o Procurador-Geral de

Justiça já está legitimado à ação direta (art. 95, § 1º, III da CERS/89), não vemos razão em 'brindar' com aquela titularidade. Aqui, também, vale o argumento de que o legislador federal constituinte não reputou necessária a ampliação".

"Ademais, a prática tem demonstrado que, ao final e ao cabo, são os Chefes do Ministério Público Federal e Estadual, com suas independências e garantias, quem acaba suscitando judicialmente tais questões".[56]

No art. 53, XIII, enunciou a Carta Estadual que compete à Assembléia Legislativa, em decorrência de pronunciamento de inconstitucionalidade, "suspender, no prazo máximo de trinta dias, no todo ou em parte, a execução de lei estadual ou municipal que o Tribunal de Justiça declarar, em caráter definitivo, inconstitucional em face desta Constituição".

Dois outros aspectos importam, ainda, salientar: o controle por ação omissão e o controle por ação declaratória nos Estados.

Sinale-se que a Constituição Federal não previu expressamente a instituição nos Estados–Membros do controle da constitucionalidade por omissão.

"É fácil verificar, entretanto, que o Constituinte pretendeu dotar o Estado-membro de competência para dispor sobre a defesa de sua Constituição. Atribuiu, afinal aos Estados-membros, a competência que o Supremo Tribunal Federal, à luz da Constituição de 1969, entendeu não possuírem. Por outro lado o Constituinte Federal permitiu que os Estados organizem a sua Justiça, observados os princípios estabelecidos na Lei Fundamental (art. 125, *caput*)".

"Ao organizar a sua Justiça, pode a Coletividade Estadual dotar o Tribunal de Justiça de competência para julgar e processar ação de inconstitucionalidade por omissão, observado, evidentemente, o princípio da simetria. O Estado-membro não pode, portanto, conferir competência para órgão jurisdicional, em ação de inconstitucionalidade por omissão, ou suprir o silêncio do Legislador com a edição de sentença normativa. O provimento judicial cabível há de ser o mesmo admitido no plano federal".

"Outros dois argumentos a favor da tese podem ser lançados. Se o Constituinte estadual pode o mais (declarar a inconstitucionalidade em tese de lei municipal ou estadual em face da Constituição Estadual), por que não poderia o menos (declarar a inconstitucionalidade por omissão de medida normativa exigida na Constituição Estadual)? A primeira hipótese é mais grave, porque a decisão implica a nulidade do ato impugnado. Na segunda, o provimento judicial vai se circunscrever

---

[56] Antônio César Lima da Fonseca, "Declaração de Inconstitucionalidade", art. publ. na RTDP, 5/94, p. 199.

à declaração de mora legislativa (em sentido amplo) com a ciência ao Poder remisso para o suprimento da omissão censurada. Afinal, apenas a declaração de inconstitucionalidade por omissão pode resolver alguns casos de inércia inconstitucional parcial. Despidos de competência para a declaração de inconstitucionalidade por omissão, ficarão os Tribunais de Justiça impedidos de oferecer solução adequada a boa parte das questões constitucionais suscitadas, especialmente aquelas em que o Legislador, tendo editado ato normativo, agrida a vontade constitucional, não pelo seu ato, mas porque: (i) ou não satisfez integralmente o dever constitucional de legislar (inconstitucionalidade absoluta parcial); (ii) ou feriu o princípio da isonomia em virtude de exclusão de benefício com ele incompatível(omissão relativa ou material)".[57]

No Rio Grande do Sul, a Constituição Estadual contemplou o controle por omissão no art. 95, XII, *d*.

No Estado de São Paulo, também, a Constituição Estadual declarou como competente o Tribunal para julgar, originariamente, "ação de inconstitucionalidade por omissão, em face de preceito desta Constituição". (Art. 74, VI)

O mesmo ocorre no Estado do Paraná, conforme preceituado nos arts. 101, VII e 113, § 1º.

O outro aspecto que importa abordar é no tocante ao controle por ação declaratória no âmbito estadual.

Podem os Estados instituir a ação declaratória de constitucionalidade, visando a afirmar a legitimidde de atos normativos ou leis estaduais e municipais em face da Constituição Estadual?

O festejado constitucionalista José Afonso da Silva preleciona que a ação declaratória de constitucionalidade "não tem por objeto a verificação da constitucionalidade de lei ou ato normativo estadual nem municipal, nem está prevista a possibilidade de sua criação nos Estados. A competência para processar e julgar é exclusivamente do Supremo Tribunal Federal".[58]

Razão assiste ao conspícuo doutrinador, não podendo a declaratória de constitucionalidade ser objeto de ação perante o Tribunal de Justiça, e conseqüentemente, no âmbito do próprio Estado.

A conclusão dimana dos precisos termos constitucionais, onde, inclusive, se proclama quem tem a legitimidade para propô-la, estando afastada a declaração no âmbito estadual, mesmo porque quando o Constituinte maior assim quis dispor, ele o fez claramente.

---

[57] Clèmerson Merlin Clève, "A Fiscalização Abstrata de Constitucionalidade no Direito Brasileiro", p. 267.

[58] "Curso de Direito Constitucional Positivo", p. 62.

Ademais, a Constituição do Estado do Rio Grande do Sul silencia a respeito, o mesmo inocorrendo relativamente à ação direta de inconstitucionalidade por omissão.

Já Clèmerson Merlin Clève tem opinião diferente, pois, "resumindo-se a declaração de constitucionalidade a uma das dimensões da ação direta de inconstitucionalidade, e, podendo, ademais o Estado-membro organizar a sua Justiça e instituir meios de defesa de sua Constituição, é indubitável que o Estado-membro pode adotá-la. Porém, o seu uso iria se revelar de escassa ou de nenhuma utilidade. Ora, declarado constitucional em face da Carta Estadual, nem por isso deixaria o ato normativo estadual de sofrer impugnação, em tese ou incidentalmente, em face da Constituição Federal. Não há razão, portanto, para sua adoção no plano estadual, salvo no que diz respeito a questões de cunho estritamente local, as quais, admita-se, não são de fácil definição à luz da Lei Fundamental de 1988".[59]

---

[59] "A Fiscalização Abstrata de Constitucionalidade no Direito Brasileiro", p. 269.

Capítulo III

O MUNICÍPIO E O CONTROLE DE SUAS LEIS E ATOS NORMATIVOS

15. O município. Histórico. A Constituição de 1988

Os municípios se regeram durante o período colonial pelas Ordenações Filipinas.

A Constituição do império lhes dedicou três artigos.

Previu que em todas as cidades e vilas haveria câmaras, às quais competiria o governo econômico e municipal (art. 167). Estas seriam eleitas e compostas por vereadores (art. 168). Uma lei regularia o exercício das funções municipais e aplicação de suas rendas (art. 169).

Realmente, em 1828 editou-se a lei, em noventa artigos, que detalhou a vida dos municípios.

A Constituição Republicana de 1891 dispôs, no art. 68, que "os estados organizar-se-ão de forma que fique assegurada a autonomia dos municípios em tudo quanto respeita ao seu peculiar interesse".

Assim, "com a implantação da República, o Município foi transferido para a competência dos Estados, dentro da autonomia política por estes conquistada com o regime federativo... Durante os quarenta anos da Primeira República, o Município foi problema exclusivamente estadual, o que aliás era o razoável entendimento de um princípio básico do federalismo. Mas a organização municipal, com ressalva de variações de pormenores, como o da nomenclatura das entidades municipais, era basicamente a mesma em todos os Estados, resumindo-se na existência do Município, administrado por Câmaras de origem eletiva, e por um agente executivo escolhido por eleição, direta ou indireta, ou por nomeação do poder executivo estadual".[60]

"Ao implantar-se a República, todas as Constituições Estaduais estabeleceram os princípios básicos da organização municipal, a serem complementados em leis orgânicas, que disciplinavam meticulosamente a forma de composição do governo dos Municípios e o funcionamento da administração. Assim, o regime municipal era definido nas Constituições Estaduais e nas leis orgânicas. Dessa regra discreparam apenas os Estados de Santa Catarina e do Rio Grande do Sul, que instituíram o sistema de cartas municipais".

"A Constituição Rio-Grandense dispunha que cada Município era independente na gestão de seus interesses peculiares, com ampla

---
[60] Oswaldo Trigueiro, "Direito Constitucional Estadual", p. 251.

faculdade de constituir e regular os seus serviços (art. 62, § 1º), e que, em sua primeira sessão, o Conselho deveria elaborar a lei orgânica municipal (art. 64). Mas a própria Constituição em nove artigos, estabelecia as bases do regime municipal".[61]

Foi só na Constituição de 1934 que se consagrou, por primeiro, a autonomia municipal.

No art. 7º, *d*, dispôs a Carta Magna que competia privativamente aos Estados respeitar o princípio da "autonomia dos Municípios".

E no artigo 13 disciplinou sua constituição, prevendo que eles "serão organizados de forma que lhes fique assegurada a autonomia em tudo quanto respeita ao seu peculiar interesse".

Dispôs, então, sobre a organização de seus serviços, impostos, taxas, licenças, etc.

Já a Constituição de 1937, em seu art. 26, prescreveu a "autonomia em tudo quanto respeite ao seu peculiar interesse" mas o art. 27, contrariamente, estatuiu que "o prefeito será de livre nomeação do governador do Estado".

A Constituição de 1946 restabeleceu a eleição dos Prefeitos e lhes ampliou os recursos financeiros.

A Carta de 1967 e a Emenda nº 1, de 1969, terminaram por criar uma maior dependência dos municípios do Governo Central. Surgiram os municípios declarados de interesse da segurança nacional, com prefeitos nomeados. Previu-se a criação de novos municípios, através de lei estadual, cujos requisitos dependeriam de lei complementar federal.

"Os atos institucionais e as emendas constitucionais que a sucederam limitaram as franquias municipais no tríplice plano político, administrativo e financeiro".[62]

A Constituição de 1988 lhes deu feição própria. No seu art. 18, proclama a autonomia municipal, ao lado das outras duas esferas de poder: a da União e a do Estado federado.

No dizer de José Afonso da Silva, a autonomia municipal se encontra escorada em "quatro capacidades: a) capacidade de auto-organização, mediante a elaboração de lei orgânica própria; b) capacidade de autogoverno, pela eletividade do Prefeito e dos Vereadores às respectivas Câmaras Municipais; c) capacidade normativa própria, ou capacidade de autolegislação, mediante a competência de elaboração de leis municipais sobre áreas que são reservadas à sua competência exclusiva e suplementar; d) capacidade de auto-administração (administração própria, para manter e prestar os serviços de interesse local)".[63]

---

[61] Idem, ibidem, p. 259-260.
[62] Hely Lopes Meirelles, "Direito Municipal Brasileiro", p. 40.
[63] "O Município na Constituição de 1988", p. 8.

O Poder Executivo municipal é exercido pelo Prefeito. Ele é quem conduz a Administração, com a nomeação de auxiliares, supervisiona os serviços e executa obras. É um administrador por excelência.

O Poder Legislativo é confiado à Câmara Municipal. Os vereadores são eleitos pelos munícipes. Tem a Câmara, além de atribuição legislativa, outras funções, como deliberativa, fiscalizadora e até mesmo julgadora, nos casos de infrações político-administrativas.

O Poder Judiciário é o estadual ou, até mesmo, o federal, não dispondo os municípios de órgão jurisdicional próprio.

A Constituição Sul- Rio-Grandense de 1989 lhes dedica o capítulo II, prescrevendo no art. 8º que "o Município, dotado de autonomia política, administrativa e financeira, reger-se-á por lei orgânica e pela legislação que adotar, observados os princípios estabelecidos na Constituição Federal e nesta Constituição".

Estabelece os poderes do Município (art. 10). Dispõe sobre a Câmara Municipal (artigos 11 e 12). Assinala a competência municipal (artigos 13 e 14). Prevê a intervenção do Estado, no art. 15, e nos artigos 16 e 18 projeta a instituição, mediante lei complementar, da região metropolitana.

Enfim, como aponta José Afonso da Silva, "inegavelmente, os Municípios saíram bastante fortalecidos na Constituição. Houve, entre os constituintes, quase unanimidade no conferir uma posição de destaque aos Municípios no sistema federativo brasileiro".[64]

Assim, "a despeito de serem criados pelo Estado, por lei estadual, possuem hoje os Municípios brasileiros o poder de auto-organização, votando e promulgando, pelas Câmaras Municipais, a Lei Orgânica respectiva, cujo conteúdo básico (art. 29 CF) está mandamentalmente descrito no ordenamento jurídico-constitucional vigente. A Lei Orgânica, inobstante o Município vir já constituído na Constituição, é como 'Constituição Municipal', na qual estão discriminadas as competências exclusivas do Município, observadas as peculiaridades locais, as competências comuns e concorrentes e as competências supletivas (Constituição Federal, arts. 23, 29 e 30)".[65]

16. A lei municipal e o processo legislativo

Como se viu anteriormente, um dos pilares da autonomia municipal, consagrada pela Carta Magna, reside na capacidade do Município de autolegislar, ou seja, de produzir normatividade própria.

---

[64] "O Município na Constituição de 1988", p. 15.

[65] José Nilo de Castro, "Direito Municipal Positivo", p. 52.

Assim, a função legislativa é de suma importância, pois assegura a autonomia municipal.

A Câmara Municipal é o órgão legiferante do Município, a quem compete votar as leis municipais, tendo por base as Cartas Maiores da União e do Estado e a própria Lei Orgânica municipal.

O art. 30 da Carta Magna discrimina a competência legislativa do município, onde se sobressai a de "legislar sobre assunto de interesse local" e a de "suplementar a legislação federal e estadual no que couber", dentro do espaço que lhe foi constitucionalmente assegurado, respeitados os ditames e as normas da Constituição Federal.

Escreve Hely Lopes Meirelles que o "Constituinte municipal deve incluir no processo legislativo local a elaboração de emendas à Constituição (lei orgânica municipal), leis ordinárias, decretos legislativos e resoluções, como espécies obrigatórias. No tocante à inclusão das leis complementares e medidas provisórias desaconselhamos a sua adoção, não obstante a ausência de vedação constitucional expressa. Quanto às leis delegadas, o Constituinte municipal, se adotá-las, deverá delimitar o seu campo de abrangência, a exemplo do disposto no art. 68 da Constituição Federal, evidentemente nas matérias de competência do município".[66]

Ao Município, também são cometidas tarefas legislativas em matérias de naturezas administrativa, tributária e financeira, que digam com o interesse local, desde que previamente estabelecidas no artigo 30 da Carta Federal.

O art. 8º da Constituição Sul-Rio-Grandense, como visto, contém os princípios que balizam a autonomia municipal, assim como as normas que organizam os municípios, estatuindo que o "Município, dotado de autonomia política, administrativa e financeira, reger-se-á por lei orgânica e pela legislação que adotar, observados os princípios estabelecidos na Constituição Federal e nesta Constituição".

Anota o ilustre constitucionalista José Afonso da Silva que "os municípios eram até agora criados e organizados pelos Estados, conforme leis orgânicas de competência estadual. Só no Rio Grande do Sul, cada Município sempre teve sua própria lei orgânica, elaborada pela respectiva Câmara Municipal".[67]

A Lei Orgânica Municipal é, guardadas as proporções, a Constituição Municipal.

O conteúdo básico desta lei vem previsto na própria Constituição da República, que no seu art. 29 fixa normas para sua elaboração.

"É uma lei, em sentido formal e material, de cuja feitura não participa o Executivo, que, em nosso ordenamento jurídico-constitucio-

---

[66] "Direito Municipal Brasileiro", p. 472.

[67] "Curso de Direito Constitucional Positivo", p. 592.

nal, possui funções co-legislativas. O Executivo apenas poderá propor Emendas à Lei Orgânica, só; exercita-se aí apenas o poder de impulsão, na iniciativa da Emenda à Lei Orgânica emendada (art. 29, *caput*, CF)".[68]

Ressalte-se, por oportuno, que o legislador municipal, na elaboração da lei maior do município, deve manter estrita simetria com a Carta Maior. Assim, não poderá, por exemplo, aumentar a despesa pública.

"O princípio da iniciativa reservada inibe também o legislador constituinte (seja estadual ou municipal). É que o poder de o Município, em decorrência do art. 29, *caput*, C. Federal, no editar sua Lei Orgânica, promulgada pela Câmara Municipal, bem como no de revisá-la (emendá-la), atém-se inquebrantavelmente a esses preceitos constitucionais (art. 29 e 30, C. Federal) no plano da organização municipal. Porquanto, em conseqüência, admitir a iniciativa de outro Poder implica violação manifesta do Estatuto Supremo. A atribuição de iniciativa exclusiva de lei é, em direito constitucional, incondicional e absoluta, não cabendo à autoridade a que é atribuída consentir na sua usurpação ou no seu exercício por outro Poder, conforme magistralmente nos ensina Francisco Campos". (*RDA*, 73/380).

"Matéria de Lei Orgânica não se confunde com a de lei ordinária e de lei complementar. Se se admitisse a confusão, despiciendo seria até o processo legislativo, na dicção de nosso constitucionalismo. É que as leis orgânicas só podem dispor validamente de regras jurídicas em conformidade com os princípios estabelecidos nos arts. 29, *caput*, CF, e nas Constituições Estaduais respectivas".[69]

A função legislativa municipal é ampla e de grande realce e significação. Por inteiramente oportuna, transcreve-se a manifestação do eminente mestre Geraldo Ataliba:

"De qualquer modo, a mais importante função política – no sistema jurídico constitucional brasileiro – está na criação do direito positivo. Fazer lei é a mais decisiva de todas as funções públicas, sobrepairando toda e qualquer das demais funções estatais. Estas – em razão do caráter básico do princípio da legalidade- são impulsionadas, baseadas, balizadas e limitadas pela lei".

"Isso explica – nos padrões do Estado constitucional de Direito, que o Brasil adotou – o extremo cuidado que a Constituição põe no processo legislativo e nos instrumentos de eficácia da lei, povoando o Texto Constitucional de institutos tendentes a garantir sua intrínseca isonomia, sua origem popular, sua adequação aos valores básicos da sociedade e sua fiel observância por todos, mormente o próprio Estado (União, Estados e Municípios, por seus órgãos de governo)".

---

[68] José Nilo de Castro, "Direito Municipal Positivo", p. 54.

[69] Idem, ibidem, p. 57-58.

"A lei – e, pois, o princípio da legalidade – está no cerne de todo o nosso sistema constitucional. Ela é a base e o fundamento de toda atividade pública. Por isso, deve a lei resultar da conjugação de esforços, da colaboração entre Legislativo e Executivo. Aí a expressão máxima da harmonia entre os Podres, especialmente os de cunho político".[70]

A função legislativa, com eventual participação do Executivo, é exercida em sua plenitude pela Câmara Municipal.

"No exercício dessa função é que ela legisla sobre as matérias de competência do Município. Por meio dela se estabelecem as leis municipais e se cumpre, no âmbito local, o princípio da legalidade a que se submete a administração (art. 37)".[71]

"Importante lembrar que, agora, o Município pode legislar sobre a sua própria organização político-administrativa (Constituição Federal, art. 29), isto é, sobre a composição de seus órgãos de governo (Prefeitura e Câmara), faculdade que na Constituição anterior pertencia ao Estado-membro".

"Dentro do âmbito da competência do Município, notadamente o de legislar sobre os assuntos previstos no art. 30 da Constituição Federal, há de se ressalvar que não cabe ao Município criar impostos, além dos que lhe são constitucionalmente atribuídos (CF, art. 156). Somente no que se refere a taxas e a contribuição de melhoria é que se apresenta ampla a capacidade instituidora do Município, porque ampla é a sua possibilidade de instituir e prestar serviços públicos, mediante retribuição do usuário, e de realizar obras públicas, com o reembolso do custo por quem delas se beneficiou. Também, são de exclusiva competência do município a criação, organização e supressão de Distritos, devendo apenas observar a legislação estadual pertinente (CF, art. 30, IV)".

"Como se vê, a competência legislativa da Câmara de Vereadores foi significativamente ampliada, cabendo-lhe elaborar e promulgar a lei orgânica do Município, além de deliberar sobre matéria administrativa, no que concerne a instituição e prestação dos serviços públicos locais, organização de seu pessoal administrativo, cobrança de tributos, aplicação da receita, administração de bens e do território do Município, especialmente das cidades e vilas, em que mais se faz sentir a utilização do poder de polícia administrativa em benefício da segurança, da higiene e da saúde públicas, da estética da cidade, do conforto da população e do bem-estar dos munícipes".

---

[70] Geraldo Ataliba, "Inconstitucionalidade de Preceito de Constituição Estadual", art. publ. na RTDP 8/94, p. 73.

[71] José Afonso da Silva, "O Município na Constituição de 1988", p. 13.

"O legislador local deve ainda averiguar se a lei a elaborar é da competência concorrente do Executivo e do Legislativo, ou se é de iniciativa exclusiva do Prefeito".[72]

A lei não é um produto pronto. Sofre ela uma elaboração, que se concretiza aos poucos, e por etapas, até seu acabamento final. A isto se denomina processo legislativo. É ele, pois, uma sucessão de atos que, interligados e obedecendo a diretrizes legais, produz as normas de Direito.

Em nível municipal, compreende as Emendas à Lei Orgânica, as Leis Complementares, as Leis Ordinárias, os Decretos Legislativos e as Resoluções, assim como comporta fases, entre as quais a da iniciativa, discussão, votação, sanção ou veto e promulgação.

"A previsão constitucional do processo legislativo oferece balizamento para a atuação do Poder Legislativo em sua função própria, sendo um dos meios garantidores da independência e separação dos Poderes".

"Como lecionava Joaquim Castro Aguiar, sob a égide da Constituição pretérita, 'os princípios sobre iniciativa, sanção, veto, promulgação, prazos para apreciação dos projetos e outros mais têm aplicação obrigatória aos Estados'. E, discorrendo especificamente sobre o processo legislativo municipal, diz: 'A lei municipal respeitará, pois, o comando constitucional sobre a sanção, promulgação, veto, iniciativa, emendas, haja ou não lei estadual regulamentando a aplicação desses princípios ao processo legislativo no Município. Efetivamente, esse procedimento legislativo é elemento fundamental à existência da lei. Por isso mesmo é que a Constituição formula os seus trâmites de modo que não há lei sem obediência a essa formalidade constitucional' (*Processo Legislativo Municipal*, Forense, 1973, p. 19, 21 e 22)".

"Assim é que deve ser reconhecida a existência de vício formal no processo de elaboração de dispositivo de lei municipal com tal conteúdo, posto que o ordenamento jurídico vigente, como visto, estabelece que a iniciativa das leis que disponham sobre regime jurídico de servidores públicos é de exclusiva competência do Chefe do Poder Executivo".[73]

No processo legislativo, a Emenda à Lei Orgânica Municipal pode complementar, suprimir ou alterar os dispositivos da Carta Municipal. Pode ser proposta tanto pelo Executivo, quanto por um terço dos vereadores. A proposta é discutida e votada em dois turnos, com 10 dias de interrupção entre um e outro. Para ser aprovada, necessita da

---

[72] Hely Lopes Meirelles, "Direito Municipal Brasileiro", p. 478-479.

[73] Lair da Silva Loureiro e Lair da Silva Loureiro Filho, "Ação Direta de Inconstitucionalidade, p. 462.

maioria de 2/3 (dois terços) dos vereadores (art. 29, *caput* da Constituição). Aprovada, será promulgada.

A lei complementar tem o objetivo de disciplinar algumas matérias a serem codificadas, entre as quais citam-se Plano Diretor, Código de Obras, Código de Urbanismo, Estatuto dos Funcionários Públicos, Código Tributário do Município, Código Sanitário, Leis de Organização Administrativa, etc. Nos termos da Carta Federal vigente, para sua aprovação, exige-se a maioria absoluta e isto porque a matéria, objeto destas leis, tem maior relevância do que a das leis ordinárias.

A iniciativa pode ser do Vereador, Prefeito, Comissão da Câmara, e de "cidadãos comuns representando pelo menos cinco por cento do eleitorado municipal (art. 29, XIII, C. Federal)".

As leis ordinárias, como o termo está dizendo, se relacionam ao exercício regular do poder de legislar. Via de regra, disciplinam matéria da competência privativa do município, podendo regular matéria da competência comum ou suplementar.

As leis delegadas "são elaboradas pelo prefeito, após ter solicitado à Câmara a alvitrada delegação. Esta delegação far-se-á por Decreto Legislativo ou Resolução da Câmara, que especificará o seu conteúdo e os termos de seu exercício".[74]

Lembra José Nilo de Castro que "não serão objeto de delegação os atos de competência exclusiva da Câmara Municipal, a matéria reservada à lei complementar e sobre os planos plurianuais, diretrizes orçamentárias e orçamentos".[75]

O decreto legislativo "não é lei porque lhe faltam a normatividade e generalidade da deliberação do Legislativo sancionada pelo Executivo; não é simplesmente ato administrativo porque provém de uma apreciação política e soberana do plenário na aprovação da respectiva proposição".[76]

Já a Resolução consiste em deliberação plenária da Câmara em matéria de seu interesse e competência, obedecendo ao trâmite de um projeto de lei.

Decreto e Resolução estão sujeitos a votação como se leis fossem, embora não haja a participação do Executivo, através da sanção.

A Resolução tem efeito interno, ao passo que o decreto legislativo tem efeito externo. Aquela se destina, de regra, à aprovação do Regimento Interno da casa, concessões de licença, administração interna etc. Já o decreto legislativo, em princípio, se volta para a aprovação de convênios, remuneração do prefeito, aprovação de contas, concessão de títulos etc.

---

[74] José Nilo de Castro, "Direito Municipal Positivo", p. 103.

[75] Idem, ibidem, p. 103.

[76] Hely Lopes Meirelles, "Direito Municipal Brasileiro", p. 470.

Existem fases do processo legislativo a serem observadas na produção legislativa. Elas estão bem diferençadas e se constituem em iniciativa, discussão, votação e sanção ou veto.

A iniciativa de lei diz com o impulso inicial do processo. Pode ser privativa, quando apenas um órgão ou uma pessoa, dela se pode valer. Por simetria, as matérias de iniciativa privativa do Prefeito são as do Presidente da República (art. 61, § 1º, II da CF). De regra, estão reproduzidas na Lei Orgânica e se referem à criação e extinção de cargos, fixação de remuneração, regime jurídico, organização administrativa, matéria orçamentária e serviços públicos.

Já são de iniciativa da Câmara as leis ou resoluções que criem, alterem ou extingam cargos e serviços da própria Câmara ou que fixem seus vencimentos, assim como as que autorizam a abertura de créditos suplementares ou especiais.

Diz-se que existe iniciativa discricionária, quando seu destinatário pode dela valer-se sem qualquer restrição, e iniciativa vinculada, quando há exigência ou prazo para o seu exercício. Entre exemplos de iniciativa vinculada citam-se os projetos plurianuais de investimentos, leis de diretrizes orçamentárias, o próprio orçamento, fixação de subsídios do prefeito, assim como a resolução relativamente à fixação do subsídio dos vereadores e presidente da Câmara.

Se houver vício ou usurpação na iniciativa, a lei poderá ser objeto de uma ação direta de inconstitucionalidade.

Iniciada a tramitação regular de um projeto de lei, tem vez o pronunciamento das comissões permanentes ou especiais da Câmara. Essas examinam e emitem parecer a respeito das proposições que tramitam no plenário.

Cada Câmara em seu regimento fixa o número de comissões e sua especificação. As mais conhecidas são as de Justiça e Redação, Finanças e Orçamento, Obras e Serviços, Meio Ambiente, Cultura e Esportes, Direitos Humanos etc.

Também podem ser oferecidas emendas ou subemendas na tramitação de projetos de lei, podendo estas ser supressivas, substitutivas, aditivas ou modificativas.

Diga-se que os pareceres oriundos das Comissões não vinculam o plenário. Uma vez discutida a matéria em plenário é ela submetida a votação. Aí entra o *quorum*, isto é, o número de votos necessários para a aprovação da matéria. Pode ser ele de maioria simples (tomado pela maioria dos votos presentes), de maioria absoluta (exige a metade do total dos vereadores mais um) e de maioria de 2/3 (dois terços) dos membros da Câmara, também chamada de qualificada, conforme, naturalmente o projeto a ser votado e sua exigência de *quorum* mínimo.

Ainda coexiste a votação simbólica, por gesto, a nominal, onde se escreve ou declara sim ou não, e a secreta, como o termo já explicita, sem maior identificação.

Aprovado o projeto pelo órgão legislativo, segue para sanção. Se o Executivo anuir ao projeto, sanciona-o, tendo quinze dias úteis para tanto. Se deixar decorrer o prazo, tem-se como sanção tácita.

Ao contrário, se discordar do projeto, o Executivo poderá vetá-lo no todo ou em parte. Uma vez vetado o projeto, compete à Câmara, por maioria absoluta e em escrutínio secreto, rejeitá-lo ou acolhê-lo. Seja como for, a esta altura seu texto não pode mais ser modificado.

Se acolhido o veto, o projeto não se transforma em lei. Se rejeitado, o Presidente da Câmara promulgará o projeto. Seguem-se a publicação, a sanção ou promulgação. Os projetos de lei, de regra, seguem o processo legislativo ordinário.

Ao lado do procedimento ordinário, há o chamado procedimento legislativo especial, com prazos reduzidos e ritos especiais, onde se sobressai a lei orçamentária anual, cabendo sua iniciativa ao Executivo, que o enviará no prazo de lei ao Legislativo; a lei das diretrizes orçamentárias, que deverá ser aprovada até o final do primeiro semestre de cada ano; o plano plurianual, com previsão de objetivos, metas e despesas relativas a programas de certa duração, e as leis orçamentárias.

17. O controle da constitucionalidade das leis municipais

Escreve o eminente tratadista Roberto Rosas que "pelo caráter restrito, a Constituição de 1824 não dera grande importância ao município e naturalmente à legislação municipal, donde, a falta de norma específica sobre o controle da lei municipal, que veio com mais ênfase na Carta de 1891, porque ampliara-se a federação, e o município ganhou importância, quando a decisão do Tribunal local contrariasse a lei federal (art. 59, § 1°, *a*) ou então, como estabelecera o Decreto 848 de 1890, cabia ao Supremo Tribunal o julgamento em grau de recurso, de qualquer questão, até determinada alçada. Entretanto, a Carta de 1934 trouxe a ampliação do recurso extraordinário para a contestação de lei ou ato do governo local, em face da Constituição (art. 76, III, *c*). Estava aí a possibilidade do Supremo Tribunal examinar a lei municipal, quanto à sua validade. Tal norma persistiu nas Cartas posteriores e hoje a Constituição de 1988 expressa o cabimento do Recurso Extraordinário quando a decisão julgar válida lei ou ato de governo local contestado em face da Constituição (art. 102, III, *c*)".

"Observava Matos Peixoto que, desde a Constituição de 1891, alcançava-se a lei municipal, ainda que o texto mencionasse lei local (com sentido estadual), mas a jurisprudência da Corte, desde 1891, já incluía a lei municipal". (Matos Peixoto, *Recurso Extraordinário*, p. 220).

"Na Constituição de 1969 admitia-se a intervenção nos municípios por provocação do Ministério Público local. Não havia texto expresso sobre o controle da constitucionalidade de leis municipais, por meio de ação direta. Várias Constituições estaduais (São Paulo, Rio de Janeiro, Paraná, etc.) criaram a ação direta de inconstitucionalidade de lei municipal, diante da Constituição federal e estadual".[77]

E continua o constitucionalista: "Entretanto o Supremo Tribunal contrariou os textos constitucionais, ao não admitir o controle da constitucionalidade *in abstracto* da lei municipal, porque não prevista na Constituição Federal. (RE 91740, *RTJ*, 93/462). No entanto, a Corte admitiu a representação por inconstitucionalidade de caráter interventivo (RE 92071, *RTJ*, 97/404), mas reafirmou a inconstitucionalidade da Constituição paulista, que instituíra a ação direta de inconstitucionalidade de lei municipal em face da Constituição Federal (Ronaldo Poletti, *Controle da Constitucionalidade das leis*, p. 197)".[78]

Nesse passo, convém recordar que o Tribunal de Justiça do Rio Grande do Sul, em 18.06.73, não obstante a omissão da Constituição Estadual, em memorável decisão, sustentou que a Corte gaúcha tinha competência para conhecer da argüição de inconstitucionalidade de lei em tese, em ação ajuizada pelo Ministério Público estadual, na pessoa de seu Chefe, o então preclaro e brilhante Procurador Lauro Pereira Guimarães, relator o eminente Desembargador Emílio Alberto Maya Gischkow, que assim se manifestou: "O Tribunal de Justiça tem competência para o exame de inconstitucionalidade, considerando que a observância dos princípios constitucionais na esfera municipal não se desliga do sistema jurídico-político nacional. A incorporação das disposições constitucionais (art. 200 da CF) à Constituição Estadual determina a competência dos Tribunais Estaduais. Art. 15 da CF e 150 da CE". (In RJTJRS, 41/61).

Porém, o excelso Supremo, Relator o Ministro Xavier de Albuquerque e com voto do Ministro Moreira Alves, decidiu em contrário, acolhendo recurso extraordinário:

"O controle de constitucionalidade *in abstracto* é de natureza excepcional, e só se permite nos casos expressamente previstos pela própria Constituição, como consectário, aliás, do princípio da harmonia e independência dos Poderes do Estado. Não há falar, portanto, nesse terreno, de omissão da Constituição Federal que possa ser

---

[77] Roberto Rosas, "O Controle de Constitucionalidade das Leis Municipais", p. 309-310.

[78] Idem, ibidem, p. 310.

preenchida – principalmente quando se trata, como no caso, de meio de controle para a preservação da obediência dela – por norma supletiva de Constituição Estadual. Se nem o Supremo Tribunal Federal pode julgar da constitucionalidade, ou não, em tese, de lei ou ato normativo municipal diante da Constituição Federal, como admitir-se que as Constituições Estaduais, sob o pretexto de omissão daquela, dêem esse poder de natureza, como disse, eminentemente política, aos Tribunais de Justiça locais, e, portanto, ao próprio Supremo Tribunal Federal, por via indireta, em grau de recurso extraordinário? Ocorre, pois, no caso impossibilidade jurídica que reconheço de oficio" (RE nº 91740-RS, Pleno, j. 12.03.1980. RTJ, 93/455-463).

A Carta de 1988 autorizou expressamente que os Estados instituíssem representação de inconstitucionalidade de leis ou atos normativos municipais, quer por ação, quer por omissão, em face da Carta Estadual.

"Cabe aos Estados a instituição de representação de inconstitucionalidade de leis ou atos normativos estaduais ou municipais em face da Constituição Estadual, vedada a atribuição da legitimação para agir a um único órgão" (art. 125, § 2º).

Portanto, a par da autorização, a Carta fez uma exigência: a de que a atribuição não fosse conferida a um único órgão.

Obediente ao preceito constitucional maior, como se viu, a Carta Sul-Rio-Grandense, promulgada a 3 de outubro de 1989, no seu art. 95, XII, d, atribuiu competência ao Tribunal de Justiça para processar e julgar "a ação direta de inconstitucionalidade de lei ou ato normativo estadual perante esta Constituição, e de municipal perante esta e a Constituição Federal, inclusive por omissão".

E no art. 93, IX, sublinhou que "compete aos tribunais de segunda instância, além do que lhes for conferido em lei: declarar a inconstitucionalidade de lei ou de ato normativo, pela maioria absoluta de seus membros ou do respectivo órgão especial".

Esta última disposição legal foi editada quando ainda existente o Tribunal de Alçada. Hoje só estão funcionando no âmbito estadual duas Cortes: o Tribunal de Justiça e o Tribunal Militar.

No parágrafo segundo do artigo 95, definiu a Carta Estadual quem tem a legitimidade para propor a ação direta de inconstitucionalidade de lei ou ato normativo municipal, ou por omissão: "o Governador do Estado; o Procurador-Geral de Justiça; o Prefeito Municipal; a Mesa da Câmara Municipal; Partido político com representação na Câmara de Vereadores; Entidade sindical; o Conselho Seccional da Ordem dos Advogados do Brasil; o Titular da Defensoria Pública; as Entidades de defesa do meio ambiente, dos direitos humanos e dos consumidores legalmente constituídas; Associações de bairro e Entidades de defesa dos interesses comunitários legalmente constituídas há mais de um ano".

No art. 53, XIII, em decorrência de pronunciamento de inconstitucionalidade, estabeleceu a Constituição Estadual que compete à Assembléia Legislativa, "suspender, no prazo máximo de trinta dias, no todo ou em parte, a execução de lei estadual ou municipal que o Tribunal de Justiça declarar, em caráter definitivo, inconstitucional em face desta Constituição".

Da mesma forma que a inconstitucionalidade por ação, vem consagrada na Lei Maior Estadual a inconstitucionalidade por omissão: art. 95, §§ 1º e 2º.

A Carta gaúcha de 1989, ante o silêncio da Carta Maior, fez consignar em seu texto a possibilidade de a lei municipal, também, quando contrária à Constituição Federal, ser objeto de ação perante o Tribunal de Justiça, no seu art. 95, XII, *d*.

Todavia, o Supremo Tribunal Federal, por unanimidade, em sua composição plenária, "deferiu a liminar para suspender a eficácia até o julgamento final da ação das expressões: 'e a Constituiçao Federal constantes da letra *d*, do inciso XII do art. 95 da Constituição do Estado', impossibilitando a argüição de inconstitucionalidade de lei municipal, face à Carta Federal, perante o Tribunal de Justiça". (ADIN nº 409-3/600, j. 6.12.90 e publicada no DOU de 15.03.91, Rel. Min. Celso de Mello, in *Lex - jurisprudência do STF*, 148/21).

"Não sabemos como isso poderia ter sido evitado. Se o constituinte federal outorgasse ao STF tal competência, haveria o caos que redundaria em nova crise, em função do número de municípios existente no País; se outorgasse o controle ao Tribunal de Justiça, estaria delegando funções indelegáveis, exclusivas do STF: guarda da Constituição".

"Contudo é de se notar o absurdo vigente; um munícipe, às vezes ignorante, no mais das vezes pobre, sem possibilidade econômica de recorrer a um causídico, fica sem proteção ao abuso do legislador municipal, que pode promulgar lei atentatória à Carta Federal. E pode exigir o cumprimento".[79]

A decisão tem motivado críticas da doutrina especializada. "O Tribunal não registra dissenso, mas a doutrina não se conforma: O Supremo univocamente proclama que não lhe compete julgar ação direta, quando em contraste ato normativo municipal e a Constituição Federal. A intepretação meramente gramatical da Lei Maior abona a solução jurisprudencial. Mas é difícil aceitá-la, quando se tem em mente o papel deferido ao Supremo, de guardião da Constituição

---

[79] Antonio Cesar Lima da Fonseca, "Declaração de Inconstitucionalidade", art. publ. na RTDP 5/94, p. 203.

Federal. Nem se diga que o ato normativo municipal não goza de majestade suficiente para arranhar a Lei Fundamental: goza sim, pois, pode produzir efeitos práticos, por vezes até muito danosos, e mesmo socialmente perturbadores, ao arrepio da Constituição. Não se objete, doutra parte, com o controle difuso, incidental: não só ele é demorado, no seu desfecho, mas também despido de eficácia *erga omnes* (sem contar que, os percalços regimentais, em cuja criação o Supremo é vezeiro, muita vez o feito pode não atingir aquele relevantíssimo patamar). Cabe não esquecer que o próprio controle concentrado, nascido no famoso aresto Marbury *vs.* Madison, foi construído sem expressa previsão legal ou constitucional, pela só fundamental consideração de que à Corte Suprema cabia a tutela da Constituição. Ora, identicamente, poderia assim construir doutrina o Supremo, dando dest'arte resposta positiva a um verdadeiro anseio da coletividade jurídica e da sociedade como um todo".[80]

Todavia, é bom recordar, em contrapartida, que o eminente Ministro Moreira Alves, acentuou na oportunidade da análise da ADIN nº 347-0 de São Paulo, que "se tal competência não fora dada ao Supremo Tribunal, porque o constituinte federal excluíra do âmbito da representação de inconstitucionalidade as leis municipais, intenção, e não lacuna que pudesse ser preenchida pelo constituinte estadual em favor dos Tribunais de Justiça".

"Ora, se a decisão (no aspecto federal), ficasse irrecorrida, a ela não chegaria o Supremo Tribunal no exame do Recurso Extraordinário. Sobre esse tópico, acentuou o Min. Carlos Velloso, se diversos Estados consagrassem esse tipo de controle da lei municipal diante da Carta Federal, teríamos uma Constituição Federal diferente, poque aquelas decisões poderiam ficar imunes ao exame do STF".[81]

Em síntese, se a lei ou o ato normativo municipal estiver em confronto com a Constituição Federal, não há como aplicar-se, em nível estadual, o sistema do controle concentrado de constitucionalidade. Todavia, se as disposições constitucionais federais estiverem reproduzidas na Carta Estadual, a análise da constitucionalidade é viável, como se verá mais adiante.

Vale rememorar, ainda, que as leis ou atos normativos municipais são passíveis de controle, pelo sistema difuso ou pela via da exceção.

Somente por este controle os atos e leis municipais podem chegar ao Superior Tribunal de Justiça ou ao Supremo Tribunal Federal. E isto,

---

[80] Sérgio Ferraz, "Declaração de Inconstitucionalidade no Supremo Tribunal Federal", art. publ. na RTDP, 3/93, p. 209-210.

[81] Roberto Rosas, "Lei Municipal – Controle de Constitucionalidade", art. pub. na RTDP, 1/93, p. 310-311.

através do recurso extraordinário, se a decisão estadual julgar válida a lei do governo municipal, contestada em face da Constituição Federal (art. 102, III, c) e, via recurso especial, se a decisão estadual julgar válida a lei do governo municipal, contestada em face de lei federal (art. 105, III, b).

Não se aplicam aos municípios o controle por ação declaratória e o controle por descumprimento de preceito constitucional, permanecendo, tão-somente, os controles concentrado, difuso e por omissão.

18. A competência do Tribunal de Justiça no controle das leis municipais. O Rio Grande do Sul

A Carta Federal assegura a autonomia aos Estados-Membros nos artigos 18, 25 e 28, destacando-se a capacidade de se auto-organizarem, de legislarem, de administrarem e de governarem. Têm eles estrutura governamental assemelhada à da União, onde se sobressaem os Poderes Executivo, Legislativo e Judiciário.

O Art. 125 da Lei Maior estatui que os Estados organizarão a sua Justiça. No parágrafo primeiro do citado dispositivo, prevê-se que "a competência dos Tribunais será definida na Constituição do Estado". E, no parágrafo segundo, que "cabe aos Estados a instituição de representação de inconstitucionalidade de leis ou atos normativos estaduais ou municipais em face da Constituição Estadual, vedada a atribuição da legitimação para agir a um único órgão".

A Carta Estadual do Rio Grande do Sul de 1989 dedica o capítulo III ao Poder Judiciário, sendo o Tribunal de Justiça um dos órgãos deste Poder (art. 91, I). Trata-se de órgão de cúpula da organização judiciária estadual: "A representação do Poder Judiciário compete ao Presidente do Tribunal de Justiça" (COJE, Lei Est. n° 7.356/80).

No art. 92 da Carta Estadual, definiu-se a constituição do Órgão Especial, "com o mínimo de onze e o máximo de vinte e cinco membros, para exercício das atribuições administrativas e jurisdicionais de competência do Tribunal Pleno".

No seu art. 93, IX, estabeleceu-se a competência de "declarar a inconstitucionalidade de lei ou de ato normativo, pela maioria absoluta de seus membros ou do respectivo órgão especial", e no art. 95, XII, d, a competência para "processar e julgar a ação direta de inconstitucionalidade de lei ou ato normativo estadual perante esta Constituição e de municipal perante esta , inclusive por omissão".

Como se registrou, a argüição de inconstitucionalidade de lei municipal perante a Constituição Federal, inicialmente prevista no

Estatuto Maior estadual, foi julgada inconstitucional pela ADIN nº 409-3 em 6.12.90, pelo Supremo Tribunal Federal.

Dispõe o Código de Organização Judiciária do Estado que "compete ao Tribunal estabelecer em seu Regimento Interno a competência e o funcionamento dos respectivos órgãos jurisdicionais e administrativos (art. 93, II da Constituição Estadual)". (Lei nº 9.159/90).

O Regimento Interno incumbiu ao Órgão Especial do Tribunal de Justiça, constituído por 25 Desembargadores, "processar e julgar a ação direta de inconstitucionalidade de lei ou ato normativo estadual ou municipal perante a Constituição Estadual, inclusive por omissão (art. 8º, V, j)".

Os artigos 212 a 216 do Regimento Interno disciplinam o processamento da referida ação, sendo que no art. 216 se reproduz a norma constitucional, de que "somente pelo voto da maioria absoluta dos membros do Órgão Especial será declarada a inconstitucionalidade de lei ou ato normativo".

Nos artigos 209 a 211 vem regrado, por igual, o processamento no Tribunal da declaração de inconstitucionalidade, por via do controle difuso: "sempre que os órgãos fracionários do Tribunal se inclinarem pela inconstitucionalidade de lei ou de ato normativo, determinarão a remessa do processo ao Órgão Especial".

E o artigo 211 estabelece norma específica do controle difuso, ao ditar que "a decisão declaratória ou denegatória de inconstitucionalidade, se proferida por maioria de dois terços, constituirá, para o futuro, decisão de aplicação obrigatória em casos análogos, salvo se algum órgão fracionário, por motivo relevante, entender necessário provocar novo pronunciamento do Órgão Especial sobre a matéria".

Por órgão fracionário, entendem-se as diversas Câmaras e os Grupos que compõem o Tribunal, quais sejam, oito Câmaras Criminais e quatro Grupos Criminais, constituindo a secção criminal; e 21 Câmaras Cíveis e 10 Grupos Cíveis, constituindo a secção cível, a par das Câmaras ditas Especiais.

Tem sido intensa a atividade do Tribunal de Justiça no julgamento de ADINs (Ações Diretas de Inconstitucionalidade).

Semanalmente aportam ao Tribunal ações oriundas, na sua maioria, de Prefeitos ou de Presidentes de Câmaras de Vereadores, visando a liminares, com a suspensão dos efeitos das leis ou atos administrativos municipais, assim como buscando decisão definitiva acerca das mais diversas matérias, a maioria delas de relevantíssima importância e repercussão para os municípios.

Trata-se de uma das mais nobres e elevadas atribuições do Tribunal de Justiça, que tem sido pioneiro em muitas decisões, com repercussão até mesmo além das fronteiras do Estado e, que pelos anos afora, tem levado adiante sua missão, com excepcional dedicação e brilho.

19. A ação direta de inconstitucionalidade interventiva no município, em face da lei violadora dos princípios sensíveis

A ação direta de inconstitucionalidade compreende duas espécies: a ação direta genérica, insculpida no art. 102, I, *a*, da Carta Federal, e a ação direta interventiva, contemplada nos artigos 35 e 36 da Constituição da República.

O art. 35 da Carta Magna preceitua que "o Estado não intervirá em seus Municípios, nem a União nos Municípios localizados em Território Federal, exceto quando: 'IV – O Tribunal de Justiça der provimento a representação para assegurar a observância de princípios indicados na Constituição Estadual ...'".

Por sua vez a Constituição Sul-Rio-Grandense estatui no seu art. 15, IV que "o Estado não intervirá nos Municípios, exceto quando o Tribunal de Justiça der provimento a representação para prover a execução de lei, de ordem ou decisão judicial, e para assegurar a observância dos seguintes princípios: a) forma republicana, sistema representativo e regime democrático; b) direitos da pessoa humana; c) probidade administrativa".

No art. 15, § 1°, *b*, normatiza-se que "a intervenção no município dar-se-á por decreto do Governador, mediante requisição do Tribunal de Justiça, no caso do inciso IV".

A finalidade da ação direta de inconstitucionalidade interventiva no município é assegurar a observância de princípios indicados nas Cartas Federal e Estadual.

Os chamados princípios sensíveis, quais sejam, além dos anteriormente enunciados (art. 15, IV, da Constituição Estadual), a autonomia municipal, a prestação de contas da administração pública, direta e indireta, a aplicação do mínimo exigido da receita resultante de impostos estaduais, compreendida a proveniente de receitas de transferência, na manutenção e desenvolvimento do ensino (art. 34, VII, da Carta Federal), quando não observados, acarretam a sanção da intervenção.[82]

Trata-se de exceção à autonomia dos municípios, pois, resta ela atingida com a intervenção.

Ou seja, se uma lei municipal ou ato normativo violar determinados princípios constitucionais, cognominados de princípios sensíveis, poderá ser objeto do chamado controle concentrado interventivo.

---
[82] Ver sobre o assunto, Alexandre de Moraes, "Direito Constitucional", p. 604.

Este se desenvolve em duas direções. A primeira, buscando a declaração de inconstitucionalidade da norma ou ato normativo que atentar contra estes princípios, e a segunda, visando à decretação da intervenção do Estado no município, observadas, naturalmente, as cautelas legais.

De ressaltar-se a oportuna observação trazida pelo Professor Roberto Rosas: "A natureza interventiva pode acarretar o exame da constitucionalidade da lei municipal, porque o Tribunal de Justiça ao julgar o pedido de intervenção no município para provimento da execução de lei, pode encontrar obstáculo, na existência dessa lei municipal, oposta à execução da lei. Então, a Corte Estadual necessariamente enfrentará o exame da constitucionalidade".[83]

O eminente constitucionalista José Afonso da Silva faz a distinção, então, entre ação direta de inconstitucionalidade genérica e a ação direta de inconstitucionalidade interventiva, que é o caso ora versado:

"Diferente é o efeito da sentença proferida no processo da ação de inconstitucionalidade interventiva que é proposta pelo Procurador-Geral da República ou pelo Procurador-Geral de Justiça do Estado, conforme se trate de intervenção federal em algum Estado ou de intervenção estadual em Município. Visa não apenas obter a declaração de inconstitucionalidade, mas também restabelecer a ordem constitucional do Estado ou Município, mediante intervenção. A sentença já não será meramente declaratória, pois, então, já não cabe ao Senado a suspensão da execução do ato inconstitucional. No caso, a Constituição declara que o decreto (do Presidente da República ou do Governador do Estado, conforme o caso) se limitará a suspender a execução do ato impugnado, se essa medida bastar ao restabelecimento da normalidade. Daí se vê que a decisão, além de decretar a inconstitucionalidade do ato, tem um efeito condenatório, que fundamenta o decreto de intervenção".[84]

Inúmeras são as críticas movidas à representação interventiva, todas elas inteiramente procedentes.

"Aliás, é preciso reconhecer que o mecanismo processual encontra-se, hoje, quase esquecido. A ação direta de inconstitucionalidade, instituída pela Emenda 16/65, praticamente deixou a representação interventiva sem utilidade. Afinal, por que o Procurador-Geral da República iria propor ação direta interventiva, no caso de violação de princípio constitucional sensível, cuja decisão judicial não faz mais do que autorizar a decretação de intervenção, se pode, desde logo, ajuizar a ação direta genérica cuja decisão, após passada em julgado, nulifica com eficácia *erga omnes*, o ato impugnado, prescindindo de qualquer

---

[83] "Lei Municipal. Controle da Constitucionalidade", art. publ. na RTDP, 1/93, p. 310.

[84] José Afonso da Silva, "Curso de Direito Constitucional Positivo", p. 58.

atividade do Presidente da República ou do Senado? Pois como todos sabem o Constituinte não atribuiu à ação direta interventiva o monopólio da proteção dos princípios constitucionais sensíveis. Também a ação direta genérica de inconstitucionalidade presta-se, e com vantagem, para promover a defesa dos referidos princípios constitucionais".

"A ação direta interventiva ainda não foi totalmente absorvida pela ação direta genérica porquanto, como demonstrado pode cobrir atos não impugnáveis por meio desta. Com efeito, a ação direta genérica presta-se exclusivamente para impugnar atos normativos, enquanto a interventiva, como procurou-se demonstrar, pode impugnar atos concretos, e, mesmo, omissões desde que violadores dos princípios sensíveis".[85]

---

[85] Clèmerson Merlin Clève, "A Fiscalização Abstrata de Constitucionalidade", p. 109.

Capítulo IV

O PROCEDIMENTO NA AÇÃO DIRETA E NO INCIDENTE DE INCONSTITUCIONALIDADE

20. A natureza da ação direta de inconstitucionalidade

A declaração de inconstitucionalidade de uma lei ou ato normativo é, por excelência, o objeto principal da ação, sendo que a meta perseguida é a remoção do ordenamento jurídico da lei ou ato normativo que se contrapõe à Constituição.

O processo da ação declaratória de inconstitucionalidade, segundo a melhor doutrina, tem natureza jurídica eminentemente objetiva, formal, sem partes e sem contraditório.

O festejado constitucionalista Clèmerson Merlin Clève, definiu com precisão a problemática da natureza do processo da ação direta de inconstitucionalidade:

"Cuida-se, a ação direta genérica, de verdadeira ação. Dispõe dessa natureza porque configura mecanismo especial de provocação da jurisdição constitucional concentrada. Não se trata, pois, de mera representação, embora as Constituições anteriores, inclusive a Emenda nº 16/65, tivessem utilizado essa expressão".

"Trata-se, porém, de ação que inaugura um processo objetivo. Cuida-se de um 'processo', que constitui, como outro qualquer, instrumento da jurisdição (no caso da jurisdição constitucional concentrada, como antes afirmado); através dele será solucionada uma questão constitucional. Não pode ser tomado, todavia, como meio para a composição de uma lide. É que, sendo 'objetivo', inexiste lide no processo inaugurado pela ação direta genérica de inconstitucionalidade. Não há pretensão resistida. A idéia de Carnellutti, segundo a qual 'o processo é continente de que a lide é conteúdo', não se aplica ao processo através do qual atua a jurisdição constitucional concentrada. Em vista disso, os legitimados ativos da ação direta não buscam, com a provocação do órgão exercente da jurisdição constitucional concentrada, a tutela de um direito subjetivo, mas sim a defesa da ordem constitucional objetiva (interesse genérico de toda a coletividade)".

"A finalidade da ação direta de inconstitucionalidade, como referido, não é a defesa de um direito subjetivo, ou seja, de um interesse juridicamente protegido lesado ou na iminência de sê-lo. Ao contrário, a ação direta de inconstitucionalidade presta-se para a defesa da Constituição. A coerência da ordem constitucional e não a defesa de situações subjetivas consubstancia a finalidade da apontada ação. Por isso, consiste em instrumento da fiscalização abstrata de normas, inaugurando 'processo objetivo' de defesa da Constituição".

"Cuidando-se de processo objetivo, na ação direta de inconstitucionalidade não há lide, nem partes (salvo num sentido formal), posto inexistirem interesses concretos em jogo. Então, as garantias processuais previstas pela Constituição para o processo subjetivo, não se aplicam, em princípio, à ação direta de inconstitucionalidade".

"Tem-se, aqui, segundo Gilmar Ferreira Mendes (*Controle de constitucionalidade: aspectos jurídicos e políticos*. São Paulo: Saraiva, 1990, p. 251): "O que a jurisprudência dos Tribunais Constitucionais costuma chamar de processo objetivo (*objektives Verfahren*), isto é, um processo sem sujeito, destinado pura e simplesmente, à defesa da Constituição (...). Não se cogita, propriamente, da defesa de interesse do requerente (...), que pressupõe a defesa de situações subjetivas. Nesse sentido, assentou o *Bundesverfassungsgericht* que, no controle abstrato de normas, cuida-se, fundamentalmente, de um processo unilateral, não-contraditório, isto é, de um processo sem partes, no qual existe um requerente, mas inexiste requerido. A admissibilidade do controle de normas – ensina Söhn – está vinculada, tão-somente, a uma 'necessidade pública de controle'".

"A provocação de um órgão externo é imprescindível, inclusive como garantia contra eventual supremacia da jurisdição constitucional. Não obstante, não se reconhece aos órgãos legitimados para desencadear o processo de controle abstrato de constitucionalidade qualquer poder de disposição".

"O entendimento do Supremo Tribunal Federal acerca da ação direta genérica de inconstitucionalidade não é diferente. Desse entendimento, aliás, vem a Suprema Corte retirando importantes conclusões. Decidiu o Supremo, na linha de pensamento da Corte Constitucional alemã que, proposta a ação direta, não se admite a desistência (Princípio da indisponibilidade da instância). Nada impede, todavia, que o Procurador-Geral da República ofereça parecer final manifestando-se pela improcedência do pedido. Admitiu, também, um dispositivo do regimento interno (art. 170, § 3º), que, ao receber os autos ou no curso do processo o relator, caso entenda que a decisão é urgente em face do relevante interesse da ordem pública que envolve, poderá *ad referendum* do Tribunal, dispensar as informações, e, com a prévia ciência das partes (em sentido formal), levar a ação a julgamento com os elementos que dispuser. A natureza do processo levou, também, o Supremo Tribunal Federal a não admitir nele o litisconsórcio e a intervenção assistencial de terceiro concretamente interessado. O Supremo inadmite, ademais, a interposição de recurso (embargos infringentes ou de declaração) pelos terceiros que se dizem prejudicados, em decisão final prolatada em ação direta de inconstitucionalidade. Definiu, também, o Supremo que, como decorrência da natureza do processo descabe a ação rescisória em sede de ação direta de inconstitucionalidade. Como a rescisória não se compatibiliza com a ação direta, não pode ela ser proposta nem pelas partes que figuraram na relação processual, nem pelos terceiros concretamente interessados. Descabe, igualmente, a reclamação na hipótese de descumprimento de decisão tomada em sede de controle concentrado de constitucionalidade (salvo a hipótese de decisão proferida em ação direta de constitucionalidade, em face dos efeitos vinculantes que produz). Por fim encontra-se o Supremo Tribunal Federal condicionado pelo pedido, mas não pela causa de pedir. Ou seja, não constituindo 'processo inquisitivo', mas sim 'processo objetivo', não pode o Supremo Tribunal Federal iniciar *ex officio* o processo. Todavia, uma vez provocado, embora não possa ampliar o pedido, não está adstrito à fundamentação jurídica invocada pelo requerente. Tem-se, portanto, no controle abstrato, um processo objetivo, voltado para a proteção do direito constitucional objetivo, ao qual o terceiro concretamente interessado não dispõe de acesso. Nem por isso, encontra-se, nessa sede, impedido de formular a defesa do eventual direito que tenha alcançado em face da aplicação da norma apontada como inconstitucional. Deste fato decorrrem inúmeras conseqüências".[86]

Ao que complementa o mestre Paulo Bonavides, que este processo se caracteriza "por seu teor sumamente enérgico, pela sua agressividade e radicalismo, pela natureza fulminante da ação direta. Consente aos governados e com mais frequência a certas autoridades públicas a iniciativa de promover o ataque imediato e ofensivo ao texto eivado de inconstitucionalidade. Uma vez declarada a inconstitucionalidade, a lei é removida da ordem jurídica com a qual se apresenta incompatível".[87]

No dizer seguro de Geraldo Ataliba, ao apreciar a ação declaratória de constitucionalidade, "o Supremo atua como aperfeiçoador ou sancionador da edição da norma, e não como seu aplicador jurisdicional. Também assim é quando aprecia a ação declaratória de inconstitucionalidade, porque também neste caso não se pode falar de atividade jurisdicional, posto que não há conflito ou dissídio concreto. Não se cogita de efeitos da incidência de norma, mas da própria norma".[88]

---

[86] "Declaração de Inconstitucionalidade de Dispositivo Normativo em Sede de Juízo Abstrato e Efeitos Sobre os Atos Singulares Praticados sob sua Égide," art. publ. na RTDP 17/97, p. 84-87.

[87] "Curso de Direito Constitucional ", p. 277.

[88] Hugo de Brito Machado. "Efeitos da Declaração de Inconstitucionalidade. " Art. publ. na RTDP , 6/94, p. 94.

Em primorosa análise sobre a natureza da ação constitutiva, discorre o brilhante processualista rio-grandense e culto magistrado Araken de Assis:

"Em relação à natureza da ação constitutiva, porém, logo se verificou que ela não se atrela à categoria dos direitos potestativos, como insistiu Chiovenda, porque direitos desta espécie operam às vezes através de ações declaratórias. Em verdade, a ação constitutiva provém, no plano material, da eficácia inovadora das situações ali existentes. Produz, então, como efeito principal, um 'estado jurídico novo', vale dizer, 'muda em algum ponto, por mínimo que seja, o mundo jurídico', quer de sinal positivo, constituindo-o, quer negativo, descontituindo-o. Franco Lancellotti acentua, com notável argúcia, que razões de oportunidade presidem a eficácia transformadora, e, todavia, ela não implica *lo svolgimento di alcuna attività materiale*, e, sim, *unicamente la prestazione di una manifestazione di voluntà diretta a produrre effetti giuridici*. Por isso, à transformação resultante da sentença constitutiva, considerada tão-só tal índole, porque outras eficácias coexistem no provimento, não segue nenhuma projeção física (executiva): adquire-se, de plano, o estado originado do ato judicial. Por outro lado, dependendo das peculiaridades da situação material, a eficácia constitutiva projeta-se *ex nunc* ou *ex tunc*, ou seja, em se tratando de ação desconstitutiva implica retorno ao estado anterior, apanhando, na retroprojeção, toda a eficácia do ato ou do negócio jurídico".[89]

Em síntese, a ação direta de inconstitucionalidade não se confunde com as ações comuns, nem se pauta pelo sistema processual próprio aos conflitos de interesses. Tem ela condicionantes *sui generis*, onde se sobressai o caráter objetivo.

21. A disciplina do processo da ação direta e do incidente de inconstitucionalidade. O Regimento Interno do Tribunal de Justiça do Rio Grande do Sul

A primeira lei que buscou disciplinar o processo da ação direta de inconstitucionalidade, em nível federal, foi a de nº 4.337, de 1º de junho de 1964.

Em seu artigo primeiro, estatuía caber ao Procurador-Geral da República, ao ter conhecimento de ato dos poderes estaduais que infringissem qualquer dos princípios estatuídos no art. 7º, VII, da Carta Federal, promover a declaração de inconstitucionalidade perante o Supremo.

---
[89] "Cumulação de Ações", p. 86-87.

O Relator deveria ouvir a parte interessada (art. 3º) e, se a decisão final fosse pela inconstitucionalidade, seria comunicado o Congresso, para os fins dos arts. 8º, parágrafo único, e 13 da Carta Federal (art. 8º).

A Lei nº 5.778, de 16 de maio de 1972 regulou o processo e julgamento das representações, de que tratava a alínea *d* do § 3º do art. 15 da Constituição Federal de 1967, com a Emenda de 1969, que assim dispunha:

"A intervenção nos municípios será regulada na Constituição do Estado, somente podendo ocorrer quando... o Tribunal de Justiça do Estado der provimento a representação formulada pelo chefe do Ministério Público local para assegurar a observância dos princípios indicados na Constituição estadual, bem como para prover à execução de lei ou de ordem ou decisão judiciária, limitando-se o decreto do Governador a suspender o ato impugnado se essa medida bastar ao restabelecimento da normalidade".

Segundo o art. 1º da citada lei, o processo deveria tramitar de acordo com as linhas da Lei nº 4.337/64.

Pela Constituição de 1988, a legitimação para propor a ação direta de inconstitucionalidade perante o Supremo, em nível federal, foi modificada, ficando autorizadas inúmeras autoridades e entidades, conforme previsto no art. 103, I a IX.

Em nível estadual, no Rio Grande do Sul, a competência também foi ampliada, nos termos do art. 95, XIV, § 1º, I a X, da Carta Estadual, o que se deu, igualmente, no que se refere a leis ou atos normativos municipais, conforme disposto no art. 95, § 2º, I a X, da Constituição Sul-Rio-Grandense.

A última Lei Federal sobre a matéria, a de nº 9.668, de 10 de novembro de 1999, dispôs sobre o processo e julgamento da ação direta de inconstitucionalidade e da ação declaratória de constitucionalidade perante o Supremo Tribunal Federal. Evidentemente tem ela caráter e aplicação supletiva em nível estadual, como se verá.

Versando sobre ação direta de inconstitucionalidade, ainda que por omissão – a ADIN – , o feito é daqueles que corre, originariamente, perante o Tribunal de Justiça.

O processamento vem regulado pelo Regimento Interno do Tribunal de Justiça, obediente ao disposto no art. 93, II, da Carta Estadual e art. 9º da Lei Estadual nº 7.356, de 1º de fevereiro de 1980 (COJE), que preceitua competir "ao Tribunal estabelecer em seu Regimento Interno a competência e o funcionamento dos respectivos órgãos jurisdicionais ou administrativos".

O Regimento Interno do Tribunal de Justiça disciplina a matéria em cinco artigos e parágrafos, *verbis*:

"Art. 212 – A ação direta de inconstitucionalidade de lei ou ato normativo estadual ou municipal perante a Constituição Estadual, inclusive por omissão, será dirigida ao Presidente do Tribunal, em três vias, e os documentos que instruírem a primeira deverão ser reproduzidos por cópia.

§ 1º – Proposta a representação, não se admitirá desistência, ainda que, a final, o Procurador-Geral de Justiça se manifeste pela sua improcedência.

§ 2º – Não se admitirá assistência a qualquer das partes.

Art. 213 – Se houver pedido de medida cautelar para suspensão liminar do ato impugnado, presente relevante interesse de ordem pública, o Relator poderá submeter a matéria a julgamento na primeira sessão seguinte do Órgão Especial, dispensada a publicação de pauta.

§ 1º – Se o Relator entender que a decisão da espécie é urgente, em face de relevante interesse de ordem pública, poderá requerer ao Presidente do Tribunal a convocação extraordinária do Órgão Especial.

§ 2º- Decidido o pedido liminar ou na ausência deste, o Relator determinará a notificação da(s) autoridade(s) responsável(eis) pelo ato impugnado, a fim de que, no prazo de trinta (30) dias, apresente(m) as informações entendidas necessárias, bem como ordenará a citação, com prazo de quarenta (40) dias, considerando já o privilégio previsto no art. 188 do CPC, do Procurador-Geral do Estado.

§ 3º – Decorridos os prazos previstos no parágrafo anterior, será aberta vista ao Procurador-Geral de Justiça, pelo prazo de quinze (15) dias, para emitir parecer.

Art. 214 – Recebidas as informações ou decorrido o prazo para prestá-las, bem como a do Procurador-Geral do Estado, quando for ele citado, independentemente de nova vista, em trinta (30) dias será lançado relatório, do qual a Secretaria remeterá cópia a todos os julgadores, incluindo-se o processo em pauta na primeira sessão seguinte do Órgão Especial, cientes as partes.

Art. 215 – No julgamento, após o relatório, facultar-se-á ao autor, ao procurador da autoridade responsável pelo ato impugnado, ao Procurador-Geral do Estado, quando intervir, e ao Procurador-Geral de Justiça, a sustentação oral de suas razões, durante quinze (15) minutos, seguindo-se a votação.

Art. 216 – Somente pelo voto da maioria absoluta dos membros do Órgão Especial será declarada a inconstitucionalidade de lei ou ato normativo.

§ 1º – Se não for alcançada a maioria necessária à declaração de inconstitucionalidade, estando ausentes Desembargadores em número que possam influir no julgamento, este será suspenso, a fim de serem colhidos oportunamente os votos faltantes, observadas no que couberem as disposições do art. 187 deste Regimento.

§ 2º – A decisão que declarar a inconstitucionalidade será imediatamente comunicada, pelo Presidente do Tribunal, aos órgãos interessados".

Este é o trâmite que sofre o processo de ação direta de inconstitucionalidade, na forma concentrada, perante o Tribunal de Justiça.

Se, porém, se tratar de controle difuso, impõem-se algumas considerações prévias.

"Este metódo, adotando a 'via de exceção', somente admite a argüição de inconstitucionalidade no curso de um processo comum e a sua apreciação pelo Judiciário é uma *conditio* para a decisão da lide".

"Denota-se, pois, que no 'método difuso' o objeto da ação não é vício de validade da lei ou ato; a apreciação da inconstitucionalidade resulta de uma condição para compor a lide, isto é, o objeto da ação é a restauração de um direito lesado por ato com fundamento na lei reputada inconstitucional ou, então, visa a impedir que tal lesão se consume. É, pois, questão incidental – *incidenter tantum* – no sentido de que a ação não colhe o próprio vício de validade da norma, mas tem outro objeto".

"No caso, qualquer órgão judicante pode e deve conhecer e decidir a questão de inconstitucionalidade da lei ou ato normativo para, então, conhecer o 'mérito', podendo ou não aplicar a norma impugnada, consoante seja válida ou inválida".[90]

Cabe às partes interessadas, inclusive aos assistentes, proporem o incidente ou alegarem a matéria em defesa.

Também o Ministério Público, quer como parte, quer como *custos legis* está legitimado para propor a exceção.

Pode o magistrado, tanto de primeiro quanto de segundo grau, de ofício, suscitar o incidente.

Neste sentido, preleciona o eminente processualista Humberto Theodoro Júnior, que "qualquer processo sujeito a julgamento pelos tribunais enseja a argüição: recursos, causas de competência originária ou casos de sujeição obrigatória ao duplo grau de jurisdição".

"Em se tratando de matéria de direito, não há preclusão do direito de provocar a apreciação de inconstitucionalidade. Pode, pois, a parte argüí-la na inicial, na contestação, nas razões de recurso, em petição avulsa e até em sustentação oral, na sessão de julgamento".

"O representante do Ministério Público poderá formular a argüição em qualquer momento que lhe caiba falar no processo. Os juízes componentes do tribunal poderão suscitar *ex officio* o incidente, como preliminar de seus votos na sessão de julgamento do feito".

---
[90] Celso Ribeiro Bastos, " O Controle Judicial da Constitucionalidade das Leis e Atos Normativos Municipais", art. publ. RDP, 37/38, p. 46.

"Salvo caso em que a provocação seja de sua própria iniciativa, o Ministério Público, será sempre ouvido sobre a argüição de inconstitucionalidade, antes da decisão pela Turma ou Câmara, a que tocar o conhecimento do processo (art. 480 do CPC)".[91]

E continua o emérito professor: "A argüição é feita perante o órgão do tribunal encarregado do julgamento do processo (Turma ou Câmara). Esse órgão parcial não tem competência para declarar a inconstitucionalidade da norma impugnada e a irrelevância da argüição dos interessados. Assim, 'se a alegação for rejeitada, prosseguirá o julgamento' da causa (art. 481) E a decisão é irrecorrível".

"Mas se o órgão judicial der acolhida à argüição, o julgamento do feito será suspenso, lavrando-se acórdão e remetendo-se a questão ao Tribunal Pleno (art. 481), ou ao órgão especial que o representa".

"Quando o incidente tiver sido provocado pelas partes com a necessária antecedência, o Ministério Público já terá sido ouvido antes da sessão de julgamento. Mas quando suscitado no voto de algum juiz, na própria sessão, a decisão do incidente terá que ser adiada para cumprir-se o disposto no art. 480, que manda ouvir-se, previamente, o Ministério Público".[92]

Igualmente, o Regimento Interno do Tribunal de Justiça disciplina a tramitação do processo do controle difuso, através do incidente de Inconstitucionalidade:

"Art. 209 – Sempre que os órgãos fracionários do Tribunal se inclinarem pela inconstitucionalidade de lei ou de ato normativo, determinarão a remessa do processo ao Órgão Especial.

Art. 216, § 3º – Argüida a inconstitucionalidade de lei ou ato normativo federal, estadual ou municipal, em ação ou recurso de competência do Órgão Especial, será ela julgada em conformidade com o disposto nos arts. 208 a 210, no que for aplicável, ouvido o Procurador-Geral de Justiça, se ainda não se tiver manifestado sobre a argüição.

Art. 210 – O Relator, que será o mesmo da causa ou recurso, mandará ouvir o Procurador-Geral de Justiça, com o prazo de dez dias, após o que lançará relatório nos autos, determinando a distribuição de cópias deste, do acórdão e do parecer do Ministério Público aos demais componentes do Órgão Especial.

§ 1º – Quando o Relator não integrar o Órgão Especial, o incidente será distribuído, se possível, a outro membro do órgão fracionário suscitador do incidente.

§ 2º – No julgamento, observar-se-á, no que couber o disposto no art. 214 deste Regimento".

---

[91] "Curso de Direito Processual Civil", v. II, p. 630.

[92] Humberto Theodoro Júnior, "Curso de Direito Processual Civil", v. II, p. 630-631.

22. A legitimidade ativa

As Constituições da República de 1946 e 1967 previam que só o Procurador-Geral da República poderia propor a ação direta de inconstitucionalidade.

Já na Constituição de 1988 outras pessoas e entidades detêm tal privilégio (art. 103).

Em nível municipal, segundo a Carta Sul–Rio-Grandense, podem propor a ação: "o Governador do Estado; o Procurador-Geral de Justiça; a Mesa da Câmara Municipal; o Partido Político com representação na Câmara de Vereadores; Entidade sindical; o Conselho Seccional da Ordem dos Advogados do Brasil; o Titular da Defensoria Pública; as Entidades de defesa do meio ambiente, dos direitos humanos e dos consumidores legalmente constituídas; as Associações de bairro e Entidades de defesa dos interesses comunitários legalmente constituídas há mais de um ano" (Art. 95, § 2º).

Passou-se de um extremo a outro.

Entendo que houve certo exagero na extensão do privilégio a várias pessoas e entidades. O Ministério Público, por exemplo, na condição de defensor do meio ambiente e dos interesses coletivos, estaria habilitado, perfeitamente, para representar algumas das entidades antes elencadas, o que poderia ocorrer, igualmente, através do Titular da Defensoria Pública.

A experiência vem mostrando que raramente uma dessas entidades tem ingressado com a ação direta de inconstitucionalidade, preferindo representar ao Ministério Público, que as tem substituído no ajuizamento da ação.

Os Tribunais já analisaram a problemática da legitimidade ativa: "As Câmaras Municipais podem ser parte porque embora não dotadas de personalidade jurídica, nos termos do art. 14 do Código Civil, são investidas de capacidade judiciária, pois, exercitam atividades administrativas sempre que violadas suas prerrogativas. Tem a Câmara capacidade e é representada pela sua mesa diretiva. Esse tema tem sido discutido nesta Egrégia, que reconhece a capacidade judiciária, motivo que foi objeto de estudo pelo Ministro Vítor Nunes Leal em comentário publicado na *RDA*, vol. 15, p. 46 a 64". (ADIN nº 12.903-0/4-SP, publ. in *Ação Direta de Inconstitucionalidade*, Lair da Silva Loureiro e Lair da Silva Loureiro Filho, Saraiva, p. 189).

Aliás, o estudo do Ministro Vítor Nunes Leal tem por base decisão do Tribunal de Justiça do Estado, nos idos de 1948, Relator o Desembargador Hugo Candal, em mandado de segurança envolvendo a Câmara Municipal de Guaporé.

Em seus comentários, preleciona o Ministro que "nem sempre a personalidade jurídica é indispensável à exigência da personalidade judiciária... a ausência de personalidade jurídica não é, em certos casos, impeditiva da personalidade judiciária, como ocorre, por exemplo, com a massa falida e a herança indivisa".

"A garantia política da competência autônoma das câmaras municipais, a nosso ver, não exclui sua garantia jurídica sempre que o atentado cometido envolver uma questão jurídica e puder ser eficientemente reparado pela via judiciária. Não há a menor lógica em repelir a solução judiciária, quando esta seja mais pronta e menos perturbadora da vida do município, para se exigir sempre o recurso a solução política, de resultados muito mais incertos e graves" (*RDA*, vol. 15, p. 50-54).

O Tribunal de Justiça do Rio Grande do Sul enfrentou questões processuais oriundas da legitimidade ativa: "Preliminarmente, acolho a prefacial de ilegitimidade de parte, formulada pelo douto Procurador-Geral de Justiça".

"Ocorre que a inicial tem como pólo ativo a Câmara Municipal de Vereadores, enquanto a previsão constitucional é de que a legitimidade para tanto é da Mesa da Câmara Municipal (art. 95, §2º, IV da Carta Estadual e art. 103,II, III e IV da Carta Federal)".

A propósito já se decidiu: "Inconstitucionalidade. Ação direta. Propositura por Presidente de Câmara Municipal. Ilegitimidade de parte. Legitimação conferida à Mesa da Câmara, observado o critério da representação proporcional. Art. 90, inciso II da Constituição Estadual. Extinção do processo sem julgamento do mérito". (ADIN nº 11.817-0 T.J.-SP (Lair da Silva Loureiro e Lair da Silva Loureiro Filho, *Ação Direta de Inconstitucionalidade*, Saraiva, p. 64).

"Convém lembrar, a tal respeito, que a ação direta de inconstitucionalidade é eminentemente formal e, só para citar julgamentos recentes, este Plenário não tem acolhido a legitimidade do Executivo Municipal, quando, ao invés de figurar no pólo ativo o Prefeito Municipal, ali comparece a Prefeitura Municipal".

"Assim, declaro extinto o processo, sem julgamento do mérito, nos termos do artigo 267, VI do CPC, por ilegitimidade ativa da Câmara de Vereadores para a propositura da ação". (ADIN nº 599346483, TJ RS, j. 15.05.2000, Rel. Des. Vasco Della Giustina).

"ADIN. Porto Alegre. Lei que dá nova redação ao diploma que autoriza a doação de área de terras ao Grêmio Foot-ball Portoalegrense. Preliminar de ilegitimidade de parte. Legitimação do Prefeito Municipal e não do Município de Porto Alegre, para ajuizar a ação. Constituição do Estado, art. 195, § 1º, inc. IX. A assinatura do Prefeito Municipal não supre a deficiência da inicial. Preliminar acolhida. Ação declarada extinta. Votos vencidos". (ADIN nº 599052776, Rel. Des. Vasco Della Giustina, j. 27.09.99).

"ADIN. Argüição de inconstitucionalidade. Vereador que pleiteia a decretação. Ilegitimidade. Inviabilidade jurídica do pedido. Carência da ação". (ADIN nº 592003719, Rel. Des. Décio Antônio Erpen, j. 30.03. 92).

"ADIN. Representa o partido político legitimado a propor ação direta de inconstitucionalidade contra lei municipal, a teor do art. 95, § 2º,V, da CE/89, desde que representando na Câmara, seu Diretório Municipal, porquanto, cuidando-se de pessoa jurídica de direito privado, a sua representação depende dos estatutos (art. 15, IV, da Lei 9.096/95)". (ADIN nº 70004433850, Rel. Des. Araken de Assis, j. 23.12.02).

Resta acrescentar que a Lei nº 9.868/99, no seu artigo 2º, e sempre em nível federal, enumerou as pessoas e entidades habilitadas a propor a ação direta de inconstitucionalidade.

23. A petição inicial

Qualquer das partes que detêm a legitimidade conferida pela Carta Estadual poderá propor a ação direta de inconstitucionalidade, endereçada ao Presidente do Tribunal.

A inicial obedecerá, em princípio, aos requisitos traçados no art. 282 do CPC.

Assim, conterá a descrição da causa de pedir, onde se afira o interesse jurídico do autor, pena de carência de ação.

Deverá restar claramente indicada a incompatibilidade e dissintonia entre o ato normativo ou a lei e a Carta Estadual.

Este antagonismo, salientam os doutrinadores, é fundamental. Tanto que se não devidamente fundamentada, a petição será considerada inepta e liminarmente indeferida pelo Relator (art. 4º da Lei nº 9.868/99).

Os artigos 3º e 4º da Lei nº 9.868/99 cuidam da petição e servem como precioso subsídio complementar para as ações aforadas perante o Tribunal de Justiça.

"Art. 3º: a petição indicará: I – o dispositivo da lei ou do ato normativo impugnado e os fundamentos jurídicos do pedido em relação a cada uma das impugnações; II – o pedido, com suas especificações".

Observa, a propósito, Zeno Veloso: "O pedido genérico, impreciso, volúvel, indeterminado, sem a demonstração razoável do vício a ser corrigido, é inepto, portanto, irrecebível, devendo a petição, em casos tais, ser rejeitada e extinto o processo sem julgamento do mérito. Neste sentido, tem decidido o Supremo Tribunal Federal (cf. ADIN nº 259-7/DF, rel. Min. Moreira Alves, DJ 19.02.93, p. 2030), e a Lei nº 9.868/99, art. 4º, veio ratificar e reforçar este entendimento".[93]

---

[93] "Controle Jurisdicional da Constitucionalidade", p. 88.

Já se julgou: "Realmente há inépcia da inicial, porquanto inexistente o indispensável requisito da causa de pedir. O ator diz simplesmente que a indigitada lei tem por objetivo regulamentar a divisão dos espaços de áreas públicas para fim de propaganda eleitoral, o que competiria ao Executivo, nos termos do preceito da Lei Orgânica do Município (art. 46, IV), que atribui ao Prefeito a iniciativa dos projetos que disponham sobre serviços públicos. Não diz concretamente quais os fatos e quais os fundamentos jurídicos do pedido (art. 282, III) como, porque e quais os serviços públicos estariam sendo afetados pelas novas disposições legais".

"Além disso, a simples menção ao princípio da independência e harmonia dos Poderes, com alusão passageira ao art. 5º da Constituição Estadual, não constitui base suficiente para viabilizar a ação. Também aqui cumpria ao autor demonstrar de forma concreta e objetiva de que forma o princípio constitucional estaria sendo violado, de nada valendo a transcrição feita de preceitos da Lei Orgânica do Município". (ADIN nº 17.725/08-SP, in "Ação Direta de Inconstitucionalidade", Lair da Silva Loureiro e Lair da Silva Loureiro Filho, p. 376).

"Pedido que vem desprovido de fundamentação, não apontando em que a norma impugnada estaria conflitando com os princípios constitucionais ou qualquer das normas da Constituição Estadual. Art. 267 do CPC. Extinção do processo sem julgamento do mérito. É necessário, em ação direta de inconstitucionalidade, que venham postos os fundamentos jurídicos do pedido com relação às normas impugnadas, não sendo de admitir-se alegação genérica de inconstitucionalidade sem qualquer demonstração razoável". (ADIN nº 178080-7/SP, in "Ação Direta de Inconstitucionalidade", Lair da Silva Loureiro e Lair da Silva Loureiro Filho, p. 97).

"O Supremo Tribunal Federal não está condicionado, no desempenho de sua atividade jurisdicional, pelas razões de ordem jurídica invocadas como suporte da pretensão de inconstitucionalidade deduzida pelo autor da ação direta. Tal circunstância, no entanto, não suprime à parte o dever processual de motivar o pedido e de identificar, na Constituição, em obséquio ao princípio da especificação das normas, os dispositivos alegadamente violados pelo ato normativo que pretende impugnar".

"Impõe-se ao autor, no processo de controle concentrado de constitucionalidade, sob pena de não-conhecimento da ação direta, indicar as normas de referência – que são aquelas inerentes ao ordenamento constitucional e que se revestem, por isso mesmo de parametricidade – em ordem a viabilizar a aferição da conformidade vertical dos atos normativos infraconstitucionais". (*RTJ*, 179/37).

"ADIN. Impugnação abstrata e genérica de lei complementar. Impossibilidade de compreensão exata do pedido. Não conhecimento". (ADIN n° 1775, Rel. Min. Maurício Corrêa, DJU 18.05.01).

No que concerne às provas, são as mesmas desnecessárias no referido procedimento, inexistente fato concreto a julgar.

No tocante à citação do réu, esta é substituída por pedido de informações, que são solicitadas via ofício.

"Sendo procedimento especial, não é de bom tom falar-se em contestação às informações pleiteadas, eis que os ocupantes do pólo passivo apenas prestam informações, embora nelas exista, quase sempre, o intuito de rebater as alegações expressas na peça exordial. Na verdade, a sistemática implantada permite, inclusive, que o ocupante do pólo passivo concorde com o pleito apresentado pelo autor".[94]

Junto com a inicial, que será formalizada em três vias (duas vias, segundo o artigo 3°, parágrafo único, da Lei n° 9.868/99), deverão ser encaminhadas "cópias da lei ou do ato normativo impugnado e dos documentos necessários para comprovar a impugnação" (art 3°, parágrafo único, da Lei n° 9.868/99).

Têm-se admitido aditamentos à inicial, pelo menos até a requisição de informações à autoridade de quem emanou o ato. Neste sentido, (*RTJ*, 141/774 e 144/416).[95]

O dispositivo legal impõe a necessidade de "a petição quando subscrita por advogado, ser acompanhada de instrumento de procuração. Em decisão recente, estabeleceu o STF que a procuração na ADIN deve conter poderes específicos autorizando a impugnação da norma feita na petição inicial" (ADIN n° 2.187, Rel. Min. Octávio Gallotti, *Informativo STF*, n° 190).

"Em se tratando de ação direta proposta por Governador do Estado, entendeu o STF que é dispensável a procuração se o advogado for o Procurador-Geral do Estado e se o Governador subscrever a petição inicial".[96]

"O Governador do Estado e as demais autoridades e entidades referidas no art. 103, incisos I a VII da Constituição Federal, além de ativamente legitimados à instauração do controle concentrado de constitucionalidade das leis e atos normativos federais e estaduais, mediante ajuizamento da ação direta perante o Supremo Tribunal Federal, possuem capacidade processual plena e dispõem, *ex vi* da

---

[94] Firly Nascimento Filho, "Da Ação Direta de Inconstitucionalidade", p. 118-119.

[95] Ver sobre o assunto: Ives Gandra da Silva Martins e Gilmar Ferreira Mendes, "Controle Concentrado de Constitucionalidade", p. 151-152.

[96] Ives Gandra da Silva Martins e Gilmar Ferreira Mendes, "Controle Concentrado de Constitucionalidade", 154.

própria norma constitucional, de capacidade postulatória" (*RTJ*, 144/3).[97]

Dúvidas não restam, pois, de que a procuração só será exigível se a petição for subscrita por advogado. As pessoas legitimadas prescindem do instrumento procuratório. (Art. 95, § 2°, I a X da Carta Estadual do Rio Grande do Sul).

A nível municipal, convém lembrar que os procuradores do Município representam em juízo o Município, ou seja, a pessoa jurídica de direito público interno e não o Prefeito, que é a pessoa legitimada para propor a ação direta de inconstitucionalidade (art. 95, § 1°, IX da Carta Estadual).

"A ação direta existe para dar forma jurisdicional ao controle abstrato da constitucionalidade das normas, donde a exigência de legitimar órgãos públicos à provocação da jurisdição constitucional. Entre eles, os governadores".

"A partir daí, é que se tem de enfrentar a questão da capacidade postulatória do Governador e das demais autoridade públicas legitimadas para a ação direta".

"Estou, com todas as vênias, em que se trata de um problema aparente: aplicar à risca, à ação direta as regras da lei processual e do estatuto da OAB, sobre a capacidade de postular em juízo é levar muito longe a assimilação formal entre o mecanismo político do controle abstrato de normas e o processo de partes, concebido como instrumento de composição judicial de lides intersubjetivas".

"A propositura da ação direta é, na verdade, o exercício de uma função estatal do órgão público competente e não um direito subjetivo do funcionário. Parece-me, em conseqüência, que a capacidade postulatória do dignitário competente lhe advém da própria investidura do cargo, somada à legitimação constitucional. Do que resulta, em contrapartida, que a prática pessoal do ato de provocação à jurisdição constitucional não apenas lhe é permitido, mas, a rigor, é necessária". (STF – Pleno, ADIN 127-2-AL, Rel. Min. Celso de Mello, j. 20.11.89, DJU I, 04.12.92 p. 23.057 e *Repertório IOB de Jurisprudência*, 1/93 p. 12, voto-vista do Min. Sepúlveda Pertence).

Outro aspecto importante da questão, e que vem assinalado por Zeno Veloso, é relativamente à possibilidade de o Poder Judiciário decidir com base em outros fundamentos não arrolados na petição inicial.

Embora deva a petição enunciar os fundamentos jurídicos que sustentam que a norma impugnada apresenta a eiva da inconstitucionalidade, o Poder Judiciário pode declará-la com outros fundamentos, que não os apresentados pelo autor, aplicando-se integralmente o

---

[97] Veja-se, a propósito: Zeno Veloso, "Controle Jurisdicional de Constitucionalidade", p. 76-77.

brocardo *jura novit curia*. Nos Tribunais, não está o plenário adstrito aos fundamentos indicados na argüição, isto é, a verificar a compatibilidade entre a lei ou outro ato normativo e a determinada regra da Constituição, com que o argüente afirma existir conflito, alerta o professor José Carlos Barbosa Moreira, que explica:

"A argüição pode ter-se fundado na alegada incompatibilidade entre a lei ou o ato normativo e a regra *x*, e o Tribunal declarar inconstitucional uma ou outro, por incompatível com a regra *y*. Não há que cogitar de vinculação do tribunal a uma suposta *causa petendi*, até porque a argüição não constitui 'pedido' em sentido técnico, e as questões de direito são livremente suscitáveis, *ex officio*, pelos órgãos judiciais, na área em que lhes toque exercer atividade cognitiva".[98]

Todavia, sinale-se não poder o Tribunal estender a declaração de inconstitucionalidade a outros dispositivos não atacados pela ação. "O Supremo Tribunal Federal está jungido à análise do texto impugnado como inconstitucional, não podendo, pois, estender a declaração de inconstitucionalidade a outros dispositivos vinculados àquele, mas não atacados, ainda que o fundamento da inconstitucionalidade seja o mesmo". (Rep. nº 1313, MS – *RTJ*, 137/1110).

O Tribunal de Justiça do Rio Grande do Sul tem enfrentado a questão da inicial: "Constitucional. Administrativo. ADIN. Falta de indicação do dispositivo da Constituição Estadual ofendido pela lei atacada. Inépcia da inicial. Extinção do processo sem exame de mérito. Na inicial de ação direta de inconstitucionalidade, à semelhança de outras ações alicerçadas em infração à lei, cabe ao autor indicar, modo explícito, o dispositivo legal violado, individualizando-lhe a causa de pedir, para diferenciá-la de quaisquer outras suscitáveis, pois, como é sabido, a causa tem dois momentos iniciais: individualização objetiva dos fatos jurídicos e a afirmação de sua coincidência com as regras que alimentam os efeitos constantes do pedido. Aplicação do art. 267, VI do CPC. Extinção do processo por inépcia da inicial". (ADIN nº 598007326, Rel. Des. Celeste Vicente Rovani, j. 26.04.99).

"ADIN. Petição inicial inepta. Processo eminentemente formal. Ausência de menção a violação de norma da Carta estadual, e, sim, a Federal. Art. 125, § 2º da Carta Magna. Processo extinto sem julgamento do mérito". (ADIN nº 70001715739, Rel. Des. Vasco Della Giustina, j. 05.03.2000).

"É inepta a petição inicial de ação direta de inconstitucionalidade na qual o autor, mesmo após ter sido ensejada emenda (CPC, art. 284), não expõe os fundamentos jurídicos do pedido, apontando qual norma constitucional é violada. Em tal hipótese, a petição inicial merecerá

---
[98] Idem, ibidem, p. 88-89.

indeferimento (CPC, art. 295, I), extinguindo-se o processo (CPC art. 267, I)". (ADIN nº 597062397, Rel. Des. Araken de Assis, j. 15.03.1999).

24. A medida cautelar

O art. 102, I, *p*, da Carta Federal dispõe sobre a competência do Supremo Tribunal Federal para julgar o pedido de medida cautelar nas ações diretas de inconstitucionalidade.

O Regimento Interno do Tribunal de Justiça do Rio Grande do Sul, no art. 213, também a ele se refere: "Se houver pedido de medida cautelar para suspensão liminar do ato impugnado...".

O deferimento da medida cautelar está condicionado à ocorrência dos pressupostos genéricos do *fumus boni juris* e *periculum in mora*, ou seja, o perigo de prejuízos irreparáveis ou de difícil reparação, considerando-se a presença do bom direito.

Neste sentido, tem-se pronunciado o Supremo Tribunal Federal: "ADIN. Liminar. A concessão ou não, de liminar em ação direta de inconstitucionalidade faz-se considerados dois aspectos principais- o sinal do bom direito e o risco de manter-se com plena eficácia o ato normativo. Este último desdobra-se a ponto de ensejar o exame sob o ângulo da conveniência da concessão da liminar, perqüirindo-se os aspectos em questão para definir-se aquele que mais se aproxima do bem comum". (ADIN nº 768-8-DF, in *RDA*, 191, p. 211).

Não é diferente a posição do Tribunal gaúcho: "Liminar ADIN. Concessão. Requisitos. O ministrar de provimento liminar há de se subordinar sempre a critérios legais objetivos, concorrente também a necessária prudência e tirocínio do julgador, e consabidamente visa ao resguardo, imediato e instantâneo, de evento nocivo e comprometedor do bom direito (no caso, a moralidade da administração pública municipal) e cuja materialização apresenta-se concretamente viável". (Ag. Reg. nº 594009201, Rel. Des. Luiz Gonzaga Pila Hofmeister, in *Revista de Jurisprudência do TJRS*, vol. 165, p. 181-182).

O objeto da medida cautelar é a suspensão dos efeitos do ato normativo, enquanto a representação pender de julgamento.

"O pressuposto (implícito) do pedido é a ocorrência de lesão irreparável a pessoas, à sociedade, à ordem, à segurança e à economia pública, de modo a não poder aguardar-se o julgamento final e a suspensão de eficácia pelo Senado. Somente será deferida se, no período que medeia entre a propositura da ação e a eventual declaração de inconstitucionalidade, puder verificar-se a ocorrência de atos que impeçam, após a declaração, a recomposição de direitos vulnerados".

"A concessão da liminar, no caso, é exceção ao princípio segundo o qual os atos normativos são presumidamente constitucionais. Sendo excepcional, a sua interpretação é restritiva. A regra é a não invalidação apriorística do texto normativo. A concessão da liminar produz esse efeito antes da declaração definitiva".[99]

De sublinhar-se que a jurisprudência do Supremo Tribunal Federal "tem advertido que o tardio ajuizamento da ação direta de inconstitucionalidade, quando já decorrido lapso temporal considerável desde a edição do ato normativo impugnado, desautoriza – independentemente do relevo de que se possa revestir a tese de inconstitucionalidade deduzida – o reconhecimento da situação configuradora do *periculum in mora*, em ordem a inviabilizar a concessão da medida cautelar postulada (ADIN nº 534-DF, Rel. Min. Celso de Mello – *RTJ*, 152/692; ADIN nº 1100-RJ, Rel. Min. Celso de Mello.)".[100]

Relativamente aos efeitos da medida cautelar, registre-se que ela "suspende a eficácia do ato normativo impugnado e, ao contrário da decisão definitiva, seus efeitos são *ex nunc*, ou seja, a partir de sua publicação no Diário Oficial. Excepcionalmente poderá a medida cautelar ter efeitos *ex tunc*, dependendo das particularidades do caso. A cautelar antecipa os efeitos da sentença final, inclusive o de obstar a fluência do prazo para as ações de desconstituição das relações jurídicas fundadas na lei inconstitucional".[101]

Diga-se, ainda, que a Lei nº 9.868/99 previu nos artigos 10 a 12 a possibilidade de concessão de medida cautelar na ação direta.

No art. 11, § 1º, estatui o referido diploma legal que "a medida cautelar, dotada de eficácia contra todos, será concedida com efeito *ex nunc*, salvo se o Tribunal entender que deva conceder-lhe eficácia retroativa".

A doutrina, na sempre abalizada lição de Zeno Veloso, acentua que "para obter a liminar, o autor deve demonstrar o *fumus boni júris* (fumaça do bom direito), isto é, a plausibilidade jurídica, a razoabilidade e pertinência das razões jurídicas que alega, o fundamento do pedido. Mas isto não basta. É preciso evidenciar que, não sendo concedida a liminar, enfim, não sendo suspensa liminarmente a vigência da norma inquinada, com a demora do processamento e do julgamento definitivo da ação, há a probabilidade de ocorrerem transtornos graves, lesões irremediáveis, danos e prejuízos de difícil ou incerta reparação (*periculum in mora* = perigo na demora). Estes dois

---

[99] Michel Temer, "Elementos de Direito Constitucional", p. 49-50.
[100] Marcelo Figueiredo, "Inconstitucionalidade de Lei por Desvio Ético-Jurídico do Legislador", art. publ. na RTDP, 11/95, p. 253-254.
[101] Oswaldo Luiz Palu, "Controle de Constitucionalidade", p. 210.

pressupostos são cumulativos, em coexistir, para que a medida cautelar seja concedida".[102]

Em apreciável estudo, assinala o eminente magistrado e jurista gaúcho Teori Zavascki, que as liminares em ação direta de inconstitucionalidade "têm natureza antecipatória, consistente, em suspender a eficácia do preceito normativo atacado,(com a restauração, se for o caso, da vigência da legislação anterior); têm eficácia contra todos e efeito vinculante, operando, em regra, *ex nunc*, salvo decisão expressa que lhes dê efeito retroativo; têm reflexos sobre os processos em curso envolvendo a mesma questão constitucional, que podem ser suspensos até a sentença definitiva na ação de controle concentrado (CPC, art. 265, I, *a*), ou prosseguir, ficando o respectivo julgamento, neste último caso, submetido ao efeito vinculante da medida, o que torna dispensável, perante os tribunais, o incidente de inconstitucionalidade previsto no art. 480 do CPC; sua natureza provisória atinge, com idêntica marca de provisoriedade, todas as situações jurídicas nascidas sob sua influência, bem assim as sentenças, proferidas em casos concretos, que tenham atendido ao seu comando vinculativo; confirmadas por sentença de procedência na ação de controle concentrado, cessa o estado de provisoriedade, consolidando-se definitivamente as situações de direito formadas sob seu pálio; sua revogação tem eficácia *ex tunc*, assegurando aos interessados, que a cumpriram, a restauração do *status* jurídico primitivo, inclusive, no que se refere aos direitos, faculdades, ações e pretensões que poderiam ter exercido não fosse o comando impeditivo da liminar".[103]

De registrar-se, por oportuno, que "o princípio da indisponibilidade que rege o processo de controle normativo abstrato impede – por razões exclusivamente fundadas no interesse público – que o autor da ação direta de inconstitucionalidade venha a desistir do pedido de medida cautelar por ele eventualmente formulado" (*RTJ*, 178/554).

25. A assistência e a desistência

Não se admite a assistência às partes na ação direta de inconstitucionalidade. A emenda regimental nº 2, de 04.12.85, do STF vedou a assistência a qualquer das partes.

No âmbito dos Estados, os Tribunais de Justiça dispuseram a respeito.

---

[102] Zeno Veloso, "Controle Jurisdicional de Constitucionalidade", p. 96.

[103] "Eficácia das Liminares nas Ações de Controle Concentrado de Constitucionalidade", art. pub. na "Revista da Ajuris", 76, dez. de 1999, vol. II, nova série, p. 45-46.

No § 2º do art. 212, o Regimento Interno do Tribunal de Justiça do Rio Grande do Sul não admite a assistência a qualquer das partes, seguindo o modelo do STF.

"Na ação direta de inconstitucionalidade descabe intervenção assistencial, posto ter sido a norma especial do art. 169, § 2º, do RISTF recebida pelo novo ordenamento constitucional, prevalecendo sobre o disposto no art. 50, do Código de Processo Civil, lei geral. E a natureza eminentemente objetiva do processo de controle abstrato da constitucionalidade não dá lugar à intervenção de terceiros que pretendam, como assistentes, defender interesses meramente subjetivos. No que concerne à formação litisconsorcial passiva na ação direta, somente se legitima em face dos órgãos estatais de que emanou o ato impugnado. O particular não se qualifica como litisconsorte passivo em processo de controle abstrato, em face da necessária estatalidade do ato normativo nele impugnado, posto que a fiscalização da constitucionalidade não abrange normas provenientes da autonomia privada".[104]

Nesta linha se filia o Supremo Tribunal Federal, consoante se pode concluir do Agravo Regimental nº 575 –PI, em ADIN, publicado na *RTJ*, 176/991, Relator o Ministro Celso de Mello.

Semelhante restrição, aliás, tem sido criticada.

"Por considerações de limitação de trabalho cerceou-se a possibilidade de um mais amplo e mais rico debate sobre a fundamental questão da constitucionalidade em tese".[105]

Já Michel Temer sustenta que, pelo menos, a medida cautelar pode ser pleiteada por qualquer pessoa.

"A Constituição, no art. 102, I, *p*, diz competir ao STF processar e julgar o pedido de medida cautelar nas representações de inconstitucionalidade".

"Na hipótese da letra *p*, a linguagem utilizada faz supor algo que se encaixa em outra coisa já existente. O pedido de medida liminar é efetuado na (dentro) da representação oferecida. A representação de inconstitucionalidade é um processo determinado em que se praticam atos e manifestações processuais. Um deles, o pedido de medida cautelar.

"A linguagem constitucional evidencia que a titularidade para pedir a medida cautelar é diversa da titularidade para representar por inconstitucionalidade. Afora isto, o certo é que a interpretação que admite que qualquer do povo (pessoa física, pessoa jurídica de direito público ou de direito privado) peça a cautelar é consonante com o

---

[104] Oswaldo Luiz Palu. "Controle de Constitucionalidade", p. 216.

[105] Sérgio Ferraz, "Declaração de Inconstitucionalidade no Supremo Tribunal Federal", art. publ. na RTDP, 3/93, p. 208.

princípio representativo, adotado pelo constituinte. (art. 1º, parágrafo único, da CF)".[106]

Já no que diz com a problemática da desistência, a questão que se coloca é se, proposta uma ação direta de inconstitucionalidade, pode-se dela desistir.

A resposta será negativa. O Ministro Moreira Alves, na ADIN nº 3.127/00, assim se manifestou:

"Continua em vigor o disposto no § 1º do art. 169, pelo qual, proposta a ação direta de inconstitucionalidade, não se admitirá desistência. Essa norma, como é evidente, embora dissesse respeito ao Procurador-Geral da República, que então, era a única autoridade que tinha legitimação em ação dessa natureza, se aplica a qualquer dos atuais legitimados para propô-la arrolados no incisos I a IX do art. 103 da Constituição Federal" (D. J. 03.05.91). Esta é a posição do Supremo, expressada em vários julgados.

O Regimento Interno do Tribunal de Justiça Rio-Grandense também dispôs expressamente: "Proposta a representação, não se admitirá a desistência, ainda que, a final, o Procurador-Geral de Justiça, se manifeste pela sua improcedência " (art. 212, § 2º).

Neste sentido, julgou-se: "ADIN. Pedido de desistência rejeitado, eis que face à majestade do bem a tutelar, não há campo para a disponibilidade individual... 'A regra é plenamente explicável: a ação direta de inconstitucionalidade tem natureza jurídico-pública, não corresponde a um direito subjetivo do autor, que não tem o poder de dispor da mesma. Num processo em que o interesse público é inequívoco e preponderante, não há razão que justifique vincular o tribunal à manifestação unilateral do autor da ação, com o propósito de extingui-la.' (*Apud* Zeno Veloso. *Controle Jurisdicional de Constitucionalidade*, 2ª ed. Del Rey, p. 80)". (ADIN nº 70004283958, Rel. Des. Vasco Della Giustina, j. 10.03.03).

Esta, também, a orientação do Tribunal paulista, com a redação do art. 669, § 2º, do Regimento Interno.

Todavia, registre-se que "a suspensão cautelar da eficácia do ato normativo impugnado em ação direta, não obstante restaure provisoriamente a aplicabilidade da legislação anterior por ele revogada, não inibe o Poder Público de editar novo ato estatal, observados os parâmetros instituídos pelo sistema de direito positivo".

"A revogação superveniente ao ato normativo impugnado, em sede de controle concentrado de constitucionalidade, impede, desde que inexistentes quaisquer efeitos residuais concretos, o prosseguimento da própria ação direta". (ADIN nº 652-5-MA, Rel. Min. Celso de Mello, DJU 02.04.93, p. 5615).

---

[106] "Elementos de Direito Constitucional", p. 50.

Arremate-se que a "proibição de desistência da ação, está absolutamente correta, eis que, em face da natureza e da majestade do bem a tutelar – a higidez da ordem jurídica e a integridade da Constituição, – aqui não há campo para a disponibilidade individual".[107]

26. O Ministério Público e a Procuradoria-Geral do Estado

O Ministério Público deve ser ouvido, tanto no processamento da ação direta quanto no da via difusa. Reza, com efeito, o art. 95, § 3º da Carta Sul-Rio-Grandense: "O Procurador-Geral de Justiça deverá ser previamente ouvido nas ações de inconstitucionalidade".

Sua intervenção remonta aos inícios do processo interventivo. Sendo ele o autor ou não da ação direta de inconstitucionalidade, determina o art. 213, § 3º, do Regimento Interno do Tribunal de Justiça a abertura de vista ao Procurador-Geral de Justiça, pelo prazo de 15 dias, para emitir parecer.

Se for autor da ação, deverá observar os preceitos das demais partes legitimadas para a propositura da demanda. No dia do julgamento, terá ele oportunidade de sustentar o parecer por quinze minutos.

No Rio Grande do Sul o posicionamento ministerial tem sido dos mais acatados pelo Tribunal de Justiça, mercê do conteúdo jurídico dos pareceres, com larga citação de doutrina e jurisprudência, bem como da análise minuciosa das "vexatae quaestiones", sendo suas manifestações, amiúde, acolhidas e incorporadas ao acórdão, até mesmo como razão de decidir.

Quando se tratar de controle difuso, o Ministério Público, a par de poder propor o incidente, será ouvido previamente na questão submetida ao órgão fracionário do Tribunal (art. 480 do CPC).

Igualmente, quando da tramitação do processo no Pleno do Tribunal, terá ele vista, com o prazo de 10 dias, e se manifestará durante o julgamento (art. 210 do Regimento Interno).

Já o Procurador-Geral do Estado, na apreciação da inconstitucionalidade, em tese, de norma legal ou de ato normativo, no controle concentrado, é citado para defender "o ato ou texto impugnado" (art. 95, § 4º, da Constituição Estadual).

Há, neste ponto, uma semelhança com o Advogado-Geral da União, permitindo-se um paralelismo:

---
[107] Sérgio Ferraz, "Declaração de Inconstitucionalidade no Supremo Tribunal Federal", art. pub. na RTDP, 3/93, p. 208.

"O § 3º do art. 103 da Carta Federal acrescenta que, quando o Supremo Tribunal Federal apreciar a inconstitucionalidade, em tese, de norma legal ou ato normativo, citará previamente, o Advogado-Geral da União, que defenderá o ato ou texto impugnado. Não se trata de parte no processo, pois, como ficou dito, na ação direta não há partes propriamente ditas, a defenderem direitos e interesses próprios ou alheios. O Advogado-Geral atua como curador da presunção da constitucionalidade, em tese, da lei ou ato normativo impugnado. Isso o obriga a defender até, eventualmente, uma lei ou ato normativo, estadual, que contenha violação à competência da União, embora ele seja o Advogado-Geral da União, o que não deixa de ser um contra-senso. E não pode se recusar a cumprir a missão que a Constituição lhe impõe". (Sydney Sanches, "O Controle de constitucionalidade no Brasil", Chapecó, SC, 26 de novembro de 1944, trabalho inédito).[108]

Vale registrar a manifestação do jurista gaúcho Antônio César Lima da Fonseca a respeito da dificuldade inerente ao múnus do Dr. Procurador-Geral do Estado: "A norma colocou em posição delicada os advogados do Estado, pois se obrigam a fazer verdadeiras peripécias jurídicas para 'defender atos manifestamente inconstitucionais'. E isso porque, em tese, a norma se presume constitucional, logo, deve ser defendida".

"Tal obrigatoriedade – de o Advogado-Geral defender a norma a qualquer custo – é *data venia*, equivocada".

"À evidência, o advogado expõe-se em demasia, às vezes, ao risível, pelas teses mirabolantes que precisa criar para defender um legislador, muitas vezes, suspeito".

"A norma, aliás, já sofreu a devida crítica, pela pena excelente do Prof. Gilmar Mendes, para quem o dispositivo até parece ter criado um instituto novo: o Advogado da inconstitucionalidade. Apesar da desaprovação, o STF já se posicionou na matéria: ao Advogado-Geral cabe promover a defesa da norma inconstitucional, pois erigido em "curador da presunção de constitucionalidade da lei" (in Ac. do Pleno do STF. 72-1- ADIN const. de 22.03.90, Rel. Min. Sepúlveda Pertence, DJU 25.05.90, p. 4603).

"Ora, a presunção de constitucionalidade da lei, por ser uma presunção, uma *fictio juris*, não é nem poderia ser absoluta. Como já diziam os antigos: se a Justiça é cega, não o podem ser os aplicadores e lidadores do Direito. Logo, exigir a defesa intransigente de dispositivos manifestamente inconstitucionais, insustentáveis, é submeter o Advogado-Geral ao ridículo, pois assina contra o Direito".[109]

---

[108] Lair da Silva Loureiro e Lair da Silva Loureiro Filho, "Ação Direta de Inconstitucionalidade", p. 364 -365.

[109] "Declaração de Inconstitucionalidade", art. publ. na RTDP, 5/94, p. 200-201.

Sobre a delicada questão assim se expressa Gilmar Ferreira Mendes: "Como já referido, o texto constitucional de 1 estabeleceu, confiou ao Advogado-Geral da União o dever de, citado, defender o ato impugnado. É difícil imaginar o que pretendeu o Constituinte ao designar um Órgão do Poder Executivo Federal para proceder à defesa de atos dos demais Poderes Federais, bem como dos atos normativos editados pelos Estados-membros".

"Se efetivamente pretendia criar um autêntico processo contraditório, tem-se de reconhecer que não logrou concretizar o seu intento. Basta considerar que o Presidente da República tem legitimidade para provocar o Supremo Tribunal Federal no controle abstrato, e ao Advogado-Geral da União, nos expressos termos do artigo 131, *caput*, incumbe prestar consultoria e assessoria jurídica ao Poder Executivo Federal.

"Assim, como poderá o Advogado-Geral da União defender o ato impugnado quando se tratar de argüição formulada pelo próprio Chefe do Executivo?"

"Nesse caso ter-se-ia a seguinte situação: enquanto consultor jurídico do Presidente da República, caberia ao Advogado-Geral da União desenvolver argumentos e formular pareceres que demonstrassem a inconstitucionalidade da lei a ser impugnada diretamente perante o Supremo Tribunal Federal".

"Nos termos do artigo 103, § 3º, da Constituição deveria o Advogado-Geral da União defender o ato que, enquanto assessor jurídico do Executivo, acabou de impugnar. É possível que se tente contornar esse obstáculo com a indicação de substituto imediato para o cumprimento de uma ou outra tarefa".

"O absurdo é patente! Embora não se possa negar que sob muitos aspectos o processo constitucional é fruto de uma ficção, é fácil de ver que não se pode levar a ficção a esses extremos".

"Caberia indagar, ainda, se o Advogado-Geral da União deveria defender ato manifestamente inconstitucional".

"Em princípio não se pode exigir que órgão instituído pela Constituição veja-se na contingência de propugnar pela legitimidade de atos contrários ao ordenamento básico, em flagrante ofensa ao postulado imanente da fidelidade constitucional, que marca e vincula todos os órgãos. Se a resposta pudesse ser afirmativa, teríamos de reconhecer que a Constituição brasileira acabou por instituir a advocacia da inconstitucionalidade".

"Em verdade, tais considerações parecem legitimar a idéia de que, a despeito da concepção e formulação gravemente defeituosa, o constituinte somente pode ter assegurado ao Advogado-Geral da União um direito de manifestação, dentro dos limites impostos pelo ordenamento constitucional".[110]

No Estado de São Paulo, tem-se entendido que, face ao disposto no art. 90, § 2°, da Carta Estadual, a intervenção do Procurador-Geral do Estado, nas ações diretas de inconstitucionalidade propostas em função de leis ou atos administrativos municipais, não tem caráter obrigatório.

"Sua atuação é cabível somente em defesa de atos ou textos normativos na esfera estadual, sendo da competência dos municípios, através de suas Procuradorias Jurídicas ou de advogados contratados, a defesa dos preceitos normativos locais".

"Esse entendimento decorre da expressão 'no que couber' inserida no parágrafo segundo do art. 90 da Constituição paulista, que ao contrário do que dispõe o § 3° do art. 103 da Constituição Federal, torna facultativa, no âmbito estadual, a precitada intervenção".

"Como na presente ação não se discute inconstitucionalidade de ato legislativo estadual, a exclusão do feito, em relação ao Procurador-Geral do Estado, é de rigor" (ADIN n° 23.377-0/8 – SP).[111]

No Rio Grande do Sul, a situação é diversa, pois, o art. 95, § 4°, da Carta Estadual, ao contrário da Carta Paulista, dispõe que "quando o Tribunal de Justiça apreciar a inconstitucionalidade, em tese, de norma legal ou de ato normativo, citará previamente o Procurador Geral do Estado, que defenderá o ato ou texto impugnado".

Assim, não há qualquer ressalva a atos ou textos normativos da esfera municipal, mesmo porque o citado parágrafo vem posposto a dispositivos que dão competência a pessoas e entidades para propor a ação direta de inconstitucionalidade contra atos normativos estaduais ou municipais.

Aliás, com a edição da Lei n° 9.868/99, supletivamente aplicável aos Estados-Membros, afigura-se de todo imperioso que o Dr. Procurador-Geral do Estado seja ouvido, no prazo de 15 dias, antes do pronunciamento final do Ministério Público (art. 8°).

Em publicação recente, assim discorremos sobre a atuação da Procuradoria-Geral do Estado:[112]

Dir-se-ia que 98% das ADINs que tramitam no Tribunal de Justiça envolvem o controle de leis municipais. Qual, então, o papel da Procuradoria-Geral do Estado no trâmite das ADINs? A Constituição Estadual do RS foi clara ao estatuir no art. 95, § 4°, que "...quando o

---

[110] "Aspectos da Declaração de Inconstitucionalidade dos Atos Normativos", art. publ. na RTDP, 2/93, p. 271-272.

[111] Lair da Silva Loureiro e Lair da Silva Loureiro Filho, "Ação Direta de Inconstitucionalidade", p. 18-19.

[112] "Roteiro para o Controle de Constitucionalidade das Leis Municipais pelo Tribunal de Justiça", art. publ. na "Revista da Ajuris", n° 92, dez. 2003, p. 319-335.

Tribunal de Justiça apreciar a inconstitucionaliade em tese, de norma legal ou de ato normativo, citará previamente o Procurador-Geral do Estado, que defenderá o ato ou texto impugnado".

O Regimento Interno do Tribunal também prevê a citação (art. 213, § 2°). Este texto, aliás, é repetição dos termos do art. 103, § 3°, da Carta Federal, com relação ao Advogado-Geral da União. A matéria tem suscitado controvérsias.

Qual sua melhor interpretação?

Se a lei municipal for flagrantemente inconstitucional (veja-se que cerca de 90% das ADINs são julgadas procedentes), mesmo assim deverá a Procuradoria-Geral defendê-la?

Repassando outras Constituições Estaduais se verifica, por exemplo, que na Carta paulista o dispositivo legal que trata da intervenção do Procurador-Geral do Estado vem assim redigido: "... Quando o Tribunal apreciar a inconstitucionalidade, em tese, de norma legal ou ato normativo, citará, previamente, o Procurador-Geral do Estado, a quem caberá defender, no que couber, o ato ou o texto impugnado". (art. 90, § 2°).

A interpretação tida como predominante é de que a expressão "no que couber" confere ao Procurador-Geral a função de curador da presunção de constitucionalidade apenas da lei ou do ato normativo estadual, não intervindo quando a ADIN for de lei municipal, já que para tanto há procuradores do Município.

Porém, esse texto, com esta ressalva, não foi reproduzido em outras Constituições Estaduais.

Assim, a de Santa Catarina: "Quando o Tribunal de Justiça apreciar a inconstitucionalidade, em tese, de norma legal ou ato normativo, citará previamente, o Procurador-Geral do Estado, a Procuradoria Legislativa da Assembléia ou o Procurador do Município, conforme o caso, que defenderão o texto impugnado". (art. 85, § 4°).

No Paraná: "Na ação direta de inconstitucionalidade incumbirá à Procuradoria-Geral do Estado atuar na curadoria de presunção de legitimidade do ato impugnado". (art. 113, § 2°).

No Rio de Janeiro: "Quando não for o autor da representação de inconstitucionalidade, o Procurador-Geral do Estado nela oficiará". (art. 162, § 3°). Note-se que neste Estado o Procurador-Geral do Estado tem legitimidade ativa para propor ADIN, o que não acontece, por ex., no Rio Grande do Sul.

Em Minas Gerais: "Quando o Tribunal de Justiça apreciar a inconstitucionalidade, em tese, de norma legal ou ato normativo estadual, citará previamente, o Procurador-Geral do Estado e Procurador-Geral da Assembléia Legislativa, que defenderão o ato ou texto impugnado, ou no caso de norma legal ou ato normativo municipal, o

Prefeito e o Presidente da Câmara Municipal, para a mesma finalidade". (art. 118, VII, § 5º).

Coexiste, ademais, viva controvérsia sobre a expressão, "defenderá o ato ou texto impugnado".

Segundo o Supremo, esta defesa não pode efetivar-se em desfavor do ato normativo cuja inconstitucionalidade é postulada.

"Atuando como verdadeiro curador da norma infraconstitucional-*defensor legis* e velando pela preservação de sua presunção de constitucionalidade e de sua integridade no âmbito do sistema jurídico, não cabe ao Advogado-Geral da União ostentar posição processual a ela contrária, sob pena de frontal descumprimento do múnus indisponível que lhe foi imposto pela própria Constituição". (ADIN nº 72-ES – *RTJ*, 131/962).

Segundo, todavia, José Cretella Junior, tal interpretação não pode prevalecer, porque se "a inconstitucionalidade em tese for patente, clara, nítida falará mais alto o espírito científico do Advogado-Geral da União, que em busca da verdade, admitirá, sendo o caso, a procedência da argüição feita, aceitando a impugnação argüida". (in *Comentários à Constituição Brasileira de 1988*, v. 6º, p. 311).

27. O Julgamento pelo Tribunal de Justiça

No Supremo Tribunal Federal, o julgamento é efetuado pelo Plenário, ou seja, a totalidade dos 11 Ministros, dado que não possui Órgão Especial. Este somente existe nos Tribunais que contem com mais de 25 desembargadores.

No Estado do Rio Grande do Sul, o julgamento é realizado pelo Órgão Especial do Tribunal, composto dos doze desembargadores mais antigos e de doze desembargadores escolhidos pelo Pleno, mais o Presidente, em número de 25 (Emenda nº 45/04 da Carta Federal).

A competência lhe é outorgada pelo art. 95, XII, *d*, da Constituição Sul-Rio-Grandense, em se tratando do controle concentrado, e pelo art. 93, IX, no caso do controle difuso.

Para o julgamento da ação direta de inconstitucionalidade ou do incidente, requer-se a presença mínima de 20 desembargadores (art. 8º, XV, c/c o art. 8º, V, *j*, e *s*, do Regimento Interno).

Os artigos 214 a 216 do Regimento Interno regulam a matéria, como visto.

As partes terão oportunidade de até 48 horas antes do julgamento apresentar memoriais (art. 193 do Regimento).

Concluído o relatório, cópia será enviada aos desembargadores, tendo o Revisor vista dos autos.

Cientes as partes da data do julgamento, no dia aprazado, iniciada a sessão, após o relatório, faculta-se ao autor, ao procurador da autoridade responsável pelo ato impugnado, ao Procurador-Geral do Estado e ao Procurador-Geral de Justiça, a sustentação oral, por quinze minutos.

Depois proferirão o voto o Relator, o Revisor e demais julgadores na ordem decrescente de antiguidade, seguindo-se ao mais moderno o mais antigo, continuando-se na ordem decrescente (art. 178 do Regimento).

As questões preliminares ou prejudiciais suscitadas no julgamento serão apreciadas antes do mérito, deste não se conhecendo se incompatível com a decisão daquelas (art. 183 do Regimento).

Poderá haver conversão do julgamento em diligência (art. 183 do Regimento). O julgamento será suspenso com o pedido de vista, por parte de um desembargador, e prosseguirá em outra data, computando-se os votos já proferidos (art. 187 do Regimento).

Os desembargadores poderão modificar o voto até a proclamação do resultado final (art. 189).

Só pelo voto da maioria absoluta dos membros do Órgão Especial será declarada a inconstitucionalidade. Porém, não alcançada a maioria e ausentes desembargadores em número que possam influir no julgamento, – o *quorum* mínimo para o julgamento, neste caso, é de 20 membros – este será suspenso, a fim de serem colhidos oportunamente os votos faltantes (art. 216, § 1º, do Regimento).

A respeito do *quorum*, convém lembrar a precisa lição de Ronaldo Poletti: "Há de distinguir o *quorum* para os Tribunais funcionarem daquele para a declaração de inconstitucionalidade. Se não houver a maioria absoluta na votação, proclama-se a constitucionalidade da lei. A eficácia jurídica da declaração depende daquele *quorum* condição. Trata-se, portanto, de uma condição de eficácia da declaração. Circunscrita a isso, a interpretação do dispositivo constitucional, decorre que ali não se estipula uma regra de competência, mas meramente instrumental".

E continua: "A maioria absoluta dos membros do Tribunal é diferente da maioria simples dos juízes presentes. Para a declaração de inconstitucionalidade valer é preciso que a maioria absoluta dos membros do Tribunal a adote, independentemente do número de presentes. Maioria absoluta, no caso é de metade mais um dos membros do Tribunal".[113]

Nunca é demais registrar-se que o *quorum* de maioria absoluta é para a declaração de inconstitucionalidade; não para a de constitucionalidade.

---
[113] Ronaldo Poletti, "Controle da Constitucionalidade das Leis", p. 188-189.

No caso do Tribunal de Justiça, o *quorum* para a declaração de inconstitucionalidade é de 13 votos, observada a presença mínima de 20 desembargadores para o julgamento.

A decisão que declarar a inconstitucionalidade, materializada posteriormente em acórdão, será imediatamente comunicada, pelo Presidente do Tribunal, aos órgãos interessados (art. 216, § 2º, do Regimento e art. 25 da Lei nº 9.868/90).

Como já enfatizado em outro ponto, nunca é demais lembrar o ensinamento de Zeno Veloso, citando lição de José Carlos Barbosa Moreira: "Nos Tribunais, não está o Plenário (ou o 'órgão especial') adstrito aos fundamentos indicados na argüição, isto é, a verificar a compatibilidade entre a lei ou outro ato normativo e a determinada regra (ou a determinadas regras) da Constituição, com que o argüente afirma existir conflito, alerta o professor José Carlos Barbosa Moreira que explica: 'A argüição pode ter-se fundado na alegada incompatibilidade entre a lei ou o ato normativo e a regra x, e o tribunal declarar inconstitucional uma ou outro, por incompatível com a regra y. Não há que cogitar de vinculação do tribunal a uma suposta *causa petendi*, até porque a argüição não constitui 'pedido' em sentido técnico, e as questões de direito são livremente suscitáveis, *ex officio*, pelos órgãos judiciais, na área em que lhes toque exercer atividade cognitiva'".[114]

Neste sentido, veja-se *RTJ*, 179/37 e *RTJ*, 180/168.

De gizar-se, ainda, que os votos hão de ser homogêneos, isto é, "como ensina Pontes de Miranda, 'não se somam como parcelas quantidades heterogêneas'. Só os que tiverem os mesmos fundamentos podem ser somados, portanto".[115]

No controle difuso da lei municipal, o processamento é análogo.

Remetido o processo ao Órgão Especial, sempre que houver inclinação dos órgãos fracionários pela inconstitucionalidade (art. 209 do Regimento e art. 481 do CPC) – os órgãos fracionários não têm competência para declarar a inconstitucionalidade, mas, tão-somente o reconhecimento da constitucionalidade – será ouvido o Procurador-Geral de Justiça.

Lançado o Relatório, processa-se o julgamento exclusivamente da matéria de direito, nos termos antes enunciados e relativos à declaração de inconstitucionalidade (arts. 210, § 2º, 214 e 213, § 3º, do Regimento).

Escusado é dizer que a decisão vincula o órgão fracionário, quer seja ou não pela declaração de inconstitucionalidade.

---

[114] "Controle Jurisdicional de Constitucionalidade", p. 88-89.

[115] Humberto Theodoro Júnior, "Curso de Direito Processual Civil", II vol, p. 631.

Diferentemente da ação direta de inconstitucionalidade, que tem efeito *erga omnes*, no incidente, a decisão não é obrigatória para o futuro ou para outros casos.

"A eficácia do pronunciamento é só intraprocessual,"[116] e a decisão é irrecorrível. Aliás, em sentido diverso, o Regimento Interno do Tribunal de Justiça contém dispositivo de duvidosa constitucionalidade: "A decisão declaratória ou denegatória de inconstitucionalidade, se proferida por maioria de dois terços, constituirá, para o futuro, decisão de aplicação obrigatória em casos análogos, salvo se algum órgão fracionário, por motivo relevante, entender necessário provocar novo pronunciamento do Órgão Especial sobre a matéria (art. 211)".

O acórdão, contendo a decisão do Órgão Julgador, com a fundamentação jurídica e no qual o Relator poderá resportar-se às notas taquigráficas, que dele farão parte integrante, será apresentado para publicação no prazo de 30 dias (art. 201 do Regimento Interno).

Se o Relator tiver sido vencido no julgamento, será designado para redator do acórdão o julgador que proferiu o primeiro voto vencedor (art. 202, § 2º).

Uma vez conferido com a ementa, será o acórdão assinado pelo Relator e rubricado pelos que declararem o voto (art. 204 do Regimento).

No prazo de 48 horas, as conclusões serão remetidas à publicação no Diário da Justiça (art. 205 do Regimento).

Publicadas as conclusões, os autos somente sairão da Secretaria durante o prazo de interposição do recurso cabível.

28. Recursos. O Recurso Especial e o Extraordinário

A função de guarda da Constituição, mesmo em relação às leis municipais, se está arredada do Supremo Tribunal Federal, através de uma ação direta de inconstitucionalidade, não o está, via recurso extraordinário.

Em princípio, a invalidade de lei municipal pode ser declarada *incidenter tantum*, pela Corte Maior, em caso de decisão que confronte com a Constituição Federal, no curso de um processo comum.

Em sua excelente monografia, Rodolfo de Camargo Mancuso divisou um núcleo comum, que harmoniza e aproxima os recursos especial e extraordinário, traçando-lhes as características irmãs: "a) exigem o prévio esgotamento das instâncias ordinárias; b) não são vocacionados à correção da injustiça do julgado recorrido; c) não servem para a mera revisão das matéria de fato; d) apresentam sistema

---

[116] J. C. Barbosa Moreira, "Comentários ao Código de Processo Civil", vol V, p. 51.

de admissibilidade desdobrado ou bipartido, com uma fase perante o Tribunal *a quo* e outra perante o *ad quem*; e) os fundamentos específicos de sua admissibilidade estão na CF e não no CPC; f) a execução que se faça na sua pendência é provisória".[117] Consabidamente, a decisão final em matéria de controle concentrado se materializa, após eventuais embargos declaratórios, num acórdão proferido pela maioria absoluta (CF art. 97), ou em caso de controle difuso, com a decisão final do Órgão Fracionário suscitante, após manifestação do Órgão Especial.

Destas decisões, em nível estadual, podem, em tese, ser opostos dois recursos: o especial e o extraordinário.

Analisemos primeiramente o controle concentrado.

Das decisões proferidas em instância única ou última cabe o recurso extraordinário, endereçado ao Supremo (art. 102, *a* e *c*, da Carta Federal), quando a decisão recorrida contrariar dispositivo da Constituição Federal ou julgar válida lei ou ato do governo local contestado em face da Constituição Federal.

Porém, reconhecida a inconstitucionalidade de lei local, isto é, como se verá, de lei estadual ou municipal, descabe a interposição do recurso extremo, à exceção do fundamento de contrariar dispositivo da Constituição.

De acentuar-se que não cabe recurso extraordinário, visando à interpretação de direito local ou tendo em vista sua violação.

Porém, o que entender por ato ou lei de governo local? Responde Rodolfo de Camargo Mancuso: "Visto que os recursos extraordinário e especial são instrumentos válidos para a preservação, respectivamente, da Constituição Federal e do direito federal infraconstitucional, pode-se dizer, que na equação que está à base da admissibilidade desses recursos, o outro termo só pode provir dos Estados ou dos Municípios, seja em forma de normas legais, *lato sensu*, (leis, decretos, portarias, regulamentos, ordens jurídicas menores,) seja em forma de atos: atos do governador, prefeito, secretários, diretores de órgãos públicos, reitores, etc., enfim, agentes públicos dotados de certa parcela de poder. E essas normas e esses atos bem podem ser emanados do Executivo, como do Legislativo ou até do Judiciário, ressalvados, nesse último caso, os atos puramente jurisdicionais, ou seja, os atos do juiz passíveis de recurso por *error in procedendo* ou *in judicando*, já que tais provimentos jurisdicionais, por óbvio, não cabem na rubrica de "lei ou ato de governo local".[118]

---

[117] "Recurso Extraordinário e Recurso Especial", p. 90.

[118] "Recurso Extraordinário e Recurso Especial", ob. cit., p. 188.

Por sua vez, Roberto Rosas acentua que "o *desideratum* do legislador e a orientação do STF são no sentido de instituir o apelo final no âmbito da lei federal, mantendo a sua supremacia".

"A Súmula 280, seguindo nessa esteira, afirma que por ofensa a direito local não cabe recurso extraordinário".

"Ressalte-se que, quando as leis estaduais conflitam no tempo, a matéria já está no plano do direito federal, porquanto o direito intertemporal é do âmbito federal (RE 51.680, Rel. Min. Luiz Gallotti, DJU 1º.08.1963)".

"Quanto às leis municipais adota-se o mesmo ponto concernente às leis estaduais. As leis de Organização Judiciária são locais, estaduais, portanto não podem ser invocadas para a admissão de recurso extaordinário, sendo comum os casos onde surgem problemas no concernente ao julgamento da causa pelo tribunal *a quo*, discutindo-se a sistemática nos julgamentos. Não será matéria de direito local se essa mesma sistemática é contrária à lei federal, *verbi gratia*, o Código de Processo Civil. Na mesma linha de raciocínio estão os regimentos internos dos Tribunais".[119]

Caberá recurso especial quando a decisão local vier a "contrariar tratado ou lei federal, ou negar-lhe vigência; julgar válida lei ou ato de governo local contestado em face de lei federal; ou der à lei federal interpretação divergente da que lhe haja atribuído outro tribunal" (art. 105, III da Carta Federal).

Já o controle difuso apresenta uma característica própria, qual seja, a da irrecorribilidade das decisões, inicialmente do órgão fracionário do Tribunal, que se inclinar pela inconstitucionalidade, e, posteriormente, do Órgão Especial, que no incidente de inconstitucionalidade vier a declarar ou não a constitucionalidade da lei submetida à sua decisão.

"Tal como a decisão que fixa a interpretação a ser observada, no incidente de uniformização, também o pronunciamento do Tribunal Pleno declarando ou não a inconstitucionalidade, é irrecorrível, salvo por embargos de declaração: qualquer outro recurso unicamente poderá caber, satisfeitos os respectivos pressupostos, contra o acórdão do órgão fracionário, que decidir a espécie, pois só com esse acórdão se completará o julgamento do recurso ou da causa, cindido em virtude do acolhimento da argüição".[120]

Neste sentido é a Súmula nº 513: "A decisão que enseja a interposição do recurso ordinário ou extraordinário não é a do plenário, que resolve o incidente de inconstitucionalidade, mas a do órgão (Câmaras, Grupos ou Turmas) que completa o julgamento do feito)".

---

[119] "Direito Sumular", p. 110.

[120] J. C. Barbosa Moreira, "Comentários ao Código de Processo Civil", vol. V, p. 52.

Com exceção deste aspecto, valem os mesmos princípios e regras antes enunciados, para os recursos especial e extraordinário.

Sinale-se que ao contrário do controle concentrado, cuja eficácia é *erga omnes*, a decisão em controle difuso só se aplica, de regra, às partes em liça e naquele caso.

A Lei n° 9.868/99, no seu artigo 26, estatui que a decisão que declara a constitucionalidade ou inconstitucionalidade de lei ou ato normativo pelo Supremo Tribunal Federal, em ação direta ou em ação declaratória, é irrecorrível, ressalvada a interposição de embargos declaratórios, não podendo, igualmente, ser objeto de ação rescisória.

Evidentemente, tal norma não tem aplicação no controle concentrado de constitucionalidade, exercitado pelos Tribunais de Justiça dos Estados-membros.

Os registros do Tribunal de Justiça do Rio Grande do Sul apontam que é rara a interposição de recursos especial ou extraordinário, opostos contra decisões emanadas do Tribunal no controle concentrado ou difuso de constitucionalidade.

A propósito, se decidiu que se poderia questionar, "tratando-se de recurso interposto por Prefeito Municipal, do benefício previsto no art. 188 do CPC, com o que seria tempestivo o presente agravo. Entendo, contudo, que em ação direta de inconstitucionalidade, não se aplica o benefício do prazo em dobro para recorrer, tendo em vista não ser possível equiparar à Fazenda Pública os legitimados para ingressarem com a ação". (AR n° 70002890416, Rel. Des. Élvio Schuch Pinto, j. 17.09.01).

29. Preceitos interpretativos a serem observados pelo Tribunal de Justiça

Interpretar, segundo Paulo Bonavides, é exercitar uma "operação lógica, de caráter técnico, mediante a qual se investiga o significado exato de uma norma jurídica, nem sempre clara ou precisa".[121]

A longa polêmica travada entre objetivistas e subjetivistas sedimentou a regra, pela qual o hermeneuta não deve se cingir a um único método, devendo valer-se dos vários sistemas interpretativos.[122]

"Quanto mais rígida a Constituição, quanto mais dificultosos os obstáculos erguidos à sua reforma, mais avulta a importância da interpretação, mais flexíveis e maleáveis devem ser os seus métodos interpretativos, em ordem a fazer possível uma perfeita acomodação do estatuto básico às exigências do meio político e social".

---

[121] "Curso de Direito Constitucional", p. 398.

[122] Ver sobre o assunto, Elival Ramos, "A Inconstitucionalidade das Leis", p. 197-198.

"Mediante o emprego dos instrumentos de interpretação, logram-se surpreendentes resultados de alteração do sentido das regras constitucionais sem que, todavia, se faça mister modificar-lhe o respectivo teor. De sorte que aí se combina a preservação da Constituição com o deferimento das mais prementes e sentidas exigências da realidade social".[123]

Cabe, sobretudo, ao Tribunal de Justiça, como visto, a interpretação das normas municipais, em confronto com a Carta Magna Estadual.

O notável doutrinador Carlos Maximiliano, em seu clássico trabalho, "Hermenêutica e Aplicação do Direito", já prelecionava que "o Direito Constitucional apóia-se no elemento político, essencialmente instável. A esta particularidade atende, com especial e constante cuidado, o exegeta. Naquele departamento da ciência de Papininano preponderam os valores jurídico-sociais. Devem as instituições ser entendidas e postas em função de modo que correspondam às necessidades políticas, às tendências gerais da nacionalidade, à coordenação dos anelos elevados e justas aspirações do povo".

E continua: "Em geral, no Direito Público se emprega, de preferência, a linguagem técnica, o dizer jurídico, de sorte que, se houver diversidade de significado do mesmo vocábulo, entre a expressão científica e a vulgar, inclinar-se-á o hermeneuta no sentido da primeira".[124]

Para tanto, recomendam os doutrinadores, a observância de algumas "regras de bom aviso", ou "preceitos sábios", que passaremos a resumir, endereçados aos Julgadores, a partir do grande Lúcio Bittencourt, em seu clássico *Controle Jurisdicional da Constitucionalidade das Leis* e do não menos clássico "Hermenêutica e Aplicação do Direito", de Carlos Maximiliano.

Preceito primeiro: os juízes devem, de ofício, mesmo que a parte não alegue, declarar ou suscitar a inconstitucionalidade de lei aplicável ao caso.

"Efetivamente, só uma demanda real dá ensejo ao pronunciamento dos juízes, mas, instaurado o processo, não está a justiça subordinada à alegação da parte para julgar inaplicável à hipótese a lei inconstitucional".[125]

Preceito segundo: presumem-se constitucionais os diplomas legais. Ou seja, "somente podem ter a sua eficácia suspensa ou a sua aplicação recusada pelos tribunais, quando existirem razões peremptórias, isto é, quando ficar demonstrada cabalmente a sua incompatibilidade com o texto expresso da Constituição. Ao apreciar a alegação de

---

[123] Paulo Bonavides, "Curso de Direito Constitucional", p. 418.

[124] "Hermenêutica e Aplicação do Direito", p. 367-368.

[125] Lúcio Bittencourt, "Controle Jurisdicional da Constitucionalidade das Leis", p. 113.

inconstitucionalidade, os juízes não a acolherão por mera conjectura, senão, apenas quando, a demonstração do conflito entre os dois textos legais se fizer de modo cabal, irrecusável, incontroverso".[126]

Preceito terceiro: em caso de dúvida, deve-se optar pela constitucionalidade. Ou seja, só quando a lei se apresenta claramente inconstitucional é que tem vez o reconhecimento da inconstitucionalidade.

Preceito quarto: "sempre que possível, adotar-se-á a exegese que torne a lei compatível com a Constituição".[127]

É corolário da presunção. Na possibilidade de duas interpretações igualmente viáveis a merecerem acolhida, deve se dar preferência àquela que se afina com a Constituição.

Carlos Maximiliano argumenta, que "entre duas exegeses possíveis, prefere-se a que não infirma o ato da autoridade. Os tribunais só declaram a inconstitucionalidade de leis quando esta é evidente, não deixa margem a séria objeção em contrário. Portanto, se, entre duas interpretações mais ou menos defensáveis, entre duas correntes de idéias apoiadas por jurisconsultos de valor, o Congresso adotou uma, o seu ato prevalece. A bem da harmonia e do mútuo respeito que devem reinar entre os poderes federais ou estaduais, o Judiciário só faz uso de sua prerrogativa quando o Congresso viola claramente ou deixa de aplicar o estatuto básico, e não quando opta apenas por determinada interpretação não de todo desarrazoada".[128]

Preceito quinto: a aplicação tradicional de princípios de uma lei, sem maior contestação, é elemento precioso na interpretação da norma.[129]

Não é diverso o entendimento de Carlos Maximiliano: "Forte é a presunção da constitucionalidade de um ato ou de uma interpretação, quando datam de grande número de anos, sobretudo se foram contemporâneos da época em que a lei fundamental foi votada. *Minime sunt mutanda, quae interpretationem certam semper habuerunt*".

E complementa: "A prática constitucional longa e uniforme aceita pelo Poder Legislativo ou pelo Executivo, tem mais valor para o intérprete do que as especulações engenhosas dos espíritos concentrados. São estes, quase sempre, amantes de teorias e idéias gerais, não habituados a encontrar dificuldades e resolvê-las a cada passo, na vida real, como sucede aos homens de Estado, coagidos continuamente a adaptar a letra da lei aos fatos inevitáveis. A Constituição não é

---

[126] Idem, ibidem, p. 114.

[127] Idem, ibidem, p. 118.

[128] "Hermenêutica e Aplicação do Direito", p. 370.

[129] Ver, a propósito, Lúcio Bittencourt, "Controle Jurisdicional da Constitucionalidade das Leis", p. 120.

repositório de doutrinas: é instrumento de governo, que assegura a liberdade e o direito, sem prejuízo do progresso e da ordem".[130]

Porém, acentue-se, ambos os doutrinadores concordam que este princípio não é absoluto e comporta exceções.

Preceito sexto: "não se declaram inconstitucionais os motivos da lei. Se esta, no seu texto, não é contrária à Constituição, os tribunais não lhe podem negar eficácia".[131]

Ou seja, a validade e eficácia da lei independem dos motivos que a originaram. Estas, as razões ou a ocasião da criação da lei, não são óbice a que ela seja declarada constitucional, mesmo que viciada na sua origem, por razões ou causas espúrias.

Lúcio Bittencourt cita, a propósito, caso examinado pelo Supremo, em que, através de uma lei, se dividiu um cartório, unicamente para prejudicar um escrivão, tendo o Supremo reconhecido a legalidade do ato, pois o Governo tem o direito de reorganizar os ofícios da Justiça, independentemente da causa imediata subjacente.

Preceito sétimo: "na apreciação da inconstitucionalidade, o Judiciário não se deixará influenciar pela justiça, conveniência ou oportunidade do ato do legislativo".[132]

Não compete ao Judiciário examinar o acerto ou a propriedade do ato dos outros Poderes, ou seja, não deve se intrometer na seara política, que não é de sua alçada.

Preceito oitavo: "se, apenas, algumas partes da lei forem incompatíveis com a Constituição, estas serão declaradas ineficazes, sem que fique afetada a obrigatoriedade dos preceitos sadios".[133]

À evidência, se a lei puder ser salva, ainda que parcialmente, deverá sê-la.

Daí se originou a moderna técnica da declaração de inconstitucionalidade sem redução do texto constitucional, a ser examinada em outra parte do trabalho.

Preceito nono: "deve-se interpretar a norma no sentido de que se tornem efetivos os princípios governamentais e não no sentido que se os reduzam ou se os contrariem".[134]

Preceito décimo: "o elemento histórico pode auxiliar a exegese da Carta Magna, porém deve ter um valor relativo, que se deve dar, em geral, a todo o debate parlamentar".[135]

---

[130] "Hermenêutica e Aplicação do Direito", p. 369 e 376.
[131] Lúcio Bittencourt, "Controle Jurisdicional da Constitucionalidade das Leis", p. 121.
[132] Idem, ibidem, p. 124.
[133] Idem, ibidem, p. 124.
[134] Carlos Maximiliano, "Hermenêutica e Aplicação do Direito", p. 369.
[135] Idem, ibidem, p. 373.

Controle de Constitucionalidade das Leis

Preceito décimo primeiro: "mantendo a nova Constituição a mesma linguagem da antiga, presume-se que não pretendeu mudar a norma neste particular".[136]

Preceito décimo segundo: "interpreta-se a Constituição, buscando-se enquadrar-se na letra do texto antigo o instituto moderno, ou seja, aplica-se a Constituição aos casos atuais, ainda que não previstos pelos que a elaboraram".[137]

Dest'arte deve a interpretação "buscar acompanhar a evolução, adaptar-se às circunstâncias imprevistas, vitoriosa em todas as vicissitudes, porém quanto possível inalterada na forma".[138]

Preceito décimo terceiro: "definindo a Constituição as circunstâncias em que um direito pode ser exercitado, vedada resta qualquer interferência, visando a sujeitar o exercício deste direito a outras condições".[139]

Preceito décimo quarto: "devem ser interpretados estritamente os dispositivos que instituem exceções às regras gerais firmadas pela Constituição".[140]

E complementa o grande exegeta: "Assim se entendem os que favorecem algumas profissões, classes, ou indivíduos, excluem outros, estabelecem incompatibilidades, asseguram prerrogativas, ou cerceiam, embora temporariamente, a liberdade, ou as garantias da propriedade. Na dúvida, siga-se a regra geral".

"Entretanto em Direito Público esse preceito não pode ser aplicado à risca : o fim para que foi inserto o artigo na lei, sobreleva a tudo. Não se admite interpretação estrita que entrave a realização plena do escopo visado pelo texto. Quando as palavras forem susceptíveis de duas interpretações, uma estrita, outra ampla, adotar-se-á aquela que for mais consentânea com o fim transparente da norma positiva".[141]

Preceito décimo quinto: "aplica-se à exegese constitucional o processo sistemático de Hermenêutica, e também o teleológico, assegurada ao último a preponderância. Nesse terreno considera-se ainda de alta valia a jurisprudência, sobretudo a da Corte Suprema".[142]

Preceito décimo sexto: "quanto mais resumida é uma lei, mais geral deve ser a sua linguagem e maior, portanto, a necessidade, e também a dificuldade de interpretação do respectivo texto".[143]

---

[136] Carlos Maximiliano, "Hermenêutica e Aplicação do Direito", p. 374.
[137] Idem, ibidem, p. 374.
[138] Idem, ibidem, p. 375.
[139] Idem, ibidem, p. 376.
[140] Idem, ibidem, p. 377.
[141] Idem, ibidem, p. 377.
[142] Idem, ibidem, p. 377-378.
[143] Idem, ibidem, p. 367.

Isto porque "deve o estatuto supremo condensar princípios e normas asseguradoras do progresso, da liberdade e da ordem, e precisa evitar casuística minuciosidade, a fim de se não tornar demasiado rígido, de permanecer dúctil, flexível, adaptável a épocas e circunstâncias diversas, destinado, como é, a longevidade excepcional".[144]

Uma citação, ainda, se impõe, face à importância da matéria. É o ensinamento do emérito jurista gaúcho Juarez Freitas, *verbis*:

"Assim, é preciso que o julgamento do 'jurídico', com todos os riscos que tal idéia implica, não mais se divorcie do problema ético da justiça, fazendo-se com que o Poder Judiciário, assumido como Poder, deixe de ser um mero aplicador do Direito Positivo para ser o garantidor dos princípios de justiça, alojados e pressupostos no interior da arquitetura jurídica, sem os quais o Direito pode ser tudo, mas não terá sentido, dado que o jurídico, como inegável resultante do Poder, não encontra o seu sentido no próprio Poder. E nisto repousa a missão, por excelência, do juiz: sem decidir *contra legem*, deve decidir sempre a favor da justiça, pois o Direito, privado de moralidade e de justiça, só por abstração teria validade, vigência e eficácia; contudo, não teria real eficácia lógico-ética. E é impossível a seres humanos racionais, em nada e por nada autômatos, evitar a manifesta percepção de que a injustiça traz sempre o esvaziamento e a debilitação do jurídico na sua mais elevada acepção".

"Por outro lado, se reconhecermos a inconstitucionalidade da lei lesiva à justiça, mergulharemos num renovado Direito, por certo menos formal, nada disposto a renunciar a sua dignidade intrínseca, mormente quando já se aceita, de forma direta ou velada, a jurisprudência como fonte criadora do Direito, mesmo no sistema romanístico continental".

"Urge que se reconheça, outrossim, que Direito e moralidade devem caminhar lado a lado, unificados, gradativamente, por um princípio regulativo, uma 'ratio' comum, uma intuição racional irrenunciável: a Justiça".[145]

Resta, finalmente, acrescentar que o Tribunal tem julgado inúmeros processos e decidido questões complexas, invocando os princípios da razoabilidade e da proporcionalidade.

Relativamente a tais princípios, manifestou-se o ilustre jurista gaúcho Lenio Luiz Streck: "Assim, o fundamento constitucional dos princípios da razoabilidade e da proporcionalidade se confunde com os fundamentos dos princípios da dignidade da pessoa humana, da proibição do excesso, da proibição do desvio de finalidade da lei, da

---

[144] Idem, ibidem, p. 367.
[145] "A Substancial Constitucionalidade da Lei Injusta", p. 15-16.

reserva legal, da igualdade, do devido processo legal, enfim, todos os princípios que são umbilicalmente vinculados aos direitos fundamentais. Afinal, se o Estado Democrático de Direito representa um "plus" normativo/democrático em relação às formas anteriores de Estado e de Direito, o princípio da proporcionalidade vem a ser o suporte da própria concepção de proibição de violação dos direitos e da realização/efetivação dos direitos fundamentais".[146]

---

[146] "Jurisdição Constitucional e Hermenêutica", p. 410.

Capítulo V

EFEITOS DA DECLARAÇÃO DE INCONSTITUCIONALIDADE

30. Efeitos do controle concentrado. A coisa julgada

Segundo a doutrina clássica, a lei inconstitucional não é lei, não podendo obrigar as pessoas. É como se não fora escrita.

"O dogma da nulidade da lei inconstitucional pertence à tradição do direito brasileiro. A teoria da nulidade tem sido sustentada por praticamente todos os nossos importantes constitucionalistas".[147]

Sendo nulos, a lei ou o ato administrativo não têm eficácia jurídica, pois "os atos inconstitucionais são, por isso mesmo, nulos e destituídos, em conseqüência, de qualquer carga de eficácia jurídica. A declaração de inconstitucionalidade de uma lei alcança, inclusive, os atos pretéritos com base nela praticados, eis que o reconhecimento desse supremo vício jurídico que inquina de total nulidade os atos emanados do Poder Público, desampara as situações constituídas sob sua égide e inibe – ante a sua inaptidão para produzir efeitos jurídicos válidos, – a possibilidade de invocação de qualquer direito. A declaração de inconstitucionalidade em tese encerra um juízo de exclusão, que, fundado numa competência de rejeição deferida ao Supremo Tribunal Federal, consiste em remover do ordenamento positivo a manifestação estatal inválida e desconforme ao modelo plasmado na Carta Política, com todas as conseqüências daí decorrentes, inclusive a plena restauração de eficácia das leis e das normas afetadas pelo ato declarado inconstitucional" (*RTJ*, 146/461).

Lembra Buzaid que "declarada a inconstitucionalidade, o efeito da sentença retroage *ex tunc* à data da publicação da lei ou ato, porque de outro modo se chegaria à conclusão verdadeiramente paradoxal de que a validade da lei *si et in quantum* tem a virtude de ab-rogar o dispositivo constitucional violado; ou, em outros termos, considerar-se-iam válidos atos praticados sob o império de uma lei nula. Portanto, todas as situações jurídicas, mesmo aquelas decorrentes de sentença transitada em julgado, podem ser revistas depois da declaração de inconstitucionalidade, mediante ação rescisória".[148]

---

[147] Ives Gandra da Silva Martins e Gilmar Ferreira Mendes, "Controle Concentrado de Constitucionalidade", p. 313.

[148] Alfredo Buzaid, "Da Ação Direta de Declaração de Inconstitucionalidade no Direito Brasileiro", p. 137-138.

Todavia, para tanto, importa seja declarada a inconstitucionalidade por órgão habilitado.

Mais recentemente, a Lei nº 9.868, de 10.11.99, no art. 28, parágrafo único, clarificou o comando constitucional: "A declaração de constitucionalidade ou de inconstitucionalidade, inclusive a interpretação conforme a Constituição e a declaração parcial de inconstitucionalidade sem redução de texto, têm eficácia contra todos e efeito vinculante em relação aos Órgãos do Poder Judiciário e à Administração Pública federal, estadual e municipal".

O ato tido como inconstitucional, mas não declarado assim, continua gerando efeitos.

A orientação majoritária do Supremo já correspondia aos ditames da lei, sendo no sentido de que os efeitos retroagem à data da publicação da lei inconstitucional, ou seja, a par de serem obrigatórios para todos, *erga omnes*, vinculando toda a administração pública nos mais diversos níveis e esferas, o são desde a publicação da lei, portanto, *ex tunc*.

"Se uma lei posterior à Constituição for declarada inconstitucional, terá a Corte dito que a mesma é inválida, aplicando-se a sanção da nulidade com sentença de efeitos declaratórios normativos e, a partir daí, pela invalidade, nula torna-se a eficácia. Se tal nunca ocorrer (a Corte jamais se pronunciar neste sentido) a lei supostamente inconstitucional é vigente e eficaz como qualquer outra, independentemente da opinião coloquial que dela se tenha (tem efeitos formais). Nula a norma, haverá efeito retroativo da decisão, salvo decisão em contrário do STF, que poderá atribuir efeitos repristinatórios à decisão. O Tribunal pode evitar a sanção da nulidade na interpretação conforme a Constituição, na inconstitucionalidade parcial".[149]

É a própria Constituição Federal que o consagra, ao versar sobre a declaratória de constitucionalidade, mas com inteira aplicação à ação direta, através da Emenda nº 3/93:

"As decisões definitivas de mérito, proferidas pelo Supremo Tribunal Federal, nas ações declaratórias de constitucionalidade de lei ou ato normativo federal, produzirão eficácia contra todos e efeito vinculante, relativamente aos demais órgãos do Poder Judiciário e ao Poder Executivo" (art. 102, § 2º).

O Tribunal de Justiça do Estado do Rio Grande do Sul tem enfrentado a matéria: "Administrativo. Servidor público. Exoneração de cargo. Lei declarada inconstitucional. Possibilidade. 1. É possível a exoneração de servidor de cargo criado por lei declarada inconstitucional. Apelação desprovida". (A.C. nº 70004117669, 4ª C. C., Rel. Des. Araken de Assis, j. 22.05.02).

---

[149] Oswaldo Luiz Palu, "Controle de Constitucionalidade", p. 238.

A Lei nº 9.868/99 trouxe mudanças relativamente à declaração de inconstitucionalidade.

O art. 27 previu que "tendo em vista razões de segurança jurídica ou de excepcional interesse social, poderá o Supremo Tribunal Federal, por maioria de dois terços de seus membros, restringir os efeitos daquela declaração ou decidir que ela só tenha eficácia a partir de seu trânsito em julgado ou de outro momento que venha a ser fixado".

Com razão, apontaram constitucionalistas de escol que, muitas vezes, os Tribunais deixam de declarar a inconstitucionalidade de uma lei, dadas as conseqüências práticas que de tal declaração advêm.[150]

"Entende, portanto, o legislador que, ao lado da ortodoxa declaração de nulidade, há de se reconhecer à possibilidade de o Supremo Tribunal Federal, em casos excepcionais, mediante decisão da maioria qualificada de 2/3, estabelecer limites aos efeitos da declaração de inconstitucionalidade, proferindo a inconstitucionalidade com eficácia *ex nunc* ou *pro futuro*, especialmente naqueles casos em que a declaração de nulidade se mostre inadequada, ou nas hipóteses em que a lacuna resultante da declaração de nulidade possa dar ensejo ao surgimento de uma situação ainda mais afastada da vontade constitucional".[151]

É o que Alexandre de Moraes denomina de "manipulação" dos efeitos da declaração de inconstitucionalidade, quer com relação à sua amplitude, quer relativamente aos seus efeitos temporais. Excepcionalmente, poderá o Supremo Tribunal Federal, presentes os requisitos já analisados, "limitar esses efeitos, seja para afastar a nulidade de alguns atos praticados pelo Poder Público com base em norma declarada inconstitucional, seja para afastar a incidência dessa decisão em relação a algumas situações seja, ainda, para eliminar, total ou parcialmente, os efeitos repristinatórios da decisão".[152]

Já Sérgio Ferraz observava, antes mesmo da edição do diploma legal em questão, que "freqüentemente a Corte, ao dar pela procedência, ressalvava os efeitos até então já consumados (sobretudo se produzidos de boa-fé, ou se a desconstituição radical se revelar sumamente injusta ou socialmente indesejável). A solução benévola do Supremo seria plenamente justificada, do ponto de vista do sistema jurídico, se reconhecida à natureza bivalente do julgado, há um tempo declaratório e constitutivo (realidades de modo algum antitéticas)".[153]

---

[150] Ives Gandra da Silva Martins e Gilmar Ferreira Mendes, "Controle Concentrado de Constitucionalidade", p. 318.

[151] Idem, ibidem, p. 323-324.

[152] "Direito Constitucional", p. 600.

[153] "Declaração de Inconstitucionalidade no Supremo Tribunal Federal", art. publ. na RTDP, 3/93, p. 210.

Recentemente, saiu a lume um precioso estudo sobre a matéria, da autoria do magistrado e professor gaúcho Teori Zavascki. Comenta ele o art. 27 da Lei n° 9.868/99: "Tal dispositivo, na verdade, reafirma a tese, pois deixa implícito que os atos praticados com base em lei inconstitucional são atos nulos e que somente podem ser mantidos em virtude de fatores extravagantes, ou seja, por 'razões de segurança pública ou de excepcional interesse social'. Ao mantê-los, pelos fundamentos indicados, o Supremo não está declarando que foram atos válidos, nem está assumindo a função de 'legislador positivo', criando uma norma – que só poderia ser de hierarquia constitucional – para validar atos inconstitucionais. O que o Supremo faz, ao preservar determinado *status quo* formado irregularmente, é típica função de juiz".

"Com efeito, não é nenhuma novidade, na rotina dos juízes, a de terem diante de si situações de manifesta ilegitimidade cuja correção, todavia, acarreta dano, fático ou jurídico, maior do que a manutenção do *status quo*. Diante de fatos consumados, irreversíveis ou de reversão possível, mas comprometedora de outros valores constitucionais, só resta ao julgador, – e esse é o seu papel – ponderar os bens jurídicos em conflito e optar pela providência menos gravosa ao sistema de direito, ainda quando ela possa ter como resultado o da manutenção de uma situação originariamente legítima. Em casos tais, a eficácia retroativa da sentença de nulidade importaria reversão de um estado de fato consolidado, muitas vezes, sem culpa do interessado, que sofreria prejuízo desmesurado e desproporcional".[154]

Tão grande é a força dos efeitos da ação declaratória de inconstitucionalidade, que foi acrescido ao Código de Processo Civil um parágrafo único (art. 741, VII), no caso de embargos à execução, versando sobre a inexigibilidade do título, *verbis*:

"Para efeito do disposto no inciso II deste artigo, considera-se também inexigível o título judicial fundado em lei ou ato normativo declarados inconstitucionais pelo Supremo Tribunal Federal ou em aplicação ou interpretação tidas por incompatíveis com a Constituição Federal". (Med. Prov. n° 2180-35/01- 10).

Considerando o princípio da simetria, relativamente aos Estados, entendo que o citado artigo 27 pode ser aplicado supletivamente pelos Tribunais de Justiça dos Estados, no exame da constitucionalidade das leis municipais, mesmo porque, dada a natureza destas ações, os problemas enfrentados pelos membros dos Tribunais não deixam de ser similares aos que aportam ao Supremo Tribunal Federal.

Sobre a questão dos efeitos do controle concentrado, outro ponto correlato importa ser enfocado. É o que diz com a coisa julgada.

---

[154] "Eficácia das Sentenças na Jurisdição Constitucional", p. 49-50.

No Tribunal de Justiça gaúcho, em feito momentoso, após dez anos do julgamento de ação declaratória de inconstitucionalidade, a respeito do horário de funcionamento do comércio, foi fixada outra orientação, divergente da anterior, em novo julgamento, provocado por uma entidade interessada, mas versando sobre a mesma lei. Restaram, então, abalados os fundamentos, em nível municipal, da coisa julgada com relação ao tema.

Com efeito, na ADIN 592078372, j. em 20.12.93, decidira o Tribunal de Justiça, por maioria de votos, Relator o eminente Desembargador Clarindo Favretto, que não era inconstitucional o art. 1º da Lei 7.109/92 de Porto Alegre, que proibira, simplesmente, o funcionamento do comércio aos domingos e feriados. Naquela oportunidade, nenhuma distinção se fizera entre dia e horário, considerando-se *tout court*, que "não é inconstitucional a lei do município que restringe ou libera o funcionamento do comércio nos dias feriados e domingos, dotado que é da autonomia administrativa".

O Tribunal de Justiça, em novo julgamento, quase dez anos após, proponente o "Sindicato do Comércio Varejista de Material Ótico, Fotográfico e Cinematográfico do Estado", relator o mesmo desembargador, voltou a enfrentar a matéria, modificando seu já sedimentado posicionamento, e, tanto na liminar da ADIN 70004762472, quanto nos Agravos Regimentais 70004830998, 70004833034, 70004853396, mantidos em decisão final, julgou inconstitucional o dispositivo legal, anteriormente aclamado como válido, reinterpretando-o, na medida em que "os municípios só podem dispor sobre 'horário' de funcionamento do comércio, não, porém dispor sobre os dias em que possa ou não funcionar, na medida em que tal competência é reservada à União".

Qual, então, o fundamento que abala a tão propalada blindagem da *res judicata*, em matéria de controle concentrado de constitucionalidade?

Ao reenfrentar o tema, por vez primeira no Tribunal de Justiça, o eminente e culto Desembargador Clarindo Favretto teceu considerações inteiramente procedentes:

"Visto assim, e como de início referido, houve alteração factual na presunção da constitucionalidade da lei impugnada, sobre a qual não houve a declaração positiva, mas só a declaração da improcedência da pretensão a essa declaração".

Não foi essa, aliás, a causa fundamental daquela ação, e, sim, a defeituosa elaboração legislativa, basta ver a ementa daquele julgado, *verbis*: "Comércio. Funcionamento dos estabelecimentos comerciais aos domingos e feriados. Emendas substitutivas a projeto de lei. Resguardo ao princípio da precedência da 'idéia parlamentar'. Regimentos internos dos órgãos legislativos: não se elevam à nobreza de norma constitucional".

"Referida alteração no campo objetivo das considerações levam em conta os fatores econômico-financeiros ocorrentes em nosso país e a constatada penúria social em face do crescente desemprego, de notoriedade impressionante".

Mas este consenso geral, reconhecendo a necessidade à liberação do comércio, veio oficialmente ditado pelo artigo 60 da Lei n° 10.101, de 19.12.2000, que estabelece:

"Art 6° Fica autorizado, a partir de 9 de novembro de 1997, o trabalho aos domingos no comércio varejista em geral, observado o art. 30, inciso I, da Constituição.

Parágrafo único. O repouso semanal remunerado deverá coincidir, pelo menos uma vez no período máximo de quatro semanas, com o domingo, respeitadas as demais normas de proteção ao trabalho e outras previstas em acordo ou convenção coletiva ".

Este é fato objetivo da maior relevância, posterior à decisão primitiva, que leva a considerar sobremodo o ensinamento de Liebman, comentado por Moacir Amaral Santos: "Na ampla e profunda revisão doutrinária da sentença e da coisa julgada a que procedeu, mostra Liebman, de modo convincente, o desacerto das teorias que estendem, por efeitos reflexos, a autoridade da coisa julgada a terceiros. O erro dessas teorias está em considerar a coisa julgada como efeito da sentença, quando não passa de uma qualidade especial das sentenças, e que as tomam imutáveis".

"De tal modo, o que vale para todos (*erga omnes*) é a eficácia natural da sentença, não a coisa julgada, que vale somente entre as partes".

"Porque somente a eficácia natural da sentença alcança terceiros, e não a coisa julgada, estes, se prejudicados pela sentença, contra a mesma poderão opor-se, para demonstrar a sua injustiça ou ilegalidade".

"Releva sinalar que, se não houvesse a inconstitucionalidade, estaria fatalmente presente o objeto da ilegalidade".

"Aqui se vê que o acórdão indicado como paradigma impeditivo de rejulgamento não se inclui na categoria da 'autoridade da coisa julgada', simplesmente porque esta só vale entre as partes envolvidas em processo".

"A ação direta de inconstitucionalidade realiza o controle normativo abstrato, sem partes, na qual inexiste litígio referente a situações jurídicas concretas ou individuais e, por óbvio, nem há sucumbência".

"Como se vê, temos no acórdão n° 592078372/93 uma 'eficácia natural', e, não, uma 'coisa julgada', para se compreender que a eficácia natural do acórdão na ação direta de inconstitucionalidade vale *erga omnes*, enquanto que a 'coisa julgada' tem autoridade *inter partes*".

"Isto significa que a eficácia resultante do acórdão proferido na ação direta de inconstitucionalidade é *erga omnes* e, portanto, essa eficácia não verte da coisa julgada material, que só se produz entre partes, ou pessoas equiparadas a partes".

"Dentro deste raciocínio, não podemos deslembrar que os pressupostos viabilizadores da ação direta de inconstitucionalidade são a impessoalidade, a generalidade e a abstração".

"Coisa julgada" contra a qual se faculta propor ação rescisória, é coisa julgada formal, de que se cogita no artigo 485, VI, do Código de Processo Civil.

Mas, a Lei nº 9.868, de 10.11.99, em seu artigo 26, dispôs: "Art 26. A decisão que declara a constitucionalidade ou a inconstitucionalidade da lei ou do ato normativo em ação direta ou em ação declaratória é irrecorrível, ressalvada a interposição de embargos declaratórios, não podendo, igualmente, ser objeto de ação rescisória".

"Ora bem, se a decisão é irrecorrível e não pode ser objeto nem de ação rescisória, por evidente que ela não pode ser considerada com 'autoridade de coisa julgada', com o ornamento da imutabilidade e da indiscutibilidade que se forma e que existe só para as partes".

"O que a ação direta de inconstitucionalidade carrega é a eficácia natural do acórdão, que vale para todos, ao contrário de ser limitada à relação inexistente entre partes, com o que se explica objetivamente o comando do artigo 26 da Lei de regência".

"Penso que isto é tudo e é o que basta para estarmos entendidos quanto à fundamental distinção existente entre os dois institutos: o do limite objetivo da coisa julgada e o da eficácia natural do acórdão proferido na ação direta de inconstitucionalidade".

"Para rememorar, outrossim, e volvendo ao objeto cardeal da ADIN nº 592078372, tida como o elemento prejudicial ao ajuizamento da presente ação, residia na inconstitucionalidade formal pela construção da Lei nº 7.109/92, por alegada violação ao regimento Interno da Casa Legislativa, em sua elaboração técnica".

"O exame, na ocasião, de vício material ocorreu sem aprofundamento do debate, por força de entendimento jurisprudencial reinante à época, que, gize-se, não mais subsiste, como antes demonstrado".

"Efetivamente, hoje grassa entendimento no Plenário deste órgão, no sentido de que a matéria constante da Lei nº 7.109/92 refoge à competência municipal. Eis o fundamento invocado da cláusula *rebus sic stantibus*".

"De outro lado, não se poderia privar o Poder Judiciário, no caso da espécie que se aponta, de rever sua posição, não importando, com isso, que se incorra em ofensa à coisa julgada, que não existe, tampouco ao efeito vinculante das decisões proferidas em Ação Direta de Inconstitucionalidade".

"O efeito vinculante não existe para o órgão julgador, que só se concebe para os demais órgãos públicos conscritos à eficácia da decisão".

"É inarredável reconhecer-se haver divergências a respeito da extensão do efeito vinculante, previsto no parágrafo único do artigo 28 da Lei 9.868/99, o qual reproduz o parágrafo segundo do artigo 102 da Constituição Federal, assim positivado: Parágrafo único. A declaração de constitucionalidade ou de inconstitucionalidade, inclusive a interpretação conforme a Constituição e a declaração parcial de inconstitucionalidade sem redução de texto, têm eficácia contra todos e efeito vinculante em relação aos órgãos do Poder Judiciário e à Administração Pública federal, estadual e municipal".

"Todavia, o efeito vinculante a que se refere o dispositivo legal em comento é restrito às ações declaratórias de constitucionalidade (de competência exclusiva do STF) ou à declaração de inconstitucionalidade, pela via de ação direta".

"Efeito diverso é o que decorre da conclusão de constitucionalidade da lei questionada, em face da improcedência da ação direta de inconstitucionalidade, que, sob hipótese alguma, pode ter seus efeitos equiparados aos da ação declaratória de constitucionalidade, espécie de controle de constitucionalidade introduzida pela Emenda Constitucional nº 3, e cujo objeto está circunscrito à declaração de constitucionalidade de lei ou ato normativo, a fim de obstar graves controvérsias acerca da incompatibilidade vertical entre o ato normativo e a Constituição Federal".

"Tanto menos se podem igualar os efeitos positivos de acórdão proferido em uma ação declaratória de inconstitucionalidade, que suprime a aplicabilidade da lei no ordenamento jurídico, tornando-a nula, da permanência da constitucionalidade, decorrente da improcedência da ação, que mantém a sua vigência".

"Quero com isso dizer que, uma vez declarada inconstitucional a lei ou o ato normativo, não é possível declarar constitucional algo que não mais existe na ordem jurídica, fazê-la voltar em sua plenitude eficacial, sob pena de conferir ao Judiciário poderes que não detêm, rompendo com o princípio da separação de poderes. Eis o sentido teleológico da norma prevista no parágrafo segundo do artigo 102 da Constituição Federal".

"Acentuo, pois, que a declaração positiva apaga do mundo jurídico a lei objeto da declaração, vertendo para o Poder Judiciário a impossibilidade para ressuscitá-la".

"Não, porém, quando apenas deixa de fazer a declaração, com o julgamento de improcedência da ação".

"Daí porque não ser exigível emprestar o mesmo tratamento às ações declaratórias de inconstitucionalidade julgadas improcedentes, em face de a lei questionada restar inalterada, permanecendo em vigor tal qual se encontrava antes da decisão".

"Assim, não se diga ser inviável a reapreciação da conformidade vertical de uma norma infraconstitucional, só por não ter sido acolhida pretensão anterior de inconstitucionalidade, quiçá por má formulação ou até por má interpretação, pois que não pode ela ser perene, a tal ponto de se perpetuar no ordenamento jurídico, mesmo que sobrevenha sua inconstitucionalidade superveniente".

"E tal entendimento guarda maior relevo, em face do flagrante vício de inconstitucionalidade, que acoima a lei municipal objurgada, assim vista na *summaria cognitio* da presente ação constitucional".

"Por fim, conquanto a norma constitucional estabeleça o efeito vinculante da decisão que declare a inconstitucionalidade, tenho que a vinculação não atinge o mesmo Órgão de onde emanou, como ensina Zeno Veloso: Na forma do § 2º, do art. 102, da Constituição Federal, as decisões definitivas de mérito, proferidas pelo STF, nas ações declaratórias de constitucionalidade, produzirão eficácia contra todos e efeito vinculante, relativamente aos 'demais' órgãos do Poder Judiciário e do Poder Executivo. Na dicção do parágrafo único do artigo 28 da Lei 9.869/99, as decisões do Supremo, nas questões constitucionais, 'têm eficácia contra todos e efeito vinculante em relação aos órgãos do Poder Judiciário e à Administração Pública federal, estadual e municipal'".

"Apesar de não ter sido repetido o advérbio no dispositivo legal, pensamos que isto não é relevante para se concluir que houve uma alteração substancial. Consideramos que está implícito que o efeito vinculante da decisão se estende aos outros órgãos do Poder Judiciário, excluído o próprio STF. Não há, pois, uma autovinculação".

"Acresço que, havendo conflito entre a norma constitucional e a infraconstitucional, deve sempre prevalecer a de maior hierarquia que, no caso, é a que estabelece a extensão do efeito vinculante relativamente aos 'demais' órgãos do Poder Judiciário e do Poder Executivo".

E prossegue o autor: "Não seria bom que o Pretório Excelso ficasse acorrentado a uma determinada decisão, por ele mesmo tomada, no controle jurisdicional de constitucionalidade, deixando de ver e considerar as realidades da vida, as transformações sociais, políticas, econômicas, as outras concepções e exigências que tenham surgido e que determinam mutações informais na Constituição, ficando congelada aquela sentença, que era coerente com o estágio do direito à época em que foi proferida, mas que se encontra em vivo combate com uma nova ordem jurídica, ditada pelo decurso do tempo, pelo desenvolvimento, pela história". (In *Controle Jurisdicional de Constitucionalidade*, 28ª ed. Belo Horizonte: Del Rey, 2000, p. 199-200).

Mutatis mutandis, como antes referido, repito que o efeito vinculante deve se estender aos demais órgãos do Poder Judiciário, fracionários e instâncias inferiores, que não ao próprio Órgão do Tribunal de Justiça, para o qual não se pode impor a autovinculação.

"A autovinculação não pode atingir o órgão do qual emanou a decisão declaratória de constitucionalidade". (Agravo Reg. 70004830998, (também A.R. 70004853396 e 70004833034) na ADIN 70004830998, j. 19.08.02, Porto Alegre.

O voto do eminente Desembargador Araken de Assis, à ocasião, é também esclarecedor: "É verdade que a constitucionalidade da lei local já fora objeto de ADIn, julgada improcedente, por maioria, por este Egrégio Órgão Especial. Nada obstante, semelhante pronunciamento não representa obstáculo ao reexame da constitucionalidade. Conforme demonstrou o Senhor Desembargador Clarindo Favretto, não há coisa julgada na jurisdição constitucional, não se aplicando, destarte, o art. 467 do Cód. de Proc. Civil".

Este é o ponto de vista de Gilmar Ferreira Mendes, invocando o ensinamento de Brund-Otto Bryde (*Verfassungsentwicklung, Stabilität und Dynamik im Verfassungsrecht der Bundesrepublik Deutschland*, p. 412-413, Baden-Baden, 1982), que, perante o direito alemão, assim se manifesta: "Se se considera que o Direito e a própria Constituição estão sujeitos à mutação e, portanto, que uma lei declarada constitucional pode vir a tornar-se inconstitucional, tem-se de admitir a possibilidade de a questão já decidida poder ser submetida novamente à Corte Constitucional. Se se pretendesse excluir tal possibilidade, ter-se-ia a exclusão dessas situações, sobretudo das leis que tiveram a sua constitucionalidade reconhecida pela Corte Constitucional, do processo de desenvolvimento constitucional, ficando elas congeladas no estágio do parâmetro de controle à época da aferição. O objetivo deve ser uma ordem jurídica que corresponda ao respectivo estágio do direito constitucional, e não uma ordem formada por diferentes níveis de desenvolvimento, de acordo com o acaso da eventual aferição de legitimidade da norma, segundo parâmetros constitucionais diversos".

"Também parece óbvio que não se aplica à espécie o art. 474 do CPC, ou seja, o princípio de que a autoridade da coisa julgada, em princípio restringida, nos seus limites objetivos, à causa de pedir invocada e ao pedido formulado, recobre o decidido, relativamente a tais elementos, e, outrossim, todas as alegações que poderiam ser deduzidas em favor ou contra o acolhimento do pedido. Vale lembrar que o art. 474 copia o § 606 da ZPO germânica, disposição já revogada e que, de toda sorte, somente incidia nas ações de estado e, ainda assim, ressalvadas as modificações do estado de fato supervenientes ou do direito predominante à época do julgamento (Arruda Alvim, *Tratado de direito processual civil*, v. 1, São Paulo: RT, 1986, p. 486)".

Em julgamento posterior pelo Tribunal de Justiça, foi mantida a linha interpretativa:

"Em princípio, pois, a matéria envolve coisa julgada, inviável um reexame da mesma. Ocorre que o preclaro Órgão Especial do Tribunal de Justiça, em situação similar, com expressiva votação, relativamente à Lei nº 7.109/92 de Porto Alegre (que fora objeto da ADIN nº 592078572, julgada em 20.12.93 e tida como constitucional) na liminar da ADIN nº 70004762472, e posteriormente no recurso de agravo regimental, entendeu de modificar seu posicionamento anterior, já sedimentado, para julgar inconstitucional o referido diploma legal, e, assim, arredar as peias ao funcionamento do comércio aos sábados e domingos na capital do Estado".

"Argumentou à ocasião, o Desembargador Clarindo Favretto, ilustre Relator, que no que toca à coisa julgada, não se pode olvidar que o acórdão proferido em Ação Direta de Inconstitucionalidade, não se esquiva de conter implícita a cláusula 'rebus sic stantibus', de modo que as posteriores alterações da normatividade ou da orientação jurídica que cercam a matéria, possuem o condão de tornar inconstitucional norma anteriormente declarada constitucional".

"Foi aí que 'revisando o exame sobre a matéria', este Relator já tinha visto que o entendimento do Tribunal, esposado há dez anos passados já era ultrapassado, em face às mutações econômico-políticas dos avanços sociais e das transformações ocorridas em todo o mundo. E, vendo a possibilidade jurídica insercível na espécie, não considerei e não considero o órgão julgador, manietado, a julgamento que, à época fosse, quiçá aceitável, em face de outras circunstâncias mais favoráveis e melhor convivência entre comerciantes e comerciários, mas que hoje não mais se sustenta". (A.R. nº 70004830998).

"Não bastasse este precedente, pode-se arrolar o magistério de Oswaldo Luiz Palu, em sua magnífica obra, sobre o controvertido tema da coisa julgada em matéria de controle concentrado de constitucionalidade: 'Como na lição de J. J. Gomes Canotilho, a Corte Suprema fica vinculada, nos futuros julgamentos sobre o mesmo tema, à sua própria decisão tomada em processos objetivos. Assim, v.g., nas decisões que tomará nos recursos extraordinários, no sistema difuso de controle de constitucionalidade, após ter havido decisão acerca do assunto em ADIN precedente. Mas não fica a Corte impedida de rever seu posicionamento em outro processo objetivo, não podendo ser obstada a propositura de nova ADIN sobre tema já decidido. Sempre haverá a possibilidade de nova compreensão dos princípios constitucionais, novas propostas interpretativas ou mesmo o alargamento da disciplina constitucional a novos problemas, sendo que a coisa julgada anterior poderá não mais prevalecer, o que não é incomum em matéria de um texto que deve ter uma pretensão de validade'".

"Aliás o próprio regimento Interno do STF prevê, *verbis*: Art. 101: A declaração de constitucionalidade ou inconstitucionalidade de lei ou ato normativo, pronunciada por maioria qualificada, aplica-se aos novos feitos submetidos às Turmas ou ao Plenário, salvo o disposto no art. 103. 'Art. 103: Qualquer dos ministros pode propor a revisão da jurisprudência assentada em matéria constitucional e da compendiada na Súmula, procedendo-se ao sobrestamento do feito, se necessário'".

"Assim, se a regra é o STF ficar vinculado, nos seus futuros julgamentos, ao conteúdo do decidido em processo objetivo anterior, para evitar que seja obstaculizada a evolução da jurisprudência, não se pode cercear a propositura de novo processo objetivo sobre um tema já decidido".

"A coisa julgada nos processos objetivos ocorre nos mesmos moldes dos processos subjetivos. Parece claro, como foi dito, que, alteradas as circunstâncias jurídicas e o entendimento a respeito da norma que levou o Supremo Tribunal a determinada orientação, a coisa julgada anterior não impede a revisão do posicionamento porque toda coisa julgada tem, sempre, a cláusula *rebus sic stantibus*".

"A propósito, afirmou Konrad Hesse: 'La Constitución debe permanecer incompleta e inacabada por ser la vida que pretende normar vida histórica y, en tanto que tal, sometida a cambios historicos, esta alterabilidad caracteriza particularmente las relaciones vitales reguladas por la Constitución. De ahi que sólo ai precio de frecuentes reformas constitucionales pueda el Derecho constitucional hacerse preciso, evidente y previsible. Si la constitución quiere hacer posible la resolución de las múltiples situaciones criticas históricamente e cambiantes, su contenido habrá de permanecer necesariamete abierto al tiempo' (*Escritos de Derecho Constitucional*, p. 18). (*Apud Controle de Constitucionalidade*. 2ª ed., São Paulo: RT, 2001, p. 232-233)". (ADIN nº 70005513627, Rel. Des. Vasco Della Giustina, j. 11.08.03).

Neste ponto, vale recordar a lição do grande processualista gaúcho Araken de Assis: "No entanto, a segurança jurídica é valor constitucional que entrou em flagrante declínio e retrocesso. Não interessam, aqui, as complexas razões desse fenômeno perturbador, e, sim, o fato de que ele atingiu diretamente a coisa julgada. Tornou-se corriqueiro afirmar que a eficácia de coisa julgada cederá passo, independentemente do emprego da ação rescisória ou da observância do prazo previsto no art. 485, em algumas hipóteses. À guisa de exemplo, citam-se as sentenças de mérito, cujo comando seja de cumprimento materialmente impossível, e as sentenças proferidas em hipotético desacordo com valores humanos, éticos e políticos da Constituição, postos ao lado da coisa julgado no rol dos direitos fundamentais. A revisão do julgado em investigação de paternidade, graças ao advento de nova prova técnica, e a modificação do valor da desapropriação, que se tornou iníquo pelo transcurso do tempo, exemplificam este último grupo".[155]

O Regimento Interno do Tribunal de Justiça do Estado contém dispositivo, prevendo que decisão declaratória ou denegatória de inconstitucionalidade, "por motivo relevante e se entender necessário" possa ser revisada pelo Tribunal, desde que provocado a tanto, por algum órgão fracionário. (art. 211)

Aliás, é o que se deduz do art. 481 e parágrafo único do CPC, pois, nada impede na declaração de inconstitucionalidade, que uma questão já decidida, possa ser novamente submetida ao Órgão Especial, se surgir um fundamento novo.

31. Efeitos do controle difuso

Toda vez que houver declaração de inconstitucionalidade há que se distinguir relativamente aos seus efeitos.

No sistema concentrado, via ação direta, a aplicação será geral.

Se a declaração se operar pelo sistema difuso, o efeito será entre as partes tão-somente.

A decisão que para o caso concreto declara a inconstitucionalidade da lei, *incidenter tantum*, faz coisa julgada entre as partes.

Terá ela efeito *ex tunc*, ou seja, retroativamente e no processo em que foi declarada. Perde a lei sua validade e eficácia, somente naquele caso.

Se, porém, a Assembléia Legislativa do Estado, uma vez provocada, editar a resolução suspendendo a execução da lei, então o efeito será *erga omnes*, e sempre a partir da citada Resolução. (art. 53, XIII da Constituição Estadual).

"A decisão do Supremo Tribunal Federal, declarando a inconstitucionalidade de lei ou ato normativo, aproveita somente aquele que foi parte no processo respectivo. Todavia, todo aquele que foi atingido pela lei ou ato normativo inconstitucional, e que se encontre na mesma situação da decisão paradigma, poderá ingressar em juízo que obterá o mesmo resultado final. O único óbice a interferir nesta empreitada é o advento da decadência do direito, muito embora o nosso ordena-

---

[155] "Eficácia da Coisa Julgada Inconstitucional", art. pub. na "Revista Jurídica", nº 301, nov. 2002, p. 11-12.

mento jurídico não contenha uma regra específica para regular tais situações".[156]

Como se viu, a argüição de inconstitucionalidade, pela via da exceção, pode ser deduzida em qualquer juízo ou Tribunal, e nas várias Justiças especializadas.

Suscitado o problema, é ele "premissa inafastável" da solução a ser dada.

Primeiramente, a decisão é vinculativa, isto é, o órgão fracionário deve necessariamente acolher a decisão advinda do Órgão Julgador.

Em segundo lugar, os efeitos atingem apenas as partes em litígio, fazendo coisa julgada entre estas e retroagindo *ex tunc*.

Em terceiro lugar, a decisão é irrecorrível, tanto a do órgão fracionário do Tribunal, que se inclina pela inconstitucionalidade, quanto a do Órgão Especial, que reconhece a procedência do incidente.

A respeito, o mestre J. C. Barbosa Moreira aclara: "Tal como a decisão que fixa a interpretação a ser observada, no incidente de uniformização, também o pronunciamento do Tribunal Pleno e do Órgão Especial, declarando ou não a inconstitucionalidade é irrecorrível, salvo por embargos de declaração: qualquer outro recurso unicamente poderá caber, satisfeitos os respectivos pressupostos contra o acórdão do órgão fracionário que decidir a espécie, pois só com esse acórdão se completará o julgamento do recurso ou da causa, cindido em virtude do acolhimento da argüição".[157]

"Ressuscitada que seja a questão a propósito de outro recurso ou de outra causa da sua competência originária, ou devolvida por força do art. 475, fica o órgão fracionário, à luz do Código, livre de entender constitucional a mesma lei ou o mesmo ato e, sendo o caso, aplicar este ou aquela à nova espécie. Se não se declarou a inconstitucionalidade, nenhum dispositivo do Código obsta a que, noutro feito, volte a argüição a ser suscitada, acolhida pelo órgão fracionário e eventualmente, pelo próprio tribunal pleno, ou pelo 'órgão especial'. A eficácia do pronunciamento é só intraprocessual".[158]

E complementa o eminente processualista: "Se não se declarou inconstitucional a lei ou o ato, o órgão fracionário, sem embargo do seu entendimento diverso, manifestado no acolhimento da argüição, não poderá recusar aplicação a uma ou a outro, nem julgar, seja como for, em desarmonia com a premissa da respectiva legitimidade constitucional. Perdem toda e qualquer relevância as manifestações porventura já

---

[156] Edmar Oliveira Andrade Filho, "Controle de Constitucionalidade de Leis e Atos Normativos", p. 89.
[157] "Comentários ao Código de Processo Civil", vol. V., p. 51.
[158] Idem, ibidem, p. 50-51.

ocorridas no órgão fracionário sobre a questão da inconstitucionalidade da lei ou do outro ato do poder público".[159]

O Regimento Interno do Tribunal de Justiça do Rio Grande do Sul, ainda, contém dispositivo de duvidosa constitucionalidade, anteriormente citado e que vem assim redigido: "A decisão declaratória ou denegatória da inconstitucionalidade, se proferida por maioria de dois terços, constituirá, para o futuro, decisão e aplicação obrigatória em casos análogos, salvo se algum órgão fracionário, por motivo relevante, entender necessário provocar novo pronunciamento do Órgão Especial, sobre a matéria" (art. 211).

Ou seja, sempre que a decisão no controle difuso atingir a maioria de dois terços, constituir-se-á para o futuro em decisão obrigatória, a ser aplicada pelos demais órgãos fracionários, nada impedindo que a matéria seja reanalisada, se ponderáveis razões o determinarem.

Trata-se, pois, de uma exceção em nível estadual do efeito *inter partes*, vinculando a solução dada à prejudicial a outros processos, onde se discuta idêntica causa, não ficando o Tribunal "livre de entender constitucional o mesmo ato e, sendo o caso, aplicar este ou aquela à nova espécie".

Excepcionalmente, como visto, poderá haver novo pronunciamento.

Assim, ocorreu com a questão do pagamento do soldo dos militares, em nível de interpretação da legislação estadual.

A emenda do acórdão dispôs: "Incidente de Inconstitucionalidade. 4ª Câmara Cível. Servidor Público. Brigada Militar. Soldo dos policiais militares. Precedente do Órgão Especial, de orientação obrigatória, que dava pela constitucionalidade de preceito da Carta Estadual, de que o soldo dos policiais militares não poderia ser inferior ao salário mínimo. Decisões unânimes e iterativas do Supremo, em sentido contrário, concluindo que a remissão do art. 47 da Carta Estadual ao art. 29, I, do mesmo diploma, contravém o art. 7º, IV da Carta Federal. Renovação do Incidente de Inconstitucionalidade, com base no art. 211 do Regimento Interno. Motivo relevante. Inconstitucionalidades formal e material do *caput* do art. 47, no que diz com a remissão ao art. 29, I, e art. 29, I da Carta Estadual. Incidente acolhido. (Incidente nº 70001065879, julgado em 18.09.00, Rel. Des. Vasco Della Giustina)".

Com tal decisão, restou alterada a decisão plenária anterior, tomada no Incidente de Inconstitucionalidade nº 594061798, de 5 de agosto de 1994, e que tinha sido seguida até então, pelos órgãos fracionários do Tribunal, em especial, pelas Câmaras componentes do egrégio Segundo Grupo Cível.

Sobre os reflexos das decisões tomadas em nível de controle difuso, oportuna é a lição de Teori Zavascki: "... Com o correr do tempo,

---
[159] Idem, ibidem, p. 52.

várias importantes modificações nesse sentido foram produzidas no sistema, todas elas com indisfarçável finalidade de ampliar a eficácia dessas decisões, mormente quando proferidas pelo Supremo Tribunal Federal, guardião da Constituição. As mais significativas foram: (a) habilitar o Senado a suspender a execução das normas declaradas inconstitucionais pelo STF; (b) tornar vinculativa, para os Tribunais, as decisões do STF em matéria constitucional; (c) salientar a força de precedente das decisões do STF, ensejando com a sua adoção, julgamento simplificado de recursos e o acolhimento da rescisória. É o que se pode denominar de eficácia reflexa ou eficácia anexa das decisões do STF em matéria constitucional".[160]

Tais reflexos podem, igualmente, ser estendidos às decisões proferidas pelo Tribunal de Justiça no controle difuso das leis municipais.

32. Inaplicabilidade do controle concentrado a norma anterior, conflitante com a nova Carta

Sustentam os doutrinadores, com base inclusive em precedentes do STF, que o controle concentrado não tem como finalidade a análise e defesa de leis ou Constituições já revogadas.

Para o exame de casos concretos, onde se invocam leis ou atos atentatórios à Constituição então vigente, existe o controle difuso.

Foi o que decidiu o STF: "Para a defesa das relações jurídicas concretas em face de leis ordinárias em desconformidade com as Constituições vigentes, na época em que aquelas entraram em vigor, há a declaração de inconstitucionalidade *incidenter tantum* que só passa em julgado para as partes em litígio, (conseqüência estritamente jurídica), e que só tem eficácia *erga omnes* se o Senado federal houver por bem (decisão de conveniência política) suspendê-la no todo ou em parte" (*RTJ*, 95/99).

O Supremo tem entendido, pacificamente, que a norma em conflito com a nova Constituição não tem a proteção do controle concentrado.

"Alegação de violação da CF de 1967, com a Emenda Constitucional de 1969. Superveniência da CF de 05.10.1988. Representação prejudicada. Julga-se prejudicada representação de inconstitucionalidade, apresentada para defesa da CF de 1967, porque já superada pela CF de 1988. Ao STF, na ação direta de inconstitucionalidade, incumbe a guarda da Constituição em vigor e não da que a precedeu" (*RTJ*, 135/515).

"Representação de inconstitucionalidade. Em se tratando de leis anteriores à Constituição Federal vigente, não há que se cogitar – como

---
[160] "Eficácia das Sentenças na Jurisdição Constitucional", p. 30.

tem entendido o STF – de inconstitucionalidade, mas sim, de revogação, matéria estranha à representação de inconstitucionalidade. É incabível a representação com o fito de obter-se declaração de inconstitucionalidade de lei em abstrato em face de Constituição já revogada ao tempo da proposição dessa ação" (*RTJ*, 95/993).

A compatibilidade ou não dos atos e leis anteriores à nova Constituição, comenta Alexandre de Moraes, se resolve pelo fenômeno chamado de recepção. Neste sentido, rememora o brilhante constitucionalista várias decisões do excelso Supremo: *RTJ*: 95/980; 95/993; 99/544;143/3 e 145/340.[161]

Diga-se que, mesmo revogada a lei incompatível por novo ordenamento constitucional, são preservados os atos anteriores realizados sob sua vigência, a menos que a Constituição prescreva o contrário.[162]

Discutem os doutos sobre se uma lei em face de sua incompatibilidade com o novo texto constitucional passa a ser considerada inconstitucional ou pura e simplesmente é revogada.

Se se entender revogada, a posterior derroga a anterior, não havendo necessidade de *quorum* especial para o pronunciamento.

Argumenta Ronaldo Poletti que "o problema da inconstitucionalidade da lei não se confunde com o conflito intertemporal das leis. No primeiro, a Constituição precede e rege a lei ordinária infratora; no segundo, a Constituição é posterior à lei ordinária, regida por outra Carta Constitucional. No primeiro caso cuida-se de questão de alta magnitude, envolvendo a hierarquia das leis, os limites constitucionais dos Poderes Públicos. No segundo, não se cuida da nulidade da própria lei, senão de seu término, pela revogação".

"E, também, no Supremo Tribunal Federal. As normas legais anteriores a qualquer outra hierarquia constitucional não merecem havidas por inconstitucionais, e sim, como revogadas pela regra posterior de natureza constitucional. A norma revogada por outra de natureza constitucional é norma desfeita, e não regra contrariante da Carta Política. Não há que cogitar de inconstitucionalidade, mas sim, e se for o caso, de revogação, matéria estranha à representação de inconstitucionalidade".

"É incabível, pois, a representação com o intento de obter-se declaração de inconstitucionalidade de lei em abstrato, em face da Constituição já revogada ao tempo da propositura da ação".[163]

Não é diverso o posicionamento de Oswaldo Luiz Palu: "Em conclusão, a revogação das leis inferiores e anteriores, portanto, tem efeitos de revogação simples. A lei posterior constitucional não torna

---

[161] "Direito Constitucional", p. 587.

[162] Ver sobre o assunto, Oswaldo Luiz Palu, "Controle de Constitucionalidade", p. 196.

[163] "Controle de Constitucionalidade das Leis", p. 174.

inconstitucional a Constituição anterior, revoga-a; revoga também leis inferiores, anteriores, nela fundadas, e, agora, incompatíveis com o novo texto".[164]

Todavia, o mesmo constitucionalista adverte sobre os perigos de deixar a interpretação da revogação ou não das leis anteriores ao sabor de cada Juiz ou Tribunal. Assim, qualquer juiz poderia declarar revogada a norma inferior e anterior à Constituição. A matéria chegaria ao Supremo somente por recurso extraordinário.[165]

O Tribunal de Justiça do Rio Grande do Sul tem precedente: "Ação direta de inconstitucionalidade de preceito de lei municipal, dispondo sobre proventos de aposentadoria de servidor público do município. Lei anterior à Constituição vigente. Extinção do processo por impossibilidade jurídica do pedido, por tratar-se de hipótese de revogação implícita da norma de hierarquia inferior. Descabimento da ação, segundo entendimento do Supremo Tribunal Federal e do Tribunal de Justiça do Rio Grande do Sul. Ação Direta proposta pelo Dr. Procurador-Geral de Justiça para ver declarada a inconstitucionalidade do parágrafo primeiro do inciso II do art. 131 da Lei nº 2.214/1984 do município de Canoas. Processo extinto por impossibilidade jurídica do pedido". (ADIN nº 596230540, Rel. Des. Osvaldo Stefanello, j. 15.12.97, pub. in *Revista de Jurisprudência do TJRS*, 187/155).

"ADIN. Lei anterior ao advento da Constituição Federal. Impossibilidade jurídica processual do pedido. Indemonstrado pelo proponente da ADIN afronta pelas leis municipais a dispositivo ou norma da Constituição Estadual. ADIN não conhecida". (ADIN nº 595025073, Rel. Des. Salvador H. Vizzotto, j. 11.03.96).

"ADIN de Lei Municipal e decreto que a regulamentou. Diplomas normativos anteriores à Constituição superveniente. Descabimento da ação. Lei municipal de Porto Alegre de nº 6091de 14 de janeiro de 1988, anterior à entrada em vigor da atual Constituição Federal. Impossibilidade jurídica do pedido". (ADIN nº 596108407 Rel. Des. Osvaldo Stefanello, j. 28.10.96).

"Constitucional. Controle incidental. Norma infra-constitucional anterior à Constituição vigente. Questão de direito intertemporal. As normas infra-constitucionais anteriores à vigente Constituição, ainda que manifestamente incompatíveis com a nova ordem jurídica, não são passíveis de controle de constitucionalidade incidental ou abstrato, e sua aplicação ao caso concreto deve ser resolvida como questão de direito intertemporal. Incidente não conhecido". (Inc. nº 70000765479, Rel. Des. Araken de Assis, j. 20.11.00).

---

[164] "Controle de Constitucionalidade", p. 195.

[165] Ver, a respeito, Oswaldo Luiz Palu, "Controle de Constitucionalidade", p. 193.

Um problema que também exsurge é relativamente aos efeitos concretos que já produziu uma norma revogada por uma nova Constituição, e que ao tempo não foi declarada inconstitucional.

Por evidente, a nova Constituição revoga as leis anteriores que com ela se incompatibilizem, como visto. O Supremo não admite o controle de norma em face da Constituição já revogada.

Doutrina Oswaldo Palu, neste caso, que "se o ato anterior era inconstitucional ante a Constituição da época mas produziu efeitos concretos e a inconstitucionalidade não foi declarada, há que se aferir se o mesmo tem compatibilidade com a nova Constituição; se tiver, a lei continua válida e em vigor, sendo que o anterior vício que apresentava encontra-se sanado, posto haver sido novado o seu fundamento de validade; os efeitos concretos que produziu, conquanto pudessem ser nulos sob a ótica constitucional anterior (revogada, não mais existente) agora e por conseguinte *ex tunc*, são convalidados..".

"O Supremo tem considerado possível declarar-se a inconstitucionalidade da lei ante a anterior Constituição, *incidenter* – via difusa portanto,- obviando, com outra denominação, os efeitos da lei inconstitucional, retroagindo os efeitos para nulificar os atos praticados em violação ao texto constitucional. A Corte Suprema nesses casos tem respeitado alguns efeitos de leis inconstitucionais, com objetivos pragmáticos, como v.g., a nomeação de funcionários que praticaram atos de ofício durante o exercício do cargo".[166]

33. Revogação de lei ou ato tido como inconstitucional, antes ou após a propositura da ação

Se a lei foi revogada antes da iniciativa do processo de inconstitucionalidade, não há como apreciá-la na via do controle direto.

Há várias decisões do Supremo a respeito: "Representação de inconstitucionalidade. Não tem objeto, se antes do ajuizamento da argüição revogada a norma inquinada de inconstitucional" (*RTJ*, 107/928).

"Representação de inconstitucionalidade não conhecida, porque quando de seu ajuizamento, já não se achava em vigor o ato normativo impugnado, absorvido que fora por lei" (*RTJ*, 111/546).

"Não há efeitos da incidência das normas revogadas, que se pretendam, ainda, prevenir ou reparar, com a provisão judicial acerca do mérito da representação. No caso, assim, a falta de objeto para a representação decorreu de evento anterior a seu aforamento" (*RTJ*, 105/477).

---
[166] "Controle de Constitucionalidade", p. 196-198.

Em todos esses casos não foi conhecida a representação, por falta de objeto. Pode, porém, ocorrer revogação da lei ou ato de autoridade, objeto de representação, após iniciado o processo.

Houve controvérsia quanto a se achar prejudicada ou não a ação, especialmente, quando dela ainda decorriam efeitos.

A posição atual do Supremo é de que a ação está prejudicada, por falta de objeto, vitoriosa a tese do Ministro Moreira Alves.

"A ação direta de declaração de inconstitucionalidade existe para tutelar a ordem jurídica objetiva, por isso nela se julga a inconstitucionalidade de lei em tese. Ela tutela a ordem jurídica vigente e não a ordem jurídica passada, a ordem jurídica histórica. Os efeitos concretos que dela nasceram que permanecem devem ser atacados em ação própria e não indiretamente por meio excepcional, que só se criou para fazer respeitar, no terreno do direito objetivo, o princípio da hierarquia da leis. O interesse de agir, em se tratando de ação direta da declaração de inconstitucionalidade da lei em tese, só existe se a lei está em vigor" (*RTJ*, 100/467).

"Esta Corte já firmou entendimento de que, ocorrendo a revogação superveniente da norma atacada em ação direta, esta perde seu objeto, independentemente de a referida norma ter, ou não, produzido efeito concreto. Ação direta que se julgada prejudicada". (*RTJ*, 176/1053).

Sobre o tema *sub foco*, há um voto-vista em julgamento no Tribunal de Justiça do Estado do Rio Grande do Sul:

"A primeira constatação é de que as leis *sub judice*, (que dispõem sobre o direito de opção pelo regime de 40 horas semanais de trabalho por membro do magistério público municipal de Ijuí), tiveram redação análoga e foram editadas com diferenças de um ou dois anos. (1990/1991/1993) Em todas elas se fixa um prazo reduzido para a opção de mudança de regime de 20 para 40 horas do magistério,que vai de 90 a 120 dias. Todas repetem os termos da Lei Orgânica, e tudo indica, tendem a se repetir em leis sucessivas.

"A constatação primeira é de que, em se admitindo que estas leis não mais vigem depois do prazo de opção de mudança de regime, dificilmente se chegará a tempo de se proclamar sua invalidade, pelo Órgão Especial, dada a exigüidade de tempo!"

"Há os que defendem , como o Des. Stefanello, que não há como declarar a inconstitucionalidade das citadas leis, eis que superadas no tempo e os eventuais efeitos devem ser discutidos em ação própria, pois, tais diplomas de há muito perderam sua eficácia".

"Adiro a este posicionamento. Em caso análogo julgou, recentemente, o Supremo: A presente ADIn impugna a constitucionalidade apenas da alteração 455ª constante do artigo 1º do Decreto nº 1.132/99 do Estado do Paraná, a qual reza: 'Alteração 455ª Ficam prorrogados para 31.01.2000 os prazos previstos no inciso V do art. 51, nos itens 44-A e 78 do Anexo I e nos itens 6, 17-A e 22 da Tabela I do Anexo II'".

"Como se vê, trata-se de dispositivo normativo que se auto-revogou no dia 1°.02.2000. Ora, esta Corte já firmou o entendimento de que, ocorrendo a revogação superveniente da norma atacada em ação direta esta perde o seu objeto, independentemente de a referida norma ter, ou não, produzido efeitos concretos. Em face do exposto e por perda superveniente de seu objeto, julgo prejudicada a presente ação". (*RTJ*, 176, p. 1056, Rel. Min. Moreira Alves).

"Ora, *mutatis mutantis*, estas leis *sub judice* limitam benefícios no tempo, com prazo certo para sua consecução, não tendo outra finalidade".

"Logo, implicitamente se auto-revogam após a decorrência daquele prazo, não sendo passíveis de análise pelo controle concentrado de constitucionalidade".

"Aliás, nesta linha, discorrendo sobre a longevidade das leis, assinala Caio Mário da Silva Pereira: Não significa isto, entretanto, que a lei seja eterna. Ao revés, toda lei, como elaboração humana, é contingente. Nasce, vive e morre, como o homem que a concebe. Pode ter existência mais ou menos longa, pode destinar-se a regular uma situação que perdure mais ou menos extensamente, pode ter vigência indeterminada, ou ao revés limitada no tempo, seja porque estatua em si mesma o termo de sua duração, seja porque esta decorra da tutela estabelecida".(in *Instituições de Direito Civil*, v. I, Rio de Janeiro: Forense, 1980, p. 69/70).

"Assim, a leis ora em discussão se encaixam perfeitamente no que o renomado jurista considera leis com vigência limitada no tempo, dado que o termo de sua duração decorre da natureza da 'tutela estabelecida', que como vimos, é um benefício de opção, que não alcança tempo superior a 120 dias, já transacto, não mais estando em vigor". (Voto Vista na ADIN n° 70003784972, proveniente de Ijuí, Rel. Des. Vasco Della Giustina.).

Assim tem decidido o Tribunal de Justiça do Rio Grande do Sul: "ADIN. Lei Municipal. Revogação das leis, posterior à propositura da ação, cuja declaração de inconstitucionalidade se buscava. Perda de objeto da ação que leva seja extinto o processo. A revogação das leis impugnadas por ato legislativo superveniente à propositura da ação direta de inconstitucionalidade, independentemente de eventuais efeitos concretos que tenham produzido no âmbito jurídico por elas abrangidos, prejudica seu objeto, levando à extinção do processo. Processo extinto". (ADIN n° 70000078774, Rel. Des. Osvaldo Stefanello, j. 21.02.2000).

"ADIN. Lei Municipal nº 1.351/94. Revogação por lei posterior. Resta prejudicada a ADIN em virtude da revogação da lei atacada." (ADIN nº 599353844, Rel. Des. Antonio Carlos Stangler Pereira, j. 18.10.1999).

Existe, porém, outra situação: a de revogação do texto constitucional após a propositura da ação.

Neste caso, por óbvio, declarar-se-ia prejudicada a representação.

34. Restabelecimento de lei revogada. Efeito repristinatório

Resta ainda uma palavra acerca do restabelecimento da lei revogada, o que alguns chamam de efeito repristinatório, ou seja, do ressurgimento de norma que existia anteriormente à declarada inconstitucional pelo controle concentrado.

A Lei nº 9.882/99, em seu artigo 11, § 2º, ao disciplinar a medida cautelar em ação direta de inconstitucionalidade, regrou a matéria: "A concessão da medida cautelar torna aplicável a legislação anterior acaso existente, salvo expressa manifestação em sentido contrário".

Ao analisar a matéria, Zeno Veloso aduz que "o efeito repristinatório não pode ser conferido de maneira absoluta. Ressuscitar a norma que foi revogada não pode ser conseqüência inexorável da liminar que suspende a eficácia do preceito revogador. Pode ocorrer que o renascimento da norma antiqüíssima conturbe o atual panorama social do país. A norma que ressurge das cinzas pode entrar em conflito irremediável com uma nova idéia de direito, implantada na sociedade. A norma anterior, revogada pela norma impugnada, pode ser a expressão mais viva de um estágio jurídico abolido. A norma em questão, se voltasse a vigorar, poderia gerar conflitos agudíssimos e rejeição insuperável, criando tensões e problemas mais graves e danosos do que os causados pela norma impugnada. Isto para não mencionar que a norma passível de repristinação pode ser mais inconstitucional, ainda, do que a que está sendo objeto de ação direta de inconstitucionalidade".

"Enfim, tudo depende do bom senso, da noção de razoabilidade, do equilíbrio do Excelso Pretório na escolha da solução. Observados estes pressupostos, a ressalva contida no § 2º do art. 11 da Lei 9.869/99 atende ao interesse social e resguarda a segurança jurídica".[167]

Já os professores Ives Gandra Martins e Gilmar Ferreira Mendes reconhecem que "inexiste o fenômeno da repristinação, representado por uma nova lei com vigência e eficácia da norma revogada, fenômeno que, pela Lei de Introdução ao Código Civil (art. 2º) apenas ocorre se previsto expressamente em lei".

---

[167] "Controle Jurisdicional da Constitucionalidade", p. 103.

"O fenômeno a que alude o § 2º não é o da repristinação, tratado na Lei de Introdução ao Código Civil, mas o do restabelecimento, pela Corte de uma norma que não poderia ter sido revogada por um diploma suspeito do vício maior de inconstitucionalidade".

"A conseqüência da declaração de inconstitucionalidade no direito brasileiro, acarreta a permanência no tempo, sem solução de continuidade, da norma anterior, embora também alguns de seus efeitos possam ser de impossível restabelecimento pelo período em que a norma inconstitucional tenha tido eficácia no sistema".

"Na norma repristinada, o período entre sua revogação e seu restabelecimento implicou vigência e eficácia de outra norma. Naquela declarada inconstitucional a pseudo-revogada norma nunca o foi, tendo perdido vigência e eficácia, embora alguns de seus efeitos possam ter restado comprometidos pela incúria do legislador. A Suprema Corte, ao conceder a liminar, afasta a eficácia de norma vigente no mundo jurídico temporariamente".

"Assim, não há repristinação nem na decisão final, nem na concessão de medida cautelar, mas, na primeira, o restabelecimento definitivo da eficácia e da vigência da norma anterior como se jamais tivessem sido afastadas; na segunda, o restabelecimento provisório na expectativa de seu retorno, diante da possibilidade de retirada definitiva da lei, suspeita de inconstitucionalidade".

"O dispositivo do § 2º, portanto, compatibiliza a situação de duas leis vigentes simultaneamente, uma delas com eficácia suspensa (por suspeita de ser inconstitucional) e a outra com eficácia plena, por força do afastamento provisório dos efeitos da lei impugnada".

"Pode, todavia, a Suprema Corte deixar de restabelecer a legislação anterior, mas para tanto deverá manifestar-se expressamente pelo não-restabelecimento".

E complementam: "À evidência tal hipótese será excepcional, razão pela qual a regra matriz do § 2º é o restabelecimento da vigência, validade e eficácia da norma anterior, e apenas em casos excepcionais, a serem bem examinados pelo Tribunal, o não-restabelecimento da norma anterior deve ser declarado para que a suspensão de eficácia de norma decretada cautelarmente não gere vácuo legislativo por haver soluções alternativas oferecidas pelo próprio sistema. A norma parece-me adequada e prudente".[168]

Zeno Veloso tece comentários, por igual, acerca da expansão da declaração de inconstitucionalidade.

"Pode e deve o Excelso Pretório estender a declaração de inconstitucionalidade à norma pretérita, que tinha sido revogada pelo dispositivo impugnado, e que, em princípio, voltará a vigorar. Se esta norma,

---
[168] "Controle Concentrado de Constitucionalidade", p. 208-213.

que vai ressuscitar, por sua vez agride e afronta o Texto Magno – quiçá com maior vigor, intensidade e escândalo do que o preceito que a havia revogado, – qual a razão de não ser declarada, imediatamente, a sua inconstitucionalidade? A pura lógica e os sós princípios teóricos não podem se sobrepor ao mais evidente interesse da segurança social e da defesa do ordenamento jurídico".[169]

O Supremo enfrentou a matéria: "O STF está jungido à análise do texto impugnado como inconstitucional, não podendo, pois, estender a declaração de inconstitucionalidade a outros dispositivos vinculados àquele, mas não atacados, ainda que o fundamento da inconstitucionalidade seja o mesmo" (*RTJ*, 137/1110).

Neste julgamento, votou vencido, em parte, o eminente Ministro Oscar Côrrea, que se posicionou *verbis*: "Textualmente, recusei a interpretação dada pelo eminente Procurador Gilmar F. Mendes, nos termos da legislação constitucional alemã, no sentido de estender a inconstitucionalidade a textos semelhantes em outros textos de lei. Nesta, trata-se da mesma lei. E a mesma lei que recebeu mais de uma redação e, declarada a inconstitucionalidade de uma, a outra é eivada do mesmo vício, porque os termos são idênticos ou iguais".

Parece de todo procedente que os Tribunais de Justiça, supletivamente e por simetria, apliquem nas suas decisões a regra insculpida no § 2º do art. 11 da Lei nº 9.868/99.

35. Comunicação ao Legislativo

Em nível federal, se a decisão declaratória de inconstitucionalidade for com base no controle concentrado, ou seja, através de ADIN, não há necessidade de comunicação ao Senado Federal, para que este promova a suspensão da execução da lei. Isto porque a decisão do Supremo tem efeito e eficácia *erga omnes*, independentemente de comunicação ou de suspensão, no todo ou em parte, pelo Poder Legislativo.

Em nível estadual vale a mesma regra, quer se trate de legislação estadual ou municipal, ou de ato administrativo.

Anota Clèmerson M. Clève, com procedência, que "uma segunda questão refere-se à exigência, estabelecida em algumas Constituições Estaduais, de comunicação à Assembléia Legislativa ou à Câmara dos vereadores da declaração de inconstitucionalidade, embora por via principal, para que estes órgãos decidam sobre a sustação da execução dos atos normativos. A comunicação é de pouca utilidade, à medida que a decisão de inconstitucionalidade, em tese, produz efeitos *erga*

---
[169] "Controle Jurisdicional de Constitucionalidade", p. 203.

omnes. A comunicação, neste caso, constituirá mero ato de cooperação entre os Poderes e a sustação da execução, pela Assembléia ou pela Câmara, não terá outro sentido senão o de dar maior publicidade à decisão do Poder Judiciário".[170]

A comunicação ao Senado Federal, no âmbito federal, só é exigível se a declaração vier a ocorrer através do controle difuso. (Reg. Int., arts. 176-178).

Neste caso, dispõe o art. 52, X, da Carta Federal, que "compete privativamente ao Senado Federal suspender a execução, no todo ou em parte, de lei declarada inconstitucional por decisão definitiva do Supremo Tribunal Federal".

Reina controvérsia acerca da natureza da obrigatoriedade do cumprimento de tal preceito pelo Senado. Seria uma atribuição discricionária ou vinculada?

"Ocorre que tanto o Supremo Tribunal Federal, quanto o Senado Federal, entendem que esse não está obrigado a proceder à edição da resolução suspensiva do ato estatal, cuja inconstitucionalidade, em caráter irrecorrível, foi declarada *in concreto* pelo Supremo Tribunal Federal; sendo, pois, ato discricionário do Poder Legislativo, classificado como deliberação essencialmente política, de alcance normativo, no sentido referido por Paulo Brossard, de que 'tudo está a indicar que o Senado é o juiz exclusivo do momento em que convém exercer a competência, a ele e só a ele atribuída, de suspender lei ou decreto declarado inconstitucional por decisão definitiva do Supremo Tribunal Federal. No exercício dessa competência cabe-lhe proceder com equilíbrio e isenção, sobretudo com prudência, como convém à tarefa delicada e relevante, assim para os indivíduos, como para a ordem jurídica'".

"Assim, ao Senado Federal não só cumpre examinar o aspecto formal da decisão declaratória da inconstitucionalidade, verificando se ela foi tomada por *quorum* suficiente e é definitiva, mas também indagar da conveniência dessa suspensão".[171]

Sobre a matéria, também se posiciona Teori Zavascki: "A Resolução do Senado tem, portanto, natureza normativa, já que universaliza determinado *status* jurídico: o do reconhecimento estatal da inconstitucionalidade do preceito normativo".

"Não se pode confundir o instituto da suspensão da norma com o da sua revogação. A norma revogada deixa de incidir a partir de sua revogação, mas incidiu validamente sobre os suportes fáticos ocorridos durante a sua vigência. Isso significa que, mesmo depois da sua revogação, a norma pode e deve ser aplicada pelo juiz, pelo administra-

---

[170] "A Fiscalização Abstrata de Constitucionalidade no Direito Brasileiro", p. 272.

[171] Alexandre de Moraes, "Direito Constitucional", p. 568.

dor e por quem mais tenha de apreciar controvérsias sobre fatos jurídicos anteriores. No caso de suspensão por inconstitucionalidade, as conseqüências são diferentes. A norma constitucional é nula desde a origem e, como tal, nunca teve aptidão para operar o fenômeno da incidência. É norma que nunca incidiu. Assim, a declaração de sua inconstitucionalidade pelo Supremo, na via do controle difuso, importa o reconhecimento judicial, vinculante para as partes, de que, no caso examinado, não correu a incidência. A Resolução do Senado que 'suspende a execução', opera a universalização dessa conseqüência: importa reconhecimento estatal de que a norma em questão jamais teve aptidão para incidir, e, portanto, jamais incidiu em qualquer situação. É como se houvesse uma revogação *ex tunc*".

"Em suma: havendo revogação, a norma deixa de incidir *ex nunc*; havendo inconstitucionalidade, a inincidência é *ex tunc*. Pode-se afirmar, portanto, que, relativamente ao futuro, tanto a norma revogada quanto a suspensa não incidem".[172]

A competência do Senado abrange tanto leis federais, quanto estaduais ou municipais, desde que declaradas inconstitucionais pelo sistema de controle difuso, através do Supremo Tribunal Federal.

Relativamente aos Estados-Membros, a situação é similar.

As Constituições estaduais tratam da matéria. No Rio Grande do Sul, o art. 53 XIII, estatui que compete exclusivamente à Assembléia Legislativa "suspender, no prazo máximo de trinta dias, no todo ou em parte, a execução de lei estadual ou municipal que o Tribunal de Justiça declarar, em caráter definitivo, inconstitucional em face desta Constituição".

Editada a suspensão de declaração pela Assembléia Legislativa do Estado, o efeito passará a ser *erga omnes*, a partir da publicação, ou seja, *ex nunc*.

O Supremo tem precedente: "O mesmo, aliás, pode ocorrer no controle difuso da Constituição estadual. Com efeito as Constituições dos Estados-membros podem – e isto é poder implícito concernente à defesa de seus preceitos – dispor que, declarada em caráter irrecorrível, no caso concreto (e portanto *incidenter tantum*), a inconstitucionalidade de lei municipal ou estadual em face da Constituição do Estado-membro pelo Tribunal de Justiça, este comunicará essa decisão à Assembléia Legislativa, que lhe dará eficácia *erga omnes*". (RTJ, 147/455).

A Constituição do Estado do Paraná contém dispositivo, incumbindo à Câmara de Vereadores a suspensão, quando o ato for municipal.

---

[172] "Eficácia das Sentenças na Jurisdição Constitucional", p. 93-94.

Na Constituição do Estado de São Paulo (art. 20, XXI), a disposição legal fala em "suspender no todo ou em parte, a execução de lei ou ato normativo declarado inconstitucional em decisão irrecorrível do Tribunal de Justiça".

Sempre é bom lembrar que a decisão do Tribunal de Justiça, no controle difuso, reconhecendo a inconstitucionalidade, quando o processo não for de sua competência originária, mesmo sendo irrecorrível e vinculando seus órgãos, se integra ao feito, retornando ao órgão fracionário, a quem compete decidir definitivamente o caso, retomando o julgamento que fora suspenso, podendo ocorrer o trânsito em julgado, a partir da decisão que vier a ocorrer.

Importa, finalmente, destacar que "parece elementar que não pode, o órgão legislativo estadual, suspender a execução de lei federal julgada inválida por Tribunal local. Aliás, passada em julgado a decisão proferida pelo Tribunal local que julgou inválida lei federal, nem mesmo o Senado Federal pode suspender a execução".[173]

---

[173] Clèmerson Merlin Clève, "A Fiscalização Abstrata de Constitucionalidade no Direito Brasileiro", p. 262.

Capítulo VI

QUESTÕES ESPARSAS

36. As inconstitucionalidades formal e material

Numa síntese da questão, poder-se-ia dizer que a inconstitucionalidade formal se dá ou quando as normas ou atos advêm de autoridades incompetentes, ou quando inobservadas as formas da produção legislativa ou do próprio ato administrativo, e a inconstitucionalidade material, quando o conteúdo das leis ou dos atos normativos está em desarmonia com preceitos ou princípios da Constituição.

Em lapidar conceituação, acentua Bonavides, que pelo controle formal se verifica se "as normas foram elaboradas de conformidade com a Constituição, se houve correta observância das formas estatuídas, se a regra normativa não fere uma competência deferida constitucionalmente a um dos poderes, enfim, se a obra do legislador ordinário não contravém preceitos constitucionais pertinentes à organização técnica dos poderes ou às relações horizontais e verticais desses poderes, bem como dos ordenamentos estaduais respectivos, como sói acontecer nos sistemas de organização federativa do Estado".[174]

O caso mais comum é o da iniciativa de lei, quando esta cumpre ao Executivo, e o Legislativo assume tal posição.

Vale o registro de que a grande maioria das ADINs, que no Tribunal de Justiça do Estado foram julgadas procedentes, exibiu como fundamento jurídico o vício formal de iniciativa. Um dos defeitos de nossa estrutura constitucional é atribuir, quase com exclusividade, ao Executivo, a iniciativa de projetos de lei, que digam com o dia-a-dia, quer da administração comunal, quer dos munícipes.

Aqui também se coloca o problema da apreciação das questões *interna corporis* do Legislativo.

"No Direito brasileiro reconhece-se a não-censurabilidade dos atos exclusivamente *interna corporis*. Assim, o Supremo Tribunal tem assentado, v. g., que 'matéria relativa à interpretação de normas de regimento legislativo é imune à crítica judiciária, circunscrevendo-se no domínio *interna corporis*' (*RTJ*, 112/1031-1041)".

"Como acentuado, não se infirma a aferição da regularidade formal da lei, nos termos estabelecidos pelo Texto Magno. O controle

---
[174] "Curso de Direito Constitucional ", p. 268.

da constitucionalidade não se mostra adequado, porém, a obstar a tramitação do projeto de lei ou de proposta de emenda constitucional, considerando-se que a violação só ocorrerá depois de o projeto se transformar em lei ou de proposta de emenda constitucional, vir a ser aprovada (*RTJ*, 99/1031)".[175]

Se a inconstitucionalidade formal diz com a produção da lei ou ato administrativo, a material se relaciona ao conteúdo, isto é, à matéria produzida.

"O controle material de constitucionalidade é delicadíssimo em razão do elevado teor de politicidade de que se reveste, pois incide sobre o conteúdo da norma. Desce ao fundo da lei, outorga a quem o exerce competência com que decidir sobre o teor e a matéria da regra jurídica, busca acomodá-la aos cânones da Constituição, ao seu espírito, à sua filosofia, aos seus princípios políticos fundamentais. É controle criativo, substancialmente político".[176]

Aqui o juiz exerce plenamente sua função, buscando no âmago da lei sua compatibilidade ou não com os princípios gerais, com os valores e com o espírito da Constituição.

O magistério de Clèmerson M. Clève é irretocável, a respeito: "a doutrina constitucional mais recente entende que não há dispositivo constitucional despido de normatividade".

"A doutrina vem procurando definir a Constituição como um 'sistema aberto de princípios e preceitos'. Os princípios, ninguém desconhece, possuem características que os diferenciam das regras ou preceitos. Dispõem de maior grau de abstração, e, portanto menor grau de densidade normativa, e bem por isso sintetizam, fundamentam e estruturam o sistema constitucional. Além disso, condensam as idéias estruturais do sistema, razão pela qual, em geral os preceitos constituem desdobramentos de idéias-sínteses engessadas nas disposições principiológicas. Os princípios, mesmo os implícitos, e inclusive aqueles enunciados no Preâmbulo dispõem de uma funcionalidade. Ou seja, prestam-se para alguma coisa. São, pois, funcionais. Eles cimentam a unidade da Constituição, indicam o conteúdo do direito de dado tempo e lugar, e, por isso, fixam *standards* de justiça, prestando-se como mecanismos auxiliares no processo de interpretação e integração da Constituição e do direito infraconstitucional".

"Havendo contradição entre o conteúdo da norma e o conteúdo da Constituição, manifestar-se-á a inconstitucionalidade material".[177]

---

[175] Gilmar Ferreira Mendes, "Controle de Constitucionalidade. Aspectos Jurídicos e Políticos", p. 36.
[176] Paulo Bonavides, "Curso de Direito Constitucional", p. 269-270.
[177] "A Fiscalização Abstrata de Constitucionalidade no Direito Brasileiro", p. 35-36.

37. violação a normas constitucionais estaduais que reproduzem Disposições Constitucionais Federais

Um dos problemas que amiúde assomam nas decisões sobre o controle concentrado das normas municipais é aquele referente à alegação de ofensa a dispositivos da Carta Estadual, que meramente reproduzem dispositivos constitucionais federais e, por via de conseqüência, afastariam a competência da Corte Estadual.

O Supremo Tribunal Federal, em vários pronunciamentos, não obstante a vacilação inicial e as enormes discussões que se travaram no seu seio, solucionou a *vexata quaestio*.

Um dos julgados que planificaram o caminho da pacificação, advém de uma Reclamação do Município de São Paulo. A ementa está assim disposta, Relator o eminente Ministro Moreira Alves: "Reclamação com fundamento na preservação da competência do Supremo Tribunal Federal. Ação direta de inconstitucionalidade proposta perante o Tribunal de Justiça na qual se impugna Lei municipal sob a alegação de ofensa a dispositivos constitucionais estaduais que reproduzem dispositivos constitucionais federais de observância obrigatória pelos Estados. Eficácia jurídica desses dispositivos constitucionais estaduais. Jurisdição constitucional dos Estados-membros. Admissão da propositura da ação direta de inconstitucionalidade perante o Tribunal de Justiça local, com possibilidade de recurso extraordinário se a interpretação da norma constitucional estadual, que reproduz a norma constitucional federal de observância obrigatória pelos Estados, contrariar o sentido e o alcance desta. Reclamação conhecida mas julgada improcedente" (*RTJ*, 147/404).

E no seu douto pronunciamento comenta o Ministro Moreira Alves: "Aqui, a Constituição Federal expressamente outorga aos Estados-membros competência para instituírem representação de inconstitucionalidade de atos normativos municipais e estaduais em face da Constituição Estadual, com uma única restrição: a de ser vedada a atribuição da legitimação para agir a um único órgão. Não ignoravam os constituintes que, por abrangerem os princípios constitucionais federais, explícitos e implícitos, de obrigatória observância pelos Estados, as Constituições estaduais teriam necessariamente de reproduzi-los ou de interpretá-los (que nada mais é do que reproduzi-los com outra forma, se a interpretação for correta), sob pena de quase nada poderem preceituar em matéria de sua própria organização política, de direito administrativo, de direito financeiro, de direito tributário, – enfim, dos diferentes setores do direito público. E não fizeram qualquer distinção entre normas constitucionais estritamente estaduais e normas constitucionais de reprodução dos princípios centrais (que são os nacionais) da Constituição Federal, ambas contidas na Constituição dos Estados, que foi o parâmetro de confronto adotado para o julgamento das representações de inconstitucionalidade estaduais". (*RTJ*, 147/453).

Outros precedentes da mais alta Corte, nesta linha, abordam a questão: "Se a representação de inconstitucionalidade de lei ou ato normativo estadual ou municipal, com base no art. 125, § 2º da Constituição Federal, está fundada em alegação de ofensa a determinado artigo da Constituição estadual, nada impede, em princípio, que o Tribunal de Justiça do Estado, conhecendo da demanda, julgue inválida a lei ou o ato normativo em causa, por infringência a outras normas da Lei Magna do Estado. Disso resulta que não cabe interceptar, previamente o julgamento do Tribunal de Justiça ... Se a matéria constitui *quaestio juris* federal, invocável diante da Constituição Federal, di-lo-á o Supremo Tribunal Federal, ao julgar o recurso extraordinário. Em se tratando, no caso, de lei estadual esta poderá, também, ser simultaneamente, impugnada no STF, em ação direta de inconstitucionalidade, com base no art. 102, I, letra *a*, da Lei Magna Federal. Se isso ocorrer, dar-se-á suspensão do processo de representação no Tribunal de Justiça, até decisão final do STF" (*RTJ*, 152/ 371-372).

No mesmo sentido: "Controle abstrato de constitucionalidade: ação direta de inconstitucionalidade de lei municipal, perante Tribunal de Justiça, fundada em violação de preceitos da Constituição do Estado, ainda que se cuide de reprodução compulsória de normas da Constituição da República" (STF-Pleno, unânime, *RTJ*, 155/974).

O Tribunal de Justiça do Rio Grande do Sul também tem se debruçado sobre a matéria: "Nem me parece acertado afirmar que a aplicação da norma estadual por simetria a federal, no ordenamento do sistema escalonado da regra federativa, exclua a competência do Tribunal Estadual para julgar a inconstitucionalidade de lei municipal em face da Carta Federal".

"O art. 25 da Constituição Federal estabelece que os Estados se organizam e se regem pelas Constituições e leis que adotarem e também manda que as Constituições e leis estaduais observem os princípios da federal".

"Adaptando-se, pois, ao sistema federal, a Constituição Estadual estabelece regras similares concernentes à organização do Ministério Publico, suas atribuições e encargos de seu agentes".

"Seguidamente, como estabelece o art. 25, § 1º, da Constituição Federal, a Carta Estadual definiu a competência do Tribunal de Justiça para processar e julgar a ação direta de inconstitucionalidade de lei ou ato normativo municipal, como se infere do art. 95, XII, letra *d*".

"Diferente disso não poderia ser, ante o que dispõe o art. 125, § 2º, da Constituição Federal ao ditar que 'cabe aos Estados a instituição de representação de inconstitucionalidade de leis ou atos normativos estaduais ou municipais em face da Constituição Estadual'".

"Logo a ação direta de inconstitucionalidade de lei ou ato normativo municipal só cabe perante Tribunal Estadual, excluída que está da competência do augusto Supremo Tribunal Federal" (Emb. Dec. na ADIN n° 595120130, Rel. Des. Clarindo Favretto, j. 20.11.95, in *Revista de Jurisprudência do TJRS*, 177/174).

Um outro precedente do Tribunal remete, inclusive, ao STF: "Constitucionalidade. Ação direta de inconstitucionalidade. Compete ao Tribunal de Justiça, a teor do art. 125, § 2°, da CF/88, julgar, ação direta de inconstitucionalidade, cujo objeto é lei municipal, em face de dispositivo da Constituição Estadual, ainda que o último reproduza o texto da Carta Federal. É a orientação do Supremo na Reclamação n° 337-ES, 18.08.94, Relator o insigne Ministro Paulo Brossard (*RDA*, 199/201): Inconstitucionalidade por ofensa à Constituição Federal. Argüição *in abstrato*, por meio de ação direta, perante o Tribunal de Justiça. O nosso sistema constitucional não admite o controle concentrado de constitucionalidade de lei ou ato normativo 'municipal' em face da Constituição Federal; nem mesmo perante o Supremo Tribunal Federal, que tem como competência precípua a sua guarda, art. 102. O único controle de constitucionalidade de lei e de ato normativo municipal em face da Constituição Federal que se admite é o difuso, exercido, *incidenter tantum*, por todos os órgãos do Poder Judiciário, quando do julgamento de cada caso concreto. Hipótese excepcional de controle concentrado de lei municipal. Alegação de ofensa a norma constitucional estadual que reproduz dispositivo constitucional federal de observância obrigatória pelos Estados. Competência do Tribunal de Justiça Estadual, com possibilidade de recurso extraordinário para o Supremo Tribunal Federal. Precedentes RCL 338-SP e REMC 161.390-AL" (ADIN n° 598104586, Rel. Des. Araken de Assis, j. 14.09.1998, in *Revista de Jurisprudência do TJRS*, 190/232-234).

A respeito do tema, registra o percuciente constitucionalista paranaense, Clèmerson M. Clève, que "a problemática da norma constitucional reproduzida não é simples. Há normas constitucionais compulsoriamente reproduzidas pelo Estado-membro, ao lado de outras que, ainda que residam na esfera da autonomia estadual, repetem dispositivo constante da Carta Federal. Raul Machado Horta chama as primeiras de 'normas de reprodução' e as segundas de 'normas de imitação'. Em princípio, apenas as primeiras podem ensejar, no caso de deficiente interpretação, a interposição do recurso extraordinário. As segundas, configurando normas constitucionais estritamente estaduais, servem de parâmetro definitivo e único para a aferição da validade dos atos normativos e das leis estaduais".

"A fiscalização da constitucionalidade da lei ou ato normativo municipal diante da Constituição Estadual exige certa dose de atenção. O município, no Brasil, alcançou foros de ente constitucional, possuindo autonomia política e uma esfera própria de competência material e legislativa. Diante disso, se as leis e os atos normativos municipais não podem afrontar o texto constitucional estadual, sob pena de inconstitucionalidade, também é verdadeiro que os Estados-membros devem respeitar a autonomia municipal sob pena, igualmente de prática de inconstitucionalidade. Um exemplo: quanto à competência tributária municipal não há quase nada que os Estados-membros possam dizer em suas leis fundamentais que o Constituinte Federal já não tenha, antes, dito. Outro: quanto à organização do Município, há na Constituição Federal uma série de dispositivos de pré-ordenação que vinculam tanto o Constituinte Estadual quanto o Legislador Municipal. É de cautela, por isso, verificar, sempre que se argüir a inconstitucionalidade de uma lei municipal diante da Constituição Estadual, se na situação discutida, o Estado-membro poderia estabelecer a referida norma constitucional invocada como parâmetro da invalidade ou se, ao contrário, invadiu esfera privativa do Município. Decidida a questão e sendo a norma paramétrica daquelas de reprodução compulsória, é imperioso conferir, ademais, se a interpretação oferecida pelo Tribunal de Justiça local não ofende a Constituição Federal. Como se vê, a questão envolve certa complexidade".[178]

Convém, por igual, trazer à baila oportuna manifestação do Desembargador Alves Braga, do Tribunal de Justiça de São Paulo, a propósito da controvérsia: "Do ponto de vista pragmático, força é convir que a Suprema Corte não teria condições de julgar o grande volume de ações desta natureza que encontrariam ali seu estuário natural. São cerca de cinco mil Municípios, quase todos com suas Leis Orgânicas tisnadas de inconstitucionalidade, que iriam paralisar o Supremo Tribunal Federal. Neste Estado a grande maioria dos municípios, pela falta de preparo de seus vereadores, têm suas leis crivadas de dispositivos inconstitucionais. Este E. Plenário é testemunha desse fato, diante do elevado número de ações diretas aqui julgadas semanalmente. É a amostra do que ocorre por esses Brasis".[179]

Em síntese, não há como duvidar da possibilidade jurídica da ação, depois do pronunciamento do Supremo Tribunal Federal, guardião da Constituição. O controle constitucional da norma ou ato normativo municipal em face da Constituição do Estado é perfeitamen-

---

[178] Clèmerson Merlin Clève, "A Fiscalização Abstrata de Constitucionalidade no Direito Brasileiro", p. 274-275.

[179] Lair da Silva Loureiro e Lair da Silva Loureiro Filho, "Ação Direta de Inconstitucionalidade", p. 152.

te cabível, perante a Justiça Estadual, mesmo que parte dos dispositivos constitucionais estaduais edite normas constantes da Carta Magna Federal.

Nunca é demais gizar, finalmente, que eventual ofensa à Constituição Federal, nestes casos, sempre poderá ser revista através do recurso extraordinário.

38. Conflito entre Lei Municipal e a Constituição ou Lei Federal. Bloqueio de competência

Como já se analisou em outro ponto desta exposição, a Constituição Estadual do Rio Grande do Sul previu, inicialmente, que o Tribunal poderia julgar conflito entre leis municipais ou estaduais e a Constituição Federal.

Todavia, o Supremo deu pela inconstitucionalidade de tal dispositivo, suspendendo, até final decisão, a eficácia da expressão "e a Constituição Federal", constante da letra *d* do inciso XII do art. 95, *verbis*: "Ação direta de inconstitucionalidade. Constituição do Estado do Rio Grande do Sul. Preceito que defere competência ao Tribunal de Justiça para processar e julgar ação direta de lei ou ato normativo municipal questionado perante a Constituição Federal. Suspensão cautelar deferida. É irrecusável a plausibilidade jurídica da tese segundo a qual os Estados-membros não dispõem de competência para instituir, no âmbito de seu ordenamento positivo, sistema de controle concentrado de constitucionalidade de leis ou atos normativos municipais, contestados em face da Carta Federal... A Constituição de 1988, ao prever o controle concentrado de constitucionalidade no âmbito dos Estados-membros, erigiu a própria Constituição Estadual à condição de parâmetro único e exclusivo de verificação da validade das leis ou atos normativos locais. (art. 125, § 2º)". (ADIMC 409, in DJ 06.12.1990).

Não há, pois, controle concentrado da constitucionalidade por ação ou omissão das leis municipais frente à Carta Federal.

Aliás, a propósito, sempre citado é o voto do Ministro Moreira Alves: "Se fosse possível aos Tribunais de Justiça dos Estados o julgamento de representações dessa natureza, com relação a leis municipais em conflito com a Constituição Federal, poderia ocorrer a seguinte situação esdrúxula. É da índole dessa representação – e isso hoje é matéria pacífica nesta Corte – que ela, transitando em julgado, tem eficácia *erga omnes*, independentemente da participação do Senado Federal, o que se exige para a declaração *incidenter tantum*. O que implica dizer que se transitasse em julgado decisão nela proferida por Tribunal de Justiça, esta Corte estaria vinculada à declaração de inconstitucionalidade de Tribunal que lhe é inferior, mesmo nos casos concretos futuros que lhe chegassem por via de recurso extraordinário. O absurdo da conseqüência, que é da índole do instrumento, demonstra o absurdo da premissa" (*RTJ*, 103/1085-1115).

Hoje é vitoriosa esta orientação no Supremo Tribunal Federal: "Não cabe ação direta ao STF para declaração de inconstitucionalidade de lei ou ato normativo municipal em face da Constituição Federal" (*RTJ*, 164/832).

"Lei ou ato municipal, que acaso colida com a Constituição Federal, só pode ser objeto de contencioso constitucional *in concreto* (*RTJ*, 93/459)". Neste sentido, ainda: *RTJ*, 104/724; 124/612; 125/618; 125/769; STF – *RDA*, 157/271.

Nesta linha tem-se situado o Tribunal paulista: "Ação direta de inconstitucionalidade. Confronto com princípios cogentes da Constituição da República. Inadmissibilidade. Art. 74, XI da Constituição Estadual. Competência do Supremo Tribunal Federal. Processo extinto sem julgamento do mérito. Ao Tribunal de Justiça deste Estado não compete declarar a eventual inconstitucionalidade entre lei ou ato normativo municipal, e a Constituição da República, que tem por guardião exclusivo o Supremo Tribunal Federal, *ex vi* do preceito do art. 102, I, letra *a*, dessa Carta (ADIN nº 14291-0/4 – SP)".[180]

"Ação Direta de Inconstitucionalidade de lei. Não se afigura possível a ação que tem por escopo a confrontação, pura e simples, de lei municipal em presença de dispositivos da Carta Magna da Nação. A razão principal dessa conclusão foi a de que, permitido aos Tribunais locais o controle de leis municipais em face da Constituição Federal, compelido estaria o Supremo Tribunal Federal a deparar-se com a argüição de coisa julgada, quando a matéria viesse a ser agitada perante ele, em ações ordinárias ou em recursos extraordinários, retirando-lhe, por conseguinte, a condição de guardião da Constituição" (ADIN nº 18.361-O/3-SP).[181]

Não diverge o Tribunal gaúcho: "Ação direta de inconstitucionalidade. Impossibilidade jurídica. Confronto de lei municipal com a Constituição Federal, diretamente. A confrontação possível no caso é entre lei municipal e a constituição Estadual. A extinção sem exame do mérito se impõe, por inepta a inicial. Extinguiram o processo". (ADIN nº 587176593, Rel. Des. Antônio Janyr Dall'Agnol Júnior).

Há pronunciamento do Tribunal, afastando a viabilidade de uma ADIN, quando se tratar de mero confronto entre norma municipal e lei infraconstitucional federal.

---

[180] Lair da Silva Loureiro e Lair da Silva Loureiro Filho, "Ação Direta de Inconstitucionalidade", p. 52.
[181] Idem, ibidem, p. 93-94.

"Ação direta de inconstitucionalidade. Extinção do feito sem julgamento de mérito. Impossível utilizar-se tal procedimento em se tratando de ofensa oblíqua. Na verdade, o texto municipal está em desacordo com norma federal infraconstitucional, redundando em ilegalidade e não em inconstitucionalidade". (ADIN nº 70001154988, Rel. Des. Alfredo Englert, j. 18.01.2001).

Questão de todo relevante tem surgido no Tribunal Rio-Grandense, relativamente ao assim chamado "bloqueio de competência".

Concluiu o Tribunal que "é admissível o controle abstrato de constitucionalidade, ainda que o confronto direto e imediato se estabeleça entre norma municipal e norma federal, quando se tratar de competência legislativa exclusiva da União. Em tal hipótese, há 'bloqueio de competência', prestando-se a norma federal somente como parâmetro para evidenciar a inobservância das competências legislativas estabelecidas na Constituição. Precedente do Supremo Tribunal Federal. Lei local que regula a publicidade de contratos administrativos, infringindo o art. 22, inc. XXVII, da CF/88 e, portanto, os arts. 8 e 10 da CE/89. Ação direta julgada parcialmente procedente".

No seu contexto, esclarece-se: "Como se percebe, o confronto se estabelece explícito, ou direto, entre a lei local e a lei federal. Nesta contingência, urge definir se cabe o exame dessa divergência no âmbito do controle abstrato. Neste Colendo Órgão Especial, semelhante questão apareceu em toda a sua dimensão, a meu juízo, através do voto do Exmo. Sr. Des. Élvio Schuch Pinto, no julgamento da ADIN nº 70000035329, em 13.12.99, da qual fui redator para o acórdão, julgada procedente, por maioria, vencidos também os Exmos. Srs. Des. Antônio Carlos Stangler Pereira, Relator, Paulo Moacir Aguiar Vieira, Élvio Schuch Pinto e Osvaldo Stefanello. Naquela oportunidade, cogitava-se da constitucionalidade de lei tributária local perante disposição do Decreto-Lei nº 406/68. Em principio, realmente, o confronto com a norma constitucional deve ser direto, jamais oblíquo, ou seja, dependente de parâmetros fixados em outra lei. Explica o assunto Zeno Veloso (*Controle Jurisdicional de Constitucionalidade*, nº 133, Belém, Cejup, 1999, p. 120): 'É pacífica a jurisprudência do Supremo Tribunal Federal de que, no contrato abstrato, deve ocorrer uma situação de litigiosidade constitucional que reclama a existência de uma necessária relação de 'confronto imediato' entre o ato estatal de menor positividade jurídica e o texto da Constituição Federal".

"A inconstitucionalidade deve decorrer, diretamente, do conteúdo normativo do ato impugnado, sendo inviável a ação se o reconhecimento da inconstitucionalidade depender do prévio exame comparativo entre a regra estatal questionada e qualquer outra espécie jurídica de natureza infraconstitucional".

"Mas a orientação se aplica, fundamentalmente, para regulamentos que discrepem da lei regulamentada. Ao invés de questão constitucional, há simples questão legal, inadmissível no controle abstrato. Mesmo nesta hipótese há ressalvas, pois a ilegalidade de um regulamento equivale a uma inconstitucionalidade quando infringe o princípio da legalidade, previsto no art 5°, inc. II, da CF/88 (Gilmar Ferreira Mendes, *Jurisdição Constitucional*, São Paulo: Saraiva, 1996, p.175)".

"Ao contrário, o direito federal pode servir de parâmetro no controle abstrato da lei estadual, por exemplo, no caso de ser editada com fundamento na competência concorrente (CF/88, art. 24, §§ 3° e 4°) ou se tratar de lei complementar. A respeito, acentua Gilmar Ferreira Mendes (ob. cit., p. 183): 'As duas hipóteses supõem a existência de um 'bloqueio de competência' levado a efeito pelo direito federal, de modo que o direito estadual em confronto com esses limites deve ser considerado nulo. Todavia, nesses casos, o direito federal não configura exatamente um parâmetro de controle abstrato, mas simples índice para aferição da ilegitimidade ou da não-observância da ordem de competência estabelecida na Constituição'. Dessa orientação é *leading case* a Repr. n° 1.141, julgada em 09.03.83, Relator o insigne Min. Décio Miranda, *RTJSTF* n° 105/487), no qual se afirmou o seguinte: "Ferida, em sua expressão literal, a norma constante da lei complementar, violada ficou, por igual regra constitucional..".

"Ora, o art. 22, inc. XXVII, da CF/88 outorga competência exclusiva à União para editar normas legais de licitação e contratação, em todas as modalidades, para as administrações públicas, diretas, autárquicas e fundacionais da União, Estados, Distrito Federal e Municípios. Por conseguinte, a Lei n° 227/99 do Município de Jari legislou sobre assunto reservado à União, ofendendo, frontalmente, os arts. 8° e 10 da CE/89, que incorporam tal distribuição de competências".

"Neste sentido, de resto, em caso similar, já se manifestou o Colendo Órgão Especial na ADIn n° 598006815, de 11.05.98, Redator o Exmo. Sr. Des. Paulo Augusto Monte Lopes, precedente em que se baseou a respeitável decisão liminar (fl. 20), e na qual ficou vencido, integralmente, o Exmo. Sr. Des. Osvaldo Stefanello". (ADIN n° 599464211, Redator para o acórdão Des. Araken de Assis, j. 20.03.2000, in *Revista de Jurisprudência do TJRS*, 199/ 210-222).

A decisão, pela sua ímpar importância, merece ser comentada.

Pergunta-se: como declarar-se a inconstitucionalidade de lei local nos casos de competência exclusiva ou privativa, por exemplo, de normas de Direito Civil, que contravenham o próprio Código Civil e emanadas do Município?

Evidentemente, não tem o Tribunal de Justiça competência para julgar, em confronto direto, a inconstitucionalidade de lei local perante a Carta Federal.

Várias são as matérias alinhadas pela Carta Federal, como sendo, ou de competência legislativa exclusiva e privativa da União (arts. 25, §§ 1°e 2° e 22), ou de competência concorrente (art. 24), ou de concorrência suplementar (art. 24, § 2°).

Não há como negar que a determinação de competências, assim como prevista pela Carta Magna, incorpora o princípio da competência legislativa.

Então, é justamente aí que opera a teoria do bloqueio de competência, pois, neste caso, a lei federal serve apenas para provar ou demonstrar que o Estado e o município estão impedidos ou bloqueados de editar normas a respeito da matéria.

A norma municipal que não respeitar tal princípio, por óbvio, transgride, inicialmente, a Constituição Federal, e num segundo momento, a própria Carta Estadual, na medida em que o princípio da competência legislativa da União acha-se incorporado ao art. 8° da Carta Estadual, que estatui que os municípios observarão "os princípios estabelecidos na Constituição Federal e nesta Constituição".

Assim, não deixa de haver violação também a um princípio inscrito na Carta Estadual, que de certa forma reproduz a norma federal, em especial, seu art. 25, que impõe aos Estados e municípios a observância dos princípios da Constituição Federal.

Registre-se, porém, que a diferença entre princípios e normas não é pacífica entre os doutrinadores, mesmo porque os princípios podem "estar positivamente incorporados, transformando-se em normas-princípio e constituindo preceitos básicos da organização constitucional".[182]

Trata-se, evidentemente, de construção doutrinária e jurisprudencial, tendente a obviar os problemas surgidos com leis municipais, dada a inexistência de controle concentrado perante a Carta Federal.

É certo que tal controle pode sofrer a correção de rumos através de recurso extraordinário pelo Supremo Tribunal Federal.

Aliás, há uma tendência de os Tribunais interpretarem extensivamente o confronto da constitucionalidade com a Carta Magna Estadual, aos fins, justamente, de solucionarem o magno problema da falta de controle concentrado de leis municipais perante o Supremo e o vácuo resultante de tal ausência.

Recentemente, o Tribunal de Justiça julgou questão oriunda do município de Porto Alegre, a respeito da cobrança de IPTU, envolvendo a matéria *sub judice*.

Tratava-se de confronto entre a lei municipal e o Código Civil e legislação complementar sobre o inquilinato.

---

[182] Ver, sobre o assunto, José Afonso da Silva, "Curso de Direito Positivo", p. 94.

Assim decidiu a Corte: "ADIN. Art. 18, parte final, da LC nº 437/99 do município de Porto Alegre. Norma que proíbe o proprietário de imóvel local de repassar o pagamento do IPTU ao inquilino. Preliminar de carência rejeitada. Conflito entre lei municipal e norma federal. Bloqueio de competência. O direito federal como mero indicativo para aferição de inconstitucionalidade da competência estabelecida pela Constituição Federal. Ofensa aos art. 8º, 10 e 13 da Constituição Estadual, que incorporam a distribuição de competência da Carta Federal. Art. 24, I, 146, III, *a* da Carta Federal e art. 34 do CTN. Obrigação tributária a cargo do proprietário. Ilegalidade da proibição de repassar o pagamento ao inquilino. Incompetência legislativa do município. A matéria de contratos e nestes, a de locação de prédios urbanos, integra o Direito Civil, sendo de competência exclusiva da União a edição de normas a respeito. Art. 25, I da Constituição Federal, arts. 1.079 e 1.200 do CC e art. 21 da Lei nº 8.245/91. Injunção indevida na legislação sobre contratos e liberdade contratual em matéria reservada à União. Ausência de mero interesse local. ADIN julgada procedente" (ADIN nº 7000172846,Rel. Des. Vasco Della Giustina, j. 18.06.2001).

Em outro caso, envolvendo o bloqueio de competência, face à concorrência de lei municipal com lei federal, julgou o Tribunal de Justiça: "ADIN. Lei municipal que contraria disposições do Estatuto da Criança e do Adolescente. Ofensa ao sistema de competências do art. 24 c/c art. 30, II. Possibilidade de controle abstrato. Precedente desta Corte. 1. É inconstitucional a lei municipal que contraria disposição do Estatuto da Criança e do Adolescente, por ofensa aos sistema de competências concorrente e suplementar dos art. 24, XV e 30, II, da CF. 2. Cabível o controle abstrato de norma municipal por confronto com a lei federal, quando houver violação do sistema de competências regulado na CF, por ofensa ao art. 8º da CE. Ação julgada procedente". (ADIN nº 70001919729, Rel. Des. Élvio Schuch Pinto, j. 17.09.01).

39. Lei ou decreto normativo de efeitos concretos

A matéria é enfrentada, com freqüência, pelos Tribunais. As leis de efeitos concretos são normas desprovidas das características de generalidade, abstratividade e impessoalidade, com efeitos concretos que, no entanto, têm forma de lei.

Via de regra, são leis orçamentárias, leis que designam nomes de entidades ou atribuem finalidades específicas a determinados bens, leis que criam município, que concedem anistia fiscal, que consubstanciam decretos de desapropriação, nomeação, autorização etc.

Sistematicamente, os Tribunais têm decidido que há impossibilidade jurídica do pedido, sendo insusceptível de apreciação em sede de controle concentrado, podendo, de regra, sofrer contestação por mandado de segurança ou ação popular.

O Supremo tem julgado: "A jurisprudência desta Corte firmou entendimento de que só é admissível ação direta de inconstitucionalidade contra ato dotado de abstração, generalidade e impessoalidade. Ação direta não conhecida" (*RTJ*, 173/484).

"A Ação Declaratória de Inconstitucionalidade é o meio pelo qual se procede, por intermédio do Poder Judiciário, ao controle da constitucionalidade das normas jurídicas *in abstracto*. Não se presta ela, portanto, ao controle da constitucionalidade de atos administrativos que têm objeto determinado e destinatários certos, ainda que esses atos sejam editados sob forma de lei – as leis meramente formais, porque têm forma de lei, mas seu conteúdo não encerra normas que disciplinem relações jurídicas em abstrato". (STF – Pleno, *RTJ*, 140/36).

"A ação direta de inconstitucionalidade não é sede adequada para o controle de validade jurídica constitucional de casos concretos, destituídos de qualquer normatividade". (*RTJ*, 131/1001). No mesmo sentido: *RTJ*, 131/1007, *RTJ*, 140/41 e *RTJ*, 146/483

A propósito, assinala Hely Lopes Meirelles: "Os atos legislativos, ou seja, as leis propriamente ditas, não ficam sujeitas a anulação judicial pelos meios processuais comuns, mas sim pela via especial da ação direta de inconstitucionalidade, e, agora, também pela ação declaratória de constitucionalidade, tanto para a lei em tese, como para os demais atos normativos. E assim é porque a lei em tese e os atos normativos, enquanto regras gerais e abstratas, não atingem os direitos individuais e permanecem inatacáveis por ações ordinárias ou, mesmo, por mandado de segurança".

"As leis e decretos de efeitos concretos, entretanto, podem ser invalidados em procedimentos comuns, em mandado de segurança ou em ação popular, porque já trazem em si os resultados administrativos objetivados. Não são atos normativos gerais, mas, sim, deliberações individualizadas revestindo forma anômala de lei ou decreto".[183]

Em julgamento, o Tribunal de Justiça do Rio Grande do Sul assim se manifestou: "Acolho a prefacial da impossibilidade jurídica do pedido, sustentada no douto parecer ministerial".

"Com efeito, a lei ora em debate é a de nº 773/99 – Orçamento do Município de General Câmara – e a Emenda discutida é a de nº 01/98, de origem legislativa".

"Em se tratando de discussão a respeito de dispositivos da lei orçamentária, entendem os Tribunais que a matéria refoge ao âmbito

---

[183] "Direito Administrativo Brasileiro", p. 582.

estrito do controle concentrado de constitucionalidade, por lhe falecerem, justamente, as características de abstração e generalidade".

"Flagrante, neste sentido, é o caso presente, pois, a Câmara reduziu o quantitativo de 15% no orçamento do Executivo e 20% no orçamento do Legislativo".

"Daí dizer-se que se trata de lei de efeitos concretos, insuscetível de apreciação, pelo menos, em sede de ação direta de inconstitucionalidade".

"Assim assentou o Supremo Tribunal Federal, no julgamento do agravo regimental n 203.1-DF, Tribunal Pleno, por unanimidade, Rel. Min. Celso de Mello, DJU, de 20.04.1990: 'Ação direta de inconstitucionalidade. Emenda congressional à proposta orçamentária do poder executivo. Ato concreto. Impossibilidade jurídica'".

"A ação direta de inconstitucionalidade não é sede adequada para o controle da validade jurídico-constitucional de atos concretos, destituídos de qualquer normatividade. Não se tipificam como normativos os atos estatais desvestidos de qualquer coeficiente de abstração, generalidade e impessoalidade. Precedentes do Supremo Tribunal federal".

"A recusa do controle em tese da constitucionalidade e de emenda congressional, consistente em mera transferência de recurso de uma dotação para outra, dentro da proposta orçamentária do governo federal, não traduz a impossibilidade de sua legitimidade pelo Poder Judiciário, sempre cabível pela via do controle incidental. Agravo regimental improvido".

"O que busca a Autora é analisar, na via da ação direta de inconstitucionalidade, uma emenda do legislativo, que reduziu a receita e a despesa no orçamento do município".

"Ora, semelhante dispositivo legal se constitui em ato de efeitos concretos, que se esvai com seu cumprimento. Hipótese em que não se admite o controle concentrado e abstrato de sua constitucionalidade. Apenas sob o aspecto formal tal dispositivo se constitui em lei. Ato de efeitos concretos, despido de qualquer normatividade, acatável não é pela via de controle concentrado e abstrato de sua constitucionalidade".

"Na realidade, nada mais representa que ato administrativo de efeitos concretos, daí que destituído de normatividade, não suscetível de ataque via controle concentrado e abstrato de sua constitucionalidade. Só os atos legislativos que constituem leis propriamente ditas, ou seja, normas legais em sentido formal e material é que estão sujeitos ao controle concentrado e abstrato de sua constitucionalidade". (ADIN nº 597134430, Rel. Des. Osvaldo Stefanello).

"Dest'arte declaro extinto o processo, sem enfrentamento do mérito da causa, ausente condição da possibilidade jurídica do pedido, com fundamento no art. 267, VI do CPC. É o voto" (ADIN n° 599346483, Rel. Des. Vasco Della Giustina, j. 15.05.2000).

Não são diferentes estas outras decisões: "ADIN. Lei de emancipação municipal, porque de efeito concreto desserve para guarnecer ação direta de inconstitucionalidade. As leis que criam municípios são normas de efeitos concretos aplicados no âmbito restrito de uma incidência casuística, que se esgotam em si mesmas, tanto que obtido o resultado. Não se destinam a regular casos futuros e não possuem conteúdo vinculante. A Lei 9.600/92, que criou o município de Pinhal Grande, não se reveste das características de abstração, generalidade e impessoalidade. Sem conteúdo normativo abstrato, a lei impugnada ressente-se de objeto jurídico idôneo para legitimar a ação direta de inconstitucionalidade. Ação não conhecida. Extinção do processo decretada". (ADIN n° 593056104, Rel. Des. Clarindo Favretto, j. 29.05.95). No mesmo sentido a ADIN n° 596074047.

"ADIN. Ato oficial declarando prédio municipal como integrante do patrimônio cultural e histórico do município. Lei de efeito concreto. Preliminar de carência acolhida por maioria". (ADIN n° 598044121, Rel. Des. Décio Erpen, j. 28.09.98).

"ADIN. Constitucional. Ação Direta. Lei orçamentária. Destinação de recursos. Norma de natureza e efeitos concretos. Impossibilidade do pedido". (ADIN n° 598196244, Rel. Des. Araken de Assis, j.16.11.98).

"Administrativo. Lei Orçamentária. Controle de sua legalidade. Possibilidade. Tratando-se de lei de efeitos concretos, insuscetível, portanto, de controle de constitucionalidade. A legalidade da lei orçamentária é passível de controle da legalidade, e, portanto, cabe mandado de segurança para semelhante finalidade". (A.C. e R.N. n° 70001414325, Rel. Des. Araken de Assis, j. 8.11.2000).

"ADIN. Lei de emancipação municipal. A lei que cria município, por ser lei apenas no aspecto formal, edita normas de efeitos concretos que se esgotam em si mesmas, alcançado que seja seu objetivo. Lei despida de conteúdo normativo abstrato, embora, e por isso mesmo, possa ser atacada em sua validade e eficácia pelos meios processuais comuns, não poderá sê-lo via ação direta de inconstitucionalidade. Extinção do processo por impossibilidade jurídica do pedido". (ADIN n° 596070227, Rel. Des. Osvaldo Stefanello, j. 30.09.1996).

"ADIN. Emendas propostas pelo Poder Legislativo Municipal, relocando, transferindo ou deslocando verbas de órgãos administrativos do Executivo para a Câmara de Vereadores, mesmo promulgadas em lei autônoma, aquelas, como esta, se constituem em atos político-administrativos de efeitos concretos, não-suscetíveis ao controle concentrado de sua inconstitucionalidade. Fator que, proposta que seja ação para tal fim, leva à extinção do processo por impossibilidade jurídica do pedido". (ADIN nº 599126844, Rel. Des. Osvaldo Stefanello, j. 13.09.1999, in *Revista de Jurisprudência do TJRS*, 197/210).

Como se pode perfeitamente concluir, as leis de efeito concreto não têm, de regra, endereço futuro e se esgotam com sua publicação, não sendo hábeis ao controle concentrado da constitucionalidade.

No magistério de Hely Lopes Meirelles, "a lei de efeitos concretos é aquela que já traz em si as conseqüências imediatas de sua atuação, como a que desapropria bens, a que concede isenções, a que desmembra ou cria municípios, a que fixa limites territoriais e outras dessa espécie. Tais leis só o são em sentido formal, visto que materialmente se equiparam aos atos administrativos e por isso mesmo são atacáveis por ação popular ou mandado de segurança, conforme o direito ou interesse por elas lesado, mas é incabível a ação popular contra lei em tese".[184]

Todavia, registre-se, ao final, a crítica contra tal orientação partida de juristas de escol, como Ives Gandra da Silva Martins e Gilmar Ferreira Mendes: "A extensão dessa jurisprudência, desenvolvida para afastar do controle abstrato de normas os atos administrativos de efeitos concretos, às chamadas leis formais suscita, sem dúvida, alguma insegurança porque coloca a salvo do controle de constitucionalidade um sem número de leis".

"Ressalte-se que não se vislumbram razões de índole lógica ou jurídica contra a aferição da legitimidade das leis formais no controle abstrato das normas, até porque abstrato – isto é, não vinculado ao caso concreto – há de ser o processo e não o ato legislativo submetido ao controle de constitucionalidade".[185]

Assim, concluem os citados autores, o Supremo não andou bem em considerar as leis de efeito concreto não passíveis do controle da constitucionalidade.

40. Leis e decretos meramente autorizativos

Outra discussão que se trava em nível jurisprudencial é relativamente às leis meramente autorizativas.

Ou seja, aqueles diplomas legais que autorizam o Executivo a abrir créditos, a prestar serviço de apoio a agricultores, mediante cessão de maquinário, a abrir tal ou qual rua, a firmar este ou aquele convênio etc., tendo elas origem apenas legislativa, quando constitucionalmente a iniciativa está reservada ao Poder Executivo.

"Insistente na prática legislativa brasileira a 'lei' autorizativa constitui um expediente usado por parlamentares para granjear o

---

[184] "Mandado de Segurança e Ação Popular", p. 87.

[185] "Controle Concentrado de Constitucionalidade", p. 119-120.

crédito político pela realização de obras ou serviços em campos materiais nos quais não têm iniciativa das leis, em geral matérias administrativas".

"Mediante esse tipo de 'leis', passam eles, de autores do projeto de lei, a co-autores da obra ou serviço autorizado. Os constituintes consideraram tais obras e serviços como estranhos aos legisladores e, por isso, os subtraíram da iniciativa parlamentar das leis. Para compensar essa perda, realmente exagerada, surgiu 'lei' autorizativa, praticada cada vez mais exageradamente. Tais 'leis', óbvio, são sempre de iniciativa parlamentar, pois jamais teria cabimento o Executivo se autorizar a si próprio, muito menos onde já o autoriza a própria Constituição. Elas constituem um vício patente". É o que sustenta o jurista Sérgio Rezende de Barros.

E continua: "Inconstitucionalidade da 'lei' autorizativa. Como ocorre na federação para os entes federativos, igualmente na separação de poderes a competência básica de cada Poder é fixada pela ordem constitucional, integrada pelas constituições federal e estaduais e leis orgânicas municipais. Aos Poderes Legislativo, Executivo e Judiciário, compete o que a ordem constitucional lhes determina ou autoriza. Fixar competência dos Poderes constituídos, determinando-os ou autorizando-os, cabe ao Poder Constituinte no texto da constituição por ele elaborada. Vale dizer, a natureza teleológica da lei – o fim: seja determinar, seja autorizar – não inibe o vício de iniciativa. A inocuidade da lei não lhe retira a inconstitucionalidade. A iniciativa da lei, mesmo sendo só para autorizar, invade competência constitucional privativa".[186]

Uma corrente jurisprudencial sustenta que a lei que autoriza não é lei que impõe. Ficaria a critério do Executivo cumpri-la ou não, e, por conseqüência, sujeitar-se ao ônus político de tal atitude, não podendo ser considerada inconstitucional, não obstante marcada pelo vício da iniciativa.

A outra corrente argumenta que não se pode interpretar a autorização como mero sinônimo de opção para cumprir ou não a lei, eis que tal substantivo tem o sentido e o alcance de uma determinação ou imposição, para que a lei seja cumprida, não se podendo falar de lei inócua ou decorativa, ainda que dela não decorram ônus para o Executivo. E no caso, padecendo ela de vício de iniciativa, deve ser declarada inconstitucional.

Tem prevalecido no Tribunal de Justiça do Estado do Rio Grande do Sul esta orientação.

---

[186] Sérgio Resende de Barros, "Leis Autorizativas", art. publ. "Revista do Instituto de Pesquisas e Estudos", nº 29, p. 261-264.

A respeito de seus fundamentos, no julgamento de caso concreto, discorreu com grande propriedade a Desembargadora Maria Berenice Dias, *verbis*: "Ainda que a norma disponha que fica o Executivo 'autorizado' a prestar o serviço, é evidente que se trata de uma determinação para a prestação do serviço, e, gratuitamente".

"Assim já tive oportunidade de sustentar no julgamento da ADIN nº 70000063602, tendo a escassa maioria entendido que normas desse jaez não passam de mera autorização, não padecendo de inconstitucionalidade".

"No entanto, a competência dos Três Poderes, nas diversas esferas que existem na Federação, é fixada pela ordem constitucional. Portanto, a *norma agendi* que determina ou autoriza o Poder Executivo a agir no âmbito de sua competência é a própria norma constitucional. Trata-se de competência legislativa constituinte e não competência ordinária, pois é a Constituição que fixa o que compete ao Poder Executivo, seja autorizando, seja determinando sua atuação. Assim, não cabe à lei invadir essa competência constituinte para autorizar o Poder Executivo a agir, pois é a Constituição que o autoriza a agir, dando-lhe competência própria, excludente dos demais Poderes. Ora, se o Poder Legislativo intenta autorizá-lo, ainda que inócua ou rebarbativamente, age inconstitucionalmente, porque está invadindo a competência constituinte que fixa a competência de ação, determinando ou autorizando a conduta para os Três Poderes".

"A circunstância de ser a lei meramente 'autorizativa', e não 'determinativa' não elide, não suprime, não elimina o fato de estar ela dispondo – ainda que de forma meramente 'autorizativa' – sobre matéria que é reservada à iniciativa privativa do Chefe do Executivo pela Lei Orgânica municipal, a molde do que fazem o art. 82 da Constituição do Estado e o art. 61, §1º da Constituição da República. Em suma, a natureza teleológica da lei, seja ela para 'autorizar' ou para 'determinar' não elide a inconstitucionalidade por vício de iniciativa. Trata-se de lei que mesmo quando para só autorização, invade competência privativa do Chefe do Poder Executivo".

"De outro lado, não se pode reconhecer o direito de autorizar se não se puder reconhecer o direito de proibir, e deste, com certeza, não dispõe o legislador municipal. Quem não pode restringir também não pode conceder. Cabe alertar que, se for chancelado dito proceder, não mais se poderá obstar que proceda o Legislativo a toda e qualquer recomendação ao Executivo sobre a forma de administrar, mesmo na hipótese de a recomendação implicar aumento de despesa".

"A expressão 'fica o Poder Executivo autorizado a prestar...' não significa concessão de mera faculdade ao prefeito para que proceda à prestação do serviço, tendo nítido caráter autoritativo para que assim proceda. Na linguagem legislativa, autorizar tem o sentido de ordenar, e eventual desatendimento a essa quase imposição poderia, inclusive, ensejar o reconhecimento de uma postura omissiva do administrador por não praticar o ato autorizado".

"Tal ingerência na administração ordinária invade a atividade privativa da função executiva, pois a prestação de serviços a particulares mediante a cessão de bens públicos é de iniciativa exclusiva do prefeito municipal, tanto é que o próprio Legislativo se limitou a 'autorizar', reconhecendo, de forma implícita, a falta de legitimidade para tanto".

"Assim, de todo descabida a simples tentativa de autorizar o exercício de um direito, momento quando implica aumento de despesa".

"Finalmente, cabe gizar que, se o próprio Prefeito Municipal suscitou a inconstitucionatidade da lei, evidente que dispensa a recomendação do órgão legiferante".

"Merece ser lembrado que se alastra cada vez mais esse tipo de lei, que vem sendo chamada de lei autorizativa, visando simplesmente a autorizar o Poder Executivo a executar atos que já são de sua competência básica e constitucional. Conforme o Prof. Sérgio Rezende de Barros, tais leis autorizativas constituem um absurdo constitucional, servindo apenas para granjear aos autores desses projetos, apresentados em desvio do Poder Legislativo, um prestígio de autoria por atos ou fatos administrativos que não são de sua competência constitucional, e 'não é para isso que existem o Poder Legislativo e a lei' (conferência proferida no Curso de Pós-graduação da Faculdade de Direito da USP em 18.03.2000). Em resumo, a lei é inconstitucional: a) por vício de iniciativa, usurpando iniciativa privativa do Chefe do Executivo; b) por invadir a competência material constitucional do Poder Executivo. ainda que só para 'autorizar'; c) por dispor fora da competência constitucional do Poder Legislativo, usurpando uma competência de ordenação superior que, seja determinativa ou autorizativa, é do Poder Constituinte; d) enfim, porque, em agindo assim, o legislador e a lei no caso violam o princípio constitucional da separação de poderes, reconhecido nas Constituições Federal e estaduais, bem como em todas as leis orgânicas brasileiras".

"Por tais fundamentos, julgo procedente a ação, para declarar a inconstitucionalidade da Leí nº 2.494/93, do Município de Santa Cruz do Sul".

No citado julgamento, discordou desta orientação, o eminente Des. Oswaldo Stefanello: "Sr. Presidente. Defendi até hoje e continuo a defender a idéia de que lei que autoriza não é lei que impõe. Portanto, cabe ao Prefeito cumprir ou não esta lei e arrostar com os ônus políticos que eventualmente decorram do não-cumprimento". (ADIN nº 593099377, j. 07.08.2000).

Esta, em síntese, a problemática relativa à lei meramente autorizativa, tendo sido vitoriosa a corrente que sustenta que a lei que apenas autoriza o Executivo a agir em matéria de sua iniciativa, que no entanto não foi objeto desta iniciativa, é, mesmo assim, inconstitucional, não significando que o Executivo esteja desobrigado a agir, dado que a autorização implica determinação.

Vale, ainda, a citação do ilustre jurista Sérgio Resende Barros, a respeito: "A ordem constitucional é que fixa as competências legislativa, executiva e judiciária. Pelo que, se uma lei fixa o que é próprio da Constituição fixar, pretendendo determinar ou autorizar um Poder constituído no âmbito de sua competência constitucional, essa lei é inconstitucional. Não é só inócua ou rebarbativa. E inconstitucional porque estatui o que só o Constituinte pode estatuir, ferindo a Constituição por ele estatuída. O fato de ser mera autorização não elide o efeito de dispor, ainda que de forma não determinativa, sobre matéria de iniciativa alheia aos parlamentares".[187]

Como ressaltou a ilustre Desembargadora, citando o jurista Sérgio Rezende Barros, pululam leis neste sentido, trazendo, é certo, aos seus autores, prestígio por atos ou fatos administrativos, que não são de sua competência, e usurpando desta forma, a do Chefe do Executivo, sendo visível a inconstitucionalidade, por vício formal.

41. A ação civil pública e a ação direta de inconstitucionalidade

A decisão em ação civil pública, em face do conteúdo do art. 16 da Lei 7.347/85, prevendo que a sentença civil fará coisa julgada *erga omnes*, transitando em julgado, afastaria o controle direto pelos tribunais superiores, quando o objeto fosse a discussão de uma lei ou ato administrativo.

Haveria, nestes casos, segundo linguagem de Oswaldo Luiz Palu, "uma suposta interpenetração de objeto", na duas ações que questionassem lei ou ato administrativo.[188]

Inegavelmente, como ocorre em outras ações, a ação civil pública é passível de controle incidental. E isto, naturalmente, tendo em vista um fato concreto e individuado.

Assim, não estaria impedido o controle de constitucionalidade, quer de lei federal, estadual ou municipal, pois, justamente o problema

---
[187] Idem, ibidem, p. 263-264.

[188] Ver a respeito, "Controle de Constitucionalidade", p. 217.

que se coloca é que tais decisões têm efeito, segundo o citado artigo 16, excepcionalmente, *erga omnes*.

Funcionaria, então, neste caso, a ação civil pública como mero sucedâneo da ação declaratória de inconstitucionalidade, com o mesmo caráter de generalidade? Os doutrinadores sustentam que não.

Para Nelson Nery Júnior, "o objeto da Ação Civil Pública é a defesa de um dos direitos tutelados pela Constituição Federal, pelo Código de Defesa do Consumidor e pela lei de Ação civil Pública. A Ação Civil Pública pode ter como fundamento a inconstitucionalidade de lei ou ato normativo. O objeto da Ação declaratória de inconstitucionalidade é a declaração, em abstrato, da inconstitucionalidade de lei ou ato administrativo, com a conseqüente retirada da lei declarada inconstitucional do mundo jurídico por intermédio da eficácia *erga omnes* da coisa julgada. Assim, o pedido na Ação Civil Pública é a proteção do bem da vida tutelado pela Constituição Federal, Código de Defesa do Consumidor ou pela Lei de Ação civil Pública, que pode ter como causa de pedir a inconstitucionalidade de lei, enquanto o pedido na Ação Declaratória de Inconstitucionalidade será a própria declaração de inconstitucionalidade da lei. São inconfundíveis os objetos da Ação Civil Pública e da Ação declaratória de inconstitucionalidade".[189]

Ressalta com precisão Alexandre de Moraes que "o que se veda é a obtenção de efeitos *erga omnes* nas declarações de inconstitucionalidade de lei ou ato normativo em sede de ação civil pública, não importa se tal declaração consta como pedido principal ou como pedido *incidenter tantum*, pois mesmo nesse a declaração de inconstitucionalidade poderá não se restringir somente às partes daquele processo, em virtude da previsão dos efeitos nas decisões em sede de ação civil pública dada pela Lei nº 7.347 de 1985".[190]

E prossegue o atualizado constitucionalista, citando Arruda Alvim: "afigura-se-nos que inconstitucionalidade levantada em ação civil pública, como 'pretenso' fundamento da pretensão, mas em que, real e efetivamente o que se persiga seja a própria inconstitucionalidade é argüição incompatível com essa ação e, na verdade, com qualquer ação por implicar usurpação da competência do Supremo Tribunal Federal".[191]

Escreve, a propósito, Oswaldo Luiz Palu que "nenhum problema ocorre quando se trata de ação não coletiva, que não tutele interesse difuso, coletivo ou individual homogêneo".

E arremata: "Na ação civil pública, na ação coletiva ou em outra qualquer ação em que a inconstitucionalidade ocorre no sistema

---
[189] "Código de Processo Civil Comentado", p. 1403.
[190] "Direito Constitucional", p. 570.
[191] Idem, ibidem, p. 571.

incidental-difuso, esta vem sempre proposta como questão prejudicial a ser decidida na motivação da sentença, não sendo o seu pedido mediato (normalmente condenatório) ou imediato (utilidade efetivamente requerida)".

"Na ação civil pública ou coletiva, via incidental, eventual questão da constitucionalidade é sempre prejudicial, sendo diverso o pedido desta e a da ação direta de inconstitucionalidade de lei ou ato normativo do Poder Público. A coisa julgada na ação civil pública ou coletiva diz respeito somente ao *decisum* e a questão da inconstitucionalidade, até então apreciada *incidenter*, jamais poderá ser por um juiz monocrático declarada *principaliter*, por lhe faltar competência".[192]

Pode-se, então, concluir que resta proibido valer-se da ação civil pública para substituir-se a ação direta de inconstitucionalidade, na medida em que os efeitos desta ação se projetam *erga omnes*.

O Tribunal de Justiça do Rio Grande do Sul, em julgamento recente, enfrentou a questão: "Processual Civil. Ação civil pública. Inconstitucionalidade de lei municipal como seu objeto principal e único. Inadmissibilidade. 1. Em princípio, objeto principal e único da ação civil pública não pode ser a inconstitucionalidade formal e material de lei local perante a Carta Federal ou a Carta Estadual, pois, em tal hipótese, cuidando-se de inconstitucionalidade da lei em tese, o único remédio é ação direta (CF, art. 102, I, *a*), reservada à competência do Supremo Tribunal Federal. Precedente do STF. Apelação desprovida". (AC nº 70006373922, Rel. Des. Araken de Assis, 4ª C.C., j. 25.06.03).

Os elementos objetivos que permitem distinguir uma ação da outra e, conforme o caso, indentificá-las, são dois: causa e pedido. De acordo com a noção adotada pelo CPC em vigor, e consoante a chamada teoria da substancialização, causa de pedir é o fato (*rectius*: conjunto de fatos que forma um acontecimento histórico) alegado pelo autor para reclamar determinada providência judicial perante o réu. Por sua vez, o pedido imediato é a referida providência judicial, e o pedido mediato, o bem da vida. Por exemplo: na ação de separação de Maria contra João, em que a autora alega o adultério como grave violação dos deveres conjugais, tornando a vida em comum insuportável, a causa de pedir é o conjunto de fatos que, na hipótese sob foco, ensejaram o adultério; o pedido imediato é a separação; e o pedido mediato é o estado de separado.

Freqüentemente, o conjunto de fatos alegados suscita questões de direito e, dentre elas, a constitucionalidade ou não deste ou daquele dispositivo legal, dando azo ao chamado controle incidental. Ora, como a ação civil pública produzirá, por definição, efeito *erga omnes*,

---

[192] Oswaldo Luiz Palu, "Controle de Constitucionalidade", p. 220-221.

parece evidente que o bem da vida (pedido mediato) jamais poderá equivaler ao da ação direta de inconstitucionalidade. Figure-se a seguinte hipótese: lei local cria cargo em comissão, e o agente do Ministério Público propõe ação civil pública, alegando que a lei infringe a Constituição, e pleiteia a extinção do cargo e a exoneração do servidor. Nesta hipótese, a causa de pedir é o fato da inconstitucionalidade; o pedido imediato, a extinção do cargo (e, por via de conseqüência, a exoneração do seu ocupante), e o pedido mediato (bem da vida), a retirada da lei inconstitucional do ordenamento jurídico. Ora, se o Procurador-Geral ajuizasse a ADIN, os elementos da ação seriam os mesmos: fato da inconstitucionalidade, extinção do cargo e retirada da lei inconstitucional do ordenamento jurídico.

É em razão dessa completa e decisiva assimilação que os julgados que admitem o controle incidental da constitucionalidade na lei da ação civil pública incorrem em grave equívoco, embora não se exclua que o réu suscite a questão constitucional. Por exemplo: lei local inconstitucional previu o tombamento de determinado imóvel como pertencente ao patrimônio histórico da cidade. O Ministério Público ajuíza uma ação para compelir o Município a conservá-lo, que se defende, alegando a exceção de inconstitucionalidade. Aí, sim, ocorrerá a pronúncia de inconstitucionalidade sem o efeito *erga omnes,* e não há qualquer confusão com os elementos objetos da ADIN, pois as exceções do réu não integram a causa de pedir, apenas ampliam a área lógica da cognição do juiz. O que se tem admitido é o questionamento da constitucionalidade da lei como causa de pedir. Neste sentido: "Processual civil. Ação civil pública. Declaração incidental de inconstitucionalidade. Possibilidade. Efeitos. 1. É possível a declaração incidental de inconstitucionalidade, na ação civil pública, de quaisquer leis ou atos normativos do Poder Público, desde que a controvérsia constitucional não figure como pedido, mas sim como causa de pedir, fundamento ou simples questão prejudicial, indispensável à resolução do litígio principal, em torno da tutela do interesse público. 2. A declaração incidental de inconstitucionalidade na ação civil pública não faz coisa julgada material, pois se trata de controle difuso de constitucionalidade, sujeito ao crivo do Supremo Tribunal Federal, via recuso extraordinário, sendo insubsistente, neste ponto, a tese de que tal sistemática teria os mesmos efeitos da ação declaratória de inconstitucionalidade. Recurso especial provido". (RESP nº 403355/DF, 2ª T., Rel. Min Eliana Calmon, DJU. 30.09.02, p. 244).

No mesmo sentido, o RESP nº 300058/DF. 5ª T., Rel, Min. José Arnaldo da Fonseca, DJU 11.11.02, p. 245.

Permitido está, como nas demais ações, o controle *incidenter tantum*, pois, nesse caso, "trata-se de ação ajuizada, entre partes contratantes, na persecução de bem jurídico concreto, individual perfeitamente definido, de ordem patrimonial, objeto que jamais poderia ser alcançado pelo reclamado em sede de controle *in abstracto* de ato normativo". (STF – Pleno – Reclamação nº 602-6/SP- Rel. Min. Ilmar Galvão, j. 03.09.97).

O Tribunal de Justiça de São Paulo, julgando a ADIN nº 19.927-0/4, concluiu que "a preliminar levantada pelas informações da Câmara, refere-se a ocorrência de litispendência, uma vez que existe, já julgada em primeira instância, ação civil pública que condenou a municipalidade a se abster de cobrar a chamada 'taxa de iluminação pública'".

"Não se trata, contudo, de litispendência. Na ação civil pública, o pedido consiste na condenação da municipalidade à obrigação de não fazer, consistente em se abster de lançar a taxa. Já a presente ação visa à declaração de inconstitucionalidade dos preceitos legais impugnados, com efeito *erga omnes*. Percebe-se, dessa maneira, que os pedidos são diversos, o que afasta a hipótese de ocorrência de litispendência".[193]

Não diverge este outro pronunciamento: "Também a segunda preliminar, que é a de litispendência, não procede. A propósito se verifica que foi efetivamente ajuizada uma ação civil pública pelo Ministério Público da comarca de Piracicaba, já havendo sentença de procedência, confirmada por v. acórdão da eg. Terceira Câmara Civil, na apelação nº 168.218-1/5, colhendo-se como resultado a declaração incidental da inconstitucionalidade dos preceitos do Código Tributário de Piracicaba que instituíram a questionada taxa de iluminação pública".

Essa declaração *incidenter tantum* da inconstitucionalidade não obsta, entretanto, o julgamento da presente, ação, sabendo-se que no sistema brasileiro não há coisa julgada em relação à lei assim declarada inconstitucional, "porque qualquer tribunal ou juiz, em princípio, poderá aplicá-la, isto até que o Senado Federal suspenda a execução da lei".[194]

42. Lei sancionada não convalida vício de origem

Outra questão surgida é relativamente à sanção aposta pelo Executivo, em projeto de lei, cuja iniciativa é sua, mas que foi usurpada pela Câmara dos Vereadores.

---

[193] Lair da Silva Loureiro e Lair da Silva Loureiro Filho, "Ação Direta de Inconstitucionalidade" p. 126.

[194] Idem, ibidem, p. 133.

Sendo, pois, a lei inconstitucional por vício de origem, a sanção convalidaria o diploma legal?

No Tribunal de Justiça do Estado do Rio Grande do Sul vivos e acesos foram os debates acerca da matéria.

Hoje ela está praticamente pacificada, no entendimento de que a sanção não convalida o vício de origem.

Vale o registro de posicionamentos sobre a "quaestio", que bem ilustram as questões subjacentes, em acórdão de que transcrevemos alguns excertos:

"Voto – O Des. Osvaldo Stefanello: No tange ao mérito da causa, de referir, de início, que, no cotejo da proposta encaminhada pelo Prefeito à Câmara Municipal, ou seja, pelo Projeto de Lei nº 131/93, vê-se que o art. 30 da Lei nº 1.134/93 é, efetivamente, resultante de iniciativa do Poder Legislativo. Emenda que, no entanto, acabou por ser sancionada, junto com os demais dispositivos da lei, pelo Sr. Prefeito Municipal".

"Sanção que, no entender da Câmara Municipal, fez com que superado ou sanado tenha sido o vício de origem, já que, não concorde com seus termos, poderia tê-la vetado o Prefeito".

"Entendimento com o qual concordo, devida vênia. A questão é polêmica. Não encontrou ainda pacificação nos Tribunais. No nível deste Tribunal de Justiça, menciono dois julgados que da matéria tratam".

"Refiro-me à ADIN nº 591040241, do Município de Pelotas, cujo Relator foi o hoje Min. Ruy Rosado de Aguiar, que restou assim ementada: 'Inconstitucionalidade. Processo legislativo. Falta de iniciativa. Sanção posterior (irrelevância). Delegação de Poderes. Inconstitucionalidade da lei municipal de iniciativa da Câmara, dispondo sobre o reajustamento da remuneração dos servidores. Posterior sanção do Prefeito não convalida a falha. Delegação de Poderes da Câmara ao Prefeito, para que disponha, através de decreto, matéria regulável em lei: Inconstitucionalidade'".

"Orientação que, à unanimidade, seguida foi pela então composição da Corte. E à ADIN nº 593147481. Oportunidade em que deixei consignada minha posição, segundo a qual a partir do momento em que o Prefeito, ao invés de vetar a lei por defeito, de origem, a sanciona, o vício superado resta. E superado resta porque o Chefe do Executivo lhe deu anuência, dando por sanado o vício original".

"Trata-se, na realidade, de uma opção política do Prefeito. Opção política da qual não se pode posteriormente retratar, a não ser pelo caminho adequado, que é o do processo legislativo. O que, a meu entender não pode o Prefeito, é sancionar uma lei e depois ir à Justiça pretendendo vê-la inconstitucional por vício de iniciativa. O caminho a ser seguido para retirá-la do sistema jurídico legal do Município é o mesmo que a levou a fazer parte desse sistema. Ou seja, o caminho legislativo".

"Diverso, por evidente, em opondo-se à lei quando viciada em sua origem. Oposição que há de fazer com a regular utilização do poder de veto. Rejeitado este pelo Legislativo, aí, sim, se lhe abre a legitimidade para opor-se à lei mal promulgada pelo Presidente do Legislativo, via ação de inconstitucionalidade junto ao Poder Judiciário. Assim é que, a meu entender, a questão há de ser posta".

"Questão que não apenas revestida de cunho jurídico é, mas modo especial de caráter político. Aspecto político que considerado há de ser nas decisões judiciais quando dessa matéria tratarem, eis que desprezado não pode ser. Pena de estar, o Judiciário, por vezes, a coonestar simples jogo político momentâneo, ou de interesse momentâneo dos políticos que junto ao eleitorado não se querem indispor".

"Desejo deixar ressaltado, como o fez Des. Élvio Schuch Pinto nesse julgado que: o 'controle da constitucionalidade tem duas oportunidades: ele é feito na criação da lei, é o controle político exercido pelo Prefeito. Quando, se for o caso, exerce atribuições exclusivas do acionamento do processo, ou legitimada a produção legislativa como ato complexo quando da sanção, mesmo que alguém eventualmente tenha invadido sua eventual prerrogativa. Não vejo como o Judiciário, depois de legitimada a lei em seu aspecto político, possa ressuscitar este tema da harmonia ou desarmonia eventualmente criada por projeto de Vereador, quando devesse ser de iniciativa do Executivo. A lei, na sua formação, foi legitimada pela sanção. Não vejo mais como se possa argüir a inconstitucionalidade'".

"Des. Eliseu Gomes Torres – Consoante corrente a que adiro, não é a sanção, pelo Sr. Prefeito, de lei inconstitucional que a torna constitucional. Conveniências políticas do momento, pressão de segmentos interessados e até a correlação de forças que se digladiam no áspero confronto da política municipal podem conduzir o Chefe do Executivo num determinado instante, a ceder e homologar com sua chancela disposição legal afrontosa à Constituição. Todavia, uma vez que o mesmo Prefeito, ou outro no lugar dele, resolva impugnar a norma, não há por que considerá-la convalidada daquilo que se constitui vício inarredável. É possível até que, ao sancioná-la o Prefeito, que então exercia o primeiro semestre de sua administração – falemos em maio de 1993 –, não se tivesse dado conta do alcance nefasto da referida emenda nas finanças públicas municipais, uma vez que ali se impôs a retroatividade da lei à data da publicação da Lei nº 1.045/90, vale dizer, dois orçamentos anteriores".

"Este art. 3º foi produto de uma emenda do Poder Legislativo imposta ao projeto de lei oriundo do Executivo e visa a beneficiar inúmeros contribuintes que pagaram tributos, segundo a vigência do Código Tributário Municipal. Com a nova lei, tais contribuintes poderão requerer repetição do indébito, com os acréscimos daí decorrentes. A emenda acarreta, portanto, repercussões financeiras de monta com as conseqüências em orçamentos públicos já encerrados".

"Ovoto, pois, é pela procedência da ação, declarando-se a inconstitucionalidade do art. 3º, da Lei nº 1.314, de 05.05.93, do Município de Giruá".

"Des. Adroaldo Furtado Fabricio – Senhores Desembargadores, quanto a mim, ainda que sistematicamente vencido aqui na Casa e desafinado da jurisprudência do Pretório Excelso, continuo a sustentar que, também nesta matéria, a ninguém é lícito voltar-se contra ato próprio. E, portanto, o Chefe do Poder Executivo, na medida em que outorga a sanção ao projeto, anui, em seu conteúdo, e, segundo a lógica que me parece mais elementar, ao prestar essa anuência, supre a falta da sua iniciativa".

"Na realidade, ele assume a paternidade do projeto, ainda que não o tenha feito no momento inicial em que isso, ordinariamente, ocorre. Depois de haver sancionado e prestado a sua contribuição para que o projeto se tornasse lei, a argüição de sua inconstitucionalidade significaria voltar-se contra ato próprio, o que, ao Direito, repugna em qualquer área e em qualquer circunstância. Estou acompanhando o eminente Relator". (ADIN nº 594033599, Órgão Especial, Rel., vencido, Des. Osvaldo Stefanello, Red. Des. Eliseu Gomes Torres, j. 4.11.96, in *Revista de Jurisprudência do TJRS*, 181, p. 170-192).

43. Declaração de inconstitucionalidade sem redução do texto

Zeno Veloso, versando sobre o tema, o sintetiza com extrema propriedade: "A declaração de inconstitucionalidade sem redução do texto significa reconhecer a inconstitucionalidade da lei ou ato normativo sob algum aspecto, em dada situação, debaixo de determinada variante".

E continua: "A norma impugnada continua vigendo, na forma originária. O texto continua o mesmo, mas o Tribunal limita ou restringe a sua aplicação, não permitindo que ela incida nas situações determinadas, porque, nestas, há inconstitucionalidade. Nas outras não".[195]

---
[195] Controle Jurisdicional de Constitucionalidade, p. 165.

Certamente visando ao princípio da economia e do aproveitamento dos atos, o Supremo tem procurado salvar da eiva de inconstitucionalidade a lei, quando puder ser aproveitada e, apenas uma ou algumas de suas variantes ao incidirem em situações previamente enumeradas, é que se constituem em norma inconstitucional.

"O Tribunal pode evitar a sanção da nulidade na interpretação conforme a Constituição, na inconstitucionalidade parcial".[196]

Esta orientação parte da lição de Lúcio Bittencourt, em seu clássico "O Controle Jurisdicional da Constitucionalidade das Leis", sendo depois desenvolvida a aperfeiçoada pela jurisprudência e doutrina.

"Acontece com freqüência – explica Black –, que algumas partes, aspectos ou prescrições de uma lei são inválidos, em virtude de sua incompatibilidade com a Constituição, enquanto os demais preceitos não padecem do mesmo vício. Neste caso, os Tribunais não devem declarar a inconstitucionalidade da lei no seu todo, rejeitando, apenas, as partes inválidas, mas atribuindo valor e efeitos às demais. A regra é que se as porções inválidas podem ser separados do resto, e, se depois de tal separação, ainda existe texto completo, inteligível e válido, capaz de ser executado e conforme ao propósito ou intento geral da legislatura, o ato não será julgado inconstitucional *in totum*, mas apenas nas partes afetadas, prevalecendo o restante".[197]

Refere recente publicação que "é hoje comezinha na prática da Corte a adoção da suspensão da eficácia de norma, sem redução de texto, especialmente naqueles casos em que a Constituição impõe se opere um contração no âmbito de aplicação ou de incidência da norma impugnada. (redução teleológica)".[198]

O Supremo Tribunal Federal tem se valido desta técnica interpretativa: "ADIN. Viabilidade de explicitação, no campo da liminar, do alcance de dispositivos de uma certa lei, sem afastamento da eficácia no que se mostre consentânea com a Constituição Federal... Observância da premissa quanto aos §§ 1º, 2º e 3º do art. 117 e ao art. 118 da Lei Orgânica do Distrito Federal para excluir interpretação que conduza à conclusão de que a eles estão submetidos os integrantes da Policia Militar e do Corpo de Bombeiros Militar" (*RTJ*, 153/117).

"ADIN... b) suspender nos §§ 2º e 3º do art. 10, nos §§2ºe 3º do art. 11, sem redução de texto, todas as interpretações que possibilitem a nomeação para os cargos, neles referidos, de quem não seja ocupante de cargo de carreira de Delegado de Polícia" (ADIN nº 866, Rel. Min. Carlos Velloso, DJ de 10.05.96, p. 15.131).

---

[196] Oswaldo Luiz Palu, "Controle de Constitucionalidade", p. 238.

[197] Lúcio Bittencourt, "O Controle Jurisdicional da Constitucionalidade das Leis", p. 125.

[198] Inocêncio Mártires Coelho, art. pub. em "Cadernos de Direito Tributário e Finanças Públicas", ano 6, nº 23, p. 188.

"ADIN... No caso portanto, como não se pode suspender a eficácia de qualquer expressão do dispositivo impugnado, pois este não alude ao inc. V do art. 64 senão implicitamente por meio da expressão abrangente (IV a XIII) impõe-se a utilização da técnica de concessão da liminar, "para a suspensão da eficácia parcial do texto impugnado sem a redução de sua expressão literal, que, se feita, abarcaria normas autônomas, e, portanto, cindíveis, que não são atacadas como inconstitucionais".

"... No caso, embora a possibilidade de declaração de inconstitucionalidade 'sem redução de texto' não resulte de exclusão de aplicação dele com interpretações admissíveis mas inconstitucionais, e isso porque ela decorre da exclusão pleiteada de uma das remissões implícitas em expressão abrangente de outras não atacadas, há identidade de razão para se adotar técnica semelhante à que decorre da 'interpretação conforme à Constituição". (*RTJ*, 137/90-100).

No Tribunal de Justiça do Estado já se decidiu: "ADIN. Lei municipal que autoriza a incorporação de gratificações e adicionais sobre os vencimentos do servidor. Vedação – art. 37, XIV, C.F. Observância do princípio da simetria (art. 8º, CE). Interpretação conforme a Constituição. Ação procedente em parte, com declaração de inconstitucionalidade sem redução de texto". (ADIN nº 70002367423, j. 3.09.01, Rel. Des. Paulo Augusto Monte Lopes, oriunda de Lagoa Vermelha).

44. Normas puramente programáticas

No magistério de Alexandre de Moraes, citando Jorge Miranda, "as normas programáticas são de aplicação diferida, e não de aplicação ou execução imediata; mais do que comandos-regras, explicitam comandos-valores; conferem elasticidade ao ordenamento constitucional; têm como destinatário primacial – embora não único – o legislador, a cuja opção fica a ponderação do tempo e dos meios em que vêm a ser revestidas de plena eficácia (e nisso consiste a discricionariedade); não consentem que os cidadãos ou quaisquer cidadãos as invoquem já, (ou imediatamente após a entrada em vigor da Constituição), pedindo aos tribunais o seu cumprimento só por si, pelo que pode haver quem afirme que os direitos que delas emanam, máxime os direitos sociais, têm mais natureza de expectativas que de verdadeiros direitos subjetivos; aparecem, muitas vezes, acompanhadas de conceitos indeterminados ou parcialmente indeterminados".[199]

E continua: "Portanto, o juízo de oportunidade e a avaliação da extensão do programa incumbem ao Poder Legislativo, no exercício de

---
[199] "Direito Constitucional", p. 41.

sua função legiferante, e, como salientado por Tércio Sampaio Ferraz Júnior, "a eficácia técnica, neste caso, é limitada. E a eficácia social depende da própria evolução das situações de fato".[200]

Ou seja, por depender do legislador para a concreção de uma futura norma, difícil, senão impossível, se torna caracterizar-se a incompatibilidade de uma lei ou ato frente a norma programática.

Obtempera-se, entretanto, que "esta dificuldade semântico-pragmática, encontrada num grau maior ou menor em toda questão de inconstitucionalidade, não pode significar, porém, o não reconhecimento da possibilidade de surgimento do problema: por descumprimento da norma programática, sempre é possível, nos sistemas de Constituição rígida, o questionamento jurídico da inconstitucionalidade da lei".[201]

O Tribunal de Justiça do Rio Grande do Sul julgou a questão das normas programáticas, em vários feitos:

"ADIN. Quando a norma legal impugnada é meramente programática, enunciativa do que já consta da Constituição e sem funcionalidade efetiva, não viola a norma constitucional, porque a esta nada contrapõe... A lei argüida prevê meramente a regulamentação dos direitos sociais dos trabalhadores do município e, ao especificar alguns, nada mais fez do que enunciar o que já consta da Constituição, da Lei Trabalhista e do Direito Administrativo, tudo, aliás, consagrado no próprio Estatuto".

"Para dar funcionalidade à norma impugnada é necessário fazer sua conversão em norma concreta e tal incumbe ao Chefe do Poder Executivo, de modo que o Legislativo não se intrometeu em sua competência. ADIN julgada improcedente". (ADIN nº 594029720, Rel. Des. Clarindo Favretto, j. 29.05.1995).

"ADIN. Norma da lei orgânica municipal assegurando concessão de licença-prêmio aos servidores a ser definida por lei municipal. Disposição programática que encontra correspondência na Constituição do Estado. Ação improcedente". (ADIN nº 590046769, Rel. Des. Elias Elmyr Manssour, j.17.12.90).

Nesses casos, como se viu, a solução do Tribunal tem sido a de julgar improcedente a ação, dada a ausência de funcionalidade imediata da norma programática, seu caráter de princípio ou programa, sem qualquer concreção, não regulando diretamente os direitos nelas insculpidos, não se permitindo aferir, de pronto, uma contestação ou divergência com a Lei Maior.

---

[200] Idem, ibidem, p. 41.

[201] Marcelo Neves, "Teoria da Inconstitucionalidade das Leis", p. 101.

45. ADIN e confronto de lei, emenda ou ato normativo municipal com a Lei Orgânica

A Lei Orgânica é a Constituição do Município. É ela que, nos termos do art. 20 da Carta Federal, "rege o Município". À Câmara Municipal compete dar-lhe feição.

O art. 11, parágrafo único, do ADCT estatuiu que, após promulgada a Constituição do Estado, os municípios, no prazo de seis meses, deveriam votar sua Lei Orgânica.

A Constituição Federal dispõe que na Lei Orgânica deverão estar, entre outras matérias, discriminadas as competências do Município, observadas as peculiaridades locais, bem como as competências comuns e concorrentes, assim como as supletivas. (arts. 23, 29 e 30 da Carta Federal).

Da feitura da lei não participa o Executivo. Este só pode propor emendas.

Inobstante autônomo, o Município deve observar os preceitos insculpidos nas Cartas Maiores da União e do Estado.

Tem sido realçado que "são inconstitucionais os dispositivos de Lei Orgânica que dispõem sobre aumento de despesa pública, sobre criação de órgãos ou entidades municipais, sobre criação de vantagens pecuniárias do funcionalismo municipal, como a licença-prêmio, quinquênio, biênio ou anuênio, sobre vinculação de remuneração de seu pessoal municipal a índices oficiais do Governo Federal. Pois bem: toda a matéria de aumento de despesa pública, direta ou indiretamente, prevista em Lei Orgânica, não se compadece de nosso constitucionalismo".

"Dispositivos de Lei Orgânica que aumentam a despesa pública, no funcionalismo municipal, para cuja organização o Poder Executivo, em nosso ordenamento jurídico, é titular de iniciativa reservada de lei, no processo legislativo (art. 61, § 1º, II, *a*, C. Federal, que possui similares nas Cartas Estaduais), são incontrastavelmente inconstitucionais".[202]

As Leis Orgânicas municipais só podem dispor validamente de regras jurídicas, em conformidade com os princípios estabelecidos no artigo 29 da Carta Federal e nas Constituições Estaduais respectivas.

É certo que leis municipais podem contravir disposições da Lei Orgânica Municipal.

Então, pergunta-se se é cabível a apreciação, em nível de controle concentrado, dessa dissintonia entre uma lei municipal, emenda ou ato administrativo e a própria Lei Orgânica do município.

---

[202] José Nilo de Castro, "Direito Municipal Positivo", p. 54-57.

Na resposta impõe-se distinguir: Quando a Lei municipal ou o ato normativo contrariem tão-somente dispositivo da Lei Orgânica, que não fira, igualmente, a norma constitucional estadual, não há como operar-se o controle concentrado de constitucionalidade. Haverá pura e simplesmente um controle da legalidade da lei e não da constitucionalidade do diploma legal.

Porém, se a lei municipal, a emenda ou o ato administrativo contrariarem a Lei Orgânica e reflexamente a própria Constituição Estadual, neste caso, sim, serão eles suscetíveis de controle concentrado pelo Tribunal de Justiça.

Sobre o tema, discorre Zeno Veloso: "Havendo dissensão entre a Lei Orgânica e a lei ordinária edilícia, estabelece-se um conflito, sem dúvida, mas este antagonismo não pode ser resolvido em juízo de constitucionalidade, pela curial razão de a Lei Orgânica não ser, formalmente, uma Constituição. Tanto a Lei Orgânica quanto as leis ordinárias municipais integram legislação infraconstitucional".

"Além disto, jurisdição constitucional não pode ser instituída por interpretação extensiva ou em virtude de mera semelhança de situações com as previstas na Carta Magna. Ao contrário, por seu conteúdo político, sua abrangência e peculiaridade, só existe nos casos expressamente previstos ou autorizados na Constituição Federal. Enfim, a violação da lei Orgânica pela lei ordinária municipal é uma questão de ilegalidade e não de inconstitucionalidade".[203]

Assim já se julgou: "ADIN. Lei municipal. Invocação em face da Lei Orgânica do Município. Norma infraconstitucional. Ação extinta sem julgamento do mérito. As ações diretas de inconstitucionalidade devem ater-se a contraste com dispositivos constitucionais, não com normas de direito comum, independentemente de sua hierarquia...Não possuem essa qualificação as regras da Lei Orgânica do Município. O descumprimento dessa normas no procedimento de elaboração do preceptivo questionado, não resulta em inconstitucionalidade a ser pronunciada por via de ação direta de caráter genérico. As ações diretas de inconstitucionalidade devem ater-se a contrastes com dispositivos constitucionais, não com normas de direito comum, independentemente de sua hierarquia A violação de dispositivo de Lei Orgânica Municipal, não pode ser invocada em ação direta". (ADIN nº 14.302-0/6-SP, j. 23.03.94).[204]

"ADIN. Lei municipal. Violação a lei complementar local. Não cabimento. Hipótese que visa controle de legalidade e não de constitucionalidade. Impossibilidade jurídica do pedido. Art. 267, VI do CPC.

---

[203] Zeno Veloso, "Controle Jurisdicional de Constitucionalidade", p. 359.

[204] Lair da Silva Loureiro e Lair da Silva Loureiro Filho, "Ação Direta de Inconstitucionalidade", p. 6.

Processo extinto sem julgamento do mérito...Não é possível, a pretexto de analisar-se a constitucionalidade de um diploma legal, resvalar-se para a análise de leis municipais frente a leis complementares municipais. A ação direta de inconstitucionalidade não autoriza o cotejo que vise à ilegalidade, refugindo ao seu âmbito tal mister. Nesse mesmo sentir já manifestou-se este Colendo Plenário: 'As ações diretas de inconstitucionalidade ou as representações de inconstitucionalidade, como o dizem as denominações, só podem ater-se a contrastes com dispositivos constitucionais, não com normas de Direito Comum, não importando sua hierarquia'". (ADIN nº 17.528-0/9 SP, j. 18.08.93).[205]

O Tribunal de Justiça do Rio Grande do Sul também tem precedentes acerca da matéria: "ADIN. Inconstitucionalidade de lei municipal. Inexiste inconstitucionalidade em lei e emendas legislativas que infringem a Lei Orgânica do Município e o regimento interno do órgão legislativo, constituindo-se, quando muito, em ilegalidade, pertinente ao campo infraconstitucional". (ADIN nº 593002504, Rel. Des. Waldemar Luiz de Freitas Filho, j. 08.04.96).

"ADIN – Lei Orgânica municipal. Município de Chuí, exigindo maioria dos membros da Câmara Municipal de Vereadores para a criação de comissões parlamentares de inquérito. Inconstitucionalidade de tal exigência frente às Constituições Federal e Estadual. A exigência de *quorum* qualificado dos membros das Câmara Municipal de Vereadores, para a criação de Comissões Parlamentares de Inquérito afronta os dispositivos da Constituição Federal e Estadual, que da matéria tratam. 1/3 dos componentes dos respectivos Legislativos. Observância obrigatória destes limites pelos Municípios. Ação julgada procedente". (ADIN nº 597247188, Rel. Des. Osvaldo Stefanello, j. 01.06.98, in *Revista de Jurisprudência do TJRS*, 189/238).

"ADIN. Quorum para a admissão de acusação contra o prefeito municipal. Se a Carta Magna e a Constituição Estadual prevêem *quorum* qualificado de dois terços para o recebimento da acusação contra o Presidente da República ou o Governador do Estado, não pode a Lei Orgânica do Município, inovar prevendo maioria simples. Procedência parcial da ação". (ADIN nº 596001057, Rel. Des. Eliseu Gomes Torres, j. 4.11.96).

O Tribunal de Justiça do Estado decidiu: "ADIN. Constitucional. Norma versando matéria relativa ao regime jurídico inserida na Lei Orgânica. Iniciativa exclusiva do Chefe do Executivo. Inconstitucionalidade. 1. É inconstitucional o art. 33 da Lei Orgânica de Triunfo, de 1990, que assegura revisão automática dos vencimentos e dos proventos pelo índice oficial de inflação, pois versa matéria relativa ao regime

---

[205] Lair da Silva Loureiro e Lair da Silva Loureiro Filho, "Ação Direta de Inconstitucionalidade", p. 21 e 23.

jurídico dos servidores, que somente pode se tornar lei através da iniciativa do Chefe do Executivo. Ação julgada procedente". (ADIN nº 70005402086, Rel. Des. Araken de Assis, j. 17.03.03).

Em síntese, como qualquer outra lei municipal, a Lei Orgânica do Município sujeita-se ao controle concentrado pelo Tribunal de Justiça em face da Carta Estadual.

O mesmo inocorre, todavia, se a lei municipal, a própria emenda à Lei Orgânica do Município ou o ato normativo atritar-se apenas com a Lei Orgânica municipal, sem ferir os preceitos constitucionais. Diga-se que a lei orgânica não é norma constitucional, e sim, dispositivo de direito comum. O contraste há de ser feito com a Constituição, e não com as leis infraconstitucionais.

Então, o que poderá se configurar é uma ilegalidade da lei frente à lei Orgânica, não sendo, porém, objeto de controle concentrado, recaindo nas regras atinentes ao controle do direito comum.

46. A interpretação conforme a Constituição

Uma das características modernas do controle concentrado da constitucionalidade se traduz na técnica, assim chamada, de interpretação conforme a Constituição.

Na Alemanha, a matéria ganhou alto relevo na decisão das Cortes Superiores.

Em síntese, "assim como a lei pode produzir vários sentidos, alguns compatíveis e outros inconciliáveis com o Texto Fundamental, intervindo o Judiciário para superar o impasse, elegendo a interpretação da lei que se harmoniza com a Constituição e eliminando as possibilidades interpretativas violadoras da Lei Maior, pode ocorrer, também, de a norma constitucional proporcionar diversas hipóteses interpretativas e, segundo algumas, a lei é considerada constitucional, não o sendo nas outras. O Judiciário, diante da questão, deve resolvê-la salvando a lei, optando por uma interpretação da Constituição debaixo da qual a lei é tida como válida. Portanto, assim como temos a interpretação da lei conforme a Constituição, é pertinente, simetricamente, uma interpretação da Constituição conforme à lei. Em ambos os casos, prestigia-se o princípio da presunção da constitucionalidade (*in dubio pro legislatore*) e a necessidade de conservação das leis, observando-se a circunstância relevante e especialíssima de que as mesmas foram produzidas pelo legislador democrático".[206]

Em outros termos, "pode ocorrer, entretanto, de existirem interpretações distintas com relação à mesma norma, e a interpretação

---

[206] Zeno Veloso, "Controle Jurisdicional de Constitucionalidade", p. 174.

conforme a Constituição significa a escolha de um sentido normativo que se concilie com a Lei Maior, rechaçando as demais hipóteses interpretativas que pelejam com a Constituição".[207]

"Note-se que nesta espécie de controle jurisdicional, o texto normativo permanece íntegro e inalterado. O órgão jurisdicional determina, entretanto, que são ilegítimas algumas hipóteses interpretativas, eliminando-as, dada sua incompatibilidade com a Constituição, indicando, outrossim, o sentido da norma que se harmoniza com a Carta Magna".[208]

Não deixa de ter tal técnica uma certa semelhança com a declaração de inconstitucionalidade sem redução de texto. Nas duas, a norma não é riscada do mundo jurídico e continua em vigor. Na declaração sem redução de texto, a norma tem sua aplicação restrita, não se permitindo que ela incida em outras situações, e, na interpretação conforme à Constituição, a norma é reputada válida, ao enfoque de uma determinada interpretação, dentre as várias hipóteses interpretativas, afastadas as demais.

Sobre a questão, discorreu recente acórdão do Tribunal gaúcho: "Feitas tais observações, inicialmente, diga-se que a doutrina faz diferenciação entre a declaração de nulidade sem redução de texto e a interpretação conforme a Constituição. De fato, Antônio Henrique Gradano Suxberger, em interessante artigo colhido na Internet, refere que: 'a declaração de nulidade sem redução de texto e a interpretação conforme a Constituição não se confundem. Tomá-las por iguais significaria considerar a interpretação conforme a Constituição como uma modalidade específica de decisão, e não como uma regra geral de hermenêutica ou princípio ampla e largamente utilizado, que a mesma verdadeiramente se constitui'. Com extrema clareza, Gilmar Ferreira Mendes assim trata a distinção: 'Ainda que se não possa negar a semelhança dessas categorias e a proximidade do resultado prático de sua utilização; é certo que, enquanto, na interpretação conforme a Constituição, se tem, dogmaticamente, a declaração de que uma lei é constitucional com a interpretação que lhe é conferida pelo órgão judicial, constata-se, na declaração de nulidade sem redução de texto, a expressa exclusão, por inconstitucionalidade, de determinadas hipóteses de aplicação (*Anwendungsfaelle*) do programa normativo sem que se produza alteração expressa do texto legal'".

"Em conseqüência, a interpretação conforme a Constituição, em tese, resultaria na improcedência da ação de Inconstitucionalidade, visto que a norma permaneceria no ordenamento jurídico, com a interpretação que a colocasse em harmonia com a Carta Magna.

---

[207] Idem, ibidem, p. 169.
[208] Idem, ibidem, p. 171.

Entretanto, o STF tem equiparado, em seus julgados, as duas formas, declarando eventualmente 'inconstitucional, em parte', quando atribui a um julgado 'interpretação conforme a Constituição' (ex. ADIN nº 2.209-1). De qualquer forma, sem adentrar nas discussões bizantinas acerca da diferenciação pela doutrina entre a interpretação conforme e a declaração parcial de nulidade, sem redução do texto legal, impende ressaltar ter a interpretação conforme a Constituição finalidade de preservar a lei no ordenamento jurídico, sem decretar-lhe a nulidade, desde que se confira uma interpretação segundo a Carta Maior". (ADIN nº 70006855647).

Com tal técnica, contorna-se o "vácuo da lei" e, "pari passu", se arreda eventual inconstitucionalidade ocorrente.

Interpretando-se a lei, em tal ou qual linha, neste ou naquele sentido, em última análise, logra-se afastar o vício de inconstitucionalidade.

O constitucionalista Luís Roberto Barroso foi preciso na análise: "A interpretação conforme a Constituição, compreende sutilezas que se escondem por trás da designação truística do princípio. Cuida-se, por certo, da escolha de uma linha de interpretação de uma norma legal, em meio a outras que o Texto comportaria. Mas, se fosse somente isso, ela não se distinguiria de mera presunção de constitucionalidade dos atos legislativos, que também impõe o aproveitamento da norma sempre que possível. O conceito sugere mais: a necessidade de buscar uma interpretação que não seja a que decorre da leitura mais óbvia do dispositivo. É, ainda, da sua natureza excluir a interpretação ou as interpretações que contravenham a Constituição".[209]

Analisando dispositivo de lei municipal, recentemente, assim se manifestou o Des. Elvio Schuch Pinto, do Tribunal de Justiça do Rio Grande do Sul, em clara aplicação deste método interpretativo e bem dilucidando a questão: "Com efeito, o dispositivo guerreado permite que, em casos especiais, mediante requerimento fundamentado, e com autorização da Câmara de Vereadores seja possível a nomeação de parente para cargo em comissão ou a sua contratação para função pública remunerada".

"Verifica-se, então, que a expressão 'em casos especiais' possibilita tanto uma interpretação mais ampla, permitindo a autorização de 'qualquer parente para qualquer cargo ou função', quanto urna interpretação mais restrita, permitindo apenas a nomeação ou contratação de 'servidores públicos para cargo ou função que não esteja sob a direção direta de parente seu ou de colegas deste'".

"A primeira interpretação, sem dúvida, ofende ao princípio da moralidade administrativa e viola o § 5º do art. 20 da CE".

---

[209] "Interpretação e Aplicação da Constituição", p. 181.

"A segunda, apesar de excepcionar a vedação posta na Constituição Estadual apenas aos parentes que forem servidores de carreira, respeita o princípio da moralidade e emprega razoabilidade à proibição. Está, portanto, de acordo com os princípios do ordenamento jurídico vigente".

"E não se diga que a vedação, constante da CE e aplicável aos Municípios, não possa ser por estes restringida".

"Ora, não vejo porque não possa o Município, no âmbito de sua autonomia, restringir preceito constitucional, desde que, é claro, esta restrição apresente-se razoável, não colida com princípios constitucionais e não descaracterize o núcleo da proibição posta na Constituição Estadual".

"No caso em tela, o dispositivo da LOM, além de ser razoável e respeitar o princípio da moralidade, ainda confere, como se demonstrou, melhor regramento à matéria do chamado 'nepotismo' do que aquele disciplinado na CE, respeitando os direitos dos servidores de carreira".

"Assim, havendo mais de uma interpretação possível para a norma e sendo uma delas constitucional, não é caso de declaração de inconstitucionalidade da norma, mas de interpretação conforme a Constituição".

"Neste sentido, ensina Lúcio Bittencourt (in *O controle jurisdicional da constitucionalidade das leis*. Atualização de José Aguiar Dias. 2ª ed., Rio de Janeiro: Forense. 1968, p. 93): "Uma vez que o confito entre a lei e a Constituição não deve ser presumido – adianta Cooley – segue-se, necessariamente, que as Cortes devem, se possível, dar à lei interpretação tal que lhe permita manter-se válida e eficaz (...). Isto, aliás, nada mais é do que afirmar que os tribunais devem interpretar a lei de acordo com a intenção da legislatura, que só poderia ser a de elaborar um diploma capaz de produzir efeito jurídico e não um que se tornasse inoperante e nulo".

"Concluindo o voto, verifica-se a inconstitucionalidade da exigência de *quorum* de maioria absoluta para a autorização da nomeação de parentes, o que, por sua vez, não abrange todo o § 2º do inciso XXII do art. 85 da LOM, mas apenas a expressão "por voto da maioria absoluta de seus membros".

"Cumpre ressaltar que a declaração parcial de inconstitucionalidade, no caso, não muda o sentido da norma e, por isso, deve ser preferida à declaração de inconstitucionalidade de todo o dispositivo".

"Verifica-se, ainda, a necessidade de se conferir ao restante do dispositivo interpretação conforme a Constituição, excluídas todas as demais, para que a expressão 'em casos especiais', seja entendida como 'em casos de servidores de carreira para nomeação ou contratação em cargo ou função que não esteja sob a direção de parente seu ou colega deste'".

"Ante o exposto, voto no sentido de dar parcial provimento à ação direta para declarar a inconstitucionalidade da expressão 'por voto da maioria absoluta de seus membros', bem como para conferir interpretação conforme à Constituição ao restante da norma, conforme acima sustentada, excluídas todas as demais". (ADIN nº 598478543, Rel. Des. Clarindo Favretto, j. 07.05.2001).

Também o voto do brilhante processualista, Desembargador Antônio Janyr Dall'Agnol Júnior, do Tribunal de Justiça do Estado, bem ilustra a técnica da interpretação conforme a Constituição:

"Eminentes Colegas. Esta verdadeira 'técnica de decisão' (mais do que uma técnica de salvamento da lei ou do ato normativo – ensina Clèmerson Merlin Clève, em *A Fiscalização Abstrata da Constitucionalidade no Direito Brasileiro*, 2ª ed., p. 263) em que se constitui a interpretação conforme à Constituição trouxe algum embaraço. O Colendo Supremo Tribunal Federal, conforme de conhecimento geral, "seguindo orientação formulada pelo Ministro Moreira Alves', vem reconhecendo que quando fixada no juízo abstrato de normas, corresponde a uma pronúncia de inconstitucionalidade" (Gilmar Ferreira Mendes, *Jurisdição Constitucional*, 2ª. ed., p. 273).

"Sabidamente, ela se oportuniza quando determinada norma oferece diferentes possibilidades de interpretação, algumas inconciliáveis com a Constituição, motivo pelo qual aquela Corte, dizendo-a modalidade de inconstitucionalidade parcial (a sem redução de texto), terminava por declarar constitucional 'uma lei com a interpretação que a compatibiliza com a Carta Magna', eliminando as demais (atuando como legislador negativo, portanto). Com isso, afastando-se da solução germânica, terminava o STF por reconhecer a improcedência da ação direta 'por se dar à norma a exegese que a compatibiliza com o texto constitucional' (José Carlos Moreira Alves, em trabalho lembrado pelo jurista, inicialmente, às p. 264/265)".

"Assinala Merlin Clève, no entanto, que a prática recente do STF, todavia, vai se aproximando da experiência alemã". (Ob. cit. p. 265).

"E, efetivamente, em vista da concepção que domina em matéria de limites objetivos da coisa julgada, que não alcança os fundamentos (art. 469, do CPC), mais adequada parece exibir-se a solução pela procedência, parcial que seja, para o efeito de fixar o sentido da norma jurídica atacada, afastando todos os demais que se exibam não harmonizáveis com a Constituição". (ADIN nº 70001665314, Rel. Des. Sergio Pilla da Silva, j. 07.05.2001).

Este outro voto do festejado processualista e Desembargador Araken de Assis, do Tribunal de Justiça do Estado, também é esclarecedor: "Convém recordar, a respeito, que a interpretação conforme a Constituição constitui técnica de controle da constitucionalidade que exclui certa exegese da regra incompatível com a Constituição". Explica Zeno Veloso (*Controle Jurisdicional de Constitucionalidade*, Belém, 1999, p. 186):

"Quando utiliza este mecanismo de controle da constitucionalidade, elegendo a alternativa interpretativa que é compatível com a Carta Magna, o órgão jurisdicional está afirmando que a norma impugnada é constitucional, com a interpretação que a concilia com a Lei Fundamental, e, por conseguinte, está declarando a inconstitucionalidade do dispositivo, segundo a interpretação que apresenta antagonismo à Constituição..".

"Nesta linha de raciocínio, pouco importa se é virtude do texto ensejar livre interpretação do seu aplicador e a circunstância de que o EIA (Estudo de Impacto Ambiental) somente se torna obrigatório perante a possibilidade de o projeto causar dano ambiental. Através do acolhimento do pedido, restringe-se a interpretação do texto normativo, naturalmente constrangendo a autoridade administrativa a segui-la". (ADIN nº 70001665314, Rel. Des. Sergio Pilla da Silva, j. 07.05.2001).

O Tribunal de Justiça do Estado do Rio Grande do Sul, em outro julgado, assim interpretou a exigência legal de cobrança de taxa de expediente para o fornecimento de certidões e documentos: "Não se pode olvidar que os artigos do texto legal em comento fazem parte da Lei Municipal nº 568, de 21 de dezembro de 1990, portanto, por uma questão de prudência, para evitar eventuais transtornos futuros advindos de uma errônea aplicação que desconsiderasse a garantia constitucional já devidamente regulamentada, julgo procedente, em parte, a presente ação, para, emprestando Interpretação conforme a Carta Magna, declarar que os arts. 238, 239, 240, 242 e 243, da Lei Municipal nº 568/90, do Município de Gravataí (Código Tributário Municipal), devem ser Interpretados de modo que sejam fornecidos gratuitamente os documentos e certidões necessários ao exercício da cidadania, em conformidade com o direito constitucionalmente previsto". (ADIN nº 70006855647, Rel. Des. Alfredo Guilherme Englert, j. 29.12.03, oriunda de Gravataí).

Em decisões várias, o colendo Supremo Tribunal Federal tem, amiúde, empregado esta técnica: "Dessa forma, deve-se emprestar à expressão 'e o exercício de cargo ou função de confiança na Administração Superior' do parágrafo único do art. 170 da LC nº 734/93 interpretação conforme à Constituição, no sentido de somente ser permitido aos promotores e procuradores de Justiça de São Paulo o exercício de cargo ou função de confiança na Administração Superior do Ministério Público".

"Em conclusão meu voto conhece da ação tão-somente quanto aos arts. 170, inc. V e parágrafo único e 224, parágrafo único. Ao art. 170, inc. V, empresta interpretação conforme à Constituição no sentido de que a filiação partidária de representante do Ministério Público de São Paulo só se pode dar na hipótese de afastamento do promotor ou procurador de Justiça de suas funções institucionais, mediante licença e nos termos da lei". (Voto do Ministro Ilmar Galvão na ADIN n° 2084-SP, *RTJ*, 173, p. 783-785).

Para enfeixar o capítulo, nada melhor do que a transcrição do mestre Paulo Bonavides sobre a palpitante questão: "A *Verfassungskonforme Auslegung* consoante decorre de explicitação feita por aquele Tribunal, significa na essência que nenhuma lei será declarada inconstitucional, quando comportar uma interpretação 'em harmonia com a Constituição' e, ao ser assim interpretada, conservar seu sentido ou significado".

"Uma norma pode admitir várias interpretações. Destas, algumas conduzem ao reconhecimento de inconstitucionalidade, outras, porém, consentem tomá-la por compatível com a Constituição. O intérprete, adotando o método ora proposto, há de inclinar-se por esta última saída ou via de solução. A norma, interpretada 'conforme a Constituição', será portanto considerada constitucional. Evita-se por esse caminho a anulação da lei em razão de normas dúbias nela contidas, desde naturalmente que haja a possibilidade de compatibilizá-las com a Constituição".

"A aplicação deste método parte, por conseguinte, da presunção de que toda a lei é constitucional, adotando-se ao mesmo passo o princípio de que em caso de dúvida a lei será interpretada 'conforme a Constituição'".

"Deriva, outrossim, do emprego de tal método, a consideração de que não se deve interpretar isoladamente uma norma constitucional, uma vez que do conteúdo geral da Constituição procedem princípios elementares da ordem constitucional, bem como decisões fundamentais do constituinte, que não podem ficar ignorados, cumprindo levá-los na devida conta por ensejo da operação interpretativa, de modo a fazer a regra que vai se interpretar adequada a esses princípios ou decisões..".

"Em suma, o método é relevante para o controle da constitucionalidade das leis e seu emprego dentro de razoáveis limites representa, em face dos demais instrumentos interpretativos, uma das mais seguras alternativas de que pode dispor o aparelho judicial para evitar a declaração de nulidade das leis".[210]

---

[210] "Curso de Direito Constitucional", p. 474 e 480.

Como se conclui, este meio ou método de interpretação se mostra perfeitamente plausível e viável, afinado com a moderna hermenêutica, e permite que a lei se mantenha hígida, ainda que se lhe dê tal ou qual a interpretação, apontando para este ou aquele sentido, sem sua exclusão do mundo jurídico.

De anotar-se, finalmente, que semelhante técnica interpretativa pode ser empregada, tanto no controle difuso, quanto no controle abstrato.[211]

---

[211] Zeno Veloso, "Controle Jurisdicional de Constitucionalidade", p. 175.

Capítulo VII

Jurisprudência do Tribunal de Justiça do Rio Grande do Sul[1]

1. ADMINISTRAÇÃO MUNICIPAL E ORGANIZAÇÃO ADMINISTRATIVA

1.1- Colocação de equipamentos para identificar bairros ou instalação sanitária em edificações de uso público. Vício de iniciativa. Inconstitucionalidade: ADINS 70008719171 e 70008053720, j. 7.06.04. Passo Fundo.

1.2- Competência privativa do Chefe do Executivo no encaminhamento de projetos sobre organização e funcionamento da Administração:

ADIN 70010717932. "Lei aprovado por iniciativa da Casa Legislativa local, atribuindo ao Poder Executivo Municipal a obrigação de afixar placas em todas as repçõarties públicas municipais. Inconstitucionalidade formal. Ingerência indevida por parte do Legislativo Municipal. ADIn julgada procedente." Rel. Desa. Maria Berenice Dias, j. 18.04.05, Novo Hamburgo.

ADIN 70008050288. "Lei de iniciativa legislativa que institui 'Programa meu primeiro Semestre'. Matéria versando organização e funcionamento da administração, criando despesa. Vício de iniciativa. Procedência." Rel. Des. Paulo Augusto Monte Lopes, j. 1005.04, Marau.

No mesmo sentido: ADINs 70001192194; 70006856751; 70010294809; 70000918102; 70011066545; 70010716942; 70010712552; 70010718104; 70010443638; 70010817526; 70011741535; 70010716371; 70012930632.

1.3- Lei que institui títulos a pessoas que contribuem para o município. Organização administrativa. Competência do Executivo: ADIN 70005633813.

1.4- Princípio da independência dos Poderes:

ADIN 70000350014. "Lei Municipal nº 115, de 29 de outubro de 1998. Inconstitucionalidade por inobservância dos dispositivos contidos na Constituição Estadual, em plena vigência. A Emenda Constitucional 19/98, que iniciou a reforma administrativa não alterou o princípio federativo, cláusula pétrea posta no artigo 60, § 4º da Lei Maior, permanecendo, assim a autonomia administrativa dos Estados-membros. Norma constitucional que não possui eficácia plena. Os Municípios possuem autonomia administrativa limitada, devendo, portanto, respeitar o comando constitucional do Estado. Impossibilidade de legislar contrariamente à Constituição Estadual. Ação direta de inconstitucionalidade julgada procedente." Rel. Des. Vasco Della Giustina, j. 19.06.00, Capivari do Sul.

ADIN 595115171. "São inconstitucionais as leis nºs 1734/93, 1741/93, 1756/93, 1779/93, 1836/94, 1870.95 e 1871/95, do Município de Sapucaia do Sul que tratam respectivamente sobre trânsito, regulamentação de isenção de apresentação de planta para construção com fornecimento gratuito da mesma aos proprietários, coleta seletiva de lixo, eleição de diretores de escolas municipais, planejamento familiar, ensino obrigatório da língua espanhola e revogação de dispositivos legais que instituam plano de classificação de cargos públicos, funções e salários do servidor público municipal, que se intrometem na organização administrativa e criam despesas, emanadas da Câmara de

---

[1] Transcreveu-se somente a ementa, ou parte desta, dos acórdãos lavrados em Adins, Incidentes de Inconstitucionalidade ou eventuais recursos, tendo em vista a natureza do presente trabalho. Em muitos casos, apenas figurou o número do acórdão. O conteúdo integral das decisões pode ser encontrado junto ao "Departamento de Jurisprudência" do Tribunal de Justiça do Estado do Rio Grande do Sul, a partir da indicação da numeração, na página www.tj.rs.gov.br, com endereço na Av. Borges de Medeiros, nº 1.565, Porto Alegre – RS, CEP 90110-150.

Vereadores para cuja iniciativa a competência é privativa do Sr. Prefeito Municipal. O Prefeito Municipal só tem o exercício do direito, mas não tem a sua disponibilidade, sendo-lhe vedada a respectiva delegação, como também, ao órgão legislativo é defeso exercê-la, conforme preceitua o art. 5º, § único da Constituição Rio-Grandense. Ação julgada procedente." Rel. Des. Clarindo Favretto, j. 26.02.96, Sapucaia do Sul.

ADIN 584055115. "Representação. Lei Municipal editada pela Câmara de Vereadores que condiciona a atribuição regulamentar e privativa do Sr. Prefeito de dispor sobre "pontos facultativos", para funcionários da administração direta, mediante justificação obrigatória e aprovação prévia. É inconstitucional, por importar em invasão de competência e sujeitar atribuição regulamentar privativa à interferência de outro poder. Lei n. 689, de 06 de agosto de 1984, do Município de Crissiumal, declarada inconstitucional. Representação procedente." Rel. Des. Manoel Celeste dos Santos, j. 16.09.85, Crissiumal.

ADIN 599443983. "Lei Municipal nº 4.473/98. Que instituiu a substituição gradual do papel branqueado a cloro pelo tipo não clorado nos materiais de expediente da Prefeitura Municipal. Matéria intimamente relacionada com a organização e funcionamento da administração municipal. Inconstitucionalidade formal, eis que a iniciativa é do Executivo e não do Legislativo. Princípio da independência e harmonia dos poderes. Violação aos arts. 82, VII, 8 e 10 da Carta Estadual. Ação julgada procedente." Rel. Des. Vasco Della Giustina, j. 22/11/99, São Leopoldo.

ADIN 598429124. "Lei Orgânica. É inconstitucional a emenda n. 6 da lei orgânica municipal, eis que modifica o regime jurídico dos servidores públicos municipais, alterando, em decorrência, a organização e funcionamento da administração pública municipal, sem que a iniciativa, para tanto, tenha partido do Executivo. Violação aos arts. 60, II, 'b', 82, VII e 8 da Carta Magna Estadual. Orientação doutrinária. Ação procedente." Rel. Des. Vasco Della Giustina, j. 22.03.99, Dom Feliciano.

ADIN 70004384418. "É inconstitucional, por vício formal, a lei de iniciativa da Câmara de Vereadores, que estabelece norma atinente à organização dos serviços públicos municipais. Violação dos artigos 5º, 8º 10 e 60, II da Constituição Estadual. Ação julgada procedente." Rel. Des. Cacildo de Andrade Xavier, j. 11.08.03, São Pedro do Butiá.

Ver, ainda, ADINs 70004624458; 70005058631; 70004297008; 70000709808; 70005633813; 590065.702; 70001192194; 70006856751; 70010294809; 70000918102; 593147481; 596200592; 595136854; 593110141; 593099427; 594144461; 599406923; 70002929644; 70000540641; 70000306639; 599085230; 599406923; 70003632973; 598122497; 70003867777; 70005211321; 70000329904.

VER, TAMBÉM, "EDUCAÇÃO, ENSINO, ESCOLA" E "SERVIDOR PÚBLICO".

2. ACORDOS COM A JUSTIÇA DO TRABALHO
2.1- Acordo para readmissão de servidores demitidos. Inconstitucionalidade: ADIN 70006840441.

3. AGÊNCIA LOTÉRICA
3.1- Sistema de segurança com fiscalização municipal e sanções. Inconstitucionalidade: ADIN 70007301922.

4. AGROTÓXICOS
4.1- Comercialização de agrotóxicos. Competência que falece aos municípios. Inconstitucionalidade:

INCID. INCONST. 70007940075. "Lei municipal n° 1.352/99, do município de Horizontina, que restringe o uso e comercialização de determinados herbicidas. Falece competência ao município para editar leis a respeito da matéria. Constituição federal, art. 24, VI. Constituição Estadual, art. 251, § 1°, 111 e lei federal n° 7.802/89, que no seu art. 11 dispõe que cabe aos municípios apenas 'legislar supletivamente sobre o uso e o armazenamento de agrotóxicos, seus componentes e afins'. Interesse nacional na matéria. Similitude com os transgênicos. Precedentes jurisprudenciais. Incidente julgado procedente para se declarar a invalidade da Lei n° 1.352/99 de Horizontina." Rel. Des. Vasco Della Giustina, j. 16.06.04.

ADIN 70005571666. "Lei municipal. Proibição de comercialização de agrotóxicos com determinado princípio ativo no território do município. A proteção do meio ambiente não compreende competência legislativa municipal, nem em caráter suplementar. Art. 24, VI CF. Ação julgada procedente." Rel. Des. Paulo Augusto Monte Lopes, j. 28.04.03, Victor Graeff.

VER, TAMBÉM, "PRODUTOS VETERINÁRIOS".

5. ÁGUA E ESGOTO

5.1- Alteração do serviço: ADIN 596002766. "Lei dispondo sobre os serviços públicos de água e esgoto do Município de Santana do Livramento. Lei de iniciativa do poder Legislativo e por seu Presidente promulgada. Invasão da esfera de competência exclusiva do Chefe do Poder Executivo. Ação julgada procedente." Rel. Des. Osvaldo Stefanello, j. 12.08.96, Santana do Livramento.

No mesmo sentido: ADIN 70002940799, j. 17.03.03, Pelotas.

5.2- Famílias pobres. Ligação de água sem ônus.Vício formal: ADIN 70005362975.

5.3- Fornecimento à população: ADIN 591113162. "Lei Municipal n. 4635/91. Argüição rejeitada. Água potável e energia elétrica. Acesso à população. A lei combatida não atinge o direito de propriedade. Destinou-se a dispor sobre o funcionamento de água potável e energia elétrica à população. Ação julgada improcedente." Rel. Des. Adalberto Libório Barros, j. 21.09.92, Rio Grande.

Ainda: ADIN 70002940799.

5.4- Proibição de corte por falta de pagamento. Vício formal. Inconstitucionalidade: ADIN 70006610091.

5.5- Serviços de água. Não tem caráter de tributo. Pode ser reajustado por decreto. Adin improcedente: ADIN 70006107791.

5.6- Tarifa. Natureza tarifária. Excesso de consumo. Iniciativa do Legislativo.Inconstitucionalidade: ADIN 70000004481, j.9.08.02.

6. ALIENAÇÃO DE MÓVEIS E IMÓVEIS

6.1- Desafetação. Iniciativa do Executivo e não do Legislativo. Inconstitucionalidade: ADIN 598570042, j.7.6.99.

Ver, também, ADIN 70006213698.

6.2- Prévia autorização: ADIN 590039962. "Alienação de veículos e máquinas automotoras. Necessidade de prévia autorização da Câmara de Vereadores. Tradicionalmente, a legislação brasileira só condiciona a venda de bens públicos a prévia anuência do Poder Legislativo quando se tratarem de bens imóveis, no entanto, não há qualquer óbice legal a que o legislador também inclua os veículos e máquinas automotoras dentre os bens que necessitem de prévia autorização legislativa para que possam ser transferidos ao domínio privado." Rel. Des. Adalberto Libório Barros, j. 11.03.91,. Sarandi.

VER, TAMBÉM, "BENS PÚBLICOS".

7. ALIMENTO PARA CONSUMO HUMANO – "TICKET" ALIMENTAÇÃO

7.1- Armazenamento e distribuição. Vício de iniciativa. Inconstitucionalidade: ADIN 70006269682. Erechim.

7.2- Autorização de concessão de "ticket" alimentação a funcionários. Inconstitucionalidade formal: ADIN 70008072498.

7.3- Programa de coleta e reaproveitamento de sobras.Vício de iniciativa. Inconstitucionalidade: ADIN 70004975371, Lajeado.

8. ALUGUÉIS DO MUNICÍPIO

8.1- Aluguel de imóveis. Valor máximo a ser pago. Competência do Executivo: ADIN 70000955419. "Lei Municipal n. 1464/2000 do Município de Triunfo, de origem da Câmara de Vereadores, que impõe valor máximo a ser pago pelo Poder Executivo a particulares e entidades, com relação ao aluguel de imóveis, somente podendo o valor ser ultrapassado mediante autorização legislativa, desde que devidamente justificada a real necessidade da locação e do valor a ser pago, bem como fixando prazo para a adequação do Executivo, mostra-se inconstitucional à luz dos arts. 8, 10, 60, II, letra 'd' e art. 82, VI, eis que interferiu em esfera privativa do Executivo local." Rel. Des. Antonio Carlos Stangler Pereira; j. 06.11.00; Triunfo.

9. APARTAMENTOS – AQUISIÇÃO E FINANCIAMENTO

9.1- Autorização para construir e financiar aquisição de apartamentos: ADIN 594090961. "Lei Municipal nº 2.597/94. Poder de emenda dos Vereadores. Projeto oriundo do Executivo autorizando o Município a construir e financiar aquisição de apartamentos populares, matéria financeira não incluída no rol daquelas de iniciativa reservada ao Prefeito. Admissibilidade de emenda legislativa, ainda que importando em aumento de despesa. Ação julgada improcedente." Rel. Des. Élvio Schuch Pinto, j. 24.04.95, Santa Cruz do Sul.

10. ARTES MARCIAIS

10.1- Exercício e regulamento. Competência da União. Inconstitucionalidade: ADIN 70008054066, j.3.05.04, P. Fundo.

11. ÁRVORES – PLANTIO

11.1- Identificação de árvores nativas do Município. Câmara Municipal. Vício de iniciativa: ADIN 70007359698, Esteio.

11.2- Plantio de árvores em logradouros públicos: ADIN 588009738. "Lei Municipal n. 2305/88. Representação por inconstitucionalidade de Lei. A indicação pelo Legislativo Municipal das espécies nativas de árvores para plantio em 10 logradouros públicos não ofende o princípio da iniciativa privada do Prefeito Municipal e, a execução da Lei, afeta ao órgão competente, não impõe acréscimo de despesas. Representação improcedente. Votos vencidos." Rel. Des. Luiz Melibio Uiraçaba Machado, j. 06.06.88, Santana do Livramento.

VER, TAMBÉM, "CULTIVO DE FLORES E ÁRVORES" E "VIVEIRO FLORESTAL".

12. ATENDIMENTO MÉDICO

12.1- Lei de atendimento médico emergencial e remoção em eventos com aglomeração urbana. Iniciativa do Legislativo. Inconstitucionalidade, a menos que se trate de evento privado: ADIN 70005033980. São Sepé.

VER, AINDA, "HOSPITAIS" E "RECEITA MÉDICA E DENTÁRIA".

13. ATRIBUIÇÕES DO MINISTÉRIO PÚBLICO E DO PODER JUDICIÁRIO

13.1- Inconstitucionalidade material no estabelecimento das atribuições:

ADIN 70007953581. "Conselho tutelar. Participação do Ministério Público. Padece de inconstitucionalidade a norma que determina integre o Ministério Público órgão componente do Conselho municipal, por afronta a sua autonomia funcional e administrativa." Rel. Desa. Maria Berenice Dias, j. 31.05.04, Viamão.

Ver, ainda, ADINS 70010446367; 70012245577.

No mesmo sentido, envolvendo membros do Poder Judiciário: ADIN 70003471257, j. 3009.02, Caxias do Sul.

Ver, também, ADINs 70004745048; 70002996387.

14. AUTARQUIA

14.1- Criação. Ausência de controle pelo Executivo de seus órgãos diretivos. Inconstitucionalidade: ADIN 70004133286. P.Alegre.

15. BANCOS E ESTABELECIMENTOS FINANCEIROS

15.1- Colocação de pessoas suficientes para atendimento nos caixas. Iniciativa. Constitucionalidade:

ADIN 70007570534. "Bancos e lei municipal. Fixação de horário. Razoável de atendimento. Interesse local. Art. 30, I, CF/88. Não interferindo a lei municipal com a contratação de empregados, nem assumindo ingerência relativamente ao horário de prestação de trabalho e de funcionamento das agências bancárias, ao prever ela razoável prazo de atendimento dos usuários apenas cuidou de interesse local, quanto ao que inegável a competência legislativa dos municípios." Rel. Des. Armínio José Abreu Lima da Rosa, j. 7.06.04, Butiá.

Há várias ações cíveis que no Tribunal enfrentaram a matéria: AC 70002680932, 4ª C. C., j. 14.11.01; AC 70005434931, j.19.03.03; A.C. 700000159830, j. em 15.12.99, Rel. Des. Vasco Della Giustina; a AC e RN 70000343947; AC 70003936242, j. em 11.4.2002, 3ª C.C., Rel. Des. Augusto Otávio Stern; AC 70004743043, j. em 14.11.2002, Rel. Des. Luiz Ari Azambuja Ramos; AC 70006414247, j. em 28.08.20003, Rel. Des. Paulo de Tarso Vieira Sanseverino; AC e RN 70000343947, Rel. Des. Agusto Otávio Stern, j. em 2.3.2000 e AC 70005013313, Rel.Des. Wellington Pacheco Barros: A.C. 70001023903; A.C.70002680932.

15.2-Segurança bancária. Competência da União. Bloqueio de competência. Lei federal nº 7.102/83. Inconstitucionalidade: ADIN 70005434816, Esteio, j. 2004.03.

VER, TAMBÉM, "HORÁRIOS".

16. BENS PÚBLICOS

16.1- Concessão de permissão de uso:

ADIN 700067225022. "Igrejinha. Utilização de bem público. Remuneração. Viabilidade. Não exibe direito gerador de decreto de inconstitucionalidade lei que estabeleça a remunerabilidade de bens públicos, que estejam sendo utilizados, ainda que em parte, por particular. Há inclusive, previsão legal no Código Civil(art. 103). Ação procedente." Rel. Des. Antônio J. Dall'Agnol Junior, j.1.03.04.

16.2- Direito urbanístico e zoneamento de uso. Permissão de instalação de indústrias. Ato normativo: ADIN 70003214525. "Constitucional Processo legislativo. Zoneamento de uso. Reserva de iniciativa. 1. É de competência exclusiva do Chefe do Executivo a iniciativa de leis sobre direito urbanístico e zoneamento de uso, que, além disto, deverá assegurar a participação popular. (CE/89, art. 177, § 5º). Procedência." Rel. Des.Araken de Assis, j. 3.12.01, Esteio.

16.3- Identificação dos bens do Município. Iniciativa. Guarda:

ADIN 590059234. "Lei Municipal 538/90. Identificação de bens. Inconstitucionalidade afastada. Ingerência negada, a determinação legal de identificação de bens do Município, veículos notadamente, representa dever que transcende aparente ingerência no Executivo, eis que respeita à guarda do patrimônio e à transparência dos serviços." Rel. Des. Milton dos Santos Martins, j. 25.03.91, Gravataí.

16.4- Remunerabilidade. Taxa de utilização da via pública. Inconstitucionalidade: ADIN 70003683588.

16.5- Venda, doação, alienação de bens públicos ou emendas pelo Legislativo em projetos. Iniciativa privativa do Executivo: ADIN 596110379, j. 23.12.96, Rel. Des. Décio A. Erpen.

No mesmo sentido: ADIN 592147003, j.6.12.93, Rel. Des. Cacildo Xavier.

VER, TAMBÉM, "ALIENAÇÃO DE MÓVEIS E IMÓVEIS"

17. BINGO

17.1- Encargo de fiscalização de bingo: ADIN 70000063164. "Lei nº 221/99. Disciplina relativa aos bingos em funcionamento do Município, com atribuição de encargos de fiscalização à Secretaria Municipal da Fazenda. Lei gestada e promulgada no seio do Legislativo Municipal, com invasão da competência reservada à iniciativa do Chefe do Poder Executivo. Procedência da ação." Rel. Des. Sérgio Pilla da Silva, j. 06.12.99, Novo Hamburgo.

18. CAÇA- NÍQUEIS

18.1- Proibição de exploração. Iniciativa no Legislativo. Inconstitucionalidade: ADIN 70000040576, j.15.03.04, N. Hamburgo.

19. CÂMARA MUNICIPAL

19.1- Câmara que altera projeto de iniciativa do Executivo, com aumento de despesa. Inconstitucionalidade: ADINs 70004630612; 70003272671; 70004340147; 70010009439; 70010308344; 70008478653; 70004631149; 70004949541.

19.2- Competência da Câmara para autorizar convênios:

ADIN 70002321636. "Constitucional. Convênios. Prévia autorização do Legislativo. Inconstitucionalidade. 1. É apta a inicial de ação direta que indica os fundamentos jurídicos do pedido. Preliminar rejeitada. 2. É inconstitucional a Lei 616/01, do Município de Eugênio de Castro, que exige a prévia autorização do Legislativo para o Executivo firmar convênios, por ofensa ao princípio da independência e da harmonia entre Poderes (art. 5º, da CE/89) 3. Ação julgada procedente." Rel. Des. Araken de Assis, j. 18.06.01, Eugênio de Castro.

ADIN 591059431. "Lei Orgânica. Omissão. Improcedência. A Lei Orgânica municipal não está obrigada a copiar todos os dispositivos que dizem com a iniciativa privativa prevista na Constituição Estadual. Convênio. Autorização. Competência. A competência da Câmara Municipal e para apreciar e não para autorizar convênio. Câmara Municipal. Competência. É constitucional o dispositivo da Lei Orgânica que explicita a competência da Câmara de vereadores, nos termos da Constituição Estadual. Atos municipais. Publicação. Inconstitucionalidade de dispositivo da lei municipal que estabelece a obrigatoriedade da publicação dos atos municipais em jornal de maior periodicidade." Rel. Des. Cacildo de Andrade Xavier, j. 19/10/92, Panambi.

Neste sentido: ADINs 70004719076; 70004453106, j.2.12.02; 70008590960; 70007570765; 70007775802.

19.3- Controle legislativo nas concorrências do Executivo:

ADIN 597108984. "Ação direta de inconstitucionalidade proposta pelo Prefeito de Porto Alegre contra a Lei nº 7.007/92, que pretende imiscuir-se nas concorrências públicas promovidas pelo Poder Executivo mediante controle interno do Poder Legislativo. Procedência do pedido." Rel. Des. João Aymoré Barros Costa, j. 15.12.97, Porto Alegre.

No mesmo sentido: ADIN 596022665

19.4- Criação e alteração de cargos e padrões no Legislativo:

ADIN 70008769499. Origem na Câmara. Compete à Câmara dispor sobre criação de cargo de seus servidores, observadas as diretrizes orçamentárias. Constitucionalidade: São Pedro do Butiá.

ADIN 70007760390. Resolução criando função gratificada para determinados servidores, sem prévia lei formal. Inconstitucionalidade, j. 13.06.05, Sapucaia do Sul.

ADIN 70012910717. Lei promulgada pela Câmara que reclassifica padrões e altera remuneração de cargos da Câmara. Constitucionalidade. Não violação do art. 33 da Carta Estadual. Separação dos Poderes, j. 26.12.05, Estrela.

Em sentido contrário: ADIN 70010015154, j. 08.08.05, Novo Hamburgo.

19.5- Criação de serviço de contabilidade para controle externo do Poder Legislativo: ADIN 588019885 "Lei Municipal nº 1.005/87. Vício de iniciativa inocorrente, pois competente o Legislativo Municipal para a criação de serviço de contabilidade para controle interno de sua verba orçamentária. Representação interventiva desacolhida. Votos vencidos." Rel. Des. Sérgio Pilla da Silva, j. 05.12.88, Canguçu.

19.6- Direito dos Vereadores a informações em relação aos negócios públicos: ADIN 590043832. "Vereador e Vice-Prefeito. Direito a informação. Se todo o cidadão tem direito à informação sobre os negócios públicos, com mais forte razão o Vereador porque indispensável à função de legislador, assim também o Vice-Prefeito pela possibilidade de substituição. Competência do Tribunal de Justiça. Norma municipal. Inconstitucionalidade." Rel. Des. Milton dos Santos Martins, j. 19.11.90, Dom Pedrito.

19.7- Eleição. Eliminação de eleição. Presidência para o candidato mais votado. Inconstitucionalidade: ADIN 70002046746. Arroio do Sal.

19.8- Fiscalização do Executivo com remessa mensal dos pagamentos efetuados: ADIN 70001210418. "Instituição pela Câmara Municipal de Butiá, de serviço de controle e execução da movimentação bancária dos seus recursos orçamentários, inclusive estendendo atribuições funcionais para tanto a cargo em comissão de assessoria contábil já existente em seu quadro. Inconstitucionalidade inocorrente. Ação julgada improcedente." Rel. Des. Sérgio Pilla da Silva, j. 05.03.01, Butiá.

No mesmo sentido: ADIN 594183345.

19.9- Fixação do número de Vereadores:

ADIN 70008511891. "Sapucaia do sul. Lei orgânica municipal (art. 19, § 1°). Câmara municipal. Fixação do número de vereadores. Critério da proporcionalidade. Interpretação do art. 29, IV, 'a', da CF, e resolução n° 1.442/04 do Tribunal Superior Eleitoral, com os critérios definidos pelo STF no Re 197.917-8SP. Município situado em faixa populacional que determina número significativamente inferior a 21 vereadores, previsto na LOM. Ofensas aos princípios da legalidade, da proporcionalidade, da economicidade e da razoabilidade. Princípios estabelecidos na Constituição Federal (art. 37), reproduzidos na Carta Estadual (art. 19), de observância obrigatória pelo poder público, em todas as esferas da administração. Ação procedente." Rel. Des. Luiz Ari Azambuja Ramos, j. 13.09.04.

Ver, ainda: AC e RN 70007018617, 3ª.C.C.,j. 9.1003 e AI nº 700072143868, 3ª.C. C., j. 4.12.03.

Ver, também, ADINs 599368099; 599384617; 599384542; 599353729; 599460458.

19.10- Gratificação natalina e terço de férias. Inconstitucionalidade:

ADIN 70008471195. "Concessão de gratificação natalina a vereador. Impossibilidade. Agentes políticos detentores de cargo eletivo. Vedando a Constituição Federal a percepção de gratificação por Agentes políticos, porquanto detentores de mandato eletivo, sendo remunerados exclusivamente por subsídio em parcela única. Procedência." Rel. Desa. Maria Berenice Dias, j. 4.1004, Santa Maria do Herval.

INCID. INCONST.: 70008278608, Rel. Des.Vasco Della Giustina, j.19.0404, Cacequi.

Ver, também, ADIN 70010786242, j. 13.06.05; A.C.R.N. 598340735 e nº 155/260 da "Revista de Jurisprudência" do TJ RS, 155/260,j. 22.10.91.

19.11- Infrações político-administrativas e crimes de responsabilidade:

ADIN 598414159. "Lei Orgânica. Compete privativamente à União legislar em torno dos crimes de responsabilidade dos Prefeitos Municipais. Subsistem as normas contidas do DL 201/67 mesmo frente ao novo regulamento constitucional de 88. Adin acolhida." Rel. Des. Décio Antonio Erpen, j. 13.09.99, Bossoroca

ADIN 590054458. "É inconstitucional também o dispositivo que restringe ou que amplia os casos de infrações político-administrativas tratadas no Decreto-Lei nº 201/67. Ação acolhida". Rel. Des. Sérgio Pilla da Silva, , j. 3.12.90.

ADIN 70006924500: Disciplina pelo Município. Competência da União.

No mesmo sentido: ADINs 70001263730 e 70006016919.

19.12- Lei que regula período de funcionamento da Câmara:

ADIN 590047528. "Lei Orgânica do Município. São Borja. Câmara Municipal de Vereadores. Período de funcionamento. É inconstitucional artigo de lei municipal que regula período de funcionamento da Câmara Municipal, porque a lei poderia ampliar o prazo de funcionamento da Câmara de Vereadores, não poderia restringir frente a norma federal e a norma constitucional estadual." Rel. Des. Tupinambá Miguel Castro do Nascimento, j. 1º.03.91, São Borja.

ADIN 590053047. "Lei Orgânica. Período Legislativo. Não é inconstitucional a fixação pela Câmara de período de reunião diverso do estabelecido na Constituição Estadual, desde que não fique atingido o princípio de moralidade. Votos vencidos." Rel. Des. Elias Elmyr Manssour, j. 17/06/91, Viadutos.

19.13- Mesa Diretora da Câmara. Reeleição dos membros para idênticos cargos. Inconstitucionalidade: ADIN 70008097644.

19.14- Mesa Diretora. Ato normativo que permite a recondução. Inconstitucionalidade: ADIN 70007949688, Chuí.

19.15- Obrigação de remessa de todos os decretos e portarias, cópias de empenhos e licitações à Câmara Municipal:

ADIN 598006815. "Emenda à lei orgânica municipal introduzindo norma que obriga o Executivo a publicar na imprensa leis e atos administrativos como condição de sua eficácia, bem como obriga a comunicar à Câmara de Vereadores todos os contratos e atos administrativos no prazo de 24 horas. Controle interno que extrapola o poder constitucional de fiscalização da Câmara de Vereadores, matéria, aliás, de disciplinamento privativo da União. (Artigo 22, XXVII, CF/88), colidindo com os artigos 8 e 10 da Carta Estadual. Ação julgada procedente, por maioria." Rel. Des. Paulo Augusto Monte Lopes, j. 11.05.98, Porto Alegre.

No mesmo sentido: ADINs 598155356; 70006991293; 7000635329; 70002832376; 70004079851; 70003254778; 70004068649; 70005011812; 70006883623; 70003254778.

19.16- Poder de emenda dos vereadores. Função fiscalizadora. Viabilidade para emendas supressivas e restritivas, que não desnaturem o projeto:

ADIN 70005288832. "Processo Legislativo. Poder de emendas que tem a Câmara Legislativa, ao projeto de lei de iniciativa privativa do Prefeito Municipal. A Câmara pode oferecer emendas aos projetos de lei de iniciativa privativa do Sr. Prefeito, desde que não lhes modifiquem a substância, não lhes transformem a idéia originária, ou não lhes deformem o sentido que lhe dera causa. Lei municipal que violou o princípio da autonomia e independência dos poderes. Comandos peculiares ao Chefe do Executivo, desavindos à competência do Poder Legislativo." Rel.Des. Clarindo Favretto, j. 24.11.03, Paulo Bento.

Ver, ainda, ADINs: 70005162136; 70005782271; 70004725883; 70003218831; 70004631131; 70003833407; 70003895265; 70002418077; 70003056421.

19.17- Presidente da Câmara. Verba de representação. Legalidade: ADIN 70006800296, j. 14.02.05, Quaraí.

19.18- Regimento Interno. Mudança. Resolução. Necessidade de aprovação deliberativa: ADIN 70004287991, j. 3009.02, Caseiros.

INCID. INCONST. 70010194371, j.9.05.05, Porto alegre. Desrespeito à representação proporcional dos partidos e blocos parlamentares nas CPIs. Princípio da simetria. Inconstitucionalidade.

19.19- Remuneração dos Vereadores.

ADIN 70000165043. "Lei Orgânica Municipal. Vinculação da remuneração do Prefeito, do Vice-Prefeito e dos Vereadores a valores mínimo e máximo dos vencimentos dos servidores municipais. Malferimento das disposições contidas nos artigos 8, 10, 11 e 53 da Constituição Estadual, pois submete o Legislativo a parâmetro remuneratório cuja manutenção ou alteração pertence a iniciativa privativa do Executivo. Regra de anterioridade, a despeito da ampliação do seu prazo, que não colide com a norma constitucional estadual sobre a época da fixação, por lei, da remuneração dos agentes políticos para a legislatura seguinte.Procedência parcial da ação." Rel. Des. Sérgio Pilla da Silva, j. 03.04.00, Novo Hamburgo.

Ver, ainda: ADINS 70000159228; 70000035014; 70000031690; 70000518803; 70000624890.

19.20- Vereador. Proibição de aceitação de cargo em comissão no Município e autarquias. Constitucionalidade: ADIN 70003896008.

19.21- Vereador. Parcelamento de títulos executivos para beneficiar edis condenados. Principio da impessoalidade e moralidade. Inconstitucionalidade: ADIN 70006050108, j. 29.08.05, Maxim. Almeida.

VER, TAMBÉM, "CARGOS – CRIAÇÃO E EXTINÇÃO", "DIÁRIAS", "PROCESSO LEGISLATIVO" E "SUBSÍDIOS".

20. CANIL MUNICIPAL

20.1- Funcionamento. Iniciativa de lei: ADIN 70000735563. "Lei Municipal 5365/99. Constitucional. Lei de iniciativa do Legislativo. Funcionamento do Canil Municipal. Inconstitucionalidade. 1. É inconstitucional a Lei nº 5.365, de 10.11.99, do Município de Rio Grande, cujo processo Legislativo se iniciou na Câmara e dispôs sobre o funcionamento do canil municipal, porque infringe a iniciativa exclusiva do Chefe do Executivo. (Art. 8º e 61, inc. II, letra "d" da CE/89.). 2. Ação direta procedente." Rel. Des. Araken de Assis, j. 07.08.00, Rio Grande.

21. CARGOS – CRIAÇÃO E EXTINÇÃO

21.1- Acesso a novo cargo, através de seleção interna. Inconstitucionalidade: ADIN 70009874454, j.7.03.05, Viamão.

21.2- Extinção de cargo:

ADIN 70000204735. "Leis ns. 85903/99 e 86703/99. Não cabe ao Legislativo emendar projeto de lei, extinguindo cargo, sem que a iniciativa tenha partido do Executivo. A pretexto de compensação da criação de cargo, se feriu o princípio da reserva do Poder Executivo da iniciativa de lei, que dispõe sobre os servidores públicos municipais. Arts. 10, 60, II, 'd', da Carta Magna Estadual. A parte não vetada de lei deve ser publicada, entrando esta em vigor, independentemente da apreciação posterior do veto, a menos que este torne inaplicável o conteúdo restante. Adin julgada procedente, em relação à lei promulgada de nº 86.703/99." Rel. Des. Vasco Della Giustina, j. 2003.00, Progresso.

No mesmo sentido: ADIN 70001268747.

21.3- Iniciativa legislativa, reserva de poder e cargos no Legislativo:

ADIN 70008005407. "Mostra-se inconstitucional a lei municipal de iniciativa do Poder Legislativo, a qual reduz o número de cargos de telefonista, de provimento efetivo, no Poder Executivo" Rel.Des. Leo Lima, j. 7.6.04, São José das Missões.

ADIN 70000708040, "Projeto de lei de iniciativa do Chefe do Poder Executivo desfigurado por emenda do Legislativo. Caso em que, pela emenda, foram extintos cargos existentes no quadro de Servidores do Executivo e que eram os únicos que o projeto preservava dentre outros em que a extinção era proposta. Procedência da ação por infringidos os artigos 8º, 10, 60, II, 'a' e 82, VII, da Constituição Estadual." Rel. Des. Sérgio Pilla da Silva, j. 07.08.00.

ADIN 70008769499. "Criação de cargo no Legislativo. Origem na Câmara. Compete à Câmara dispor sobre criação de cargo de seus servidores, observadas as diretrizes orçamentárias. Constitucionalidade, São Pedro do Butiá."

21.4- Vagas para deficientes físicos. Provimento. Temática afeiçoada ao legislador local. Improcedência: ADIN 70012367264, j. 26.12.05, Taquari.

Ver, também, os nºs. 22.3; 22.5; 116.8 e 116.11.

VER, AINDA, "CÂMARA MUNICIPAL" E "SERVIDOR PÚBLICO"

22. CARGOS EM COMISSÃO, FUNÇÕES DE CHEFIA E ASSESSORAMENTO

22.1- Cargos em comissão. Emenda legislativa que restringe a ocupação. Inconstitucionalidade: ADIN 70007265366, Campo Bom.

22.2- Cargos em comissão. Necessidade. Dificuldade na verificação da mesma ou elementos que indiquem desnecessidade:

ADIN 70007911100. "Cargos em comissão. Dirigente de núcleo. Chefia de direção. Atividade caracterizada por atribuições de chefia e direção em plano inferior da pirâmide administrativa, cujo número – 9 – não fere o princípio da razoabilidade, não se denotando desvio. Ainda que o preenchimento dê-se por ocupante transitório, o cargo em comissão pode ter caráter permanente, existindo justificação para a exceção. Improcedência." Rel. Des. Paulo Augusto Monte Lopes, j.7.06.04,Lavras do Sul.

No mesmo sentido: ADIN 70004500344, j. 23.12.02.

22.3- Cargos em comissão. Burla ao princípio do art. 32 da CE do concurso público. Inconstitucionalidade:

ADIN 70008077380. "Criação de cargos em comissão. Atribuições próprias de cargos de provimento efetivo. Ofensa à Constituição Estadual. A criação de cargos em comissão pressupõe o desempenho de função de direção, chefia ou assessoramento, requisito não observado pelos requeridos. Adin julgada procedente". Rel. Desa. Maria Berenice Dias, j 4.1004, Mostardas.

ADIN 70009275249. "Cargos em comissão. Criação. Inconstitucionalidade. 1. É inconstitucional o art. 1º da Lei 413/93, do município de Caçapava, no que tange à criação dos cargos em comissão de assistente técnico, assistente especial e assistente superior, porque não visam às funções de direção, chefia e assessoramento, conforme exige o art. 32 "caput " da CE/89, mas não o art. 2º do mesmo diploma, quanto à assessoria especial do Chefe do Executivo, cuja ocupação pressupõe, naturalmente, a relação de confiança entre o ocupante do cargo e o titular eventual do Executivo. Adin procedente em parte". Rel. Des. Araken de Assis, j. 7.03.05. No mesmo sentido: ADIN 70008042327.

Ver, ainda: ADINs 70008353542; 70008042327; 70008070096; 70006965719; 70008868051; 70010786424; 70006397780; 70007356330; 70008013906; 70005786900; 70006284483; 70011374410.

22.4- Excesso. Não justificativa. Inconstitucionalidade: ADIN 70007460652.

22.5- Leis que criam cargos em comissão, sem que constituam cargos de direção, chefia ou assessoramento, mas atividade burocrática de caráter permanente ou mera execução. Inconstitucionalidade: ADIN 70010786440, j. 6.06.05, Rel. Des. Leo Lima, Cidreira.

Ainda: ADINs 70011873213; 70012642336.

Leis que estabelecem meros critérios: ADIN 70006477194 e ADIN 70010915569.

Ver, ainda, os nºs 116.40 e 116.11.

VER, TAMBÉM, "CARGOS – CRIAÇÃO E EXTINÇÃO" E "CONCURSO PÚBLICO".

23. CHIMARRÓDROMO
23.1- Implantação. Iniciativa. Inconstitucionalidade: ADIN 70005211784.

24. CINTO DE SEGURANÇA
24.1- Lei que torna facultativo o uso do cinto em estradas municipais. Reserva da União. Inconstitucionalidade: Incid. Inconst. 597107473, j.16.08.99,São Luiz Gonzaga; ADIN 70010785202, Capão do Leão.

Também: ADIN 70010504314, j. 21.03.05.

24.2- Uso obrigatório. Alegação de ferimento de autonomia municipal: ADIN 595179086. "Lei estadual nº 10.521, de 2007.95: torna obrigatório o uso de cinto de segurança pelos ocupantes de veículos automotores, em que este equipamento é de instalação obrigatória, nas vias urbanas públicas do Estado do Rio Grande do Sul, quando em movimento. Alegação de ferimento a autonomia municipal. Ação julgada improcedente." Rel. Des. José Maria Tesheiner, j. 2.05.96. Porto Alegre. (lei estadual)

Ver, também, A.C. 597017862, j. 26.03.97,Guarani das Missões.

25. COLABORAÇÃO NAS CONTAS PÚBLICAS PARA PARTICULARES

25.1- Inclusão nas contas de água de verba para entidades privadas. Inconstitucionalidade: ADIN 70008590291. "É inconstitucional a lei do município de Bagé que autoriza o Executivo através do Departamento de Água e Esgotos a incluir em suas contas de água colaboração para dois clubes de futebol local. Violação aos arts. 1º, 8º e 19 da Carta Estadual." Cacildo de Andrade Xavier.j . 14.02.05.

26. COMBUSTÍVEIS

26.1- Funcionamento de postos de revenda. Competência suplementar do município. Proibição de instalação de bombas de auto-serviço. Legalidade: ADIN 70000063479; Incid. Inconst: 70000173237 e 5992766276.

27. COMÉRCIO

27.1- Afixação de tabela de preços pelo comércio:

ADIN 594167165. "Lei Municipal nº 2.502/93. Dispondo a lei municipal, sobre matéria onde o legislador federal permaneceu omisso e, dentro da competência supletiva prevista no art. 30, II, da CF, inexiste a alegada inconstitucionalidade. Ação improcedente." Rel. Des. Eliseu Gomes Torres, j. 12.06.95, Santa Cruz do Sul.

27.2- Contratação de pessoas para acondicionar ou embalar produtos. Obrigatoriedade. Inconstitucionalidade parcial: ADINS 70003900438; 70003397346; 70003163664; 70003163292; 70004457602.

27.3- Funcionamento do Comércio:

ADIN 70000502948. "Lei nº 2.928/99, do Município de Uruguaiana. Vedação de funcionamento de grandes supermercados nos domingos e feriados. Prefaciais rejeitadas. Legitimidade do proponente. Constitucionalidade do diploma legal que restringe o funcionamento do grande comércio, face à autonomia administrativa municipal, para dispor a respeito, art. 13, II, da CE/89 e art. 30, I da Carta Federal. Peculiar interesse Municipal. Ação improcedente." Rel. Des. Vasco Della Giustina, j. 21.08.00, Uruguaiana.

ADIN 70001249754 "Federação do Comércio de Serviços do Estado do Rio Grande do Sul. Artigo 2, § 3º, da Lei Municipal nº 3.433/88. Funcionamento dos mercados e supermercados aos domingos e feriados. Ação que não suscita inconstitucionalidade de texto, mas que busca interpretação correta ao § 3º, do artigo 2º, da Lei 3433/88, de São Leopoldo. Adin que por sua natureza não se presta a consulta para se estabelecer seu correto alcance. Ausência de ato normativo. Inépcia da inicial. Extinção da ação sem julgamento do mérito. Votos vencidos." Rel. Des. Vasco Della Giustina, j. 06.11.00, São Leopoldo.

ADIN 70000438945. "Lei Municipal nº 4.158/97, do Município de Canoas, legislando sobre liberdade do horário de funcionamento do comércio local, condiciona que, para os domingos e feriados, haja, a respeito, acordo ou convenção coletiva de trabalho. Competência legislativa detém o Município para dispor sobre o funcionamento do comércio local, inclusive aos domingos e feriados (art. 13, II, da CE). No entanto, condicionar o funcionamento aos domingos e feriados a acordo ou convenção coletiva de trabalho, questão vinculada a direito do trabalho, não pode, eis que só a União compete legislar sobre Direito do Trabalho (art. 22, I, da CF.) Ação julgada procedente." Rel. Des. Osvaldo Stefanello, j. 19.06.00, Canoas.

ADIN 597251883. "Constitucional. Ação Direta de inconstitucionalidade. Competência legislativa municipal. Horário de funcionamento de comércio. Imposição de condição atinente ao direito do trabalho. Inadmissível. 1. Nada obstante a competência de o Município estabelecer o funcionamento do comércio (CE/89, art. 13, II), não pode impor condição atinente às relações trabalhistas, pois só à União compete legislar sobre direito do trabalho (CF/88, art.22, I) e tal competência condiciona e elimina a teor dos artigos 13, *caput*, e 8º, da CE/89, a competência do Município para legislar sobre assunto do interesse local. 2. Ação julgada parcialmente procedente." Rel. Des. Araken de Assis, j. 11.05.88, Santa Maria.

ADIN 596215707. "Lei nº 4.543/90, de Rio Grande. Lei de iniciativa da Câmara de Vereadores, modificadora de horário de funcionamento do comércio local. Matéria de iniciativa geral ou comum, não reservada ao Executivo. Constitucionalidade. 1.Sendo da competência municipal dispor sobre o horário de funcionamento do comércio local (art. 13, inc. I, CE) e não estando a iniciativa do processo legislativo reservada ao Chefe do Executivo, pode o Poder Legislativo desencadeá-lo, por iniciativa própria, propondo lei que venha a modificar, nesta parte, disposições contidas no Código de Posturas do Município. " Rel. Des. Moacir Adiers, j. 06.10.97, Rio Grande.

ADIN 70007760325. "Inconstitucionalidade substancial. Lei municipal que atrita com diversos dispositivos da Carta Estadual que consagram princípios básicos, embora ajuste-se à legitimação orgânica nela prevista quanto ao decreto de feriados. A configuração da constitucionalidade formal de lei municipal, por força de seu ajustamento ao art. 13, inc. 11, da Carta Estadual, não embaraça a que se reconheça a inconstitucionalidade substancial, decorrente da ofensa aos artigos 8º, 19, 157, I e II, e 176, I e XI, entre outros dispositivos do referido diploma, à medida que terminou por introduzir olímpica restrição ao comércio, afetando qualidade de vida, não promovendo o desenvolvimento econômico, lastreada de irrazoabilidade no que ofertou alguns horários inteiramente desviados da realidade social e, na proporção que os endereçou a alguns, embora mesmo gênero de comércio, quebrando o fundamental respeito à igualdade, não fosse ofensa à livre iniciativa e ao valor social do trabalho". Rel. Des. Armínio José Abreu Lima da Rosa, j. 1005.04, Porto Alegre.

Ver, ainda: INCID. INCONST. 70000629303 e ADINs 70004762472; 70008665374; 70007146236; 70002454791; 70005683040; 70007922362; 70008442238; 70000785246; 70007038128; 70007544273; 70000570762; 70004762472; 70001573856; 70001634617; 598498210; 70005617485; 70005513627; 70001573856; 597251883; 70004762472; 599330420; 70006896138.

27.4- Licença para estabelecimento de serviços funerários. Alvará. Limitação. Livre iniciativa e concorrência. Inconstitucionalidade:

ADIN 70002676853, Rel. Des. Clarindo Favretto,j. 26.05.03.

VER, TAMBÉM, "HORÁRIOS".

28. CONCESSÃO DE SERVIÇO PÚBLICO

28.1- Necessidade de licitação. Princípio da moralidade:

ADIN 7000044164. "Erro de objeto. Artigo 82, da Lei Municipal nº 1.003/99. Inconstitucionalidade declarada quanto ao art. 82, da lei Municipal nº 1.003/99, tendo em vista versar sobre matéria de competência do Chefe do Executivo local, no caso, o Sr. Prefeito Municipal, também pela falta de cumprimento do disposto pelo art. 163, da Carta Estadual e art. 175, da Constituição Federal, que refere a necessidade de processo de licitação, quando se tratar de concessão de serviço público. Afronta ao disposto pelos art. 8, art. 10, art. 82, VII e 163, da Constituição Estadual, bem como art. 175, da Constituição Federal. Flagrante ofensa ao princípio da moralidade pública." Rel. Des. Antonio Carlos Stangler Pereira, j. 21.08.00, Porto Alegre.

28.2- Permissão e concessão do serviço público. Competência do Executivo: ADIN 70004072252.

28.3- Títulos emitidos de concessão de direito de uso especial de imóvel urbano da União ou Estado. Incompetência do Município. Inconstitucionalidade: ADIN 70012070116, j. 29.08.05, Canoas.

VER, TAMBÉM, "BENS PÚBLICOS", "PERMISSÃO DE SERVIÇO PÚBLICO" E "PREFEITO MUNICIPAL".

29. CONCLUSÃO DE OBRA

29.1- Prazo para a conclusão de obras privadas em área desafetada pelo município.Vício de iniciativa: ADIN 70006669709.

30. CONCORRÊNCIA

30.1- Controle legislativo nas concorrências do Executivo:

ADIN 597108984. "Ação direta de inconstitucionalidade proposta pelo Prefeito de Porto Alegre contra a Lei nº 7.007/92, que pretende imiscuir-se nas concorrências públicas promovidas pelo Poder Executivo mediante controle interno do Poder Legislativo. Procedência do pedido." Rel. Des. João Aymoré Barros Costa, j. 15.12.97, Porto Alegre.

No mesmo sentido: ADIN 596022665
VER, TAMBÉM, "CONCURSOS PÚBLICOS", "SERVIDOR PÚBLICO" E "TRANSPORTES".

31. CONCURSOS PÚBLICOS

31.1- Títulos.Valor superior aos limites constitucionais e favorecimento a candidatos que exercem função pública. Inconstitucionalidade: ADIN 70009484205. Santa Maria, j. 20.12.04.
VER, TAMBÉM, "SERVIDOR PÚBLICO."

32. CONSELHO MUNICIPAL

32.1- Atribuição a membro do Poder Judiciário, Ministério Público, Brigada Militar e órgãos públicos federais e estaduais: ADIN 70001256643. "Lei Municipai. Lei Municipal que estabelece atribuições e funções a membro do Poder Judiciário Estadual na hipótese da decretação da perda de mandato de integrante do Conselho Tutelar Municipal. Inconstitucionalidade formal, pois do Tribunal de Justiça do Estado a competência privativa para proposições de tal ordem a Assembléia Legislativa. Ação julgada procedente." Rel. Des. Sérgio Pilla da Silva, j. 04.12.00, Uruguaiana.

Também, ADINs 70004745048; 70000186494; 70009014374; 70006163893; 70007953581; 70005495072; 70002996387; 70008170771.

32.2- Conselho municipal de Idosos. Iniciativa do Legislativo. Inconstitucionalidade: ADIN 70003273380.

32.3- Iniciativa privativa do Chefe do Executivo:
ADIN 593155385. "Lei Municipal. Conselho Municipal de Saúde. Em se tratando de órgão de cooperação governamental, é da iniciativa privativa do Chefe do Executivo o projeto de lei que dispõe sobre sua criação, estruturação e atribuições, a teor do art. 60, II da Constituição Estadual. Ação julgada procedente." Rel. Desa. Maria Berenice Dias, j. 05.06.00, Santa Cruz do Sul.

ADIN 70000740340. "Lei Municipal nº 1.880/99, que trata de composição e funcionamento do conselho municipal de desenvolvimento agropecuário. Iniciativa do Presidente da Câmara de Vereadores. Descabimento. Iniciativa privativa do Chefe do Poder Executivo. Vício de inconstitucionalidade formal. Ação julgada procedente." Rel. Des. Élvio Schuch Pinto, j. 19.06.00, Lavras do Sul.

No mesmo sentido: ADINs 70008170771; 70003479151; 70008970873; 70004436937; 70002334621; 70003169604; 70005536255; 70004384467; 70005533567; 70003547395; 70005021753.

32.4- Conselho Municipal de Desporte e Fundo Municipal.Iniciativa. Inconstitucionalidade: ADIN 70004861605.
VER, TAMBÉM, "CÂMARA MUNICIPAL".

33. CONSELHO TUTELAR

33.1- Competência para a fixação da remuneração e vantagens dos conselheiros afetas ao Conselho Municipal. Inconstitucionalidade: ADIN 70005590955; à Câmara Municipal. Inconstitucionalidade: ADIN 70008124885.

33.2- Composição. Limite. Observância da norma federal. Inconstitucionalidade: ADIN 70004620225, Cerro Grande.

33.3- Conselheiro tutelar. Requisitos de elegibilidade.Competência concorrente do município para legislar. Constitucionalidade: ADIN 70005629241. Tavares.

33.4- Eleição de conselheiro. Hipótese não prevista de inelegibilidade. Inconstitucionalidade: ADIN 70001811959. Palmares do Sul.

33.5- Iniciativa de lei:

ADIN 70000533455. "Ação direta de inconstitucionalidade. Lei nº 627/99. Lei de autoria da Câmara de Vereadores do Município, que veio a alterar regras atinentes à estrutura do Conselho Tutelar local, vindo a alterar sua forma de constituição, mostra-se inconstitucional por invadir esfera exclusiva do Poder Executivo." Rel. Des. Antonio Carlos Stangler Pereira, j. 05.06.00, Mata.

ADIN 70001256643. "Lei Municipal que estabelece atribuições e funções a membros do Poder Judiciário estadual na hipótese da decretação da perda de mandato de integrante do Conselho Tutelar Municipal. Inconstitucionalidade formal, pois do Tribunal de Justiça do Estado a competência privativa para proposições de tal ordem à Assembléia Legislativa. Ação procedente." Rel. Des. Sérgio Pilla da Silva, j. 04.12.00, Uruguaiana.

Neste sentido: ADIN 592062921; 70005170030. Cidreira.

VER, TAMBÉM, "ESTATUTO DA CRIANÇA E DO ADOLESCENTE".

34. CONTAS MUNICIPAIS

34.1- Controle. A quem compete:

ADIN 596022665. "Ação direta de inconstitucionalidade. Lei municipal nº 10/95. Três de Maio. Julgaram procedente em parte para declarar a inconstitucionalidade apenas do art. 3º, incisos II, III e IV e parágrafo único; do art. 4º e seu parágrafo e dos arts. 5º e 7º. Unânime." Rel. Des. João Aymoré Barros Costa, j. 24.06.96, Três de Maio.

35. CONTRATAÇÃO E CONCURSO

35.1- Concurso Público. Limite de idade. Iniciativa:

ADIN 70000052365. "Constitucional. Concurso Público. Limite de idade. Servidor Municipal. Ausência de razoabilidade. 1. O acesso aos cargos públicos civis só pode ser impedido, em razão da idade, se houver razoabilidade. Tal limite se mostra admissível, porém, naquelas hipóteses explícita ou implicitamente previstas na própria constituição ou quando o exigir a natureza do cargo. Inteligência do art. 39, § 3º, da CF/88, com a redação da EC 19/98. Emenda parlamentar, eliminando o limite, que não infringe o art. 61, I, da CE/89, pois não implica aumento de despesas. 2. Ação direta de inconstitucionalidade improcedente. Votos. Vencidos." Rel. Des. Araken de Assis, j. 13.12.99, Balneário Pinhal.

ADIN 70000803353. "Lei de iniciativa do Legislativo que autoriza a inscrição em concursos públicos de candidatos que menciona. Interferência do Poder Legislativo em atividade tipicamente administrativa. Matéria cuja iniciativa legislativa é exclusiva do Prefeito Municipal. Violação dos arts. 10, 60, II, 'b' e 82, III, da Constituição Estadual. Procedência da ação." Rel. Des. Cacildo de Andrade Xavier, j. 16.1000, Ijuí.

No mesmo sentido: ADIN 70007998131.Marcelino Ramos.

35.2- Contratação condicionada à prévia autorização legislativa.

Inconstitucionalidade: ADIN 70002732642. Camargo.

Ver, ainda, ADIN 70011973856.

35.3- Contratação temporária:

ADIN 598110872. "Lei nº 286/96, do Município de Herval, que prevê a obrigatoriedade de ser especificada a nominata dos contratados, na hipótese de contratações de caráter temporário e de excepcional interesse público. Não é inconstitucional o dispositivo, para a realização de serviços sem que haja cargo ou função definidos nos quadros administrativos do Município". Rel. Des. Osvaldo Stefanello, j. 08.03.99, Herval.

ADIN 70000865733. "Contratação temporária. Requisitos da lei geral. 1.O art. 1º, parágrafo único, da Lei 3.010/00, do Município de Esteio, que, na lei geral sobre contratação temporária (CE/89, 19, IV), exige intervenção legislativa, para caracterizar, concretamente, o pressuposto definido naquela e fixar o número de contratados, não é inconstitucional. 2.Ação julgada improcedente." Rel. Des. Araken de Assis, j. 09.02.01, Esteio.

ADIN 70000031658. "Constitucional. Administrativo. Ação Direta de Inconstitucionalidade. Contratação temporária de servidores. Atividades permanentes. Impossibilidade. 1.Não é admissível a contratação temporária de servidores públicos, prevista no art. 19, IV, da CE/89, sob regime especial, para atender a atividades permanentes do Município. 2.Ação direta julgada procedente." Rel. Des. Araken de Assis, j. 17.04.00, São José do Norte.

No mesmo sentido: ADINs 70009208612; 70008039786;70010786044; 70008451452; 70009195504; 70008354045; 70008070823; 70007695539; 70005738331; 70009169533; 70013060207; 70013060553; 70008039786; 70010786044; 70008489858; 70009539305; 70011458197; 70012642336.

35.4- Contratação de vigilante, privativa de sexo masculino. Inconstitucionalidade: 70006506802. Guaíba.

VER, TAMBÉM,"CONCURSOS PÚBLICOS" E "SERVIDOR PÚBLICO".

36. CONVÊNIOS E CONTRATOS

36.1- Competência para firmar convênios e contratos administrativos:

ADIN 595045998. "Exigência de autorização da Câmara de Vereadores para que o Prefeito possa firmar convênios e contratos. A celebração deles constitui prova inerente a função administrativa. Limitação que afeta a independência do Executivo. Inconstitucionalidade proclamada." Rel. Des. José Vellinho de Lacerda, j. 09.10.95, Tupanciretã.

No mesmo sentido: ADINS 70002904472; 70003544764; 70010778389; 70006609879; 70004453106; 70004429023; 70011466968; 70011916897.

VER, TAMBÉM, "CÂMARA MUNICIPAL".

37. CORES

37.1- Padronização das cores externas das escolas municipais. Vício de iniciativa. Inconstitucionalidade: ADIN 70002908408.

38. CORRIDA DE CAVALO EM CANCHA RETA

38.1- Invasão de competência. Inconstitucionalidade: ADIN 70009236407.

39. CRÉDITO SUPLEMENTAR

39.1- Abertura, crédito suplementar por Decreto Legislativo:

ADIN 598122471. "Lei Orçamentária. Emenda. Limites. Exibem-se inconstitucionais dispositivos legais, acrescidos a projeto de iniciativa do Executivo Municipal, que conferem ao Legislativo do Município o poder de abrir créditos suplementares através de decreto legislativo, por exceder este último ao que previsto como de sua competência. Ação julgada procedente." Rel. Des. Antonio Janyr Dall'Agnol Junior, j. 28.06.99, Ijuí.

39.2- Lei que autoriza o município a contratar operações de crédito e celebrar convênios e contratos. Ofensa frontal ao art. 154, III da CE. Inconstitucionalidade: ADIN 70000031807, Sto. Antônio das Missões.

40 -CULTIVO DE FLORES E ÁRVORES

40.1- Lei que autoriza o Executivo a realizar o cultivo de flores ornamentais e árvores nativas no horto municipal. Vício de iniciativa: ADIN 70005077755. Santa Maria.

VER, TAMBÉM, "ÁRVORES – PLANTIO" E "VIVEIRO FLORESTAL"

41. DESAPROPRIAÇÃO

41.1- Competência para desapropriação no âmbito do Município:

ADIN 596064089. "Lei Orgânica. Desapropriação, no âmbito municipal, por necessidade ou utilidade pública ou por interesse social, competência. A desapropriação é ato de administração, na órbita municipal, de competência exclusiva do prefeito, assim, é inconstitucional dispositivo de lei orgânica que dispõe ser do poder legislativo municipal a competência de propor a desapropriação por necessidade ou utilidade pública ou por interesse social. Ação julgada procedente, declarando-se a inconstitucionalidade de dispositivo da lei orgânica do município de Pelotas/RS que assim dispôs." Rel. Des. Osvaldo Stefanello, j. 16.09.96, Pelotas.

42. DESENVOLVIMENTO URBANO

42.1- Plano de Desenvolvimento Urbano. Competência concorrente: ADIN 599163367. "Lei Municipal nº 4.347/99, que acrescentou o parágrafo quinto ao art. 14 da Lei nº 1.447/72, que dispõe sobre o Plano de Desenvolvimento Urbano. Iniciativa de lei não reservada ao Executivo pela Carta Estadual. Competência concorrente. A infringência de lei municipal, não a Carta Estadual, mas tão somente aos cânones da Lei Orgânica do Município ou aos preceitos de outra lei ordinária municipal, não caracteriza hipótese de inconstitucionalidade, eis ausente afronta a disposição constitucional. Ação julgada improcedente." Rel. Des. Vasco Della Giustina, j. 13.12.99, Canoas.

43. DESPESAS PÚBLICAS

43.1- Aumento de despesa pública não caracterizado:

ADIN 587054636. "Lei Municipal nº 1.789/83. Representação de inconstitucionalidade de caráter interventivo. Art. 125, § 2º da atual Constituição. Conhecimento da representação. Mérito. Ação improcedente por não acarretar a Lei, diretamente, despesa ao Município e nem invadir competência privativa do Prefeito." Rel. Des. Elias Elmyr Manssour, j. 07.11.88, Santana do Livramento

43.2-Aumento de despesa por emenda na Câmara. Inconstitucionalidade: ADINs 70006885198; 70006800486; 70000154203; 70006213839; 70008028797; 70008045783.

43.3- Emenda da Câmara que aumenta a despesa do Município. Contribuição para a previdência pública. Inconstitucionalidade: ADIN 70004131793. Porto Alegre.

VER, TAMBÉM, "PREVIDÊNCIA PÚBLICA" E "SERVIDOR PÚBLICO".

44. DIÁRIAS

44.1- Diárias pagas a servidores e agentes públicos:

ADIN 591073838. "Decreto Municipal. Diárias do Prefeito, Vice- Prefeito e demais servidores municipais. Fixação de seu valor por Decreto do Chefe do Executivo. Ausência de inconstitucionalidade ou mesmo ilegalidade nesse procedimento. Ação improcedente." Rel. Des. José Vellinho de Lacerda, j. 3003.92, Santo Ângelo.

ADIN 594003568. "Lei Municipal nº 1.427/93. Prefeito Municipal. Secretários de Município. Diárias. Inconstitucional a proibição de recebimento de diárias mesmo com autorização de posterior ressarcimento das despesas. Pedido julgado procedente." Rel. Des. Alfredo Guilherme Englert, j. 08.08.94, Sobradinho.

No mesmo sentido: ADIN 597074780 e ADIN 596005157.

VER, TAMBÉM, "SECRETÁRIO MUNICIPAL", "SERVIDOR PÚBLICO" E "SUBSÍDIOS".

45. DIPLOMA DE RECONHECIMENTO

45.1- Diploma de reconhecimento. Vício de iniciativa. ADIN: 70007570781, Butiá.

46. DIRETRIZES ORÇAMENTÁRIAS, PLANOS PLURIANUAIS, ORÇAMENTO E EXECUÇÃO ORÇAMENTÁRIA

46.1- Controle concentrado de constitucionalidade, quanto a aspectos formais, como vício de iniciativa e proibição de emendas. Emenda. Compatibilidade com o plano plurianual. Improcedência: ADINs 70005690201; 70009130956.

46.2- Criação de normas. Competência Suplementar municipal. Constitucionalidade: ADIN 70004861746. "Lei Complementar Municipal. Criação de normas que dispõem sobre conceitos, forma de elaboração, definição de conteúdo dos demonstrativos para receitas e despesas, demonstrativo de metas e do controle da execução orçamentária de planos plurianuais, lei de diretrizes orçamentária e orçamento anual. Norma de sobredireito. Competência suplementar municipal. Enseja o inc. II, do art. 30, CF, competência suplementar municipal para legislar naquilo que se mostrar adequado ao interesse local, desde que não afrontando preceitos superiores, expressamente ressalvados na norma apontada como inconstitucional, não se tratando propriamente de lei orçamentária, mas de sua forma de elaboração e controle, igualmente sem malferimento de normas federais pertinentes, o que afasta o vício de iniciativa, igualmente não violando o princípio de independência e harmonia entre os Poderes. Ação julgada improcedente." Rel.Des. Paulo Augusto Monte Lopes, j.17.11.2003,Porto Alegre.

46.3- Mudança de destinação da verba orçamentária. Efeitos concretos. Extinção: ADIN 70009130006, São Pedro do Butiá.

46.4- Plano plurianual. Lei de iniciativa legislativa que o altera. Inconstitucionalidade: ADIN 70009130691.

46.5- Promulgação da lei de Diretrizes pelo Executivo, transcorrido o prazo, sem aprovação do Parlamento.Inconstitucionalidade: ADIN 70007505977.

46.6- Vantagens dos servidores ou planos de carreira sem previsão de dotação orçamentária na lei de Diretrizes Orçamentárias. Inconstitucionalidade: ADIN 70005733142, j.16.02.04. No mesmo sentido: ADIN 70008270258, j.28.06.04.

VER, TAMBÉM, "ORÇAMENTO" E "PLANO PLURIANUAL".

47. DIVULGAÇÃO DE RECURSOS FINANCEIROS

47.1- Lei que determina a divulgação da origem dos recursos financeiros destinados a vários fins. Inconstitucionalidade: ADIN 70008462285, Esteio, j. 22.11.04.

48. DOCUMENTOS

48.1- Fornecimento gratuito de certidões necessárias ao exercício da cidadania:

ADIN 70006855647. "Interpretação conforme a Constituição. Fornecimento de certidões e documentos necessários ao exercício da cidadania. Procedência, em parte, para declarar que, de acordo com o direito previsto na Carta Magna, o fornecimento deve ser gratuito." Des.Alfredo Englert, j. 29.11.03, Gravataí.

49. EDUCAÇÃO, ENSINO, ESCOLA

49.1- Censo escolar. Iniciativa reservada ao Executivo: ADIN 70003855343, j. 2005.02, Esteio.

49.2- Educação. Ensino. Programas. ADIN 591092986. "1. Ensino. Currículo escolar. Inclusão: Educação em direitos humanos e seminário sobre o trânsito. Constitucionalidade da Lei Municipal que inclui no currículo escolar da rede municipal as disciplinas denominadas educação em direitos humanos e seminário sobre o trânsito." Rel. Des. Adalberto Libório Barros, j. 1008.92, Santa Maria.

49.3- Educação ambiental. ADIN 70000.600.460. "Lei Municipal nº 88.103/99. Preliminar de inépcia rejeitada. Afigura-se inconstitucional, por vício formal, a Lei, que institui a obrigatoriedade de programas interdisciplinares de educação ambiental nas escolas da rede pública, a serem desenvolvidos por profissionais credenciados através de curso ministrado pelo Secretário Municipal da Educação.

Leis que disponham sobre a organização e funcionamento da administração pública, com aumento de despesa, devem se originar do Executivo Municipal e não do Legislativo. Afronta aos arts. 60, II, 'd' e 82, VIII da Carta Estadual. Ação julgada procedente." Rel. Des. Vasco Della Giustina, j. 07.08.00, Progresso.

49.4- Eleição de Diretor e Vice de Escola:
ADIN 70008338246. "É inconstitucional artigo da lei orgânica municipal que dispõe sobre eleição direta de diretores de escolas municipais. Ofensa à prerrogativa do chefe do Poder Executivo. Vício de iniciativa. Ação julgada procedente". Rel. Des. Alfredo Guilherme Englert, j. 6.12.04, Sapucaia do Sul.

No mesmo sentido: ADINs 70007029879; 598368884; 598386381; 70003527702; 70002385359; 70010756039; 70005004155; 70005442421; 70005757331; 70002793735; 70003358249; 70003957776; 7000995050; 70010487791; 70010224384; 70003835436; 70005663604; 70004453510; 70005391735; 70010976686; 70011269479; 70011613999.

49.5- Escola. Alteração de denominação. Iniciativa reservada ao Executivo: ADIN 70003514437, j.2.09.02, Esteio.

49.6- Inclusão de noções sobre primeiros socorros em currículos das escolas. Vício formal. Inconstitucionalidade: ADIN 7000735063 e ADIN 70006855712.

49.7- Lei orgânica municipal que prevê 35% da receita destinada à Educação. Constitucionalidade: ADIN 70004534509, j.18.11.02 e ADIN 70002860351.

49.8- Lei que dispõe sobre a instituição no sistema municipal de ensino da Língua Brasileira de Sinais (LIBRAS). Iniciativa do Executivo. Inconstitucionalidade: ADIN 70005738257, Santo Ângelo e ADIN 70006137913.

49.9- Lei que institui plano de carreira do magistério. Vantagens não previstas na lei de diretrizes e orçamentária. Inconstitucionalidade: ADIN 70008270258, j. 28.06.04 e ADIN 70009045726, j. 4.1004.

49.10- Municipalização da política de educação. Iniciativa reservada. Inconstitucionalidade: ADIN 70006820717, j. 1.03.04 e ADIN 70005211214, j. 8.08.03.

49.11- Programa de Crédito Educativo. ADIN 70001489822. "Lei Municipal nº 710/00. Disciplinou a criação, estruturação e manutenção do programa de crédito educativo municipal. Iniciativa privada do Chefe do Poder Executivo. Inconstitucionalidade formal. Ação procedente." Rel. Des. Alfredo Guilherme Englert, j. 20.11.00, Ibirapuitã.

No mesmo sentido: ADIN 70001170208.

49.12- Reserva de vagas nas escolas públicas. Matéria afeta ao Executivo. Inconstitucionalidade: ADIN 70010717981, j. 18.04.05.

50. ENERGIA ELÉTRICA

50.1- Proibição de Corte. Inconstitucionalidade:
ADIN 70006557730. "É inconstitucional, perante os artigos 10, 60,II "d" e 82,VII da CE/89, a Lei 5847/03, do Município de Carazinho, que proíbe à concessionária cortar o fornecimento de energia elétrica dos consumidores inadimplentes. ADIN procedente." Rel. Des.Araken de Assis, j. 1.04.04, Carazinho.

51. ESPORTES

51.1- Instituição de olimpíada estudantil. Vício de iniciativa: ADIN 70004889556, Rel. Des. Luiz Ari Azambuja Ramos, Santa Maria.

52. ESTACIONAMENTO

52.1- Estacionamento pago e rotativo em via pública:
ADIN 599406923. "Lei Municipal nº 3.936/99, que regulamenta o estacionamento de veículos, ciclomotores e similares nas ruas que especifica. Inépcia da inicial afastada. Vício legislativo por

inconstitucionalidade formal. Competência exclusiva do Executivo na iniciativa da lei, dado que a matéria de cunho administrativo, versando sobre a organização e atribuições da administração municipal. Código de Trânsito Brasileiro que confere tal mister às entidades exclusivas de trânsito dos municípios. Ação julgada procedente." Rel. Des. Vasco Della Giustina, j. 03.04.00, Santana do Livramento.

ADIN 598049625. "É inconstitucional lei municipal, de iniciativa de Vereador, com veto rejeitado, que instituiu estacionamento pago e rotativo para veículos particulares nas vias públicas. Criação de estacionamento pago e rotativo." Rel. Des. Sérgio Pilla da Silva, j.31.08.98, Porto Alegre.

No mesmo sentido: ADIN 70008609703.

52.2- Isenção para moradores.Inconstitucionalidade por origem no poder Legislativo: ADIN 70004415550. j. 11.08.03, P.Alegre.

52.3- Obrigação de fornecimento de troco aos usuários no estacionamento rotativo. Vício formal. Inconstitucionalidade: ADIN 70004687398, j. 29.12.03, P.Alegre.

53. ESTATUTO DA CRIANÇA E DO ADOLESCENTE

53.1- Criação do Fundo Municipal. Iniciativa. Emenda Legislativa. Inconstitucionalidade: ADIN 70006884167, Arroio do Sal.

53.2- Lei que contraria o ECA. Ofensa ao sistema de competências: ADIN 70001919729, j.17.09.01.

53.3- Lei que estipula sanções a estabelecimentos que praticarem violências contra criança e adolescente. Bloqueio de competência:

ADIN 70007570393. "Butiá. Lei n° 1926/2003 que estipula sanções a estabelecimentos que praticarem atos de violência contra crianças e adolescentes no município de butiá. Inconstitucionalidade formal, dado que originado o diploma legal no legislativo, impondo obrigações ao executivo. Competência concorrente da União e do Estado, e apenas supletiva do Município. Vazio na legislação que se não ostenta, eis que a matéria já está colmatada pelo Estatuto da Criança e do Adolescente. Bloqueio de competência. Município impedido de editar normas. Afronta ao art. 8° da Carta Estadual, tendo em vista os arts. 24, XV e 30, 11 da Carta Federal. Ação julgada procedente." Rel. Des. Vasco Della Giustina, j.19.04.04.

VER, TAMBÉM, "CONSELHO TUTELAR".

54. ESTUDANTES[2]

54.1- Concessão de incentivo para estudos superiores ao magistério municipal. Inconstitucionalidade. Vício formal: ADIN 70004467494, Des. Cacildo de Andrade Xavier, j. 11.08.03.

54.2- Estágio remunerado. Estudante matriculado em Curso de magistério. Iniciativa do Legislativo. Inconstitucionalidade: ADIN 70007197106, j. 7.6.04, Viamão.

54.3- Pagamento de meia-entrada. ADIN 70000710053. "Lei Municipal nº 1.937/99. Assegura aos estudantes da comuna o pagamento de meia entrada em espetáculos esportivos, de cultura e de lazer. Interferência na iniciativa privada, na liberdade de profissão e na organização econômica do Município.

---

[2] Observação. Em data de 19 de junho de 2000, o Tribunal de Justiça do Estado, julgando incidente de inconstitucionalidade, envolvendo o pagamento de meia-entrada para estudantes, oriundo da 20ª Câmara Cível Especial, de n° 70000385.567, Rel. Des. Vasco Della Giustina, assim decidiu: "Porto Alegre. Incidente de Inconstitucionalidade. Pleno do Tribunal de Justiça do Estado. Lei estadual nº 9.869/93, que institui o pagamento de meia-entrada para estudantes em espetáculos culturais, esportivos, de lazer e dá outras providências. Ofensa ao princípio da isonomia, por discriminação não autorizada entre estudantes e não estudantes. Intervenção abusiva do Estado no direito de propriedade privada e domínio econômico, bem como violação do fundamento da livre iniciativa, ausente o interesse público geral. Interpretação do art. 1°, IV, art. 5°, XXII, art. 170, II e art. 174 da Carta Federal. Incidente julgado procedente. Votos vencidos."

Ofensa ao princípio de isonomia. Intervenção abusiva do Estado. Dispositivos que criam atribuições aos órgãos do Executivo, além de estenderem tais atribuições ao ministério Público. Inconstitucionalidade da lei. Precedente do Incidente de Inconstitucionalidade nº 70000385567. Ação julgada procedente. Votos vencidos." Redator para o acórdão, Des. Vasco Della Giustina, j. 15.05.2001, Nonoai.

EXECUTIVO – VER "PREFEITO MUNICIPAL".

55. EXERCÍCIO DE PROFISSÕES

55.1- Imposição de condições para o desempenho de comércio de produtos óticos.Inconstitucionalidade: ADIN 70007397540.

56. FARMÁCIAS

56.1- Lei que autoriza o Executivo a implantar farmácias de manipulação. Encargos ao Executivo. Inconstitucionalidade: ADIN 70005077680, Des. Araken de Assis, j. 2.12.02, Sta. Maria.

56.2- Normas e horários de funcionamento. Fechamento de quem não estiver em plantão. Garantia ao consumidor de oferta regular de medicamentos. Constitucionalidade: INCID. INCONST. 599073772. (A.C. 70011699378, j. 03.08.05, TJ/RS; R.E. 267161-SP, STF, DJU 16.11.01 p. 21; REsp. 254543-SP, STJ, DJU 01.08.00 p. 211)

VER, TAMBÉM, "HORÁRIOS".

57. FEIRAS DE EVENTOS ITINERANTES OU EVENTUAIS

57.1- Feira de artesanato em local tombado pelo Poder Público. Praça da alfândega. Dano. Inconstitucionalidade: ADIN 70007908445.

57.2- Medidas protetivas abusivas do comércio local. Licenciamento. Inconstitucionalidade: INCID. INCONST. 70005663554. "Feira itinerante ou eventual de eventos. Lei Municipal nº 4.241/99 do Município de Santa Maria, que dispõe sobre a realização de feiras eventuais de vendas de produtos e serviços no município. Proteção abusiva do comércio local da concorrência externa. Princípios constitucionais do livre exercício de qualquer atividade econômica e da livre concorrência, que direta ou reflexamente restam atingidos. Não pode o Município restringir, ainda que indiretamente, a disposição constitucional que assegura a liberdade de comércio e a livre concorrência. Art. 170, IV da Carta Federal e art. 13, II da Carta Gaúcha conferindo competência aos municípios, apenas para propor horários de funcionamento de comércio. Preceitos da lei objurgada, ditados pelo espírito de afastar a concorrência adventícia, que ferem, igualmente, o princípio da razoabilidade das leis, a ponto de impedir seu cumprimento pelos organizadores. Art. 19 da Carta Estadual. Negativa de alvará que se embasa em lei inconstitucional e se ostenta inadmissível. Inconstitucionalidade formal e material. Procedência do incidente. Inconstitucionalidade declarada, "incidenter tantum" do art. 8º e parágrafos da Lei nº 4.241/99 do Município de Santa Maria." Rel. Des.Vasco Della Giustina, j. 24.03.03

Ver, também, ADINS 70009015876; 70006846596; 70007256506.

58. FERIADO CIVIL E MUNICIPAL (Zumbi)

58.1- Dia da Consciência Negra. Feriado municipal. Inconstitucionalidade: ADIN 70007609308; ADIN 70007645369; ADIN 70007611650, Rel. Des. João Carlos Branco Cardoso, j.17.11.03, Porto Alegre, relativamente à lei 9252, de 3.11.03.

58.2- Zumbi. Feriado Civil. Competência. Inconstitucionalidade:

ADIN 70007645443. "Pelotas. Lei n° 47111/01. Feriado municipal pela data do aniversário da morte de Zumbi dos Palmares. Legitimidade da proponente – Federação Do Comércio De Bens E De Serviços Do Estado Do Rio Grande Do Sul – e pertinência temática. Feriado eminentemente civil e sem conotação religiosa. Somente lei federal pode decretá-lo, 'ex vi' do diploma legal federal n° 9093/95, funcionando a citada legislação como 'bloqueio de competência', mercê do art. 8° da Carta Estadual, a par de a data contestada se não constituir feriado religioso. O art. 22, I da Constituição Federal outorga competência exclusiva à União para legislar sobre direito civil e do trabalho. O art. 30, I do mesmo diploma legal, deve ser interpretado de modo a não ferir o princípio federativo. A legislação municipal não pode contravir norma federal expressa e clara. Ausência de vinculação com julgamento da 4ª Câmara Cível precedentes jurisprudenciais. ADIN julgada procedente, com base nos arts. 8° e 13 da Carta Estadual, 22,1 e 30,1 da Carta Federal e tendo em vista, ainda, a Lei Federal 9093/95." Rel. Des.Vasco Della Giustina, j. 7.6.04..

No mesmo sentido: ADIN 70010191815, j. 21.03.05, Santa Maria.

59. FESTIVAIS

59.1- Oficialização pelo município. Vício de iniciativa. Inconstitucionalidade: ADIN 70003706538, Alvorada.

FISCAL: VER "TRIBUTÁRIO E FISCAL".

FOGO: VER "QUEIMADAS".

60. GÁS

60.1- Gás. Obrigatoriedade do uso de aparelho sensor de vazamento nos prédios. Interesse local. Iniciativa. Inconstitucionalidade: ADIN 70003839958, j.15.03.04.

61. GRATIFICAÇÃO – INSTITUIÇÃO

61.1- Gratificação de incentivo a atendimento ambulatorial, condicionado o pagamento ao repasse de verbas federais. Ausência de dotação orçamentária na lei de Diretrizes. Inconstitucionalidade: ADIN 70009356205, j. 13.12.04, Rio Grande.

VER, AINDA, "SERVIDOR PÚBLICO".

62. GUARDA DO PATRIMÔNIO

62.1- Guarda Municipal: ADIN 592052088. "Guarda Municipal. Restrição constitucional. A Guarda Municipal não pode exercer serviços de trânsito nem, mesmo conveniada, exercer segurança pública, restringindo sua ação à defesa civil. Inconstitucionalidade parcial. Votos vencidos." Rel. Des. Décio Antonio Erpen, j. 21.12.92, Porto Alegre.

ADIN 598092468. "Constitucional. Ação Direta. Liminar. Manutenção. 1.A prevenção nos processos de competência originária do Tribunal, se governa pelas disposições de seu regimento interno. Inexistência. 2.Ao Tribunal de Justiça cabe julgar ação direta de inconstitucionalidade em que o autor indica dispositivo de Carta Estadual ferido pela lei local, nada importando que ele reproduza texto da Carta Federal. 3.Inexiste proibição de conceder liminar, em ação direta, suspendendo a vigência dos dispositivos controvertidos. 4.Revelam-se inconstitucionais, à primeira vista, dispositivos de lei local que, sob pretexto de regulamentar seu poder de polícia, visam à criação de força armada, parcialmente voluntária, para coibir ações do movimento dos sem terra, porque questões relativas às políticas fundiária e de segurança pública não são assuntos locais. Agravo regimental desprovido." Rel. Des. Araken de Assis, j. 25.05.98, Porto Alegre.

Ainda: ADINS 590046736; 590046751; 595025339.

62.2- Normas relativas à proteção ambiental e controle de trânsito atribuídos à guarda municipal. Inconstitucionalidade material e formal: ADIN 70002546232, j. 3.12.01.2, Pelotas.

63. HONORÁRIOS ADVOCATÍCIOS

63.1- Honorários de advogado. Repasse aos procuradores do município. Desvio ético. Inconstitucionalidade: ADINs 599209400 e 70009326182, j. 29.11.04, Rel. Desa. Maria Berenice Dias.

63.2- Honorários em ADIN indevidos: Emb. Dec. 70010064806.

64. HORÁRIOS

64.1- Horário Bancário. Competência para legislar da União: ADIN 70000040626. "Horário bancário. Lei nº 189/99, do Município de Novo Hamburgo. Preliminar de incompetência rejeitada. Inconstitucionalidade porquanto invade esfera de competência exclusiva da União. Súmula 19 do STJ." Rel. Des. Sérgio Pilla da Silva, j. 06.12.99, Novo Hamburgo.

ADIN 598378479. "Constitucional. Bancos. Horário de funcionamento. Competência da União. Não tem o Município competência para legislar sobre o funcionamento público dos bancos, por extravasar a previsão constitucional de seu peculiar interesse. Precedentes jurisprudenciais e Súmula 19 do STJ e 419 do STF. Ação procedente." Rel. Des. Vasco Della Giustina, j. 22.03.99, Uruguaiana.

64.2- Horário do comércio: ADIN 70004762472. "Lei 7109/92. Município de Porto Alegre. Invasão de competência legislativa da União. Inadmissibilidade. Os municípios só podem dispor sobre 'horário de funcionamento do comércio', não, porém, dispor sobre os dias em que possa ou não funcionar, na medida em que tal competência é reservada à União, a teor do artigo 22, I, da Constituição Federal. Ofensa ao artigo 13, 11, da Constituição do Estado.Ação julgado procedente." Rel.DEs.Clarindo Favretto, j. 26.05.03,Porto Alegre.

No mesmo sentido: ADIN 700000587113, j. 1812.00, S. Leopoldo.

Ver, também, ADIN 592078372; ADIN 598498210.

64.3- Horário de farmácias. Assunto de interesse local:

AP.C. 262.654-2, in "LEX" 193/65; AC nº 598017127,TJRS.

VER, AINDA: "BANCOS E ESTABELECIMENTOS FINANCEIROS", "COMÉRCIO" E "FARMÁCIAS".

65. HOSPITAIS

65.1- Acesso dos médicos a todos os hospitais do município. Inconstitucionalidade por invasão de competência da União sobre profissões: ADIN 70003023470, j. 21.1002, Erexim.

65.2- Lei que especifica serviços a serem prestados por hospital, que é autarquia. Inconstitucionalidade. Iniciativa reservada do Executivo: ADIN 70003632973, j. 1.04.02, Esteio.

VER, AINDA, "ATENDIMENTO MÉDICO" E "RECEITA MÉDICA".

66. IDOSOS

66.1- Desconto para idosos em espetáculos.Intervenção no domínio econômico. Inconstitucionalidade: ADIN 70007219017, Carazinho.

67. ILUMINAÇÃO PÚBLICA

67.1- Iluminação pública. Custeio. Inobservância para o mesmo exercício, mas para os subseqüentes. Vício formal inocorrente.Ação parcialmente procedente: ADIN 700092566199.

67.2- Iluminação pública. Sindilojas. Falta de pertinência temática. Extinção: ADIN 70007940745, j. 7.06.04,P.Alegre.

Ver, ainda: ADIN 70006921746.

67.3- Princípio da anterioridade. Vigência. Improcedência: ADIN 70006921746, j. 31.05.04, Alegrete.

VER, TAMBÉM, "TRIBUTÁRIO E FISCAL".

68. IMOBILIÁRIA

68.1- Obrigação criada aos locadores não residenciais, por lei municipal, com sanção às imobiliárias. Inconstitucionalidade. Matéria de competência da União: ADIN 70002017721, Porto Alegre.

69. INCÊNDIOS

69.1- Lei que cria corpo de bombeiros voluntários, como auxiliar da Brigada. Constitucionalidade. ADIN 70007936032. Nova Prata.

70. INDENIZAÇÃO – ATO ILÍCITO

70.1- Atos ilícitos praticados por agentes do Estado ou União, cassando mandatos eletivos municipais.Indenização. Responsabilidade que não lhe compete. Inconstitucionalidade: ADIN 599430071, j. 1.03.04, Porto Alegre.

71. LEI DE EFEITOS CONCRETOS OU MERAMENTE AUTORIZATIVA

71.1- Autorização ao poder público para contrair dívidas do hospital beneficente. Ausência de generalidade e abstratividade. Extinção do feito: ADIN 70004679387, j.3006.03.

71.2- Concessão de serviço de operação em determinada rodovia. Extinção. ADIN 70008295651, j. 4.1004.

71.3- Emenda legislativa com vistas ao prazo de pagamento em operação de crédito. Extinção do feito: ADIN 70004283958, j. 1003.03.

71.4- Lei Autorizativa.

ADIN 593099377: "A lei que autoriza o Executivo a agir em matérias de sua iniciativa privada implica, em verdade, uma determinação, sendo portanto inconstitucional. Ação julgada procedente." Rela. Desa. Maria Berenice Dias, j. 7.08.00, Santa Cruz do Sul.

71.5- Ressarcimento de contribuintes sobre custo de obra de avenida em determinado trecho. Ausência de abstração e generalidade. Extinção do processo: ADIN 70000705053, j.2008.01, Santana da Boa Vista.

Ver, ainda, ADIN: 596070227 (cria município). Ver, também, o nº 79.4 e o nº 104.7.

VER, TAMBÉM, "QUESTÕES PROCESSUAIS".

72. LICITAÇÃO

72.1- Doação de bem público. Eliminação de licitação. Inconstitucionalidade: ADIN 70002901635. j.28.04.03.

72.2- Licitação e concessão de serviço público:

ADIN 7000044164. "Erro de objeto. Artigo 82, da Lei Municipal nº 1.003/99. Ofensa ao princípio da moralidade pública. Não prospera a alegação de erro de objeto, quando verifica-se a ocorrência de equívoco por parte da requerente no mencionar a lei impugnada. Inconstitucionalidade declarada quanto ao art. 82, da lei Municipal nº 1.003/99, tendo em vista versar sobre matéria de competência do Chefe do Executivo local, no caso, o Sr. Prefeito Municipal, também pela falta de cumprimento do disposto pelo art. 163, da Carta Estadual e art. 175, da Constituição Federal, que refere a necessidade de processo de licitação, quando se tratar de concessão de serviço público. Afronta ao disposto pelos art. 8º, art. 10, art. 82, VII e 163, da Constituição Estadual, bem como art. 175, da Constituição Federal. Flagrante ofensa ao princípio da moralidade pública." Rel. Des. Antonio Carlos Stangler Pereira, j. 21.08.00, Porto Alegre.

72.3- Licitação e contratação administrativa. Cadastro de fornecedores inadimplentes. Constitucionalidade. ADIN 70003219169, j. 1.04.03, Cachoeira do Sul.

72.4- Licitação.Publicidade. Utilização de registros públicos. Vício formal. Inconstitucionalidade: ADIN 70001990340.

72.5- Obrigatoriedade de afixação e envio à Câmara Municipal dos editais previstos na Lei das Licitações. Inconstitucionalidade: ADINS 70004079851, 70004550489 e 70007053812.

72.6- Serviço de táxi.Ausência de licitação:

ADIN 597220425. "Lei Municipal que institui o serviço de táxi-lotação através de permissão, ignorando o princípio constitucional da licitação. Lei nº 1.325/93 do Município de Cachoeirinha. A prestação do serviço público de transporte coletivo, sob o regime da concessão ou permissão, não se enquadra em nenhuma das hipóteses de dispensa ou inexigibilidade de licitação, previstas nos artigos 24 e 25, respectivamente, da Lei 8.666/93. A pura e simples permissão dada pela lei impugnada aos já permissionários autônomos do serviço de transporte para a exploração do serviço de táxi-lotação, não respeita o princípio constitucional e a finalidade da licitação. Inconstitucionalidade de lei declarada por afronta aos artigos 163 e 8 da Constituição Estadual." Rel. Des. Eliseu Gomes Torres; j. 30.11.98; Cachoeirinha.

72.7- Texto legal que acresce informações nas placas de identificação obrigatórias, acerca da licitação em obras públicas. Iniciativa legislativa. Constitucionalidade: ADIN 70010716702 j. 15.08.05, Novo Hamburgo.

73. LIXO URBANO

73.1- Lei que determina as condições da coleta de lixo nas escolas municipais. Vício de iniciativa. Inconstitucionalidade: ADIN 70003855434, j. 2.12.02, Esteio.

74. LOCAÇÃO DE POSTES EM VIA PÚBLICA

74.1- Locação de via pública para colocação de postes: ADIN 70000063602. "Lei nº 177/99, de 29 de março de 1999, que autoriza o Executivo a cobrar da CRT, a título de locação, pela utilização das vias públicas onde estão instalados postes, torres e subestações da rede telefônica, bem como fixa, para tanto, providências ao executivo, como mediações para embasar a cobrança de preços, dando prazo a empresa para adequar seus procedimentos. Lei que não invade competência privativa da União para legislar sobre a matéria, eis que disciplina apenas interesse exclusivo e local. Por conter mera faculdade, torna-se o diploma inócuo, dependendo da opção discricionária do chefe do Poder Executivo. Competência do Executivo para dispor sobre organização e funcionamento da Administração Municipal, onde se inscreve a Administração dos bens públicos. Competência concorrente. Vício de iniciativa. Ação julgada parcialmente procedente, para declarar a inconstitucionalidade dos parágrafos primeiro e segundo do art. 1º, da Lei Municipal nº 177/99, de Novo Hamburgo, por contravir os artigos 8,10,60, II, 'd', da Carta Estadual." Rel. Des. Vasco Della Giustina, j. 2003.00, Novo Hamburgo.

No mesmo sentido: ADIN 70000063578, j. 27.08.01.

75. MATERIAL DE EXPEDIENTE

75.1- Inclusão de mensagens em material de expediente: ADIN 70000329979. "Lei Municipal nº 182/99. Constitucional. Procedência. Inclusão de certa mensagem no material de expediente, por ofensa ao disposto no art. 82, VII, da CE/89. 2. Ação julgada procedente." Rel. Des. Araken de Assis, j. 21.02.00, Erechim.

MÉDICO – VER "ATENDIMENTO MÉDICO", "HOSPITAIS" E RECEITA MÉDICA".

76. MEIO-FIO

76.1- Obrigatoriedade de rebaixamento dos passeios públicos. Vício de iniciativa. Inconstitucionalidade: ADIN 70003214590.

77. NEPOTISMO
77.1- Contratação de parentes. Grau de parentesco:

ADIN 597153584. "Ação Direta de Inconstitucionalidade. Emenda nº 01/97, do Município de Horizontina. À unanimidade, julgaram procedente." (assunto: cargo em comissão, nomeação, parentes). Rel. Des. João Aymoré Barros Costa, j. 15.12.97, Horizontina.

ADIN 593147788. "O art. 10, inc. XVII, da Lei Orgânica do Município de Nova Santa Rita que veda a contratação de cargos em comissão de parentes até o terceiro grau, infringiria a CF, 88, arts. 29 e 25, bem como a CE/89, art. 60, inc. II, letra 'b', o art. 191 e § 1º, põe as dependências das escolas à disposição da comunidade para atividades estranhas as ensino e invade a competência, ferindo o art. 2º da CF/88 e art. 5º e 10 da CE/89, bem como o art. 212 da Constituição Federal." Rel. Des. João Aymoré Barros Costa, j. 08.08.94, Nova Santa Rita.

ADIN 590055893. "Ação Direta de Inconstitucionalidade. Cabimento. Competência do Tribunal de Justiça. Reproduzindo a Constituição Estadual preceito ou princípio da Constituição da República, cabe a ação direta para exame da constitucionalidade da lei municipal frente à Constituição Estadual, sendo competente o Tribunal de Justiça para o seu julgamento. Funcionário público. Cargo em comissão. Parente. Não é inconstitucional o artigo da Lei Orgânica Municipal que proíbe a nomeação de parentes do Prefeito Municipal e de outras autoridade do Poder Executivo para os cargos em comissão. Artigo 32 da Constituição do Estado. Improcedência da ação direta de inconstitucionalidade. Votos Vencidos." Rel. Des. Ruy Rosado de Aguiar Júnior, j. 26.11.90, Nova Palma.

ADIN 598503704. "Padece de vício de iniciativa Lei Municipal que proíbe a contratação de qualquer parente até o terceiro grau, pois de autoria de vereador o respectivo projeto de lei, sem a sanção do chefe do Poder Executivo." Rel. Des. Ségio Pilla da Silva, j. 28.06.99, Augusto Pestana.

Ver, também, ADINs 598733379; 70005889134; 598354694; 598354694; 70003646247; 598354694; 70002784627; 70007174543; 70006260491; 70002148955; 598354694; 70002156073; 70008289928; 70002851574; 70010558088; 70002450377; 70006744106; 70006462600; 70004922662; 70012156329.

78. NOME DO AUTOR
78.1- Identificação do nome do vereador responsável por projeto de lei na sanção ou promulgação. Ofensa ao princípio da impessoalidade. Inconstitucionalidade: ADIN 70008125072 Taquara.

79. ORÇAMENTO
79.1- Aumento de vencimentos com previsão orçamentária rejeitada pela Câmara. Execução de lei suspensa, condicionada à futura previsão orçamentária: ADIN 70003025590, j.1.04.02.

79.2- Despesas com a criação de cargos e gratificações sem previsão na lei de Diretrizes Orçamentárias. Inconstitucionalidade: ADIN 597041813, j.30.11.98, Dom Pedrito.

79.3- Gratificação a servidor. Indispensável a prévia previsão orçamentária e Diretrizes Orçamentárias: ADIN 70001780519.

79.4- Iniciativa. Vedações. Destinação da receita orçamentária:

ADIN 597024447. "Constitucional e Administrativo. Lei de Orçamento. Elaboração. Lei de iniciativa legislativa instituidora do 'orçamento participativo'. Inconstitucionalidade por vício formal e material. Compete privativamente ao Chefe do Poder Executivo com o auxílio dos seus Secretários, a elaboração da Lei de Orçamento. Vícios formal e material da Lei nº 4.123, do Município de Canoas, instituidora do 'orçamento participativo', reconhecidos. Ação direta de inconstitucionalidade julgada procedente, por maioria." Rel. Des. Salvador Horácio Vizzotto, j. 25.08.97, Canoas.

ADIN 597270743 "Lei Municipal decorrente de projeto de lei de Vereador, quando a iniciativa privativa é do Poder Executivo para a espécie. Caso em que a alteração legislativa introduziu percentual fixo em dotação orçamentária para o Fundo Municipal de Apoio ao Desenvolvimento dos Pequenos Estabelecimentos Rurais. Fundaper. Inconstitucionalidade formal que se proclama." Rel. Des. Sérgio Pilla da Silva, j. 1008.98, Nonoai.

ADIN 598196244. "Constitucional. Ação Direta. Lei Orçamentária. Destinação de recursos. Norma de natureza e efeitos concretos. Impossibilidade do pedido. 1.Não comporta exame, pela via da ação direta (CF, art. 125, § 2º), alteração de lei orçamentária que modificou a destinação de recursos, porque se trata de norma de natureza e efeitos concretos. Precedentes do STF. 2.Ação Direta extinta." Rel. Des. Araken de Assis, 16.11.98, Porto Alegre.

No mesmo sentido: ADIN 70006186050, j. 25.08.03, Nonoai.

ADIN 596082073. "Ação direta de inconstitucionalidade. Alteração da Lei Orçamentária criando-se rubricas de despesas sem a competente previsão de receita. Inconstitucionalidade. A transferência de uma dotação para outra não é inconstitucional. Argüição acolhida em parte." Rel. Des. Décio Antonio Erpen, j. 25.11.96, Santa Maria.

ADIN 598599215. "Lei Orçamentária 3897/98. Ofensa ao processo legislativo. Inconstitucionalidade do preceito assecuratório da aprovação tácita ou por decurso de prazo. Inobservância do processo legislativo com promulgação do projeto original sem apreciação de veto, total ou parcial, das emendas aprovadas, com violação da competência do Legislativo para exame de lei orçamentária, possibilidade de acolhimento de argumento diverso. Ação julgada procedente." Rel. Des. Paulo Augusto Monte Lopes, j. 11/09/00, Santana do Livramento.

ADIN 70004543534. "É inconstitucional a lei municipal que estabelece regras sobre a execução orçamentária, por vício de iniciativa, quando não elaborada por iniciativa do Chefe do Poder Executivo." Rel Des. Clarindo Favretto, j. 24.11.03.

Ver, também, ADINs 598111375; 599126844; 70000211227; 598061745; 592007793; 590062410; 597270743; 596082073; 585008774; 592007793; 590088258; 598122471; 70010737294.

79.5- Lei orçamentária. Lei de efeitos concretos: ADINs 70010737294; 70005775291; 70000327288; 599126844; 598196244; 70000695155; 598196244; 70002724516.

79.6- Lei orçamentária. Admitido o controle com relação a aspectos formais: ADIN 70005690201. "Constitucional. Lei de Diretrizes Orçamentárias. Vício formal. Possibilidade. Incompatibilidade com o plano plurianual. Inexistência. Admite-se o controle de constitucionalidade da lei e de diretrizes orçamentárias quanto aos seus aspectos formais, a exemplo do vício de iniciativa(STF ADIN 1991/MC-PR) e da proibição de emendas." Des. Araken de Assis, j. 2.6.03, Arambaré.

Ainda: ADIN 70003960150; 598097731;

79.7- Lei orçamentária. Emenda do Legislativo criando secretaria municipal. Inconstitucionalidade: ADIN 70005815071, j.7.03.05.

79.8- Lei prevendo anistia de juros e multas resultantes dos contratos firmados no Programa Municipal de Habitação. Matéria de cunho orçamentário. Vício formal. Inconstitucionalidade: ADIN 70004467692, j. 29.12.03.

VER, TAMBÉM, "DIRETRIZES ORÇAMENTÁRIAS, PLANOS PLURIANUAIS, ORÇAMENTO E EXECUÇÃO ORÇAMENTÁRIA" E "PLANO PLURIANUAL".

80. ORGANIZAÇÃO ADMINISTRATIVA MUNICIPAL

80.1- ADIN 70004384418. "É inconstitucional, por vício formal, a lei de iniciativa da Câmara de Vereadores, que estabelece norma atinente à organização dos serviços públicos municipais. Violação dos artigos 5º, 8º 10 e 60, II da Constituição Estadual. Ação julgada procedente." Rel. Des. Cacildo de Andrade Xavier, j. 11.08.03, São Pedro do Butiá.

No mesmo sentido: ADINs 593147481; 596200592; 595136854; 593110141; 70002929644; 70000306639; 70003632973.

Em sentido diverso: Competência concorrente. Coleta, transporte, tratamento e destino final de resíduos sólidos domiciliares e limpeza urbana, não é privativa do chefe do Executivo a iniciativa de lei: ADIN 70012256608, Rel. Des. Wellington Pacheco Barros, j. 21.11.05, Rio Grande.

VER, TAMBÉM,"ADMINISTRAÇÃO MUNICIPAL E ORGANIZAÇÃO ADMINISTRATIVA".

81. ÓRGÃOS DE CONTROLE

81.1- Controle interno do Município. Vício formal. Inconstitucionalidade: ADINs 70005652060 e 70005652060.

81.2- Criação de serviço de contabilidade para controle externo do Poder Legislativo: ADIN 588019885. "Lei Municipal nº 1.005/87. Vício de iniciativa inocorrente, pois competente o Legislativo Municipal para a criação de serviço de contabilidade para controle interno de sua verba orçamentária. Representação interventiva desacolhida. Votos vencidos." Rel. Des. Sérgio Pilla da Silva, j.05.12.88, Canguçu.

82. PASSAGEM ESCOLAR

82.1- Lei que cria passagem para estudantes e trabalhadores em educação. Vício formal. Inconstitucionalidade: ADIN70004717385.

83. PASSEIOS E LOGRADOUROS PÚBLICOS

83.1- Disciplina na construção dos passeios públicos. Vício formal.Organização administrativa. Inconstitucionalidade: ADIN 70005821574.

83.2- Determinação ao Executivo para cronograma de pavimentação de logradouros públicos. Inconstitucionalidade: ADIN 70010716603.

83.3- Identificação de ruas e bairros, com despesa pública. Iniciativa do Legislativo.Inconstitucionalidade: ADIN 593099427. j.12.09.94. Sta. Cruz do Sul.

84. PERMISSÃO E LICENÇA DE SERVIÇO PÚBLICO

84.1- Lei que dispõe sobre permissão de uso de passeio público fronteiriço a bares e restaurantes, para colocação de toldos. Vício de iniciativa. Inconstitucionalidade: ADIN 70002936250.

84.2- Lei que autoriza serviços de transporte remunerado de cargas e entrega através de motocicletas, sob o regime de outorga de permissão e licença. Competência da União. Inconstitucionalidade: ADIN 70008261910, j. 3008.04, Alegrete.

VER, TAMBÉM, "CONCESSÃO DE SERVIÇO PÚBLICO".

85. PERTINÊNCIA TEMÁTICA

85.1- Federação do Comércio. Ausência de pertinência temática entre as finalidades estatutárias da proponente e os objetivos do diploma legal, que criou 21 cargos de provimento em comissão. Extinção do processo: ADIN 70001634617, Guaíba, j. 1.04.02.

Ver, ainda: ADINs 70000707885; 70002442614; 596240259.

86. PESCA

86.1- Regulação, demarcação e sinalização da área de pesca, lazer e recreação. Competência da União. Inconstitucionalidade: ADIN 70005057013, j.3006.03,Tramandaí.

87. PLANEJAMENTO FAMILIAR

87.1- Inconstitucionalidade formal e material:

ADIN 599244803. "Lei Municipal nº 45/98. Lei Municipal dispondo sobre planejamento familiar. Inconstitucionalidade formal e material. Ação acolhida." Rel. Des. Décio Antonio Erpen, j. 08.11.99, Novo Hamburgo.

87.2- Providências para o planejamento familiar: ADIN 599255676. "Lei Municipal nº 180/98. É inconstitucional a Lei nº 180/98, emanada da Câmara de Vereadores, que invadiu a competência reservada do Sr. Prefeito, ao tomar iniciativa na proposição de lei que "dispõe sobre o planejamento familiar, esterilização voluntária e da outras providências." Tratando dessa matéria, a norma impugnada violou a lei do orçamento ao criar despesa pública não prevista e feriu o princípio da separação dos Poderes. Ação julgada procedente." Rel. Des. Clarindo Favretto, j. 13.12.99, Erechim.

88. PLANO DIRETOR E CONSTRUÇÃO URBANA

88.1- Ocupação de território. Plano Diretor. Política urbana.Controle preventivo. Participação das entidades comunitárias em sua elaboração:

ADIN 70003026564. "Município de Capão da Canoa. Lei 1.458/2000 que estabelece normas sobre edificações nos loteamentos e altera o plano diretor da sede do Município de Capão da Canoa. Inconstitucionalldade formal. Ausência de participação das entidades comunitárias legalmente constituídas na definição do plano diretor e das diretrizes gerais de ocupação do território, bem como na elaboração e implementação dos planos, programas e projetos que lhe sejam concernentes. Violação ao § 5° do art. 177 da Carta Estadual. Precedentes do TJRS. Ação procedente." Rel. Des. Clarindo Favretto, j. 16.09.02, Capão da Canoa.

No mesmo sentido: ADINS 70001688878; 70002576239; 70008224669.

88.2- Regularização de prédios irregulares. Iniciativa do Legislativo. Inconstitucionalidade: ADIN 70003942430, j. 14.1002.

88.3- Solo Urbano. Uso e parcelamento. Iniciativa legislativa. Inconstitucionalidade. Necessidade de participação comunitária: ADIN 70010133203, j. 21.11.05, São João do Polêsine.

VER, TAMBÉM, "PRÉDIOS IRREGULARES".

89. PLANO PLURIANUAL

89.1- Admitido o controle com relação a aspectos formais: ADIN 70005690201. "Constitucional. Lei de Diretrizes Orçamentárias. Vício formal. Possibilidade. Incompatibilidade com o plano plurianual. Inexistência. Admite-se o controle de constitucionalidade da lei e de diretrizes orçamentárias quanto aos seus aspectos formais, a exemplo do vício de iniciativa (STF ADIN 1991/MC-PR) e da proibição de emendas." Des. Araken de Assis, j. 2.6.03, Arambaré.

89.2- Iniciativa do Executivo:

ADIN 70009130691. "É inconstitucional a Lei Municipal, de iniciativa do Poder Legislativo, a qual altera a Lei do Plano Plurianual, acrescentando-lhe metas consistentes na realização de concurso público e nomeação de servidor concursado, relativamente ao próprio Poder Legislativo. Tudo, por vício de origem e, assim, com afronta aos arts. 8º, 82, XI e 149, I da Constituição Estadual. Desse modo ferindo a harmonia e independência dos Poderes e atropelando a iniciativa privativa do Executivo. Ação procedente." Des. Léo Lima, j. 6.12.04, São Pedro do Butiá.

ADIN 70004861746. "Lei Complementar Municipal. Criação de normas que dispõem sobre conceitos, forma de elaboração, definição de conteúdo dos demonstrativos para receitas e despesas, demonstrativo de metas e do controle da execução orçamentária de planos plurianuais, lei de diretrizes orçamentária e orçamento anual. Norma de sobredireito. Competência suplementar municipal. Enseja O inc. LI, do art. 30, CF, competência suplementar municipal para legislar naquilo que se mostrar adequado ao interesse local, desde que não afrontados preceitos superiores, expressamente ressalvados na norma apontada como inconstitucional, não se tratando propriamente de lei orçamentária, mas de sua forma de elaboração e controle, igualmente sem malferimento de normas federais pertinentes, o que afasta o vício de iniciativa, igualmente não violando o princípio de independência e harmonia entre os Poderes. Ação julgada improcedente". Rel. Des. Paulo Augusto Monte Lopes, j.17/11/2003.

ADIN 70003960150. "Sapucaia do Sul plano plurianual, emendas aditivas. Ilegitimidade do legislativo. Lei de efeito concreto. Rejeição à tese. Ainda que se adote a visão restritiva. Imperante nos Tribunais do País, a partir da Corte Suprema, não se exibe de efeito meramente concreto a lei que estabelece o plano plurianual, viabilizado o exame de vício de inconstitucionalidade, pelo sistema concentrado, quando menos quando diga ele com a própria configuração constitucional da espécie legislativa. Exibe-se inconstitucional lei que estabelece plano plurianual, quando seu conteúdo perfaz-se com emendas aditivas, apresentadas na Câmara Municipal, ignorado inclusive o preceito que veda o aumento de despesa, aplicável à espécie. Preliminar rejeitada. Ação procedente." Rel.Des. Antônio Janyr Dall'Agnol Júnior, j.20/10/2003.

VER, AINDA, "DIRETRIZES ORÇAMENTÁRIAS, PLANOS PLURIANUAIS E ORÇAMENTO E EXECUÇÃO ORÇAMENTÁRIA" E "ORÇAMENTO".

90. PLANTAS TRANSGÊNICAS

90.1- Comercialização. Rotulagem e propaganda. Incompetência municipal. Concorrência da União e Estados: ADIN 70005555438.

90.2- Cultivo. Liberação. Competência:

ADIN 70000625152. "Lei Municipal. Liberação do cultivo de plantas transgênicas no território do Município. Inconstitucionalidade, por vício de iniciativa, pois, se trata de matéria de interesse nacional. Atividade potencialmente degradadora. Competência material concorrente da União, Estados e Distrito Federal, não incluída a do Município. Arts. 24, VI e 225 da Carta Federal e arts. 52, 250 e 251 da Constituição Estadual. Precedente do Tribunal de Justiça. Ação julgada procedente." Rel. Des. Vasco Della Giustina, j. 07.08.00, Não- Me- Toque.

ADIN 70000455360. "Lei Municipal. Plantas transgênicas. Liberação de seu cultivo na área territorial agricultável do Município. Lei Municipal. Sua inconstitucionalidade. Competência material comum da União, dos Estados e do Distrito Federal para legislar a respeito. Interesse nacional predominante ao interesse meramente local." Rel. Des. Sérgio Pilla da Silva, j. 2003.00, Jóia.

Ver, também, ADINS 70000512939; 70000513044; 70000513192 e M.S. nº 70000027245, 2ª C. C.

91. POÇOS ARTESIANOS

91.1- Poços artesianos. Permissão de uso:

ADIN 597219989. "Lei Municipal. Compatibilidade com a lei estadual. São compatíveis os artigos 13, caput, 54, 55 e 56 da Lei Complementar nº 395/96, do Município de Porto Alegre, com o art. 18, caput e § 1º, da Lei 6503/92, emanada da competência legislativa plena do art. 24, § 3º, da Constituição Federal. Ação julgada improcedente." Rel. Des. Araken de Assis; j. 02.03.89; Porto Alegre.

92. POLUIÇÃO SONORA

92.1- Limite de emissão sonora:

ADIN 70000697003. "Lei Municipal. Constitucional. Competência supletiva do Município. Limites de emissão sonora. 1. Não é vedado aos Municípios, a teor do art. 30, II, da CF, suplementar a Legislação Estadual, quanto aos limites de emissão sonora, definindo os padrões adequados ao interesse local, pois, neste assunto, ante as peculiaridades de cada Município, se mostra impossível estabelecer uniformidade. 2. Ação direta julgada improcedente." Rel. Des. Araken de Assis, j. 20.11.00, São Lourenço do Sul.

Ver, também, ADINs 598448355; 70004993143; 70000697003.

93. PRAZOS

93.1- ADIN 70003254182. "Fixação de prazos para a Administração Pública municipal anular, revogar ou consolidar seus atos. Matéria administrativa local incluída na competência legislativa municipal, inclusive não abrangendo servidores públicos ou seus direitos. Ação improcedente". Rel. Des. Paulo Augusto Monte Lopes, j.4.03.02, Lagoa Vermelha.

VER, TAMBÉM, "PROCESSO LEGISLATIVO".

94. PRÉDIOS IRREGULARES

94.1- Regularização. Iniciativa. Inconstitucionalidade. Matéria administrativa: ADIN 70002930220, j. 19.08.02.

94.2- Regularização. Polícia de construção urbana. Vício formal. Inconstitucionalidade: ADIN 70000702639, j.4.1004.

VER, TAMBÉM, "PLANO DIRETOR E CONSTRUÇÃO URBANA".

95. PREFEITO

95.1- Acusação contra Prefeito:

ADIN 596001057. "Quorum" para admissão de acusação contra o Prefeito Municipal. Preliminar de inépcia da inicial, a falta de valor da causa. Irrelevância, eis que não se trata de valor patrimonial. Se a Carta Magna e a Constituição Estadual prevêem "quorum" qualificado de dois terços para recebimento de acusação contra Presidente da República ou o Governador do Estado, não pode a Lei Orgânica do Município inovar, prevendo maioria simples. Procedência parcial da ação para declarar a inconstitucionalidade parcial do inc. II, art. 56, da LOM, suprimindo-se o trecho '...pelo voto da maioria dos presentes.' Unânime." Rel. Des. Eliseu Gomes Torres, j. 04.11.96, Carazinho.

95.2- Afastamento de Prefeito. Prazo. Parâmetros. Inconstitucionalidade:

ADIN 70001085646. "Ação Direta de Inconstitucionalidade. É inconstitucional dispositivo de Lei Orgânica que estabeleça prazo para afastamento de Prefeito Municipal, considerada a sua esfera de atuação, em desacordo com parâmetros constantes nas Constituições estadual e federal. Para Governadores e Presidente da república. Necessidade de observar-se o princípio da simetria." Rel. Des. Alfredo Guilherme Englert, j. 16.1000, Rosário do Sul.

ADIN 70000066431. "Prefeito. Afastamento do Município. Autorização da Câmara de Vereadores. Período. Indeterminação. Ostenta-se inconstitucional, por atentar contra o disposto no art. 10 da Constituição Estadual, consagrador do princípio da independência e harmonia dos poderes, norma jurídica de lei orgânica municipal que comete à Câmara Municipal de Vereadores o poder de autorizar o afastamento do Prefeito do Município por mais de 10 (dez) dias, ou do Estado, por qualquer tempo. Ação julgada procedente. Votos vencidos." Rel. Des. Antonio Janyr Dall'Agnol, j. 27.12.99, Jaguarão.

ADIN 70000884585. "Lei Orgânica do Município de Ibiraiaras. Exigência de licença do Legislativo para que o Prefeito possa se afastar do Estado por qualquer tempo. Infringência das normas dos artigos 53, IV e 81 da Constituição Estadual. Ação acolhida." Rel. Des. Sérgio Pilla da Silva, j.18.09.00, Porto Alegre.

ADIN 70001156223. "Impedimentos do Prefeito e do Vice-Prefeito. Substituição. Lei Orgânica, art. 100, § 2º. Inconstitucionalidade parcial por afronta ao art. 80, § 1º combinado com o art. 8º, da Constituição Estadual – devida a inclusão do 1º Vice-Presidente e do 1º Secretário da Câmara Municipal como substitutos no impedimento do Prefeito e do Vice-Prefeito. Entre os princípios constitucionais a que devem obediência os Municípios, na elaboração de sua Lei Orgânica, inclui-se o da substituição dos titulares do Poder Executivo pelos chefes dos demais poderes. Havendo nas comunas apenas os poderes Executivo e Legislativo, não se pode cogitar da inclusão do Juiz de Direito na vocação sucessória ou de sucessão do Prefeito. Procedência da ação." Rel. Des. Elvio Schuch Pinto, j. 30.1000, Santana do Livramento.

ADIN 595151846. "Lei Orgânica. Chefe do Executivo municipal. Ausência do Município. Autorização. A Lei Orgânica, ao estabelecer, no art.63, que o prefeito não pode se afastar do estado sem licença da Câmara Municipal, "independente do período de tempo", tolhe manifesta e arbitrariamente a liberdade de ir e vir do Chefe do Poder Executivo Municipal, afrontando o princípio da independência e harmonia entre os poderes, insculpido na Carta Magna (art.2), bem como na Constituição Estadual, no art.10. Ação julgada parcialmente procedente." Rel. Des. Eliseu Gomes Torres, j. 01.07.96, Cacequi.

Ainda: ADINs: 591040787; 590064192; 598139384; 598097780; 598064145; 596066829; 597259068; 595151846; 598139384; 70003424645; 70000645853; 700050000518; 70004297289; 70000884585;

70000066431; 70001780394; 70003316940; 70003424645; 70002203214; 70004965315; 70008477234; 70006413397; 70001083955; 70006786024; 70004246849; 70008270043; 70005631098; 70005888839; 70007370737; 70008580276; 70007833791; 70006078885; 70003654449; 70005289145; 70008915977; 70005010806; 70011465770; 70012935425; 70011973450; 70011856192; 70011788239; 70012149266; 70012564191.

95.3.Ausência de iniciativa do Executivo:

ADIN 70002231488. "Ação Direta de Inconstitucionalidade. Projeto de lei de iniciativa exclusiva do Chefe do Poder Executivo Municipal. Como poder constitucionalmente previsto, o Legislativo Municipal tem suas atribuições do mesmo modo que as tem o Poder Executivo. Inadmissível aceitar-se a invasão de atribuições, pois a independência e harmonia entre os Poderes, além de ser princípio constitucional, tanto na Constituição Federal, quanto na Constituição estadual. É em última análise, a garantia de existência do próprio Estado Democrático de Direito." Rel. Des. Alfredo Guilherme Englert, j. 18.06.01, Itaqui.

ADIN 70001657196. "Leis Municipais ns. 1929/92, 1825/91 e 1936/92 de Esteio, que disciplinam matéria administrativa, cuja iniciativa compete ao Executivo. Vício formal. Ação julgada procedente." Rel. Des. Vasco Della Giustina, j. 04.02.01, Esteio.

ADIN 70000933200. "Matéria de iniciativa exclusiva do Executivo local. Requerimento, por parte do Sr. Prefeito de retirada do projeto de lei antes da apreciação do Legislativo. Emendas apresentadas pela Câmara de Vereadores.

Apresenta-se inconstitucional a lei municipal que, ao tratar de matéria de iniciativa exclusiva do Poder Executivo local, mesmo tendo sido criada pelo Sr. Prefeito Municipal, que posteriormente requereu sua retirada, antes da apreciação pelo Legislativo, o que lhe foi negado, sofre emendas por parte dos vereadores, caracterizando vício de iniciativa por interferência em matéria reservada ao Executivo. Afronta ao disposto pelos arts. 5,8, 10, 60, inciso II, letras 'a' e 'b', da Constituição Estadual." Rel. Des. Antonio Carlos Stangler Pereira, j. 20.11.00, Esteio.

ADIN 598282564. "Processo legislativo. Poder de emendas, que tem a Câmara Legislativa, ao projeto de lei de iniciativa privativa do Prefeito Municipal.A Câmara pode oferecer 'emenda' aos projetos de lei de iniciativa privativa do Sr. Prefeito, desde que não lhe modifiquem a substância, não lhe transformem a idéia originária, ou não lhe deformem o sentido que lhe dera causa. Competência privativa do Prefeito Municipal. Indelegabilidade. Nos projetos de lei, cuja matéria se vincula à competência do Sr. Prefeito Municipal, não é dado à Câmara Legislativa tomar sua iniciativa e nem é dado àquele placitá-la com sanção posterior.A sanção de retardo não convalida o ato inconstitucional.A constituição quer que cada Poder exerça separadamente suas atribuições, sem baralhá-las.Cada agente político tem o exercício do direito, mas, não a sua disponibilidade, conseqüente a investidura do cargo." Rel. Des. Clarindo Favretto, j. 09.08.99, Porto Alegre.

Ver, também, ADINs 598044105; 590082350; 598077055; 596158139; 598282564; 70001782564; 70000757930; 700013009046; 598077055.

ADINs 592106538. "Lei Municipal nº 1.386/92. I- O Município não dispõe da "Ação direta de inconstitucionalidade" de lei ou ato normativo municipal, em face da Constituição Federal (art.102, I, "a" combinado com o art.125, § 2), mas dispõe do incidente de inconstitucionalidade na ação. Declarando, o Tribunal Estadual, a inconstitucionalidade de Lei Municipal abrangente, não subsistirá dispositivo que declare direito relacionado ao fundo de garantia por tempo de serviço – FGTS -: caindo o núcleo do comando normativo, com ele se baldam os decorrentes, sendo inútil a suspensão parcial ou total do processo ou julgamento, que outro não poderá haver, por falta de objeto. Lei da exclusiva competência do Prefeito municipal a iniciativa deles que tocam hipótese de conversão de r egime jurídico dos servidores municipais e as conseqüências disso decorrentes, nos direitos e nas obrigações, sendo inconstitucional aquela que promana originariamente da Câmara de vereadores. Ação julgada procedente, a unanimidade, rejeitada as preliminares." Rel. Des. Clarindo Favretto, j. 21.12.92, Sobradinho.

95.4- Competência privativa do Prefeito para dispor acerca do funcionamento e organização da Administração. Regime Jurídico dos servidores. Reserva de iniciativa:ADIN 70004627832.

95.5- Controle legislativo nas concorrências do Executivo: ADIN 597108984. "Ação direta de inconstitucionalidade proposta pelo Prefeito de Porto Alegre contra a Lei nº 7.007/92, que pretende imiscuir-se nas concorrências públicas promovidas pelo Poder Executivo mediante controle interno do Poder Legislativo. Procedência do pedido." Rel. Des. João Aymoré Barros Costa, j. 15.12.97, Porto Alegre.

95.6- Crimes de responsabilidade e infrações político- administrativas de Prefeitos:

ADIN 598414159. "Lei Orgânica. Compete privativamente à União legislar em torno dos crimes de responsabilidade dos Prefeitos Municipais. Subsistem as normas contidas do DL 201/67 mesmo frente ao novo regulamento constitucional de 88. Adin acolhida." Rel. Des. Décio Antonio Erpen, j. 13.09.99, Bossoroca

ADIN 590054458. "É inconstitucional também o dispositivo que restringe ou que amplia os casos de infrações político-administrativas tratadas no Decreto-Lei nº 201/67. Ação acolhida". Rel. Des. Sérgio Pilla da Silva, , j. 3.12.90.

No mesmo sentido: ADINS 70001263730 e 70006016919.

ADIN 70012526745. "Dispositivo da Lei Orgânica de Charqueadas, que determina a suspensão do Prefeito, quando processado e julgado por crimes comuns, de responsabilidade e infrações político-administrativas, não é inconstitucional, porquanto repisa norma inserta na Constituição do Estado. Ação improcedente." Rela. Desa. Maria Berenice Dias, j. 28.11.05, Charqueadas.

95.7- Extinção de cargos públicos. Iniciativa. Competência. Prefeito. Constitucionalidade: ADIN 70003897980.

(VER, TAMBÉM, O Nº 21.)

95.8- Fiscalização do Executivo com remessa mensal dos pagamentos efetuados ou outros documentos:

ADIN 70001210418. "Instituição pela Câmara Municipal de Butiá, de serviço de controle e execução da movimentação bancária dos seus recursos orçamentários, inclusive estendendo atribuições funcionais para tanto a cargo em comissão de assessoria contábil já existente em seu quadro. Inconstitucionalidade inocorrente. Ação julgada improcedente." Rel. Des. Sérgio Pilla da Silva, j. 05.03.01, Butiá.

ADIN 594183345. "Constitucional e Administrativo. Ação direta de inconstitucionalidade. Se a lei municipal alegada inconstitucional pode ferir artigo constante da Constituição Estadual, embora não indicando na peça vestibular, a ação é de ser conhecida. Inconstitucionalidade, o princípio constitucional de harmonia e independência entre os poderes (art. 10 da CE) inadmite que o Poder Legislativo fiscalize, mensalmente, as contas municipais, com obrigação do Executivo fazer remessas periódicas relacionando todos pagamentos efetuados. A prestação de contas tem época oportuna e não será exercida previamente. Ação procedente. Votos vencidos." Rel. Des. Tupinambá Miguel Castro Nascimento, j. 26.06.95, Glorinha.

No mesmo sentido: ADINs 70007267685; 70007174196; 70004068649; 70011787215.

95.9- Gozo de férias. Necessidade de prévia licença da Câmara. Inconstitucionalidade: ADINS 70006018402; 70002948172; 592001358.

95.10- Legitimidade do Prefeito Municipal:

ADIN 599052776 "Leis Municipais nºs. 3653/72 e 7018/92. Lei que dá nova redação ao diploma que autoriza a doação de área de terras ao 'Grêmio Foot-ball Portoalegrense'. Preliminar de ilegitimidade de parte. Legitimação do Prefeito Municipal e não do Município, para ajuizar a ação. Constituição do Estado, art. 195, § 1º, inciso IX. A assinatura do Prefeito Municipal não supre a deficiência da inicial. Preliminar acolhida. Ação declarada extinta. Votos vencidos." Rel. Des. Vasco Della Giustina, j. 27.09.99, Porto Alegre.

95.11- Lei que fixa os subsídios do Prefeito. Inconstitucionalidade. Inobservância do art. 11 da Carta Estadual. ADIN 70000035139.

VER "SUBSÍDIOS".

95.12- Licença para tratamento de saúde, condicionada à apreciação da Câmara. Inconstitucionalidade: ADIN 70006018402.

95.13- Limite de controle dos atos do Executivo pelo Legislativo:

ADIN 595110990. "Poderes: independência e harmonia. Limites do controle dos atos do Executivo pelo Legislativo. Afronta aos artigos 5, 10 e 82, II e VII da Constituição Estadual. Procedência da ação." Rel. Des. Nelson Oscar de Souza, j. 07.10.96, Pelotas.

95.14- Pensão a ex- Prefeito:

ADIN 589061084. "Lei Municipal nº 4.029/85. Pensão. Inconstitucionalidade. É inconstitucional a lei que concede pensão ou subsídio aos ex-Prefeitos Municipais. Precedente." Rel. Des. Elias Elmyr Manssour, j. 03.09.90, Rio Grande.

95.15- Redução de prazo para o Prefeito prestar informações. Inconstitucionalidade: ADINs 70003136595 e 70003654357, Esteio.

95.16- Reserva de iniciativa acerca de leis do regime jurídico dos servidores e organização administrativa do Município: ADINs 5910713111; 70010525095; 70008666042; 70000661066.

95.17- Revogação de gratificação de férias do Prefeito:

ADIN 596021816. "Constitucional. Ação Direta de Inconstitucionalidade. Decreto Legislativo Municipal que revogou a concessão de gratificação de 1/3 de férias asseguradas ao Prefeito, Vice-Prefeito e Vereadores Municipais. O Decreto Legislativo municipal que revogou as gratificações natalinas e de 1/3 de férias concedidas ao Prefeito, Vice-Prefeito e Vereadores não padece de inconstitucionalidade, uma vez que são parcelas autônomas que não integram o conceito de remuneração, não estando, por isso, submetidos ao princípio da anterioridade.Rejeitadas a unanimidade as preliminares, julgaram improcedente, por maioria." Rel. Des. Nelson Oscar de Souza, j. 16.12.96, Santo Ângelo.

ADIN 598067205 "Lei Orgânica do Município de Mato Castelhano que reduz a remuneração do Prefeito em caso de férias e licença para tratamento de saúde, deixa de perceber a parcela correspondente a verba de representação. Inconstitucionalidade frente ao disposto no art. 29, II, da Constituição Estadual. Possibilidade jurídica do pedido.Ação direta que, rejeitada a preliminar de impossibilidade jurídica do pedido, se julga procedente." Rel. Des. Osvaldo Stefanello, j. 24.05.99, Mato Castelhano.

95.18- Substituição em caso de licença e vacância, ausente o Vice. Preenchimento por servidor do primeiro escalão:

ADIN 70009325200. "Santa Maria. Substituição do Prefeito, Vice e Presidente do Legislativo, em face de vacância ou impedimento, na ordem precedente de substituição por servidor do primeiro escalão. Ausência de vício material. Sendo temporária a substituição e se não tratando de sucessão, inexiste ofensa ao princípio da soberania popular. Não resta, igualmente, ferido o princípio de simetria com a não assunção do representante do Poder Judiciário, nos moldes federais e estaduais, pois, a par de o mesmo ser agente político, não escolhido pelo sufrágio universal, os municípios não são dotadas de um órgão jurisdicional próprio, com evidente perda de paralelismo com as demais esferas governamentais de poder. Está implícita na autonomia dos municípios e no seu interesse local, (art. 30, I Carta Federal) a escolha de substitutos eventuais de seus governantes, desde que o seja por tempo limitado, a fim de suprir o vácuo administrativo, limitando às atividades de mero expediente administrativo do município, pois as competências privativas são indelegáveis. Precedente jurisprudencial em caso análogo. Não tem competência o legislador municipal, todavia,para alterar ou acrescentar hipóteses de inelegibilidade, violando-se o art. 14, §§ 32 ao 9º da CF, LC 64/90 e art. 82 da Carta Estadual. ADIN julgada parcialmente procedente". Rel. Des. Vasco Della Giustina, j. 21.03.05.

No mesmo sentido: ADIN 70009237090. Substituição por Juiz de Direito: Inconstitucionalidade: ADIN 70001156223, Livramento, j.30.1000.

95.19- Vedação ao Prefeito do exercício simultâneo de atividade na administração de empresa privada. Inconstitucionalidade material: ADINs 593002611; 593001746; 593002991

VER, TAMBÉM, "CÂMARA MUNICIPAL", "CARGOS – CRIAÇÃO E EXTINÇÃO", "CONVÊNIOS", "DIÁRIAS", "PROCESSO LEGISLATIVO" E "SUBSÍDIOS".

96. PREVIDÊNCIA PÚBLICA

96.1- Incidência de contribuição previdenciária sobre proventos e pensões. Inconstitucionalidade: ADIN 70002719516, Soledade.

96.2- Lei que cria fundo municipal de previdência dos Servidores. Inconstitucionalidade na parte que impõe contribuição social aos servidores aposentados e pensionistas: ADIN 70007150147.

96.3- Proventos proporcionais. Aposentadoria. Autorização de integralização por doença superveniente. Benefício sem correspondência no regime geral. Inconstitucionalidade: ADIN 70010365344, j. 31.10.05, São Lourenço do Sul.

(VER, TAMBÉM, O Nº 43.3.)

97. PRIVACIDADE – OFERTA TELEFÔNICA

97.1- Lei que assegura a privacidade aos usuários de telefonia, para recebimento de ofertas de comercialização. Matéria atinente ao Direito Civil. Inconstitucionalidade: ADIN 70007754757.

98. PROCESSO ADMINISTRATIVO

98.1- Lei que o regula. Vício formal de iniciativa. Inconstitucionalidade:

ADIN 70008451361. "Lei nº 2.358/04, que regula o processo administrativo no âmbito da administração pública municipal. Vício formal. Matéria de iniciativa reservada ao chefe do executivo, pois, diz com a organização administrativa e com o regime jurídico dos servidores públicos, a par de conter determinações e encargos para o executivo, inclusive, quanto ao prazo prescricional para o exercício da autotutela. O art. 61, § 12, 11 'a' da Carta Federal, prevendo a iniciativa privativa do presidente da república de leis que disponham sobre a organização administrativa, tem aplicação simétrica aos Estados e Municípios, por força do art. 8º da Carta Estadual. O envolvimento de todos os órgãos municipais não retira o vício formal de iniciativa. ADIN julgada procedente, por ofensa aos artigos 8º, 10, 60, II 'b' e 'd' da Carta Estadual e art. 61, § 1º,II, 'b' da Carta Federal." Rel. Des. Vasco Della Giustina, j. 13.09.04, Canguçu.

ADIN 70009341652. "Lei Municipal. Vício de origem. Processo administrativo. Anulação e revogação dos atos administrativos. Regramento sobre prescrição administrativa. É da iniciativa do Executivo tratar, sobre processo administrativo, notadamente a anulação e revogação de atos da administração e eventual lapso decadencial, na medida em que há interferência com a atuação da administração pública, restando evidente a inconstitucionalidade formal." Rel. Des. Arminio Jose Abreu Lima da Rosa, j. 14.03.05, Bento Gonçalves.

98.2- Competência do Município:

ADIN 70003254182. "Fixação de prazos para a administração pública municipal anular, revogar ou convalidar seus atos. Matéria administrativa local incluída na competência legislativa municipal, inclusive não abrangendo servidores públicos ou seus direitos. Ação improcedente." Rel. Des. Paulo Augusto Monte Lopes, j. 4.03.02, Lagoa Vermelha.

99. PROCESSO LEGISLATIVO

99.1- Aprovação de projeto de lei por decurso de prazo. Inconstitucionalidade: ADIN 70001876598, Salto do Jacuí.

99.2- Aspectos processuais:

ADIN 598587475. "Competência do Tribunal de Justiça. Ao Tribunal de Justiça compete, pouco relevando que repetindo a norma Constitucional Estadual preceito da Constituição Federal, o exame de alegação de vício de inconstitucionalidade de lei municipal, por incompatível com princípio acolhido por aquela sanção do executivo. Sanação. Inadmissão. Em nada resta prejudicada a pretensão desconstitutiva, por vício de inconstitucionalidade, por ocorrente, no passado, sanção do executivo, porquanto competente para o exame da constitucionalidade das leis, no sistema, é o Poder Judiciário. Reserva de iniciativa." Rel. Des. Antonio Janyr Dall'Agnol Junior, j. 19.04.99, Cruz Alta.

ADIN 598400554. "Processual civil e constitucional. Legitimação específica. Impossibilidade de correção do pólo ativo. 1. Invocada a tutela jurisdicional, através de ação direta de inconstitucionalidade, por pessoa jurídica de direito público, que não ostenta a legitimidade específica conferida aos seus órgãos (art. 95), parda demanda, nele situado pessoa diversa. Ilegitimidade ativa manifesta. 2. Processo julgado extinto. Votos vencidos." Rel. Des. Araken de Assis, j. 21.02.00, Bagé.

ADIN 599346483. "Projeto de Lei Orçamentária nº 70/98. Preliminar de ilegitimidade, devendo figurar no pólo ativo a Mesa da Câmara e não apenas seu Presidente. Precedentes jurisprudenciais. Processo julgado extinto. Voto vencido." Rel. Des. Vasco Della Giustina, j. 15.05.00, General Câmara.

ADIN 599091402. "Emendas modificativas à Lei Orçamentária do Município. Ilegitimidade ativa do Município para a propositura da ação. Extinção. Não possui legitimidade o Município para propor ação direta de inconstitucionalidade, pois excluído das hipóteses alinhadas pelo § 1, do inciso XIV, do art. 95, da Constituição Estadual. A legitimidade para aforar ação direta de inconstitucionalidade está reservada ao Prefeito Municipal (art. 95, § 2º, III, Constituição do Estado do Rio Grande do Sul). Extinção do processo (art. 267, inciso VI, em combinação com o § 3º, do mesmo artigo, do Código de Processo Civil)." Rel. Des. Antonio Carlos Stangler Pereira, j. 13.09.99, Capivari do Sul.

ADIN 592003719. "Argüição de inconstitucionalidade. Vereador que pleiteia a decretação. Ilegitimidade. Inviabilidade jurídica do pedido. Carência de ação." Rel. Des. Décio Antonio Erpen, j. 3003.92, Arvorezinha.

A.R. 70002890416. "Tratando-se de recurso interposto por Prefeito Municipal, do benefício previsto no art. 188 do CPC, com o que seria tempestivo o presente agravo. Entendo, contudo, que em ação direta de inconstitucionalidade, não se aplica o benefício do prazo em dobro para recorrer, tendo em vista não ser possível equiparar à Fazenda Pública os legitimados para ingressarem com a ação. Ante o exposto não conheço do recurso, por intempestivo." (Rel. Des. Élvio Schuch Pinto, j.17.09.01)

99.3- Ausência de encaminhamento de projeto de lei aprovado na Câmara ao Executivo para sanção. Violação ao devido processo legal. Inconstitucionalidade: ADIN 70001948611,j. 2008.01.

99.4- Criação de cargos no Legislativo, via resolução. Necessidade de lei formal. Inconstitucionalidade: ADIN 70000498667.

99.5- Decreto legislativo sustando decreto do Executivo, que fixa tarifas do DMAE. Ato administrativo típico. Intromissão do Legislativo. Invasão. Inconstitucionalidade: ADIN 70004628632 e ADIN 70004994976.

99.6- Emenda em projeto de iniciativa do Executivo, beneficiando servidores. Inconstitucionalidade: ADINs 70008197618 e 70008897647, São Francisco de Assis, j. 29.11.04.

99.7- Emenda supressiva do Legislativo em matéria de padrões de vencimentos. Constitucionalidade: ADIN 70007290810 e ADIN 70007394489.

99.8- Exigência de "quorum" qualificado para certas deliberações:

ADIN 593001043. "Lei Municipal. Emenda a Lei Orgânica. Alteração de 'quorum' para certas deliberações. Prazo mínimo entre os dois turnos de votação. A exigência de "quorum" qualificado para certas deliberações, em hipóteses não previstas nem na Constituição Federal nem na Estadual, não é ofensiva ao texto Constitucional Estadual. O artigo 29 da Constituição Federal não foi recepcionado pela Constituição Estadual. Distinção entre prazo para aprovação da Lei Orgânica e para emendas. A exigência de dois turnos num certo tempo e para a edição da Lei Orgânica. Improcedência da ADIN. Votos vencidos." Rel. Des. Alfredo Guilherme Englert, j. 23.08.93, Santana da Boa Vista

ADIN 593134836. "Lei Municipal que, para a criação e instalação de comissão parlamentar de inquérito exige, além do requerimento de no mínimo um terço dos componentes da Câmara de

Vereadores, a aprovação da maioria simples da casa legislativa. Inconstitucionalidade por afrontar o art. 56, § 4º, da Constituição Estadual. São inconstitucionais, por afronta ao princípio estabelecido no art. 56, § 4º, da Constituição Estadual, as expressões '... e receber aprovação da maioria simples...', e 'a aprovação da maioria simples...'. além do requerimento de pelo menos um terço dos componentes da Câmara de Vereadores, contidas nos arts. 10, inciso VII, e 35, ambos da Lei Orgânica do Município. Ação de inconstitucionalidade proposta pelo Partido Trabalhista Brasileiro que se julga procedente." Rel. Des. Osvaldo Stefanello, j. 18.11.96, Santa Cruz do Sul.

ADIN 597247188. "Lei Orgânica Municipal. Exigindo maioria dos membros da Câmara Municipal de vereadores para a criação de comissões parlamentares de inquérito inconstitucionalidade de tal exigência frente à Constituição Federal e Estadual. A exigência de quantum qualificado – maioria dos membros da câmara municipal de vereadores – para a criação de comissões parlamentares de inquérito afronta os dispositivos das Constituições Federal e Estadual que da matéria tratam – um terço dos componentes dos respectivos legislativos. Observância obrigatória desse limite mínimo, pelos Municípios. Inconstitucional é a lei que não o observa. Ação julgada procedente, com votos vencidos." Rel. Des. Osvaldo Stefanello, j. 01.06.98, Chuí.

ADIN 598478543. "Lei Orgânica. Princípio da suficiência. É inconstitucional o § 2º, do inciso XXII, do art. 85, da Lei Orgânica do Município. A inconstitucionalidade do dispositivo atacado é decorrente da contrariedade direta ao que determina o art. 51 da Constituição Estadual, que estabelece o 'quorum' da maioria simples para tomada das deliberações. Excluídas as hipóteses especiais, previstas na Constituição Estadual e Federal, não pode ser imposto em Lei o *quorum* qualificado para deliberação legislativa, sob pena de violação à norma constitucional, que estabelece o princípio da suficiência da maioria. Ação julgada procedente." Rel. Des. Clarindo Favretto, j. 04.06.01, Dom Pedrito.

ADIN 70008512295. "... Logo não se harmoniza com o texto da Constituição a exigência de lei complementar e, conseguintemente de 'quorum' qualificado para sua aprovação nas leis acerca do regime jurídico dos servidores(art. 30 da CE/89),pois somente se admite lei complementar nos casos expressos na Constituição." Rel. Des. Araken de Assis, j. 9.08.04, Júlio de Castilhos.

Ver, também, ADINs 70009716101; 700010692358; 70010237014; 70009013947; 70006717763.

99.9- Inconstitucionalidade por omissão. Alteração da Carta Magna. Perda de objeto. Extinção: ADIN 591122213, j. 4.1001.

99.10- Iniciativa de lei sem que o Executivo tenha autorizado:

ADIN 70000018645. "Lei nº 3.939, de 28 de junho de 1999, que extinguiu cargos em comissão, sem que a iniciativa tenha partido do Executivo. Inconstitucionalidade declarada. Nos termos do art. 60, II, 'a' e 'b', da Carta estadual, compete ao Poder Executivo a iniciativa de leis que disponham sobre servidores públicos ou seu regime jurídico. Previsão, igualmente constante no art. 103, V da Lei Orgânica Municipal. Vício de origem. Cabe ao Prefeito a iniciativa de criação ou extinção de cargo público." Rel. Des. Vasco Della Giustina, j. 22.11.99, Porto Alegre.

ADIN 70000204735. "Leis nº 8.5903/99 e 86703/99. Não cabe ao Legislativo emendar projeto de lei, extinguindo cargo, sem que a iniciativa tenha partido do Executivo. A pretexto de compensação da criação de cargo, se feriu o princípio da reserva do Poder Executivo da iniciativa de lei, que dispõe sobre os servidores públicos municipais. Arts. 10, 60, II 'd', da Carta Magna Estadual. A parte não vetada de lei deve ser publicada, entrando esta em vigor, independentemente da apreciação posterior do veto, a menos que este torne inaplicável o conteúdo restante. ADIN julgada procedente, em relação à lei promulgada, de nº 8.6703/99." Rel. Des. Vasco Della Giustina, j. 2003.00, Progresso.

Ver, também, ADINs 595115171; 599088259; 70010716140; 70010226322; 70010716827; 70004083085; 70004599676; 70004902557; 70004902557; 70002904522; 70003446192; 70002756146; 70000712562; 70002929644; 594134835; 70002546232; 70003056421; 70000770552; 70003633120; 70003855384; 597147255; 70002384550.

99.11- Invasão de competência. Cópia em lei municipal de dispositivo constitucional e federal. Inconstitucionalidade: ADIN 598498210, j. 2005.02, Cachoeirinha.

99.12- Lei Orgânica Municipal. Emenda, processo legislativo:

ADIN 596047530. "Lei Orgânica. Constitucional. Processo Legislativo. Quorum qualificado. Inobstante a ausência de regra explícita na Constituição Federal de 1988 e na Constituição Estadual de 1989, os municípios estão obrigados à observância do processo legislativo nelas previsto, como princípio sistêmico do regime federativo adotado pela primeira. Ação julgada procedente." Rel. Des. Salvador Horácio Vizzotto, j. 07.10.96, Carlos Barbosa.

99.13- Lei anterior à nova Constituição Estadual:

ADIN 596108407. "Lei Municipal nº 6.091/88 e Decreto que a regulamente. Diplomas normativos anteriores a Constituição superveniente. Descabimento da ação, segundo entendimento do Supremo Tribunal Federal e do Tribunal de Justiça do Rio Grande do Sul, se a norma ou diploma normativo for anterior ao da Constituição superveniente, eis que a antinomia da norma ou do diploma antigo com a Carta Política superveniente se resolve com a revogação implícita da primeira ação direta de inconstitucionalidade proposta pelo Município para ver declarada a inconstitucionalidade de dispositivos contidos pela lei municipal nº 6.091/88, e do decreto nº 9.139/88, que a regulamentou, portanto, anteriores a entrada em vigor das atuais Constituições Federal e Estadual. Processo julgado extinto, por impossibilidade jurídica do pedido. Voto vencido." Rel. Des. Osvaldo Stefanello, j. 28.10.96, Porto Alegre.

ADIN 595025073."Argüição frente à Constituição Federal. Lei anterior ao advento da Constituição. Impossibilidade jurídico- processual do pedido. 1. É inadmissível o exercício da ação direta de inconstitucionalidade quando a lei inquinada de inconstitucionalidade é anterior à Constituição. 2. O Tribunal de Justiça carece de competência para conhecer em ADIN de argüição de inconstitucionalidade de lei municipal em tese frente à Constituição Federal, segundo orientação e decisão do STF, ainda que a nível de liminar, suspensiva da letra "d", in fine, do inciso XII, do art. 95, da Constituição do Estado, na ADIN 409-3-RS. 3. Indemonstrado pelo proponente da ADIN afronta pelas leis municipais a dispositivo ou norma da Constituição Estadual. 4. Da conjugação da situação fático jurídica apontada, resulta a impossibilidade jurídico- processual do pedido. Ação direta de inconstitucionalidade não conhecida." Rel. Des. Salvador Horácio Vizzotto, j. 11.03.96, Giruá.

99.14- Lei meramente autorizativa. Autorização ao Executivo, partindo da Câmara. Inconstitucionalidade: ADIN 70010716025 e ADIN 70005939749, j. 29.12.03, Caxias do Sul.

99.15- Lei municipal posteriormente revogada. Extinção: ADIN 70008432429,j. 7.06.04, Rio Grande.

99.16- Lei que aumenta a despesa, originária do Legislativo. Inconstitucionalidade: ADIN 70004882007, j. 29.12.03.

99.17- Lei que fixa prazo ao Poder Executivo, para a adoção de medidas administrativas. Inconstitucionalidade:

ADIN 590037917. "Lei Orgânica Municipal que fixa prazos ao poder executivo para a criação de órgão ou adoção de medidas administrativas no Município. Guarda Municipal. É inconstitucional o artigo de lei municipal que impõe a criação de guarda municipal em prazo determinado." Rel. Des. Luiz Fernando Koch, j. 13.11.90, Gravataí.

Ver ainda: ADINS 5890466974; 584007157; 589071448 e 70004677605.

99.18- Processo Legislativo. Questões variadas:

ADIN 592027684. "Lei Municipal nº 134/91. Projeto de lei rejeitado na Câmara Municipal. Comunicação ao Poder Executivo no sentido que houve aprovação. Detectado o equívoco nova informação ao Chefe do Poder Executivo que aduziu que já acontecera a sanção, promulgação e publicação da Lei. Julgamento de procedência porque ofendido o disposto nos artigos 8 e 66 da Constituição Estadual. Votos vencidos no enfoque que se trata de caso de nulidade de lei e não de inconstitucionalidade. Demanda julgada procedente. Votos vencidos." Rel. Des. Alfredo Guilherme Englert, j. 15.02.93, Santana do Livramento.

ADIN 598599215. "Lei Municipal nº 3.897/98. Lei orçamentária. Ofensa ao processo legislativo. Inconstitucionalidade do preceito assecuratório da aprovação tácita ou por decurso de prazo. Inobservância do processo legislativo com promulgação do projeto original sem apreciação de veto, total ou parcial, das emendas aprovadas, com violação da competência do Legislativo para exame da

Lei Orçamentária. Possibilidade de acolhimento de argumento diverso. Ação julgada procedente." Rel. Des. Paulo Augusto Monte Lopes, j. 11.09.00, Santana do Livramento.

ADIN 597135292. "Lei Municipal nº 2.516/97. Preliminar de inépcia da inicial rejeitada. Vício de iniciativa e inobservância do regular processo legislativo. Inconstitucionalidade proclamada, rejeita-se a preliminar de inépcia da inicial, eis que é clara no sentido de explicitar a existência de vício de iniciativa, inobservância às regras constitucionais referentes a iniciativa das leis e demonstrado que o processo legislativo foi claramente violado, eis que, vetada a lei pelo Chefe do Poder Executivo, o veto não foi submetido a votação pelo plenário, tendo sido, o projeto, simplesmente promulgado pelo Presidente da Câmara. Impõe-se o reconhecimento da inconstitucionalidade, unânime." Rel. Eliseu Gomes Torres, j. 01.12.97, São Borja.

ADIN 70000933200. "Lei Municipal nº 763/71 e 3.014/00. Matéria de iniciativa exclusiva do Executivo local. Requerimento, por parte do Sr. Prefeito, de retirada do projeto de lei antes da apreciação do Legislativo. Emendas apresentadas pela Câmara de Vereadores. Apresenta-se inconstitucional a lei municipal que, ao tratar de matéria de iniciativa exclusiva do Poder Executivo local, mesmo tendo sido criada pelo Sr. Prefeito Municipal, que posteriormente, requereu sua retirada, antes da apreciação pelo Legislativo, o que lhe foi negado, sofre emendas por parte dos vereadores, caracterizando vício de iniciativa por interferência em matéria reservada ao executivo. Afronto ao disposto pelos arts. 5, 8, 10, 60, inciso II, letras a e b, da Constituição Estadual." Rel. Des. Antonio Carlos Stangler Pereira, j. 20.11.00, Esteio.

ADIN 592124275. "Poder Legislativo. Cargos. Provimento. Admissão e exoneração. Exigência de aprovação de dois terços de seus membros. Lei Municipal. inconstitucionalidade da exigência de "quorum qualificado" para decisões em hipóteses não enumeradas na cf e nem na ce, e ofensiva ao texto constitucional, uma vez que só ele pode excepcionar." Rel. Des. João Aymoré Barros Costa, j. 20.12.93, Maurício Cardoso.

ADIN 599126844. "Lei Municipal nº 2.788/99. Emendas legislativas à Lei Orçamentária do Município de Palmeira das Missões relocando verbas previstas para órgãos do executivo à Câmara de Vereadores. Rejeição do veto, sendo promulgadas as emendas em Lei autônoma. Ato de efeitos concretos, não- suscetível de ataque via ação de inconstitucionalidade. Extinção do processo por impossibilidade jurídica do pedido. Emendas propostas pelo Poder Legislativo Municipal, relocando, transferindo ou deslocando verbas de órgãos administrativos do Executivo para a Câmara de Vereadores, mesmo promulgadas em lei autônoma, aquelas, como esta, se constituem em atos político- administrativos de efeitos concretos, não- suscetíveis ao controle concentrado de sua inconstitucionalidade em sede de ação direta de inconstitucionalidade. Fator que, proposta que seja ação para tal fim, leva à extinção do processo por impossibilidade jurídica do pedido." Rel. Des. Osvaldo Stefanello, j. 13.09.99, Palmeira das Missões.

ADIN 597222934. "Lei Orgânica. Extensão de vantagem a aposentado. Contagem de tempo de serviço estranho ao Município e sua repercussão em vantagens. Processo legislativo constitucionalmente previsto e sua observância pelos Municípios. Princípio da reserva de iniciativa. Ainda que se cuide de Lei Orgânica Municipal, inviável ao Legislador ignorar os princípios constitucionais do processo de formação das leis a que submetido por força também de regra constitucional. Não é viável, destarte, à Câmara Municipal, sem iniciativa do Executivo, dispor sobre vantagens do funcionalismo, tal a decorrente de repercussão, mesmo após aposentadoria, da soma dos tempos de serviço municipal e estranho a ele em adicionais por tempo de serviço. Ação julgada procedente." Rel. Des. Antonio Janyr Dall'Agnol Júnior, j. 30.11.98, Santana do Livramento.

99.19- "Quorum" qualificado para a rejeição do veto:

ADIN 598089167. "Argüição Direta de Inconstitucionalidade. Critério para apreciação de veto aposto pelo Chefe do executivo. Seja pelo critério da aprovação ou da rejeição, deve a norma municipal se adequar ao preceito estadual que só admite a rejeição do veto com votação majoritária (absoluta), e não em sentido contrário, com aprovação de dois terços, o que quebra o conceito de maioria. ADIN acolhida." Rel. Des. Décio Antonio Erpen, j. 05.10.98, Alto Alegre.

ADIN 598295558. "Processo legislativo. 'Quorum' para rejeição de veto de Prefeito Municipal. Sujeição aos princípios da Constituição Estadual. Art. 66, da CE. Ostenta-se inconstitucional dispositivo de lei orgânica municipal que preveja, para o efeito de rejeição de veto, 'quorum' qualificado superior ao previsto pela Constituição Estadual, na medida em que, conforme entendimento do STF, certos padrões jurídicos se impõem às entidades que compõem o sistema federativo adotado no país. Ação julgada procedente." Rel. Des. Antônio Janyr Dall'Agnol Júnior, j.03.05.99, Porto Alegre.

ADIN 598511806. "Lei Orgânica Municipal, art. 67, § 3º. Critério para apreciação de veto. 'Quorum' de 3/5 dos vereadores exigido para a rejeição de veto aposto pelo Prefeito Municipal. Inconstitucionalidade da norma por colidência com os preceitos constitucionais, que prescrevem, para tanto, a maioria absoluta. Princípio da simetria a ser seguido pelo Município. Precedentes jurisprudenciais. Argüição acolhida aos fins de declarar a inconstitucionalidade da expressão '... só podendo ser rejeitado pelo voto de três quintos dos vereadores', do § 3º do art. 67 da Lei Orgânica Municipal". Rel. Des. Vasco Della Giustina, j. 19.04.99, Santo Ângelo.

99.20- Revogação anterior ou posterior da lei:

ADIN 70001548296. "Lei Municipal nº 1.365/99. Revogação da Lei antecedentemente à propositura da ação. ADIN prejudicada. Extinção do feito." Rel. Des. Sérgio Pilla da Silva, j. 19.02.01, Capão da Canoa.

ADIN 70000078774. "Lei Municipal. Revogação posterior à propositura da ação das leis cuja declaração de inconstitucionalidade se buscava. Perda de objeto da ação que leva seja extinto o processo. A revogação das leis impugnadas por ato legislativo superveniente à propositura da ação direta de inconstitucionalidade, independentemente de eventuais efeitos concretos tenham produzido no âmbito jurídico por elas abrangido, prejudica seu objeto, levando à extinção do processo. Processo extinto." Rel. Des. Osvaldo Stefanello, j. 21.02.00, Selbach.

No mesmo sentido: ADINs 5992512615; 5992874717; 599353844; 5980495596; 589060383; 70002483790, 70010235661; 70002766780; 70001058395; 70005700745; 70004279519; 70002739563.

99.21- Veto. Falta de deliberação da Câmara. Inconstitucionalidade: ADIN 70009015504, j. 13.09.04.

VER, TAMBÉM, "CÂMARA MUNICIPAL".

100. PRODUTOS VETERINÁRIOS

100.1- Venda e regulamentação de produtos veterinários. Competência federal. Inconstitucionalidade: ADIN 70010717205.

VER, TAMBÉM, "AGROTÓXICOS".

101. PROGRAMAS PÚBLICOS

101.1- Combate ao uso de entorpecentes. Iniciativa do Executivo. Inconstitucionalidade formal: ADIN 70009668682, Ibarama.

102. PUBLICIDADE E PROPAGANDA

102.1- Afixação de propaganda em muros e cercas de escolas municipais. Lei autorizando. Vício de iniciativa: ADIN 70005246814, j.17.02.03, Carlos Barbosa.

102.2- Disciplinação da publicidade e propaganda:

ADIN 598585321. "Lei nº 3.477, de 8 de outubro de 1998. Disciplinação da publicidade e da propaganda com previsão de sanção para seu descumprimento. Competência da Câmara para regular a matéria, sem que isto signifique invasão de competência privativa. Crime de responsabilidade e respectiva sanção, que não pode ser objeto de lei municipal, por contravir norma federal expressa. Dec. lei nº 201/67, que tipifica as infrações político-administrativas, não tendo o Estado editado legislação concorrente. Ação julgada parcialmente procedente, para proclamar a inconstitucionalidade do art. 5, da Lei 3.477, do Município de Ijuí." Rel. Des. Vasco Della Giustina, j. 21.06.99, Ijuí.

ADIN 70006853402. " Não é inconstitucional a lei que estabelece a obrigação do Executivo de prestar contas mensalmente ao Legislativo dos gastos efetuados com publicidade e propaganda, divulgação de comunicadores oficiais ou publicações legais, já que compete à Câmara de Vereadores exercer a fiscalização e o controle dos atos do Executivo, conforme minudentemente previsto no art. 53 da CE. Ação improcedente." Rel. Desa. Maria Berenice Dias, j. 29.12.03, Dona Franscia.

102.3- Fixação de publicidade em veículos de transporte coletivo. Constitucionalidade: ADIN 70005094180, j. 29.12.03.

102.4- Fixação de propaganda comercial nas escolas.Vício formal e material. Inconstitucionalidade: ADIN 70007266588. Butiá.

102.5- Inserção em documento de expressão educativa. Iniciativa da Câmara. Inconstitucionalidade: ADIN 70003272747.

102.6- Lei que impõe ao Executivo o dever de remeter ao Legislativo os gastos. Inconstitucionalidade: ADIN 70007592876.

102.7- Obrigação de publicidade prévia das despesas do Executivo com viagens. Vício formal. Inconstitucionalidade: ADIN 70010717114, j. 11.04.05, Novo Hamburgo.

102.8- Prévia autorização do Legislativo, dependendo do custo da publicidade. Inconstitucionalidade formal e material: ADIN 70006983662, j. 15.12.03, Pelotas.

102.9- Publicidade. Obrigatoriedade de divulgação de valores. Inconstitucionalidade: ADIN 70007119217, j. 9.08.04; Lei que regula a publicidade dos contratos administrativos. Inconstitucionalidade: ADIN 599464211, j.2003.00, Jari.

102.10- Símbolos. Proibição do Executivo da utilização de símbolos, que não têm natureza de propaganda ou promoção em documentos públicos. Inconstitucionalidade: ADIN 592078901.

102.11- Uso de linguagem inclusiva na legislação e em atos normativos locais. Inconstitucionalidade formal e material:

ADIN 70010717312, j. 19.0505, Novo Hamburgo.

103. QUEIMADAS[3]

103.1- Requisitos para autorização. Competência supletiva:

ADIN 594134017. "Lei Municipal nº 2.041/90. Lei municipal estabelecendo requisitos para a queima de campos. Inexistência de vício formal, por compreendida a matéria no âmbito da competência supletiva do Município. Inexistência, outrossim, de inconstitucionalidade material. Eventual infração a

---

[3] A ADIN nº 70001.436.658, julgada em 15.02.2001, pelo Tribunal de Justiça gaúcho, deu pela inconstitucionalidade da Lei Estadual nº 11.498, de 04.07.2000, que ampliou os casos de utilização de fogo e queimadas nas florestas e demais formas de vegetação natural.
A lei em questão alterava o artigo 28 do Código Florestal do Estado – Lei 9.519/92, que proíbe o fogo ou queimadas nas florestas e demais formas de vegetação natural, abrindo exceção tão-somente para o tratamento fitossanitário, ou seja, para o controle e eliminação de pragas ou doenças, e desde que não seja de forma contínua, dependendo de autorização do órgão florestal competente.
A Lei Estadual declarada inconstitucional (Lei nº 11.498, de 04.07.2000) possibilitava o uso de fogo também, mas nas áreas já anteriormente utilizadas para lavoura e em campos nativos, como técnica de manejo agropastoril, mediante autorização do Poder Público Estadual e Municipal. Em 27.07.02 foi publicada a Emenda Constitucional Estadual nº 32, que acrescentou ressalva, mediante condições, à incumbência do Estado em "combater as queimadas e responsabilizar o usuário da terra por suas conseqüências", modificando, em parte, o inciso XIII do art. 251 da Carta Estadual, ressalvando a hipótese de que, "se peculiaridades locais justificarem o emprego de fogo em práticas agropastoris ou florestais, ocorra permissão estabelecida em ato do poder público municipal, estadual ou federal, circunscrevendo as áreas e estabelecendo normas de precaução". Através da ADIN nº 70005054010, de 16.12.02, e respectivo Embargos Declaratórios de nº 70006253827, de 16.06.03, o Tribunal de Justiça do Estado declarou a inconstitucionalidade da Emenda nº 32/02, por afronta aos artigos 1º, 8º, 10, 13V e 251, "caput" da Carta Sul-Rio-Grandense.

Legislação Federal ou Estadual. Exame incabível em ação direta de inconstitucionalidade." Rel. Des. José Maria Rosa Tesheiner, j. 13.03.95, Viamão.

ADIN 594139669. "Queimadas. Legislação municipal que autoriza queimada de campos e/ou florestas nativas. Queda eivada de inconstitucionalidade formal e material frente à Carta Estadual. Julgaram procedente a ação." Rel. Des. Nelson Oscar de Souza, j. 15.05.95, Cambará do Sul.

Ver, também, ADIN 594134009, André da Rocha; ADIN 594123739, São José dos Ausentes; ADIN 70009974197,Taquara; 595167941, j.28.10.96, Lagoa Vermelha; ADIN 594124703, j.27.11.95, Bom Jesus; ADIN 594136079, j.11.09.95, Maximiliano de Almeida.

104. QUESTÕES PROCESSUAIS

104.1- Descabe o Incidente de Inconstitucionalidade, quando o STF já se pronunciou sobre a matéria, tornando o incidente inútil. Art. 481, parágrafo único do CPC. (Agravo Interno 70003656030,4ª.C..C. j. 12.12.01). (Ver, também, o nº 104.4)

104.2- Diploma legal desnecessário, eis que contemplado na legislação estadual. Princípio da necessidade. Inconstitucionalidade: ADIN 70001990399, j. 309.01.Uruguaiana.

Ver, ADIN 592105548, j. 27.12.94.

104.3- Direito de opção. Prazo ultrapassado. Inicial ajuizada depois do prazo. Ação prejudicada: ADIN 70005865589.

104.4- Incidente. Existência de pronunciamento do Órgão Especial sobre a questão. Não conhecimento: INCID. INCONST. 70000207571, j. 1003.03. Erechim. No mesmo sentido: INCID. INCONST. 70002647105, j.17.09.01.(Ver, também, o nº 104.1)

104.5- Inépcia da inicial:

ADIN 599430055. "Lei Orgânica. Falta de indicação dos dispositivos da Constituição Estadual afrontados pela Lei impugnada. Inépcia da inicial. Extinção do processo sem o exame do mérito. A inicial da ação direta de inconstitucionalidade deveria indicar, de forma clara, os dispositivos da Carta Estadual que foram violados pela Lei que busca-se retirar do ordenamento jurídico, sob pena de ser declarada inépcia da inicial, extinguindo-se o processo sem o exame do mérito." Rel. Des. Antonio Carlos Stangler Pereira, j. 13.12.99, Santana do Livramento.

ADIN 70000727578. "Incompetência. Inocorrente na medida em que foi indicada norma da Carta provinciana violada, aludindo o proponente ao princípio desrespeitado. Inépcia da inicial. Equívoco na medida em que o dispositivo da Constituição foi aludido (art. 8) e nem seria substancial por se tratar de reprodução da simetria Federativa, com argumentação suficiente. Ilegitimidade ativa. ADIN proposta pelo Município, mas subscrita também pelo Prefeito Municipal, que superou a irregularidade, integrando-se. Mérito. Vício formal. Isenção de taxa em transporte por ambulância. Matéria administrativa de iniciativa exclusiva do Chefe do Poder Executivo, que, na hipótese, resultou de projeto de iniciativa de vereador, cujo veto resultou rejeitado. Fundação instituída pelo poder público integra a administração indireta. Rejeição das procedências e acolhimento da ação." Rel. Des. Paulo Augusto Monte Lopes, j. 02.1000, Quarai.

ADIN 598007326. "Constitucional. Administrativo. Falta de indicação do dispositivo da Constituição Estadual, ofendido pela lei atacada. Inépcia da inicial. Extinção do processo sem exame do mérito. Na inicial de ação direta de inconstitucionalidade, à semelhança de outras ações ali cercadas em infração a lei, cabe ao autor indicar, modo explícito, o dispositivo legal violado, individualizando-lhe a causa de pedir, para diferenciá-la de quaisquer outras suscitáveis, pois, como é sabido, a causa tem dois momentos iniciais: individualização objetiva dos fatos jurídicos e a afirmação de sua coincidência com as regras que alimentam os efeitos constantes do pedido. Aplicação do art.267,inc.VI,do CPC. Extinção do processo por inépcia da inicial sem exame do mérito." Rel. Des. Celeste Vicente Rovani, j. 26.04.99, Porto Alegre.

Ver, também, ADIN 599148046.

ADIN 70001715739. "Petição inicial inepta. Processo eminentemente formal. Ausência de menção a violação de norma da Carta Estadual e, sim, à Federal. Art. 125, § 2º da Carta Magna. Processo extinto sem julgamento do mérito." Rel. Des. Vasco Della Giustina, j. 05.03.01, Cruz Alta.

ADIN 597062397. "Processual Civil. Inépcia da inicial. Falta de exposição dos fundamentos jurídicos do pedido. 1. É inepta a petição inicial de ação direta de inconstitucionalidade na qual o autor, mesmo após ter sido ensejada emenda (CPC, art. 284), não expõe os fundamentos jurídicos do pedido, apontando qual norma constitucional é violada. Em tal hipótese, a petição inicial merecerá indeferimento (CPC, art. 295, I), extinguindo-se o processo (CPC, art. 267, I). 2. Processo extinto." Rel. Des. Eliseu Gomes Torres, j. 15.03.99, Carlos Barbosa.

ADIN 70008261919. "Caracterização de inépcia da inicial, por ausência dos fundamentos jurídicos do pedido". Rel. Des. Leo Lima, j. 3008.04, Alegrete.

Ver, também, ADIN 597041797.

104.6- Legitimidade ativa:

ADIN 598400554. "Processual Civil e Constitucional. Ação Direta de Constitucionalidade. Legitimação específica. Impossibilidade de correção do polo ativo. Invocada a tutela jurisdicional, através de ação direta de inconstitucionalidade, por pessoa jurídica de direito público, que não ostenta a legitimidade específica conferida aos seus órgãos (art. 95, parda demanda, nele situado pessoa diversa. Ilegitimidade ativa manifesta). Processo julgado extinto. Votos vencidos". Rel. Des. Araken de Assis, j. 21.02.00, Bagé.

ADIN 599346483. "Tribunal Pleno. Câmara Municipal de General Câmara. Projeto de Lei orçamentária de nº 70/98. Preliminar de ilegitimidade, devendo figurar no polo ativo a Mesa da Câmara e não apenas seu presidente. Precedentes jurisprudenciais. Processo julgado extinto. Voto vencido." Rel. Des. Vasco Della Giustina, j. 15.05.00, General Câmara.

No mesmo sentido: ADINs 70001154137; 70005488192; 70005611629; 70006711816; 70006712368; 70008319543; 598022853; 70005033980, j.18.1004, São Sepé; 70006266936, Arvorezinha, j 18.08.03.

104.7- Lei de efeitos concretos: ADIN 70001264050. "Lei Municipal nº 3.483/98. Lei orçamentária, de efeito concreto, para vigência no exercício financeiro de 1999. Ação ajuizada em 06 de julho de 2000, quando já esgotado o período de vigência do texto impugnado, leva a que se julgue prejudicado o pedido." Rel. Des. Sérgio Pilla da Silva, j. 19.03.01, Bagé.

Ver, também, ADINs 599346483; 593056104; 596074047; 598044121; 598196244; 70001414325; 596070227; 599126844, 59713443; 70009020173; 70000705053; 70010712990; 70000705053; 70002724516.

104.8- Lei que nunca ingressou no mundo jurídico, ou que não mais vige. Ausência de objeto. Extinção: ADIN 70005810205, j. 8.09.03, Rel. Des. Araken de Assis. Também, ADIN 70005526009, j. 3006.03, Xangri-Lá e ADIN 70002663052, j.26.05.03, Cidreira.

(Ver, ainda, o nº 104.12).

104.9- Lei sancionada não convalida vício de origem: ADIN 598587475. "ADIN. Competência do Tribunal de Justiça. Ao Tribunal de Justiça compete, pouco relevando que repetindo a norma constitucional estadual preceito da Constituição Federal, o exame de alegação de vício de inconstitucionalidade de lei municipal, por incompatível com princípio acolhido por aquela. Sanção do Executivo. Sanação. Inadmissão. Em nada resta prejudicada a pretensão desconstitutiva, por vício de inconstitucionalidade, por ocorrente, no passado, sanção do Executivo, porquanto competente para o exame da constitucionalidade das leis, no sistema, é o Poder Judiciário. Ação julgada procedente." Rel. Antonio Janyr Dall'Agnol Júnior, j. 19.04.99, Cruz Alta.

104.10- Norma meramente programática ou autorizativa:

ADIN 594029720. "Lei Orgânica. Quando a norma legal impugnada é meramente programática, enunciativa do que já consta da Constituição e sem funcionalidade efetiva, não viola a norma constitucional, porque a esta nada contrapõe. Ação julgada improcedente." Rel. Des. Clarindo Favretto, j. 29.05.95, Alvorada.

ADIN 591038708. "Lei Orgânica. Por isso que mera disposição programática aquela relativa a vantagem de licença- prêmio, inserida na Lei Orgânica e ainda de redação idêntica à norma correspondente da Constituição do Estado em seu art. 33, § 4º, descabe a pretensão a declaração de sua inconstitucionalidade, visto que nenhum dos princípios que asseguram a independência e harmonia dos poderes foi infringido, já que a lei posterior, a que faz remissão o preceito, é que poderá ser acoimada de inconstitucional por vício quanto à iniciativa. Ação Julgada improcedente." Rel. Des. Gervásio Barcellos, j. 16.09.91, Palmeira das Missões.

ADIN 596114090. "Lei Municipal nº 7.776/96. Lei autorizativa. Padece de inconstitucionalidade formal, por vício de origem, a lei que, a pretexto de simplesmente autorizar o Executivo a determinado agir, versa matéria de iniciativa privativa do Prefeito. Ação julgada procedente." Rel. Desa. Maria Berenice Dias, j. 04.12.00, Porto Alegre.

Ver, ainda, ADIN 590046769 e 590037438

104.11- Norma questionada anterior à Constituição-padrão.

INCIDENTE 70000765479. "Constitucional. Controle incidental. Norma infraconstitucional anterior a Constituição vigente. Questão de direito intertemporal. 1.As normas infraconstitucionais anteriores a vigente Constituição, ainda que manifestamente incompatíveis com a nova ordem jurídica, não são passíveis de controle de constitucionalidade, incidental ou abstrato, e sua aplicação ao caso concreto deve ser resolvida como questão de direito intertemporal. 2.Incidente não conhecido." Rel. Des. Araken de Assis, j. 20.11.00, Porto Alegre.

ADIN 592001663. "Preliminar. Irregularidade da representação por advogado afastada. Mérito: segundo entendimento do STF, descabe ação direta de inconstitucionalidade, se a norma questionada é anterior à da Constituição padrão. Extinguiram o processo por impossibilidade jurídica do pedido. 1. Afasto a preliminar de falta de representação por advogado, vez que a parte-autora, neste feito, é do Dr. Procurador-Geral de Justiça e, nos termos do § 2 do art. 211, do regimento interno deste Tribunal, não cabe assistência a qualquer das partes neste tipo de ação. 2. Segundo entendimento unívoco do STF, a antinomia da norma antiga com a Constituição superveniente se resolve na mera revogação da primeira, a cuja declaração não se presta a ação direta de inconstitucionalidade. Destarte, datando a lei inquinada de inconstitucional – Lei 1943/79, a extinção do feito por impossibilidade jurídica do pedido e medida que se impõe. À unanimidade, extinguiram o processo." Rel. Des. Nelson Oscar de Souza, j. 2005.96, Canoas.

No mesmo sentido: ADINs 70002098929; 70008273377; 70002919785.

104.12- Revogação de lei, objeto de argüição. Falta de interesse. Extinção: ADINs 70006266316; 70009168459; 70006637375; 70006637672; 70003217148; 70002663052; 70007948755; 70008898744; 70011174653.

104.13- União e Constituição Federal. Competência legislativa da União. Confronto com norma municipal. Admissibilidade do controle abstrato, pois, há bloqueio de competência. Norma federal que se presta a parâmetro evidenciador da inobservância das competências legislativas. Ação parcialmente procedente: ADIN 599464211, j. 2003.00, Jarí.

No mesmo sentido: ADIN 70001919729, j. 17.09.01.

(VER, TAMBÉM, O Nº 19.18.)

105. RECEBIMENTO DE IMÓVEL

105.1- Lei autorizando recebimento de imóvel pelo Município:

ADIN 594155293. "Lei Municipal nº 481/84. Lei autorizando recebimento de imóvel em doação, mera autorização do Legislativo. Ato complexo que só ficará perfeito quando o Executivo aceitar. Ação direta de inconstitucionalidade improcedente. Votos vencidos, em parte." Rel. Des. Alfredo Guilherme Englert, j. 27.03.95, General Câmara.

106. RECEITA DO MUNICÍPIO

106.1- Destinação de parte do lucro de empresas de transporte coletivo para hospital. Vício formal e material. Inconstitucionalidade: ADIN 70003895612, j.16.09.02.

106.2- Lei que vincula receita do Município:

ADIN 598490829. "Leis que vinculam receita do Município, além das previsões constitucionais, são inconstitucionais pela presença de vício material. O comprometimento de 50% da receita municipal inviabiliza sua administração." Rel. Des. Antônio Carlos Stangler Pereira, j. 28.06.99, Rio Grande.

ADIN 70004534509. "Constitucional. Receita municipal Perce.ntual destinado à educação. 1. É constitucional, à luz do art. 212 da CE/89, o art. 102, "caput" da LOM de Estância Velha, que prevê a destinação de 35% da receita para a educação. Precedentes." Rel. Des. Araken de Assis, j.18.11.02.

No mesmo sentido: ADINS 590045787; 590062410; 590062419; 590088258; 591050935.

106.3- Lei de iniciativa do Legislativo, que estabelece reserva de recursos públicos ou fornecimento gratuito de mão de obra. Iniciativa legislativa.Inconstitucionalidade: ADIN 70003094521 e ADIN 593110141.

106.4- Lei de iniciativa do Legislativo, que estabelece novos valores para serviços de máquinas a particulares, importando em redução da receita no mesmo exercício, em desacordo com o orçamento e LDO. Ação procedente: ADIN 70005648332, Rel. Des. Cacildo de Andrade Xavier, j. 22.08.05, Alto Alegre.

107. RECEITAS MÉDICA E DENTÁRIA

107.1- Receitas médicas e dentárias, como devem ser escritas:

ADIN 70000926105. "Lei Municipal dispondo sobre como devem ser escritas as receitas emitidas por médicos e dentistas. Invasão da competência legislativa da União. Rejeição das preliminares de inépcia da inicial e de impossibilidade jurídica do pedido. Procedência da ação." Rel. Des. Sérgio Pilla da Silva, j. 18.09.00, Porto Alegre.

No mesmo sentido: ADIN 70001990456, j. 7.05.01.

107.2- Receita médica. Letra de forma:

ADIN 70000063842. "Lei Municipal que determina a utilização de letra de forma ou datilografada nas receitas médicas prescritas dentro do Município. Preliminar de impossibilidade jurídica do pedido rejeitada, por apresentar-se competente o Tribunal de Justiça do Estado para o conhecimento e julgamento de ação direta de inconstitucionalidade, tendo em vista o princípio da simetria. No mérito, procedente a ação em razão da invasão em matéria de competência Legislativa privativa da União. Afronta aos arts. 1, 8 e 13, da Carta Estadual." Rel. Des. Antonio Carlos Stangler Pereira, j. 05.06.00, Novo Hamburgo.

No mesmo sentido: ADIN 70006465751, j. 3.11.03, Esteio.

VER, AINDA, "ATENDIMENTO MÉDICO" E "HOSPITAIS".

108. REFERENDO

108.1- Submissão de vigência de lei previdenciária somente aos servidores municipais. Inconstitucionalidade: ADIN 70003476637, j. 19.08.02, Rel. Des. Araken de Assis. Porto Alegre.

109. RELIGIÃO

109.1- Normas sobre acesso de ministros e dirigentes de cultos religiosos nas repartições públicas em geral. Lei federal. Inconstitucionalidade: ADIN 70004995130, j. 5.5.03, Santa Maria.

110. REMÉDIOS

110.1- Fornecimento gratuito. Iniciativa legislativa. Inconstitucionalidade: ADIN 70003199031, j. 19.08.02, Esteio.

110.2- Lei que autoriza o Executivo a adquirir e fornecer remédios a doentes: ADIN 597160639. "Lei Municipal. Exibe-se inconstitucional, por vício de iniciativa, lei que 'autoriza' o Executivo Municipal a adquirir e fornecer remédios a doentes, residentes na 'cidade' e que 'não tenham condições econômicas', por, em verdade, impor atribuições aquele, com aumento de despesa, ao dispor sobre organização e funcionamento da administração. Ação julgada procedente." Rel. Des. Antonio Janyr Dall'Agnol Junior, j. 30.11.98, Porto Alegre.

111. RINHA

111.1- Galos de rinha e aves de raça:
ADIN 70000177667. "Lei Municipal nº 1.905/99. Dispõe sobre autorização, no território do Município, de criação e exposição de aves de raça – galos de rinha. Inconstitucionalidade material frente às Constituições Federal e Estadual. Procedência da ação de inconstitucionalidade proposta pelo Ministério Público. Competência do Tribunal de Justiça para conhecimento e julgamento da ação. Manifestamente inconstitucional, frente às Constituições Federal e Estadual, por dispor sobre matéria contravencional. Declaração de inconstitucionalidade pelo Tribunal de Justiça, que detém competência institucional para tanto. Ação que se julga procedente." Rel. Des. Osvaldo Stefanello, j. 29.05.00, Nonoai.

Ver, ainda: ADINs 598104586 (Rev. Jurisp. TJRS 190/232); 70004216289; 70005786876; 70009169624, Quaraí; 70010148393, Fazenda Vila Nova; 70005786876, Canguçu; 70004216289, Segredo.

112. SAÚDE PÚBLICA

112.1- Código Municipal de Saúde. Inspeção, fiscalização, promoção, proteção e recuperação da saúde pública. Invasão de competência da União. Inconstitucionalidade: ADIN 70005412986.

112.2- Vinculação do programa de prevenção da AIDS. Disposição sobre saúde pública. Vício de iniciativa. Inconstitucionalidade: ADINs 70010714269; 70003939550.

VER, TAMBÉM, "ADMINISTRAÇÃO MUNICIPAL E ORGANIZAÇÃO ADMINISTRATIVA" E "SERVIÇOS PÚBLICOS".

113. SECRETÁRIO MUNICIPAL

113.1- Atribuições: ADIN 590087.318. "Lei Orgânica. Secretário Municipal. Fixação de atribuições. É constitucional a fixação, pela Lei Orgânica do Município, das atribuições dos Secretários Municipais." Rel. Des. Luiz Fernando Koch, j. 06.05.91, Maurício Cardoso.

113.2- Exigência de escolaridade: ADIN 591053731. "Lei Municipal 2347, de 1990. Município de São Luiz Gonzaga. Cargos em comissão. Secretários Municipais. Exigência de escolaridade. Inadmissível." Rel. Des. Alfredo Guilherme Englert, j. 25.05.92, São Luiz Gonzaga.

VER, TAMBÉM, "DIÁRIAS", "LIMITE DE REMUNERAÇÃO" NO Nº 116.46 E "SUBSÍDIOS".

114. SEGURANÇA PÚBLICA

114.1- Poder de polícia, versando sobre matéria judiciária:
ADIN 598075364. "Lei Municipal nº 3.810/98. Organização fundiária municipal. Atribuições inconstitucionais dadas a essa organização, cuja limitação se impõe. Ação idêntica já julgada pela corte. Ação extinta, em parte e, na outra, julgada improcedente." Rel. Des. Clarindo Favretto, j. 09.08.99, Santana do Livramento.

114.2- Repasse de verbas do Estado a órgãos de segurança do Estado sediados no Município: ADIN 594073587. "Lei Municipal nº 3.765/94. Lei municipal que autoriza o Poder Executivo municipal a destinar recursos a órgãos de segurança. Inconstitucionalidade. É inconstitucional a lei municipal que destina recursos que o Município recebe por repasse do Estado, oriundos das multas aplicadas no território do município e também do IPVA e, obriga ou autoriza o Prefeito Municipal a repassar um percentual dessa receita a órgãos de segurança sediados no Município, eis que segurança é uma questão pertinente ao Estado e não ao Município e, por isso importa em aumento de despesa. Por maioria, julgaram procedente a ação." Rel. Des. Eliseu Gomes Torres, j. 11.11.96, Santa Maria.

114.3- Vedação de instituição de órgãos policiais de segurança. Guarda municipal. Não pode exercer serviços de trânsito, nem mesmo conveniada, exercer segurança pública, restringindo a ação à defesa civil. Inconstitucionalidade parcial: ADIN 592052088, Rel. Des. Décio Erpen, j. 21.12.92. P.Alegre.

115. SERVIÇOS PÚBLICOS

115.1- Controle de combustíveis, reposição de peças e prestação de serviços no parque rodoviário municipal.Iniciativa do Legislativo. Inconstitucionalidade: ADIN 594008682, "Revista de Jurisp." TJ RS 168/148.

115.2- Execução por terceiros. Prescinde o Executivo de autorização legislativa. Licitação. Inconstitucionalidade: ADIN 70003764669.

115.3- Licença para exploração de serviço de táxi. Iniciativa do Legislativo. Inconstitucionalidade: ADIN 70007764475.

115.4- Prestação de serviços a terceiros com equipamentos rodoviários. Limitação ao Executivo. Inconstitucionalidade: ADIN 70007096993, j. 19.04.04, Caraá.

115.5- Reclamações relativas a serviço público.Iniciativa no Legislativo. Inconstitucionalidade:ADIN 70003272838.

115.6- Serviços de barca. Uso obrigatório de coletes. Inconstitucionalidade. Iniciativa legislativa: ADIN 70005533658.

115.7- Serviços funerários. Origem na Câmara. Inconstitucionalidade: ADINS 70007460249; 70002767853; 70004655536; 70008321291; 70007811167.

115.8- Serviços públicos funerários. Alvará de licença condicionado ao número de habitantes. Inconstitucionalidade:

INCID. INCONST. Nº 70006117915. "Art. 1º da Lei 1769/97 de Não- Me- Toque. Concessão de alvará para licença de estabelecimentos prestadores de serviços funerários. Limitação de um por cada dezesseis mil habitantes. Inconstitucionalidade material.Incidente prejudicado, em virtude da ADIN 70002676853. j. 16.05.03,que versa sobre a mesma matéria."

115.9- Serviço de verificação de óbito. Vício Formal. Inconstitucionalidade: ADIN 70007774284, j. 5.04.04.

VER, TAMBÉM, "ADMINISTRAÇÃO MUNICIPAL E ORGANIZAÇÃO ADMINISTRATIVA" E "SAÚDE PÚBLICA".

116. SERVIDOR PÚBLICO

116.1- Antecipação de gratificação natalina:

ADIN 597113927. "Lei Orgânica Municipal. Previsão de época de pagamento de remuneração aos servidores. Previsão de opção de recebimento da gratificação natalina, arts. 25, § 1º e § 3º, da Lei Orgânica do Município de Pelotas. 1.Não padece de inconstitucionalidade a norma jurídica, constante de lei orgânica municipal, que estabelece deva a remuneração dos servidores públicos ser paga até o último dia útil do mês trabalhado, por não afetar a esfera de iniciativa reservada ao Chefe do Poder Executivo. (art. 61, II, letras 'a' e 'c', CF; art. 60, II, letras 'a' e 'b' , CE. 2.Padece de inconstitucionalidade, quer por violar o princípio da reserva de iniciativa de parte do Chefe do Executivo Municipal, quer por infringir o princípio da harmonia entre os poderes Legislativo e Executivo municipais (art. 10, CR), as normas contidas na Lei Orgânica, fracionadoras do pagamento da gratificação natalina com submissão de sua exigência ao puro critério do servidor, por implicar antecipação do seu próprio fato gerador e desconsiderar a capacidade financeira quanto ao seu atendimento, a antecipação da gratificação natalina, ou de parte dela, depende de iniciativa reservada ao Chefe do Executivo Municipal. Ademais, é matéria de disciplina própria através do regime jurídico único dos servidores municipais ou de lei ordinária. 3.ADIN julgada procedente, em parte.Rel. Des. Moacir Adiers, j. 06.10.97, Pelotas

116.2- Aposentadoria de Servidor:

ADIN 590077178. "O tema da aposentadoria especial de funcionário público deve ser regulado em lei complementar. Art. 59, § único, CE e art. 60, II, 'b', CE. Iniciativa privativa do Chefe do Poder Executivo." Rel. Des. Ruy Rosado de Aguiar Junior, j. 11.03.91, Porto Alegre.

ADIN 597140078. "Apuração de tempo de serviço que importou na redução do efetivo tempo prestado. Aposentadoria proporcional estabelecendo piso. Preceito municipal que viola norma constitucional estadual. O Município não pode dispor em torno do tempo de serviço dos seus servidores em desacordo com a Carta Estadual. Inviável a redução de tempo real de serviço, utilizando-se da conversão de dias, arredondando-se para um ano. Inconstitucionalidade proclamada. ADIN acolhida." Rel. Des. Décio Antonio Erpen, j. 15.12.97, Porto Alegre.

ADIN 596152371. "Inconstitucionalidade do art. 200, da Lei 236/91, do Município de Dom Pedrito. Tempo de serviço prestado à administração direta e/ou indireta. Aposentadoria com proventos integrais. Contagem de tempo inferior a 1/3 do necessário. Iniciativa privativa do Chefe do Poder Executivo. Falta de iniciativa do Prefeito. Regime jurídico de funcionário público. Princípio da proporcionalidade e da razoabilidade." Rel. Des. Sérgio Gischkow Pereira, j. 23.06.97, Dom Pedrito.

Ver, ainda: INC. INCONST. 598292985, j. 16.11.98: Indevida a exigência de tempo mínimo de atividade pública na contagem recíproca de serviço na administração pública e na atividade privada.

116.3- Aumento, alteração de remuneração ou vantagens, através de Emenda Legislativa. Iniciativa. Inconstitucionalidade: ADINs 70008844730; 70004288403; 70009073545; 70008838518; 70008532848; 70005642301; 70009056193; 70009335316; 70003652294; 70011841848; 70011973831; 70011769295; 599107471; 70004284048, j. 12.08.02, Vale Verde.

116.4- Aumentos automáticos, aumento de despesa pública, vantagem de servidor, por índices de Preços. Inconstitucionalidade: ADIN 591018452. "Inconstitucionalidade de lei. A vinculação de aumentos automáticos para o funcionalismo fere princípio constitucional porque o Executivo perde a possibilidade de administrar a despesa segundo possibilidades locais, além de transferir para outra esfera da Administração critério a ser adotado pela Municipalidade. O sistema constitucional não admite vinculação de despesa dessa natureza. Argüição acolhida." Rel. Des. Décio Antonio Erpen, j. 04.11.91, Porto Alegre.

Ver, também, ADIN 70006286827 e ADIN 70005402086, j.17.03.03, Triunfo: (aumento pelo índice oficial da inflação).

116.5- Aumento de servidores por resolução da Câmara. Necessidade de lei formal.Inconstitucionalidade: ADIN 70008225898, j. 13.09.04, Des.Araken de Assis,Palmares do Sul.

Ver, ainda, 70007760390, j. 13.06.05.

116.6- Celetista estabilizado em cargo de provimento efetivo. Equiparação de vantagens aos estatutários. Inconstitucionalidade: ADINs 70000421777 e 70009421083, j. 27.12.04, Pedro Osório. Dispositivo que condiciona a convalidação da opção pelo regime único dos celetistas. Inconstitucionalidade: ADIN 70002998813. Estabilidade do celetista com tempo mínimo inferior a cinco anos antes de 5.10.88. Inconstitucionalidade: ADIN 70002344216.

116.7- Concessão de Vantagens:

ADIN 590046769. "Norma de lei orgânica municipal assegurando concessão de licença-prêmio aos servidores a ser definida por lei municipal. Disposição programática que encontra correspondência na Constituição do Estado. Ação improcedente." Rel. Des. Elias Elmyr Manssour, j. 17.12.90, Porto Alegre.

ADIN 595003328. "Inconstitucionalidade de dispositivo de lei orgânica municipal que institui o piso de salário não inferior ao salário mínimo, sujeito a regulamentação pelo executivo. Preliminares de ilegitimidade ativa e inépcia da inicial rejeitadas. Inexistência de conflito com o princípio da autonomia municipal (art. 8º), e com a regra da iniciativa reservada (art. 60, II, letra 'a'), harmonizando-se o texto impugnado com o disposto no art. 29, inc. I, da Constituição Estadual. ADIN improcedente." Rel. Des. Elvio Schuch Pinto, j. 18.12.95, Giruá.

ADIN 595115627. "Lei outorgando direitos a servidores públicos com filhos portadores de deficiência física ou mental. Vício de iniciativa. Ação procedente. Concessão de vantagens a funcionário público, redução de carga horária para funcionário com filho portador de deficiência física ou mental." Rel. Des. José Maria Rosa Tesheiner, j. 26.008.96, Porto Alegre.

ADIN 590049.359. "Servidores municipais. Anistia. Descabimento. O conteúdo da norma configura uma anistia aos servidores que se envolveram no movimento salarial reivindicatório (greve). A lei padece, formalmente, do vício da inconstitucionalidade, porquanto o Legislativo municipal invadiu a esfera de competência exclusiva do Executivo." Rel. Des. Lio Cezar Schmitt, j. 03.06.91, Porto Alegre.

ADIN 597030469. "Plano de carreira. Possível a concessão de aumentos diferenciados, se isso ocorrer para se corrigirem distorções remuneratórias. A falta momentânea de disponibilidade financeira não inquina de inconstitucionalidade lei que defere vantagens pecuniárias aos servidores. ADIN improcedente." Rel. Des. Décio Antonio Erpen, j. 03.10.97, Porto Alegre.

ADIN 70000031518. "Licenças paternidade e maternidade. Competência do município para estabelecer o prazo dessas licenças. 1.O art. 123, § 1º, da Lei 181/91, do Município de Novo Hamburgo, que estabeleceu certos prazos para as licenças paternidade e maternidade. Não se revela inconstitucional em razão de diferença do quantitativo temporal fixado na comparação com o disposto nos artigos 143 e 144 da Lei 10098/94, que regula o estatuto e regime jurídico único dos servidores estaduais. E isso, porque compete ao Município, privativamente, organizar o regime de seu funcionalismo, em decorrência de sua autonomia administrativa, motivo por que "nenhuma vantagem ou encargo do funcionalismo federal ou estadual se estende automaticamente aos servidores municipais". 2.ADIN improcedente. Voto vencido." Rel. Des. Antonio Carlos Stangler Pereira, j. 22.11.99, Novo Hamburgo.

ADIN 597222934. "Lei Orgânica. Extensão de vantagem a aposentado. Contagem de tempo de serviço estranho ao Município e sua repercussão em vantagens. Processo legislativo constitucionalmente previsto e sua observância pelos Municípios. Princípio da reserva de iniciativa. Ainda que se cuide de lei orgânica municipal, inviável ao legislador ignorar os princípios constitucionais do processo de formação das leis a que submetido por força também de regra constitucional. Não é viável, destarte, a Câmara Municipal, sem iniciativa do Executivo, dispor sobre vantagens do funcionalismo, decorrente de repercussão, mesmo após aposentadoria, da soma dos tempos de serviço municipal e estranho a ele em adicionais por tempo de serviço. Ação procedente." Rel. Des. Antonio Janyr Dall'Agnol Junior, j. 30.11.98, Porto Alegre.

ADIN 592115901. "Lei Municipal nº 2.118/90, art. 2º, alterada pela Lei nº 2.290/92. Servidor público municipal. Remuneração. Reajuste. Representação de inconstitucionalidade de Lei Municipal. Emenda Legislativa dizendo que o reajuste não pode ser inferior ao estabelecimento pela legislação Federal. Inconstitucionalidade reconhecida." Rel. Des. Alfredo Guilherme Englert, j. 05.04.92, Uruguaiana.

ADIN 591054333. "Lei Orgânica. Servidor Público Municipal. Vencimentos. Revisão. É inconstitucional a expressão dos dispositivos da Lei Orgânica Municipal, ao tratar da revisão dos vencimentos que condiciona o índice, não podendo ser inferior a variação da inflação. (Maioria) 2. Servidor Público Municipal. Formação Universitária. Salário profissional. É inconstitucional o dispositivo da Lei Orgânica que estabelece salário profissional para servidor público com formação universitária, de acordo com a Legislação Federal. (Unânime) 3. Servidor público municipal. Avanços. Ilimitado. É inconstitucional o dispositivo da Lei Orgânica que estabelece número ilimitado de qüinqüênios. (Unânime) 4. Servidor público municipal. Adicional. Percentual (35%). Inconstitucionalidade do dispositivo da Lei Orgânica ao fixar o percentual de 35% para o adicional de tempo de serviço. (Unânime)." Rel. Des. Cacildo De Andrade Xavier, j. 13/04/92, Canoas.

INCID. INCONST. 592024160. "Lei Orgânica. Servidor público municipal. Lei dispondo sobre aumentos automáticos. A proclamação de que o servidor municipal deve ganhar o salário mínimo não é inconstitucional porque preceito maior impõe esse piso. Mas não podem existir projeções que importem em aumentos em cascata, nem se instituir de forma automática aumentos com base em salário mínimo profissional. Impõe-se a iniciativa do executivo nesse particular. Incidente acolhido em parte. Coisa julgada se anteriormente o mesmo tema foi enfrentado em ação direta." Rel. Des. Decio Antonio Erpen, j. 24/08/92, Porto Alegre.

ADIN 70002374924. "Acumulação de vantagens. Lei que assegura aos inativos gratificação de risco de vida, incorporada quando da aposentadoria. Constitucionalidade."

Ver, ainda: ADINs 70000018645; 70000049817; 597222934; 70003840105; 7000368192; 70005336581; 70005883343; 593164957; 70004677498; 70010741783; 770004677563; 700054218; 700007474554; 70006851992; 70003840105; 70005822408;

116.8- Criação de quadro de servidores extranumerários com acesso a cargo sem concurso. Inconstitucionalidade: ADIN 70003180114, j.16.11.01, Santana do Livramento. No mesmo sentido ADIN 70005723044, j.29.12.03, P.Alegre.

116.9- Data limite para pagamento de vencimentos. Último dia útil do mês. Constitucionalidade do art. 35 da Carta Estadual. Simetria com os municípios: ADIN 700008641819 (M.S.nº 597047075.) e ADIN 70002264554,j. 18.06.01, Campinas do Sul.(Ver, ainda, o nº 116.26).

116.10- Dia de folga para doação de sangue a cada bimestre. Inconstitucionalidade. Origem legislativa: ADIN 70005738315.

116.11- Extinção de cargos em comissão pela Câmara. Ausência de imoderação do legislador. Constitucionalidade: ADIN 70002391290, j. 22.1001, Sarandi.

Ver, ainda, os nºs. 21 e 22.

116.12- Gratificação extraordinária a servidor que ocupar interinamente cargo público por período superior a cinco anos. Desvio de Poder do Legislativo. Inconstitucionalidade: ADIN 70002491801, j. 22.1001.

116.13- Horas-extras. Remuneração superior em 33.33% à hora normal. No mínimo legalmente é de 50 %. Inconstitucionalidade: INCID. INCONST. 70009535980, j. 29.11.04,Capão do Leão.

116.14- Incorporação de gratificações e adicionais sobre a remuneração. Vedação: INCID. INCONST. 70006076608; 70010528107; 70006076608 e ADIN 700002367423.

116.15- Instituição de ponto facultativo no aniversário do servidor. Vício de iniciativa. Inconstitucionalidade: ADIN 70006742134, j. 15.03.04, Viamão.

116.16- Justificação de faltas em dias de prova. Iniciativa. Inconstitucionalidade: ADIN 70005775630, j. 13.1003, Maçambará.

116.17- Lei que permite a permuta de servidores entre órgãos da administração. Vício de iniciativa: ADIN 70003273513.

116.18- Liberação de servidor na direção do sindicato previsto na LOM. Vício de iniciativa. Inconstitucionalidade: ADIN 70008181042,j. 18.04.05,Júlio de Castilhos.

116.19- Licença de Diretor do Sindicato dos municipários durante sua gestão. Vício de iniciativa.Inconstitucionalidade: ADIN 70007570591, j. 1005.04, Butiá.

116.20- Licença para exercer cargo político. Iniciativa do Legislativo. Inconstitucionalidade: ADIN 70005007083, j.2.12.02.

116.21- Licença-prêmio. Conversão em pecúnia e obrigatoriedade de concessão em 12 meses. Vício de iniciativa. Inconstitucionalidade: 70005756861, j. 1.12.03, Garibaldi.

116.22- Licença-prêmio de seis meses a cada decênio. Vício formal, eis prevista na Lei Orgânica Municipal: ADIN 70005487129, j.7.04.03, Sapiranga.

116.23- Limite de idade em concursos: Inconstitucionalidade: ADIN 70003147154; Só se houver razoabilidade lógica ou justificativa racional: ADINs 599204617 e 70003147154, j. 3.12.01, Carlos Barbosa.

116.24- Magistério Público. Alteração da carga horária. Vício de iniciativa. Inconstitucionalidade: ADIN 70008045783, j.1005.04.

116.25- Matéria relativa a regime jurídico do servidor, inserida na Lei Orgânica ou com origem na Câmara. Inconstitucionalidade por vício de iniciativa: ADINs 70009392895; 70005402086; 70010384824, j. 7.03.05, Passo Fundo. INCID. INCONST. 70011642931, Caxias do Sul, j. 15.08.05.

116.26- Pagamento até o último dia útil do mês de trabalho prestado. Constitucionalidade: ADIN 70000950865, j. 27.08.01.

Ainda: ADINs 590046777; 591030143; 590046777 e 591030143, j.4.11.91.(Ver, também, o nº 116.9).

116.27- Participação de representação sindical em comissão de sindicância e inquérito. Vício de iniciativa. Inconstitucionalidade: ADIN 70003119641, j. 3.12.01.

116.28- Plano de carreira:

ADIN 592009872. "Lei Municipal nº 864/91. Plano de carreira do magistério. Alterações de regime e estrutura. Aumento de despesa. Parte nula por inconstitucionalidade. De iniciativa privativa do Executivo projetos sobre a remuneração e regime dos servidores (art.60, II, "a" e "b", Constituição Estadual), tal competência não pode ser afrontada por emendas que aumentem despesas, modificando estrutura, cargos e regime propostos. Invalidam-se, assim, as partes da lei afetadas de inconstitucionalidade manifesta." Rel. Des. Milton dos Santos Martins, j. 05/10/92, Mostardas.

ADIN 593154214. "Lei Municipal. Inconstitucionalidade ajuizada pelo Prefeito, tendo como objeto parte do art.3 da Lei 1432/93 que 'dispõe sobre o sistema de classificação de cargos dos funcionários da prefeitura, defere tabela de vencimentos e dá outras providências'. Voto, no sentido de julgar procedente a ação, declarando a inconstitucionalidade parcial do art.3 itens II e VII e anexo II da lei n.1423/93 do município, que alterou a referência de vencimentos dos técnicos em eletrotécnica e em agricultura, e dos motoristas, por vício de iniciativa, consoante o parecer do Ministério público." Rel. Des. João Aymore Barros Costa, j. 08/08/94, Canguçu.

Ver, também: ADINs 70008309981;70005733142 e 70001745272.

116.29- Política salarial. Leis 7428/94 e 7539/94. Reajustes bimestrais. ICV-DIEESE. Constitucionalidade. P. Alegre: ADIN 595067943 (modificada em recurso extraordinário pelo STF).

116.30- Privilégios na nomeação de professores concursados que já estejam em exercício. Inconstitucionalidade: INCID. INCONST. 70007684590, j. 31.05.04, São Sepé.

116.31- Professor. Opção pelo regime de 40 horas semanais sem concurso. Inconstitucionalidade: ADIN 70003784972, j. 18.08.03 e ADIN 70002172948.

116.32- Proventos pagos com verbas das dotações orçamentárias:

ADIN 599013992. "Emenda de Lei Orgânica Municipal. Servidores Públicos do Poder Legislativo. Proventos pagos com verbas das dotações orçamentária do Poder Executivo. Inconstitucionalidade.1.Compete ao Tribunal de Justiça, a teor do art. 125, § 2º, da CF/88 e 95, XII, d, da CE/89, julgar ação direta de inconstitucionalidade, cujo objeto é lei municipal, em face de dispositivo da Constituição Estadual. Precedente do STF. Preliminar rejeitada. 2.Legitima-se, ativamente, o Vice-Prefeito para propor ação direta de inconstitucionalidade, quando exercendo o cargo de Prefeito. 3.A Emenda nº 14, a Lei Orgânica do Município de Cruz Alta, se revela inconstitucional perante o art. 147, III, § 4º, art. 150, § 3º, I, II, 'a' e arts. 8 e 10, todos da Constituição Estadual, por invasão da competência exclusiva do Poder Executivo para legislar sobre a matéria. 4.ADIN procedente." Rel. Des. Araken de Assis, j. 21.06.99, Cruz Alta.

116.33- Reajuste anual dos vencimentos. Índice pelo INPC, ou IGPM, ou pela inflação. Ferimento da autonomia municipal. Aumento de despesa. Inconstitucionalidade formal e material: ADINs 597173327; 70005078118; 70006385405; 70006286728; 70006238489, j. 15.03.04, Carlos Barbosa; 70007364714, j. 7.06.04, Palmares do Sul.

116.34- Reajuste não inferior à inflação dos 12 meses anteriores. Inconstitucionalidade material,pouco importando se a iniciativa foi do Executivo: ADIN 70006196422, j. 15.03.04, São Vicente do Sul. ("Revista de Jurisprudência" do TJRS 179/184 e 181/170) Ainda: ADINS 593152358 e 591018452.

116.35- Reenquadramento em outro cargo. Transposição. Inconstitucionalidade. ADIN 70010812162, j. 9.05.05, Campo Bom.

116.36- Regime jurídico previdenciário:

ADIN 599473725. "Lei Municipal de autoria da Câmara de Vereadores local, que veio a alterar regras previdenciárias dos servidores públicos, concedendo pecúlio aos excluídos, por disposição de lei, é matéria de competência exclusiva do Poder Executivo, eis que relativa ao regime jurídico previdenciário dos servidores, promovendo aumento das despesas públicas, sem que houvesse previsão orçamentária. Vício de origem. Ação procedente." Rel. Des. Antonio Carlos Stangler Pereira, j 13.12.99, Santana do Livramento.

ADIN 597147255. "Lei Municipal nº 754/90. São inconstitucionais as emendas números 7 e 8 a lei que instituiu o regime jurídico dos servidores do município, objeto dos artigos 1 e 3 da lei n.1157/97, pois, modificam o regime jurídico dos servidores públicos municipais, alterando, em decorrência, a organização e funcionamento da administração pública municipal, sem que a iniciativa, para tanto, tenha partido do Executivo. Violação aos artigos 60, II "b", 82 VII e 8 da Carta Magna Estadual. Orientação doutrinária e jurisprudencial. Ação procedente." Rel. Des. Vasco Della Giustina, j. 15/05/00, Chapada.

ADIN 592028799. "Lei Municipal nº 3.660/91. Regime jurídico de servidor. Vício de iniciativa. A Lei Municipal que trate de servidor público e seu regime jurídico depende, para eficácia normativa, de ser proposta pelo Executivo, pena de inconstitucionalidade por vício de origem. Inconstitucionalidade declarada." Rel. Des. Tupinambá Miguel Castro do Nascimento, j. 28/09/92, Caxias do Sul.

ADIN 70006175186. "Contribuição de inativos e pensionistas. Prejudicada, face à Emenda 31/03 da CF."

116.37- Regime remuneratório:

ADIN 70000640128. "Lei nº 2.804, de 09 de novembro de 1999, do Município de Viamão, dispondo sobre matéria referente ao regime remuneratório – horas extras – de servidores público – CCs e FGs. Competência reservada ao Chefe do Poder Executivo. Lei que disponha sobre Regime Jurídico dos servidores públicos municipais, incluindo seu regime remuneratório e forma de remuneração é de exclusiva iniciativa do Chefe do Poder Executivo. Arts. 8 e 60, II, da Constituição estadual. Padece, assim, de vício de inconstitucionalidade formal, lei oriunda do Poder Legislativo, por seu Presidente promulgada ante o veto aposto pelo Prefeito Municipal, que sobre a matéria venha dispor."

ADIN: 70002367423: "Lei que autoriza incorporação de gratificações e adicionais sobre os vencimentos dos servidores. Inconstitucionalidade parcial, sem redução de texto." ADIN 70002367423, j. 3.1001, Lagoa Vermelha.

Ver, ainda: ADIN 70001046085, j. 22.1001. Rel. Des. Osvaldo Stefanello, j. 19.06.00, Porto Alegre.

116.38- Repasse aos sindicatos de valores descontados em folha e referentes às contribuições sindicais. Interferência do Legislativo em atividade administrativa. Inconstitucionalidade: ADIN 70003218831, j.16.12.02, Cachoeira do Sul.

116.39- Restrição de cargos. Iniciativa legislativa. Inconstitucionalidade: ADIN 70008005407. "Mostra-se inconstitucional a lei municipal de iniciativa do Poder Legislativo, a qual reduz o número de cargos de telefonista, de provimento efetivo, no Poder Executivo" Rel. Des. Leo Lima, j. 7.6.04, São José das Missões.

116.40- Servidor Comissionado. Vantagens em casos de exoneração:

ADIN 590049920. "Lei Orgânica do Município. Indenização para ocupante de cargo em comissão. Inconstitucionalidade formal. Caracterização. Iniciativa privativa do Chefe do Poder Executivo. Falta de iniciativa do Prefeito. Inconstitucionalidade." Rel. Des. José Maria Rosa Tesheiner, j. 2005.96, Horizontina.

No mesmo sentido:ADIN 591018981, j. 17.11.03,Canoas

ADIN 598022416. "A lei que defere aos ocupantes de cargos em comissão o direito a perceberem um mês de vencimentos em caso de exoneração. Vulneração aos arts. 19, com nova redação dada pela EC 7/95 e 32, caput, ambos da Constituição Estadual. Argüição acolhida." Rel. Des. Décio Antonio Erpen, j. 25.05.98, Porto Alegre.

ADIN 595201567. "Emenda à Lei Orgânica Municipal, impondo restrições à contratação de parentes para cargos de confiança, inconstitucionalidade formal e material. Votos vencidos." Rel. Des. Talai Djalma Selistre , j. 04.11.96, Guaíba

ADIN 593147788. "Lei Orgânica que veda a contratação de cargos em comissão de parentes até o terceiro grau, infringiria a CF/88, arts. 29 e 25, bem como a CE/89, art.60 inciso II, letra 'b'. O art.191 e § 1º, põe as dependências das escolas à disposição da comunidade para atividades estranhas ao ensino invade a competência, ferindo o art. 2 da CF/88 e arts.5 e 10 da CE/89, bem como o art. 212 da Constituição Federal." Rel. Des. João Aymore Barros Costa, j. 08/08/94, Nova Santa Rita.

VER, TAMBÉM, "CARGOS EM COMISSÃO, FUNÇÕES DE CHEFIA E ASSESSORAMENTO".

116.41- Servidor público. Carga horária. Questão da administração. Vício formal. Inconstitucionalidade: ADIN 70010833218, j. 18.04.05, São José do Norte.

116.42- Servidor Público. Gratificação. Vantagens:

ADIN 70001.847.839. "Lei Municipal que autoriza gratificação para servidores. Ineficácia. Apresenta-se ineficaz e não inconstitucional, a lei municipal que prevê a gratificação para servidores que detenham cargo de assessores de recursos humanos, uma vez que inexistente previsão orçamentária que autorize sua aplicação, devendo a mesma ser declarada ineficaz até que haja previsão orçamentária." Rel. Des. Antonio Carlos Stangler Pereira, j. 18.06.01, Pelotas.

ADIN 70002264554. "Funcionários Públicos Municipais. Data limite para percepção de vencimentos. Lei nº 1.097/2001, que estende a data até o dia 25 do mês subseqüente ao vencido. Preliminares de defeito de representação e ilegitimidade ativa rejeitadas. Inconstitucionalidade por oposição ao art. 35 da CE/89, que prevê como data limite o último dia útil do mês trabalhado. Inobstante não previsto pela Carta Federal, o Supremo deu pela constitucionalidade do art. 35 da Constituição Estadual. Normas que o texto constitucional consignou não podem ser alteradas pelos Municípios. Princípio da simetria. Caráter alimentar. Art. 459 e parágrafo único da CLT. Precedentes jurisprudenciais. Ação julgada parcialmente procedente." Rel. Des. Vasco Della Giustina, j. 18.06.01, Campinas do Sul.

ADIN 70002447894. "Constitucional. Teto. Paradigma. Impossibilidade de lei local alterar a referência constitucional. Exclusão de vantagens pessoais. 1. É inconstitucional o art. 62 da Lei nº 1.159/90, do Município de Cerro Largo, que utiliza como texto a remuneração do Secretário do Município, em lugar do paradigma adotado no art. 37, XI, da CF/88, antes da EC 19/98 e no art. 31, § 1º, III, da CE/89, e não exclui as vantagens pessoais do teto. Também padece de inconstitucionalidade o art. 63 da Lei 1.159/90, ao estipular a relação entre a maior e a menor remuneração sem atentar para a exclusão das vantagens pessoais. Precedentes do STF. Irrelevância, no caso, da possibilidade de as pessoas jurídicas de direito público, através de lei própria, estabelecerem subtetos para seus servidores, a partir da vigência da EC 19/98." Rel. Des. Araken de Assis, j. 18.06.01, Cerro Largo.

No mesmo sentido: ADIN 591038682, Rio Grande.

Com desvio do poder legislativo, ofendendo os princípios da razoabilidade, impessoalidade e moralidade: ADIN 70011218617, j.21.11.05.

116.43- Servidor público. Reajuste de vencimentos sem previsão orçamentária. Inconstitucionalidade: ADIN 70008938029.

116.44- Servidores. Vantagens. Iniciativa legislativa. Inconstitucionalidade: ADIN 70008269938, j. 9.08.04, Lavras.

116.45- Tempo de serviço para fins de gratificação:

ADIN 596081505. "Lei orgânica determinando que o tempo de serviço público federal, estadual e municipal prestado à Administração Pública direta e/ou indireta, será computado integralmente para fins de gratificações, adicionais por tempo de serviço e disponibilidade, Constituição Federal., art. 61, § 1º, 'c'. Constituição Estadual, art. 37. Liminar indeferida. ADIN improcedente." Rel. Des. Alfredo Guilherme Englert, j. 16.09.96, Pelotas.

116.46- Teto de remuneração como o percebido por secretário municipal. Constitucionalidade: ADIN 593086440. Quaraí.

116.47- Vale-refeição ou auxílio. Programa de alimentação. Extensão a inativos e pensionistas. Vício formal. Inconstitucionalidade: ADIN 70006618763, j. 24.11.03, São Borja e ADIN 70008575698, j. 13.12.04, Cruz Alta.

116.48- Vale transporte. Regime jurídico. Vício formal. Inconstitucionalidade: ADIN 70004044871, j.1.07.02.

116.49- Valor majorado de pensão mensal por morte de ex-servidor. Vício de iniciativa e universalidade do orçamento. Inconstitucionalidade: ADIN 70005182225, j. 20.1003, Canguçu.

116.50- Vantagens pecuniárias transitórias. Possibilidade de serem incorporadas aos proventos, a critério do legislador local.Constitucionalidade: ADIN 70004911012, j.2.12.02, Sapiranga.

116.51- Veda ao Executivo efetuar descontos nas folhas dos servidores. Inconstitucionalidade. Efeito repristinatório afastado: ADIN 70006666291. j. 21.06.04, Cruz Alta.

116.52- Vinculação do vencimento ao salário mínimo.Ferimento da autonomia municipal. Inconstitucionalidade: INCID. INCONST. 70006814255; ADINS 70005495015; 70004121653; 70004121653; 70005495015.

VER, TAMBÉM, "CÂMARA MUNICIPAL", "CARGOS – CRIAÇÃO E EXTINÇÃO", "CONTRATAÇÃO E CONCURSO", "DIÁRIAS", "PROCESSO LEGISLATIVO" E "SUBSÍDIOS".

117. SISTEMA MONETÁRIO MUNICIPAL

117.1- Criação de Valor de Referência Municipal (VRM). Cabe à União legislar sobre sistema monetário. Inconstitucionalidade: ADIN 70006530158, j.17.11.03, Des. Alfredo Englert, Sapiranga.

No mesmo sentido: ADIN 70003501004,Rosário do Sul.

117.2- Lei que institui a Unidade de Referência Municipal (URM) vinculada ao IGPM, para correção de créditos. Inconstitucionalidade: ADIN 70006600662, Terra de Areia.

118. SUBSÍDIOS

118.1- Equiparação e vinculação dos subsídios dos secretários aos de vereador e de chefes aos de secretário municipal: Inconstitucionalidade: ADIN 70002612166, j.1.1001.

118.2- Percepção de subsídios diferenciados do Vice-Prefeito, no caso de atividade permanente da Administração. Acréscimo remuneratório em férias.Inconstitucionalidade: ADIN 70010015857.

118.3- Remuneração dos Vereadores:

ADIN 70000165043. "Lei Orgânica Municipal. Vinculação da remuneração do Prefeito, do Vice-Prefeito e dos Vereadores a valores mínimo e máximo dos vencimentos dos servidores municipais. Malferimento das disposições contidas nos artigos 8, 10, 11 e 53 da Constituição Estadual, pois submete o Legislativo a parâmetro remuneratório cuja manutenção ou alteração pertence a iniciativa privativa do Executivo. Regra de anterioridade, a despeito da ampliação do seu prazo, que não colide com a norma constitucional estadual sobre a época da fixação, por lei, da remuneração dos agentes políticos para a legislatura seguinte.

Procedência parcial da ação." Rel. Des. Sérgio Pilla da Silva, j. 03.04.00, Novo Hamburgo.

118.4- Subsídios dos Agentes Políticos:

ADIN 599350378. "Subsídios de agentes políticos municipais. A eficácia da EC 19/98 no tocante aos subsídios está contida até que sobrevenha a fixação dos mesmos. Enquanto não estabelecido o teto a que aventa a reforma administrativa (EC 19/98), persistem as normas que dispõem sobre os subsídios dos agentes políticos municipais. ADIN acolhida." Rel. Des. Décio Antônio Erpen, j. 25.10.99, Porto Alegre.

ADIN 70000043950. "Fixação de subsídios do Prefeito, Vice-Prefeito, dos Secretários Municipais e dos Vereadores. Revogação das leis impugnadas. Extinção da ação, por perda do objeto." Rel. Des. Sérgio Pilla da Silva, j. 13.12.99, Salvador do Sul.

ADIN 70000249771. "Fixação dos subsídios dos agentes políticos municipais. Limitação imposta pela Carta estadual. Aplicabilidade. Lei Revogada. Falta de interesse. Extinção da ação. 1.O Poder Judiciário, por não se configurar como órgão consultivo, não examina a constitucionalidade de norma que não mais vige. Lição doutrinária e precedente do STF. Ação extinta quanto à Lei 2187/99. 2.Constitui assunto local, insuscetível de controle judiciário, o valor dos subsídios dos agentes políticos municipais, fixados em conformidade ao disposto nos incisos V e VI do art. 29 da CF/88, com a redação da EC 19/98. No entanto, ele só poderá ser fixado para a legislatura subseqüente, por força do art. 11 da CE/89. 3.Ação procedente." Rel. Des. Araken de Assis, j. 21.02.00, Sapucaia do Sul.

ADIN 70000632042. "Leis Municipais nº 1.098/98 e 1102/98. Suscitação da egrégia 3º câmara cível, relativamente às do Município, que elevam subsídios dos agentes políticos. Matéria análoga que vem sendo enfrentada pelo Tribunal de Justiça em ações diretas e proclamadas inconstitucionais as Leis. Inadmissibilidade do incidente superveniente. Art-481, parágrafo único do CPC. Incidente não conhecido." Rel. Des. Vasco Della Giustina, j. 19/06/00, Guaporé.

ADIN 70000035014. "Município de Capivarí do Sul. Lei Municipal nº 115, de 29 de outubro de 1998. Inconstitucionalidade por inobservância dos dispositivos contidos na Constituição Estadual, em plena vigência. A Emenda Constitucional nº 19/98, que iniciou a reforma administrativa, não alterou o princípio federativo, cláusula pétrea, posta no art. 60, § 4º da Lei Maior, permanecendo, assim, a autonomia administrativa dos Estados-membros. Norma constitucional que não possui eficácia plena. Os Municípios possuem autonomia administrativa limitada, devendo, portanto, respeitar o comando constitucional do Estado. Impossibilidade de legislar contrariamente à Constituição Estadual. O art. 11 da Carta Estadual não foi abrogado ou derrogado pela Emenda Constitucional nº 19/98. ADIN julgada procedente." Des. Vasco Della Giustina, j. 19.06.00, Capivarí do Sul.

ADIN 599384435. "Constitucional. Ação Direta. Fixação dos Subsídios dos Agentes Políticos Municipais. Limitação imposta pela Carta Estadual. Aplicabilidade. 1. Constitui assunto local, insuscetível de controle judiciário, o valor dos subsídios dos agentes políticos municipais, fixados em conformidade ao disposto nos incisos V e VI do art. 29 da CF/88, com redação da EC n.19/98. No entanto, eles só poderão ser fixados para legislatura subseqüente, por força do art. 11 da CE/89. 2.ADIN julgada procedente." Rel. Des. Araken de Assis, j. 27.09.99, Porto Alegre.

ADIN 70004461703. "É inconstitucional a Lei nº 3.665/2000, do Município de Santa Cruz, por violação ao art. 11 da Constituição Estadual, uma vez que tal lei foi votada após as eleições de 2000. Ação procedente." Rel. Des. Cacildo de Andrade Xavier, j. 22.08.05.

ADIN 70010199917. "Não se pode confundir o momento da fixação dos subsídios dos vereadores do Município de Taquara com aquele em que determinada a declaração da sua expressão monetária, é evidente que não há cogitar ofensa ao princípio da anterioridade, estatuído no art. 11 da Constituição Estadual. Ação improcedente." Rel. Des. Armínio J. A. Lima da Rosa, j. 26.12.05, Taquara.

Ver, ainda, ADINs 599384617; 598586626; 599368099; 599353729; 599460458; 70006568869; 70002773125; 70007100027; 70002571461; 599460441; 70010257640; 70010448397; 70010309961; 70006023931; 70006378954; 70005922083; 70005094412; 70007846611; 70000624890; 598586386; 70000043323; 70005094412; 70002061786; 70001665140.

VER, TAMBÉM, "CÂMARA MUNICIPAL, "PREFEITO MUNICIPAL" E "VICE-PREFEITO".

119.TELEFONIA CELULAR

119.1- Lei que obriga fabricantes de celulares a recolher ou substituir, sem ônus aos proprietários. Código de Defesa do Consumidor. Incompetência do município: ADIN 70002552156.

119.2- Lei que regulamenta colocação de antenas celulares. Inconstitucionalidade formal: ADINS 70006966345 e 70005434857, j. 17.03.03, Esteio.

120. TRAILERS

120.1- Lei que estabelece as condições de concessão, utilização e funcionamento de "trailers" de lanches. Vício de iniciativa. Inconstitucionalidade: ADIN 70005798368, j.19.05.03. Sta.Maria.

121. TRANSFERIBILIDADE DO ATO DE VOTAR

121.1- Ofensa ao princípio da intransferibilidade:

ADIN 595149501. "Lei Orgânica. Processo Legislativo. Transferibilidade do ato de votar. A transferibilidade do ato de votar em sessões da Câmara Municipal, mesmo que indiretamente, ofende o princípio da intransferibilidade e individualidade do voto constante, como comando normativo autônomo, do artigo 51 da CE. A normatividade permissiva do artigo 56, § 2º, do mesmo diploma constitucional, por ser exceção, só é possível se atendidas as condições razoáveis nela contidas. A inadequação a seus termos leva a inconstitucionalidade. Ação julgada procedente." Rel. Des. Tupinambá Miguel Castro do Nascimento, j. 24.05.99, Giruá.

122. TRÂNSITO

122.1- Liberação de veículo condicionado ao pagamento das dívidas. Inconstitucionalidade: ADIN 70006185052; INCID. INCONST. 70006161483, Rel. Des.Antônio DallAgnol Jr., j. 25.08.03.

123.TRANSPORTES

123.1- Câmara de compensação tarifária. Decreto regulamentador. Legalidade: ADIN 70008258774, j. 4.1004, Bagé.

123.2- Concessão de Transporte: ADIN 591.095.823. "Concessão. Lei Municipal nº 2.462/91.Transporte coletivo urbano. Prazo. A Câmara de Vereadores não pode emendar projeto do Poder Executivo, para reduzir o prazo da concessão proposta para dez anos, a fim de fixá-lo em pouco mais de um ano. Desfiguração do projeto." Rel. Des. Cacildo de Andrade Xavier, j. 29.06.92, São Luiz Gonzaga.

123.3- Gratuidade para deficientes físicos, mentais, idosos acompanhados e policiais civis e militares. Iniciativa do Executivo. Inconstitucionalidade: ADINS 70006576938; 70007255250; 70010365849; 70005494984; 70005561055; 70002929644.

123.4- Instalação de ciclovia: ADIN 596114066. "Lei Municipal nº 7.693/95. Lei de iniciativa do Legislativo, autorizadora da implantação, pelo Executivo, de uma ciclovia, detalhamento minucioso e prazo para regulamentá-la impostos ao Chefe do outro Poder, quebra do princípio da independência e harmonia entre ambos. Inconstitucionalidade proclamada. Ação procedente." Rel. Des. José Vellinho de Lacerda, j. 28.10.96, Porto Alegre.

123.5- Instalação de espelhos côncavos nos veículos permissionários do transporte coletivo. Matéria administrativa. Iniciativa do Executivo. Inconstitucionalidade: ADIN 70000540625, j. 16.12.02, Viamão.

123.6- Isenção de tarifa. Clube dos desbravadores e escoteiros. Vício formal. Inconstitucionalidade: ADIN 70002173128, j. 6.08.01. Viamão.

123.7- Isenções de tarifa no transporte coletivo. Excesso de isenções. Iniciativa do Executivo. Constitucionalidade: ADIN 70006915144. Ainda: deficientes físicos e mentais. Iniciativa do Executivo. Constitucionalidade: ADIN 70007449606. Sem a iniciativa do Executivo. Inconstitucionalidade: ADIN 70010366052 e ADIN 70004661377, j.28.04.03, São José das Missões.

123.8- Lei que institui passe livre ou isenções no transporte coletivo. Vício de iniciativa. Inconstitucionalidade: ADINs 70005451901; 70006766240; 70007642739; 598316321; 941444461; 70011796836.

123.9- Lei que prorroga contratos de validade de concessão e permissão de transporte coletivo. Constitucionalidade: ADIN 70003652096, j. 29.12.03, São Lourenço do Sul.

123.10- Lei que regulamenta uso de veículos e equipamentos municipais. Iniciativa no Legislativo. Inconstitucionalidade: ADIN 70006677082, j. 3.11.03, Lajeado do Bugre.

123.11- Lei que veda, no âmbito municipal, embarque e desembarque de passageiros em linhas intermunicipais. Inconstitucionalidade: ADIN 70004414926, j. 3009.02, Campo Bom.

123.12- Redução de tarifa para estudante. Vício formal. Inconstitucionalidade: ADIN 70000102384 e INCID. INCONST. 70003561510.

123.13- Sistema de transportes. Inobservância de normas de licitação e contratação. Inconstitucionalidade: ADIN 70007161235.

123.14- Transporte coletivo público. Escolar. Iniciativa legislativa. Inconstitucionalidade: ADIN 599463403. "Transporte coletivo. Fixação de tarifas. Emenda à Lei Orgânica, de iniciativa da Câmara Municipal, que estabelece concorrência entre o Executivo e o Legislativo na respectiva fixação, condicionando, ainda, o Executivo a prévia autorização da Câmara, excetuadas as tarifas dos táxis. Preliminar rejeitada. Inconstitucionalidade formal. Competência e iniciativa exclusiva do executivo na fixação das tarifas do transporte coletivo. Independência e separação dos Poderes. Sujeição de um poder ao outro. Indevida intervenção no domínio econômico. Ato típico de administração.ferimento aos artigos 8, 10, 13, IV, 82, VIII e 163 da Carta Estadual. Inconstitucionalidade declarada." Rel. Des. Vasco Della Giustina, j. 22.11.99, Santana do Livramento.

ADIN 592094452. "Transporte coletivo municipal. Fixação de tarifa. Tendo os diplomas legais sido promulgados pelo Legislativo, após rejeição de vetos opostos pelo Sr. Prefeito Municipal e, inclusive, tendo sido, em todos, a iniciativa de vereadores, houve indisfarçável vício de origem, porquanto a matéria é de competência originária do Executivo, pelo que foram infringidos princípios da Constituição Estadual que estabelecem a separação, independência e harmonia dos Poderes do Município." Rel. Des. Gervásio Barcellos; j. 21.12.92; Novo Hamburgo.

ADIN 700017758. "Ação Direta de Inconstitucionalidade. Leis que regulam o serviço de transporte de táxi no Município de Viamão. Inconstitucionalidade material. 1.É inconstitucional o art. 9º da Lei Municipal nº 2.063/90, que regula a composição da comissão para julgamento de concorrência pública no serviço de transporte de táxi, em afronta à competência privativa da União (CF art. 22, XXVII) de legislar sobre normas gerais de licitação. Admissibilidade de apreciação em controle concentrado. Afronta ao art. 8º, da Carta Estadual. Precedente desta Corte. 2.São inconstitucionais as leis municipais nº 2.334/93 e 2390/94, que instituem alterações nas tarifas do serviço de transporte por táxi. Atos de gestão. Atribuição exclusiva do Prefeito. Ofensa ao princípio da independência e harmonia entre os poderes (art. 10 da CE)." Rel. Des. Élvio Schuch Pinto, j. 02.04.01, Viamão.

No mesmo sentido: ADINs 70004661377, j. 28.04.03; 598100923; 70001165356; 591002993; 593147481; 70012207304.

123.15- Transporte em ambulância do Poder Público. Cobrança. Legalidade: ADIN 70009930223, j. 24.05.05, Capitão.

123.16- Transporte escolar privado. Livre concorrência. Valor e itinerário não subordinados ao poder público. Inconstitucionalidade: INCID. INCONST. 70011034196, j. 18.04.04, P. Alegre e ADIN 70010727360, j. 11.04.05, Guaíba.

123.17- Transporte escolar. Limitação de veículos. Afronta à livre concorrência e comércio. Inconstitucionalidade. INCID. INCONST. 70007779176, j. 20.12.04, Sta. Maria.

123.18- Transporte escolar. Espaço para portador de deficiência física. Vício formal. Inconstitucionalidade: ADIN 70010716231.

Ver, ainda: ADINs 591002993; 597204163; 593147481, ("Revista de Jurisp." TJRS 167/183); ADIN 594008237, ("Revista de Jurisp." TJRS 167/191).

123.19- Transporte público coletivo. Iniciativa do Executivo: ADIN 70010566057, j. 9.05.05, Rel. Des. Vasco Della Giustina, Pelotas.

No mesmo sentido: ADINS 70000540625; 70005561055; 70005494984; 70005451901; 70000540641; 599085230.

124. TRIBUTÁRIO E FISCAL

124.1- Benefícios para pagamento de débitos fiscais. Emenda legislativa. Constitucionalidade. Poder de iniciativa. Matéria tributária. Constitucionalidade: ADINs 70008050189; 70008027476; 70008053837; em sentido contrário: ADIN 70005643457, Xangri-Lá, j. 8.09.03.

124.2- Cobrança de ISSQN sobre locação de bens móveis, com alíquotas superiores a 05%. Ação improcedente por norma superveniente: ADIN 70007349749, j. 22.11.04, Sta.Maria.

124.3- Congelamento do IPTU.Iniciativa do Legislativo. Constitucionalidade: ADIN 70007795073, j. 4.1004, Sto.Ângelo.

124.4- Contribuição de melhoria: ADIN 70000704924. "Lei municipal que amplia o prazo de parcelamento dos valores relativos às contribuições de melhoria. Projeto de lei enviado pelo Executivo, mas que, emendado no Legislativo, atribui prazo de pagamento parcelado. Lei que implicou redução na previsão orçamentária da Administração no exercício financeiro vigente. Violação dos artigos 8, 10, 149, § 3º e 153, da Constituição Estadual. Procedência da ação. Votos vencidos." Rel. Des. Cacildo de Andrade Xavier, j. 07.08.00, Santana da Boa Vista.

124.5- Créditos tributários. Impossibilidade de cobrança por via judicial. Vício de origem. Inconstitucionalidade: ADIN 70004467130, j. 23.12.02, Canguçu.

124.6- Destinação de imposto para uma determinada obra social. Iniciativa.Inconstitucionalidade: ADIN 70004862454, j. 1.09.03.

124.7- Excesso de consumo de água. Natureza tarifária. Iniciativa do Legislativo.Inconstitucionalidade: ADIN 70000004481, j.9.08.02.

124.8- Imposto de transmissão "inter vivos". ITIVBI. Progressividade. Inconstitucionalidade: ADIN 70010095545. Santa Maria, j. em 11.04.05.

124.9- Indelegabilidade da competência tributária. Não há reserva de iniciativa em matéria tributária: ADIN 70006260137.

124.10- Iniciativa em matéria tributária. Legislativo é competente: ADINs 70005487368; 70003946928; 70007179245; 70008300634; 599009982; 599164506; 70005371133; 70002787646; 70004781639.

Em sentido contrário: ADINs 70005643143; 599351087; 70001121896; 598565885 e ADIN 70002948107, (emenda à lei orgânica), j. 16.12.02, Esteio.

124.11- Inserção de dados cadastrais e débitos nos carnês do IPTU. Inconstitucionalidade formal: ADIN 70007813140, Esteio.

124.12- Instituição de benefícios sociais para projetos culturais e esportivos. Inconstitucionalidade formal e material: ADIN 70006213268, j. 6.1003, Esteio.

124.13- IPTU:

ADIN 592012470. "Decreto Municipal nº 3.022/91. Imposto Predial e Territorial Urbano – IPTU. O decreto municipal, que se limita a determinar a correção monetária dos valores, com base nos índices de atualização ditados pelo Governo Federal, não cria nem aumenta o tributo e, por isso, não é inconstitucional, mesmo que tome por base o penúltimo exercício, se a cobrança é destinada para o próximo. Ação julgada improcedente." Rel. Des. Clarindo Favretto, j. 06/12/93, Pelotas.

ADIN 70000604736. "Lei Municipal nº 611/99. Lei Municipal de iniciativa da Câmara de Vereadores que reduz alíquota tributária sobre o valor venal dos imóveis. Ofensa ao princípio da anualidade. Inconstitucionalidade quanto à vigência no exercício em que editada. Procedência parcial da ação." Rel. Des. Sérgio Pilla da Silva, j. 29/05/00, Cristal.

ADIN 599351087. "Lei Complementar nº 73/99, que concede isenção de imposto sobre a propriedade predial e territorial urbana, sem que a iniciativa tenha partido do executivo. Art. 61, II, "b", da Carta Federal e arts. 8º, 10, 149 "caput" e § 3º da Carta Estadual. Precedentes. Lição de Hely Meirelles. Ação julgada procedente." Rel. Des. Vasco Della Giustina, j. 20/03/00, Passo Fundo.

ADIN 591031380. "IPTU. Planta de valores. Majoração. Decreto Executivo, para se atribuir outro valor venal ao imóvel, que não seja o decorrente da correção monetária, é mister Lei, não bastando para isso simples Decreto." Rel. Des. Gilberto Niederauer Corrêa, j. 22/06/92, São Marcos.

ADIN 70000172846. "Ação Direta de Inconstitucionalidade. Art. 18, parte final, da Lei Complementar nº 437/99, do Município de Porto Alegre. Norma que proíbe o proprietário de imóvel local de repassar o pagamento do IPTU ao inquilino. Preliminar de carência de ação rejeitada. Conflito entre lei municipal e norma federal. Bloqueio de competência. O direito federal como mero indicativo para aferição da inconstitucionalidade da competência estabelecida pela Constituição Federal. Ofensa aos arts. 8º, 10 e 13 da Constituição Estadual, que incorporam a distribuição de competência da Carta Federal. Art. 24, I, 146, III, "a" da Carta Federal e art. 34 do CTN. Obrigação tributária a cargo do proprietário. Ilegalidade da proibição de repassar o pagamento ao inquilino. Incompetência legislativa do município. A matéria de contratos e nestes, a de locação de prédios urbanos, integra o Direito Civil, sendo de competência exclusiva da União a edição de normas a respeito. Art. 25, I da Constituição Federal, art. 1.079 e 1.200 do CC e art. 21 da lei 8.245/91. Injunção indevida na legislação sobre contratos e liberdade contratual em matéria reservada à União. Ausência de mero interesse local. ADIN julgada procedente." Rel. Des. Vasco Della Giustina, j. 18.06.01, Porto Alegre.

ADIN 70002344489. "Ação Direta de Inconstitucionalidade. É inconstitucional a Lei Municipal que estabelece forma de tributo não prevista na Constituição Estadual. A aparente facultatividade da "cota de participação" deve ser analisada tendo em vista as circunstâncias peculiares, próprias do local em que se insere a norma combatida. Ação procedente." Rel. Des. Alfredo Guilherme Englert, j. 18.06.01 Ibiraiaras.

Ver, ainda: Publicidade com afixação na sede da Prefeitura. Inconstitucionalidade: ADIN 70004433850; Plantas de valores, com IPTU, violando o princípio da anterioridade. Inconstitucionalidade: ADINS 70004081709; 591040977 e 70004433850, j.21.12.02. Novo Hamburgo.; Lei que afrontou o art. 150, I da CF e art. 140, "caput" da CE. Inconstitucionalidade: ADIN 70002539112.

ADIN 70005064860. "Lei municipal que estabelece a planta de valores genéricos para o cálculo do IPTU e determina o valor do padrão tributário nacional. Cumpre ser declarada a inconstitucionalidade dos dispositivos legais impugnados, uma vez que, ao estabelecer planta de valores genéricos para o cálculo do IPTU, bem como determinar o valor do Padrão Tributário Nacional, afrontou o disposto pelo art. 150, I da C. Federal, e art. 140 "caput" e 8º, ambos da Constituição Estadual. ADIN procedente." Rel.Des. Antônio Carlos S. Pereira, j. 18.08.03, Imbé.

124.14- IPTU. Aumento por decreto em patamar inferior à inflação. Inconstitucionalidade:

ADIN 70006050561. "Caxias do Sul. IPTU. Decreto nº 10986/02que altera zoneamento fiscal para fins de cobrança de IPTU, nos logradouros e quadras que menciona.Ato normativo sem característica de lei de efeitos concretos. Para se atribuir outro valor venal ao imóvel, que não seja o decorrente da correção monetária, é mister a lei e não o mero decreto. Art. 140 da Carta Estadual. Usurpação de competência. Legislativo que não pode delegar poderes ao Executivo. Julgador que não está condicionado à futura dificuldade de implementação do julgado. Violação ao art. 140, "caput" da Carta Estadual. Precedentes jurisprudenciais. ADIN julgada procedente." Rel. Des. Vasco Della Giustina, j. 29.09.03.

No mesmo sentido: ADINS 70005954979; 70004083119;70003893922.

124.15- IPTU – Progressividade. IPTU. Alíquota variável correspondente ao valor venal do imóvel. Imposto real. Inconstitucionalidade: INCID. INCONST. 70000557157, j. 21.11.00.

124.16- IPTU. Simples atualização da base de cálculo do imposto por decreto. Constitucionalidade: ADIN 70006965057, j.19.04.04; ADIN 70010714103, j. 21.11.05.

124.17- IPTU. Utilização do imóvel como critério de incidência do imposto. Constitucionalidade: ADIN 70008490393, j.11.04.05.

124.18- Isenção da taxa de iluminação pública da área rural. Origem legislativa. Inconstitucionalidade só com relação ao exercício financeiro corrente: ADIN 70009650417, j. 7.03.05.

Ver, também: ADIN 70008460842.

124.19- Isenção, redução ou anistia de tributo municipal. Iniciativa:

ADIN 598565885. "Lei Municipal nº 518/98. Dado que concede isenção de tributo municipal, sem que a iniciativa tenha partido do executivo. Art. 61, II, 'b', da Constituição Federal e arts. 8 e 149 da Carta Estadual. Precedentes Jurisprudencial. Lição de Hely Lopes Meirelles. Ação procedente." Rel. Des. Vasco Della Giustina, j. 22/03/99, Cruz Alta.

Ver, ainda, ADINS 599010022 e 598061794.

ADIN 596126045. "Lei Orgânica do Município. Instituição de isenção de tributos. Inconstitucionalidade formal. É da competência do Poder Executivo a iniciativa do processo legislativo das leis que disponham sobre isenções e tributos e matéria financeira, geradora de repercussão negativa no orçamento. Incidência dos arts. 141 e 149, § 5º, inciso V, da Constituição do Estado. Ação direta de inconstitucionalidade, por maioria, julgado procedente." Rel. Des. Salvador Horácio Vizzotto, j. 25.11.96, Porto Alegre.

ADIN 598007698. "Lei Municipal Tributária. Vício de Iniciativa. Tratando-se de lei tributária, a lei municipal deve ter a obrigatória iniciativa do Poder Executivo, pena de inconstitucionalidade por vício de origem. Aplicação do artigo 149, caput e § 5º, inciso V, da Constituição Estadual." Rel. Des. Tupinambá Miguel Castro do Nascimento, j. 31.05.99, Pelotas.

ADIN 594007593. "Lei Municipal. Isenção de imposto: viola a Constituição Estadual, formal e materialmente, a lei municipal, de iniciativa legislativa, que concede isenção de imposto a uma determinada classe de contribuinte. Vício de iniciativa (formal) e vulneração ao princípio da isonomia (material) embaşam a decisão." Rel. Des. Waldemar Luiz de Freitas Filho, j. 15.04.96.

ADIN 70005643457. "Constitucional. Matéria tributária. Poder de tributar e poder de isentar. Iniciativa legislativa. Leis tributárias, incluindo aquelas que ampliam casos de isenção, não são de iniciativa do Chefe do Executivo. O poder de isentar é o mesmo poder de tributar visto no ângulo contrário, inexistindo iniciativa reservada ao Chefe do Executivo, neste assunto, de modo que a competência legislativa da Câmara integra as regras do jogo e a independência e harmonia dos Poderes. (CE/89, art. 10). Ação Direta julgada improcedente. Votos vencidos." Des. Araken de Assis, j. 8.09.03, Xangri-Lá.

No mesmo sentido: ADINs 70003273281; 597249671; 596155432; 70003169836; 70001214212; 70004543385; 70001302058; 70005033410; 70011288123; 70009626680.

Em sentido contrário: ADIN 599351087; ADINS 70006459697; 599351087; 70004911095.

ADIN 70006459697. "Lei municipal de iniciativa do Legislativo que estende aos proprietários de boxes comerciais a exclusão da taxa de lixo prevista para os boxes residenciais. Inconstitucionalidade formal e material." Rel. Des. Armínio José Abreu Lima da Rosa, j. 6.1003, P. Alegre.

ADIN 70009805292. "Atribuição ao Poder Judiciário de autorização para concessão de isenção tributária. Inconstitucionalidade." j. 15.08.05, Sapucaia.

124.20- ISS:

ADIN 70001267517. " Imposto Sobre Serviços – ISS. Art. 4º do Decreto nº 12.665, de 31.01.2000, do Município de Porto Alegre, que alterou a redação do inc. II, e acrescentou o inc. IV e §§ 1º a 3º, ao art. 25 do Decreto Municipal nº 10.549, de 15.03.93. Lei Complementar nº 437 de 31.12.99. Preliminares de ilegitimidade passiva, inépcia da inicial e impossibilidade jurídica do pedido rejeitadas. Base de cálculo do imposto sobre os serviços prestados por sociedades de profissionais liberais. Constitucionalidade do art. 9º, §§ 1º e 3º, do Dec.-Lei nº 406/68, reconhecida pelo STF. Competência da União para fixar normas gerais sobre matéria tributária. O regulamento do imposto sobre serviços de qualquer natureza (ISS) deve ficar adstrito aos termos da lei que visa regulamentar. Não pode a lei instituidora do imposto adotar contribuinte ou base de cálculo diversos dos que lhe define lei complementar federal (DL nº 406/68, arts. 8º a 10, alterados pelo DL nº 834/69 e pela LC federal nº 56/87), sob pena de violar o princípio constitucional da isonomia e de invadir e usurpar competência legislativa federal. É inconstitucional, via de conseqüência, o inciso IV do art. 25 do Decreto nº 10.549/93, com a redação que lhe deu o art. 4º do Decreto nº 12.665/00, do Município de Porto Alegre, ao considerar sociedades de profissionais liberais, para fins do art. 17, § 7º (pagamento do imposto calculado em relação a cada profissional, e não sobre a receita bruta), do mesmo decreto, somente aquelas "cujo número de funcionários auxiliares na atividade-fim da sociedade não exceda a proporção de um para cada grupo de três profissionais habilitados, sócios, empregados ou não". O enquadramento há de ser feito, levando em conta as citadas normas federais, o critério da prestação pessoal do serviço pelo profissional habilitado, pouco importando o número de seus auxiliares, vedada, conseqüentemente, a prestação impessoal ou empresarial do serviço, em que a pessoa do titular é inteiramente irrelevante. Ofensa, ademais, aos arts. 8º, 10 e 140 da Constituição do Estado, tendo em vista o art. 146, III "a" da Constituição Federal. Ação julgada parcialmente procedente, para pronunciar a inconstitucionalidade do inciso IV do art. 4º do Decreto nº 12.655 de 31.1.2000, do Município de Porto Alegre, que alterou a redação do inciso II e acrescentou o inciso IV e §§ 1º a 3º ao art. 25 do Decreto nº 10.549, de 15.03.1993." Rel. Des. Vasco Della Giustina, j. 06.08.2001, Porto Alegre.ADIN 70000035329. "Constitucional. Ação Direta. Base de cálculo fixada na lei local. 1. É inconstitucional, por ofensa aos artigos 8º e 140 da CE/89, o art. 2º da Lei nº 132/98, do Município de Novo Hamburgo, que estabeleceu a base de cálculo de ISS." Rel. Des. Araken de Assis, j.13.12.99, Novo Hamburgo.

ADIN 70010714103."Imposto sobre serviços. Operações de locações de bens móveis. Inconstitucional e não ilegal o tributo. Lei municipal em descompasso com a lei federal na qual foi vetado, por inconstitucional o dispositivo que determinava a incidência do imposto sobre esta natureza de operações." Rel. Desa. Maria Berenice Dias, j.21.11.05, Santa Maria.

ADIN 70012245940. "ISS. Atividades notariais, registrais e cartorária. Cobrança de imposto. Óbice. Emolumentos com natureza de taxa. Delegação do poder público. Inconstitucionalidade." Rel. Des. Luis Ari Azambuja Ramos, j.17.10.05, Lajeado.

124.21- ISS. Dispositivo que prevê, em caráter geral a não- cumulatividade. Iniciativa legislativa. Ação procedente: ADIN 70009076050, j. 29.11.04, Caxias do Sul.

124.22- ISSQN. Leiloeiros Oficiais. Alíquotas diversas em relação aos despachantes. Constitucionalidade: ADIN 70000802397.

124.23- ITBI. Imposto de natureza real, não podendo ser progressivo. Inconstitucionalidade: ADIN 70007782006, j.22.11.04.

No mesmo sentido: ADIN 70010095545, j. 11.04.05, Rel. Des. Vasco Della Giustina, Santa Maria.

124.24- Lei que autoriza parcelamento de débitos provenientes do IPTU. Inconstitucionalidade formal: ADIN 70003925278.

124.25- Parcelamento da dívida condicionado ao não questionamento administrativo ou judicial. Inconstitucionalidade: ADIN 70006053474, j.29.11.03.

124.26- Repasse de percentual do retorno de IPVA ao Consepro. Inconstitucionalidade formal e material: ADIN 70002590966.

124.27- Serviços de água. Não tem caráter de tributo. Pode ser reajustado por decreto. ADIN improcedente: ADIN 70006107791.

124.28- Substitutivo que amplia vantagens ao IPTU. Modificação na previsão orçamentária. Vício de iniciativa. Inconstitucionalidade: ADIN 70002391043, j. 18.11.02.

124.29- Tarifas, majoração e política. Iniciativa do Executivo: ADIN 70003511540, j. 6.05.02.

124.30- Taxas.

ADIN 594004608. "Lei Municipal 45, de 1993. Taxa de iluminação pública não se presta como fato gerador de taxa, por lhe faltarem os requisitos de especificidade e divisibilidade à lei municipal que institui tal tributo. Ação conhecida e julgada procedente." Rel. Desa. Maria Berenice Dias, j. 065.11.00, Morrinhos do Sul.

ADIN 596042879. "Lei Municipal instituidora de taxa de iluminação pública. Inconstitucionalidade. Competência do Tribunal de Justiça. Competente o Tribunal de Justiça, pouco relevando que repetindo a norma Constitucional Estadual preceito da Federal, o exame da alegação de vício de inconstitucionalidade de lei municipal. É inconstitucional, em face da Constituição estadual, art. 140, § 1º, II, lei municipal que institui taxa de iluminação pública." Rel. Des. Antônio Janyr Dall'Agnol Júnior, j. 19.10.98, Porto Alegre.

Ver, ainda, ADINs 597004498; 598481075; 597123710; 588045666; 591008288; 597123694; 597123645; 596011684; 70003915774; 70003915774.

ADIN 592103782. " Lei Municipal nº 139/89. Lei de iniciativa do legislativo, revogando lei que criou a taxa de iluminação pública incidente sobre o valor de energia gasto por mês. Vício formal, invasão de competência, em se tratando de matéria tributária, há iniciativa exclusiva do Executivo. Efeitos da declaração de inconstitucionalidade. Lei revogada não se repristina automaticamente, porque a lei revogadora, embora inconstitucional, produz todos os efeitos enquanto não for, assim, declarada. A ordem jurídica brasileira não abriga o princípio da repristinação. Ação procedente." Rel. Des. Celeste Vicente Rovani, j. 27.12.93, General Câmara.

ADIN 593091283. "Lei Municipal 1449/93. Inconstitucionalidade. É inconstitucional a Lei Municipal de iniciativa de vereador que cria isenção parcial (desconto de 35%) sobre o valor da tarifa pública relativa ao transporte coletivo, posto que importa em praticidade ingerência indevida de ato próprio da administração. Violação a CE/89 art.10." Rel. Des. Cacildo de Andrade Xavier, j. 21.03.94, Sananduva.

ADIN 593095391. "Lei Municipal nº 2.907/93. Inconstitucionalidade. Taxa de água. Anistia total e parcial, segundo a classe de contribuinte e a zona urbana de residência, isenção de pagamento, ofensa ao princípio constitucional da isonomia." Rel. Des. Celeste Vicente Rovani, j. 20.12.93, Bagé.

124.31- Taxas. Aumento no mesmo exercício. Princípio da anualidade. Inconstitucionalidade: ADIN 70004774295, j. 29.12.03, Vale do Sol. Ainda: ADIN 70000604736.

124.32- Taxas de coleta de lixo e conservação da pavimentação. Constitucionalidade: ADIN 70007915937, j.3008.04.

Ver, ainda "Revista de Jurisprudência", TJRS 198/247.

Ver, também, A.C. e R.N. 70002173938 e 70006054399.

124.33- Taxas de expediente para pagamento de tributos. Cogência. Inconstitucionalidade: ADIN 70007915937.

VER, TAMBÉM, "ILUMINAÇÃO PÚBLICA".

125. VEÍCULOS

125.1- Guardador de automóveis. Disciplina da profissão. Competência da União. Inconstitucionalidade: ADIN 700023342715, j.2008.01, Esteio.

125.2- Guinchamento de veículos. Iniciativa legislativa. Inconstitucionalidade: ADIN 70006613962, j.24.11.03.

125.3- Lei que regula o estacionamento. Competência do Executivo. Inconstitucionalidade: ADIN 599406923, j. 3.04.00.

VER "TRÂNSITO" E "TRANSPORTES".

126. VELOCIDADE

126.1- Instalação de controladores eletrônicos de velocidade. Funcionamento da Administração. Vício de iniciativa. Inconstitucionalidade: ADIN 70005445291, j.28.04.03, P.Alegre.

127. VENDA DE BEBIDA ALCOÓLICA E CIGARROS PARA MENORES

127.1- Proibição de venda: ADIN 70000704891. "Lei Municipal proibindo a venda de bebidas alcoólicas e cigarros a menores de 18 anos no âmbito do Município, com imposição de sanções aos infratores e de obrigações ao Executivo. Contrariedade aos artigos 8, 10, 52, XIV, 60, II, 'd' e 82, VII, da Constituição estadual. Ação procedente." Rel. Des. Sérgio Pilla da Silva, j. 18.09.00, Sobradinho.

128. VERBAS PÚBLICAS

128.1- Distribuição de recursos. Ingerência do Legislativo. Inconstitucionalidade: ADIN 70005634530, j.13.1003, Sto.Ângelo.

VEREADORES - VER "CÂMARA MUNICIPAL"

129. VIA PÚBLICA

129.1- Lei que altera numeração de rua. Iniciativa no Legislativo. Inconstitucionalidade: ADIN 70003128188. j. 19.11.01, Esteio.

129.2- Lei que estabelece mão dupla. Iniciativa no Legislativo. Inconstitucionalidade: ADINs 70001022664 e 599406923.

129.3- Lei que estabelece normas sobre circulação de veículos de tração animal. Competência do Executivo. Inconstitucionalidade: ADIN 70000125468, j. 1003.03.P.Alegre.

129.4- Lei que regulamenta o trânsito de bicicletas nas vias públicas do município. Iniciativa do Executivo: ADIN 70003867827, j. 2.12.02, Rel. Des. Cacildo A. Xavier, Esteio.

129.5- Obrigação de reparos, da pessoa física ou jurídica, sob pena de multa, por danos causados nas vias públicas, por empresas públicas ou privadas ou pessoas físicas. Inconstitucionalidade parcial: ADIN 70004461653, j. 2.12.02, Bento Gonçalves.

129.6- Sinalização do tráfego nas vias públicas com fixação de espaços para estacionamento de caminhões. Iniciativa do Executivo. Inconstitucionalidade: ADINs 70003310281 e 70003384609.

129.7- Via pública. Utilização para teste pelo Centro de Formação de Condutores. Iniciativa do Executivo e não do Legislativo. Inconstitucionalidade: ADIN 70005303987,j. 1003.03.

130. VICE-PREFEITO

130.1- Afastamento do Prefeito e substituição pelo Vice-Prefeito.

ADIN 70001533140. "Ação Direta de Inconstitucionalidade dos arts. 57, XIV, e 99 da Lei Orgânica do Município de Butiá. Alteração intercorrente, adaptando-se ao que dispõem a respeito – autorização para o afastamento do Prefeito e do Vice-Prefeito do território do Município – A Constituições Estadual e Federal. Perda do objeto da ação. Extinção do processo. A revogação superveniente à propositura da ação de inconstitucionalidade dos dispositivos impugnados, embora eventuais efeitos residuais possam restar no mundo jurídico, leva à extinção do processo por perda de seu objeto. É da natureza jurídica da ação de inconstitucionalidade o controle abstrato das leis, ou de preceitos normativos, não se compatibilizando com a discussão de situações de caráter individual ou concreto. Processo que se julga extinto, por perda do objeto." Rel. Des. Osvaldo Stefanello, j. 18.06.01, Butiá.

ADIN 590064192. "Lei Orgânica. Inconstitucionalidade. Substituições do Vice-Prefeito. Ausências e afastamentos. Compreensão. O Vice-Prefeito, pela função política e eleitoral assumida, substitui o Prefeito nos impedimentos, sucedendo-o na impossibilidade absoluta. Isso não tem significação substituir em qualquer ausência por minutos ou metros fora do Município. Inconstitucional a norma que tanto pretende." Rel. Des. Milton dos Santos Martins, j. 1004.91, Dom Pedrito

ADIN 70001156223. "Impedimentos do Prefeito e do Vice-Prefeito. Substituição. Lei Orgânica, art. 100, § 2º. Inconstitucionalidade parcial por afronta ao art. 80, § 1º combinado com o art. 8º, da Constituição Estadual – devida à inclusão do 1º Vice-Presidente e do 1º Secretário da Câmara Municipal como substitutos no impedimento do Prefeito e do Vice-Prefeito. Entre os princípios constitucionais a que devem obediência os Municípios, na elaboração de sua Lei Orgânica, inclui-se o da substituição dos titulares do Poder Executivo pelos chefes dos demais poderes. Havendo nas comunas apenas os poderes Executivo e Legislativo, não se pode cogitar da inclusão do Juiz de Direito na vocação sucessória ou de sucessão do Prefeito. Procedência da ação." Rel. Des. Élvio Schuch Pinto, j. 30.1000, Santana do Livramento.

130.2- Imposição de tarefa a Vice-Prefeito: ADIN 590070272. "Argüição de inconstitucionalidade. É inconstitucional o preceito de lei orgânica que impõe à municipalidade tarefa ao Vice-Prefeito como auxiliar do Prefeito Municipal e com isso lhe estipula remuneração. Argüição acolhida por maioria." Rel. Des. Décio Antonio Erpen, j. 01.04.91, Maurício Cardoso.

Ver, ainda: 70010015857, j. 2.05.05, Lajeado.

VER, TAMBÉM, "DIÁRIAS" E "SUBSÍDIOS".

130.3- Dispositivo que considera o Vice-Prefeito auxiliar do Prefeito. Inconstitucionalidade da Lei Orgânica: ADIN 590054458, j. 3.12.90, Cerro Grande do Sul, Rel. Des. Sérgio Pilla da Silva.
VER, TAMBÉM, "DIÁRIAS" E "SUBSÍDIOS".

131. VIVEIRO FLORESTAL
131.1- Lei que cria viveiro florestal com produção de mudas:

ADIN 593042708. "Lei Municipal nº 1.638/93. Criação de viveiro florestal municipal, produção de mudas de árvores nativas, exóticas, ornamentais, frutíferas e flores. Ação julgada procedente. Rejeitada a preliminar." Rel. Des. Luiz Gonzaga Pila Hofmeister, j. 14.03.94, Santo Ângelo.
VER, TAMBÉM, "ÁRVORES – PLANTIO" E "CULTIVO DE FLORES E ÁRVORES".

Bibliografia

ANDRADE FILHO. Edmar Oliveira. *Controle de Constitucionalidade de Leis e Atos Normativos*. São Paulo: Dialética, 1997.

ATALIBA, Geraldo. "Inconstitucionalidade de Preceito de Constituição Estadual", in *Revista Trimestral de Direito Público* 8. São Paulo: Malheiros, 1994.

ASSIS, Araken de. *Cumulação de Ações*. 2. ed., São Paulo: RT, 1995.

——. "Eficácia da Coisa Julgada Inconstitucional", in *Revista Jurídica* 301, novembro 2002. Porto Alegre.

BARROS, Sérgio Resende de. "Leis Autorizativas", in *Revista do Instituto de Pesquisas e Estudos* 29. São Paulo: Instituto Toledo de Ensino, 2000.

BARROSO, Luís Roberto. *Interpretação e Aplicação da Constituição*. São Paulo: Saraiva, 1999.

BASTOS, Celso Ribeiro. "Curso de Direito Constitucional". 22. ed. São Paulo: Saraiva, 2001.

——. "O Controle Judicial da Constitucionalidade das Leis e Atos Normativos Municipais", in *Revista de Direito Público*, 37 e 38, São Paulo: RT, 1976.

BITTENCOURT, Lúcio. *O Controle Jurisdicional da Constitucionalidade das Leis*. Rio de Janeiro: Forense, 1949.

BONAVIDES, Paulo. *Curso de Direito Constitucional*. 8. ed., São Paulo: Malheiros, 1999.

BUZAID, Alfredo. *Da Ação Direta de Declaração de Inconstitucionalidade no Direito Brasileiro*. São Paulo: Saraiva, 1958.

CARVALHO NETO, Inácio de. *Ação Declaratória de Constitucionalidade*. Curitiba: Juruá, 2001.

CASTRO, José Nilo de. *Direito Municipal Positivo*. 3. ed. Belo Horizonte: Dei Rey, 1996.

CLÈVE, Clémerson Merlin. *A Fiscalização Abstrata de Constitucionalidade no Direito Brasileiro*. São Paulo: RT, 1995.

——. "Declaração de Inconstitucionalidade de Dispositivo Normativo em Sede de Juízo Abstrato e Efeitos Sobre os Atos Singulares Praticados sob sua Égide", in *Revista Trimestral de Direito Público* 17. São Paulo: Malheiros, 1997.

COELHO, Inocêncio Mártires. "Declaração de Inconstitucionalidade sem Redução de Texto, mediante Interpretação Conforme", in *Cadernos de Direito Tributário e Finanças Públicas* 23, ano 62, São Paulo: RT, 1998.

DELLA GIUSTINA, Vasco. "Roteiro para o Controle de Constitucionalidade das Leis Municipais pelo Tribunal de Justiça", art. publ. na *Ajuris*, n° 92, dez. 2003, p. 319-335

FABRÍCIO, Adroaldo Furtado. *Discursos*. Sessões Solenes do Tribunal de Justiça. Porto Alegre: Departamento de Artes Gráficas do Tribunal de Justiça, 2000.

FERRARI, Regina Maria Macedo Nery. *Efeitos da Declaração de Inconstitucionalidade*. 3. ed. São Paulo: RT, 1992.

FERRAZ, Sérgio. "Declaração de Inconstitucionalidade no Supremo Tribunal Federal", in Revista Trimestral de Direito Público 3, São Paulo: Malheiros, 1993.

FERREIRA FILHO, Manoel Gonçalves. Curso de Direito Constitucional, 24. ed. São Paulo: Saraiva, 1997.

FERREIRA, Luis Pinto. Curso de Direito Constitucional. 8.ed. São Paulo: Saraiva, 1996.

FIGUEIREDO, Marcelo. "Inconstitucionalidade de Lei por Desvio Ético-Jurídico do Julgador", in Revista Trimestral de Direito Público 11. São Paulo: Malheiros, 1995.

FONSECA, Antônio César Lima da. "Declaração de Inconstitucionalidade", in Revista Trimestral do Direito Público 5. São Paulo: Malheiros, 1994.

FRAGA, Mirtô. "Elaboração da Norma Jurídica por Interpretação. Construção no Direito Constitucional", in Revista Trimestral de Direito Público 20. São Paulo: Malheiros, 1997.

FREITAS, Juarez. A Substancial Inconstitucionalidade da Lei Injusta. São Paulo: Vozes,1989.

HORTA, Raul Machado. "Poder Constituinte do Estado Membro" in Revista Trimestral de Direito Público 88. São Paulo: Malheiros, 1988.

JACQUES, Paulino. Curso de Direito Constitucional. 4. ed. Rio de Janeiro: Forense, 1964.

LOUREIRO, Lair da Silva; LOUREIRO FILHO, Lair da Silva. Ação Direta de Inconstitucionalidade. São Paulo: Saraiva, 1996.

MACHADO, Hugo de Brito. "Efeitos da Declaração de Inconstitucionalidade" in Revista Trimestral de Direito Público 6. São Paulo: Malheiros, 1994.

MANCUSO, Rodolfo de Camargo. Recurso Extraordinário e Recurso Especial. São Paulo: RT, 1999.

MARTINS, Yves Gandra; NEVES, Gilmar Ferreira. Controle Concentrado de Constitucionalidade. São Paulo: Saraiva, 2001.

MAXIMILIANO, Carlos. Hermenêutica e Aplicação do Direito. 4. ed. Rio de Janeiro: Freitas Bastos, 1947.

MEIRELLES, Hely Lopes. Direito Administrativo Brasileiro, 23. ed. São Paulo: Malheiros, 1998.

——. Direito Municipal Brasileiro. 8. ed. São Paulo: Malheiros, 1996.

——. Mandado de Segurança e Ação Popular. 8ª. ed. São Paulo: RT,1982.

MENDES, Gilmar Ferreira. Controle da Constitucionalidade. Aspectos Jurídicos e Políticos. São Paulo: Saraiva, 1990.

——. "Aspectos de Declaração de Inconstitucionalidade dos Atos Normativos", in Revista Trimestral de Direito Público 2, São Paulo: Malheiros, 1993.

——. "O Poder Executivo e o Poder Legislativo no Controle da Constitucionalidade", in Revista Trimestral de Direito Público 19, São Paulo: Malheiros, 1997.

MORAES, Alexandre de. Direito Constitucional. 9. ed. São Paulo: Atlas, 2001.

MOREIRA, José Carlos Barbosa. Comentários ao Código de Processo Civil. 5. ed., v. V.Rio de Janeiro: Forense, 1985.

NASCIMENTO FILHO, Firly. Da Ação Direta de Inconstitucionalidade. Rio de Janeiro: Lumen Juris, 1996.

NERY JUNIOR, Nelson. Código de Processo Civil Comentado e Legislação Processual Civil Extravagante em vigor. 2. ed. São Paulo: RT, 1996.

NEVES, Marcelo. Teoria da Inconstitucionalidade das Leis. São Paulo: Saraiva, 1988.

PALU, Oswaldo Luiz. Controle de Constitucionalidade. Conceito, Sistemas, Efeitos. São Paulo: RT, 1999.

———. "Controle Coletivo de Constitucionalidade no Direito Brasileiro", *in RT*, 765, São Paulo: RT, 1999.

POLETTI, Ronaldo. *Controle da Constitucionalidade das Leis*. 2. ed. Rio de Janeiro: Forense, 1985.

RAMOS, Elival da Silva. *A Inconstitucionalidade das Leis. Vício e Sanção*. São Paulo: Saraiva, 1994.

RAMOS, Paulo Roberto Barbosa. *O Controle Concentrado e Constitucionalidade das Leis no Brasil*. São Paulo: Celso Bastos, 2000.

ROSAS, Roberto. "Lei Municipal. Controle de Constitucionalidade", *in Revista Trimestral de Direito Público* 1, São Paulo: Malheiros, 1993.

———. *Direito Sumular*. 7. ed., São Paulo: Malheiros, 1995.

SILVA, José Afonso da. *Curso de Direito Constitucional Positivo*. 12. ed. São Paulo: Malheiros, 1996.

———. *O Município na Constituição de 1988*. São Paulo: RT, 1989.

SILVA, Moacir Antônio Machado. "Ação Declaratória de Constitucionalidade", *in Revista Trimestral do Direito Público* 6, São Paulo: Malheiros, 1994.

SILVA, Paulo Napoleão Nogueira da. *Evolução do Controle de Constitucionalidade e a Competência do Senado Federal*. São Paulo. RT, 1992.

SOARES, Orlando. *Comentários à Constituição da República Federativa do Brasil*. 5. ed. Rio de Janeiro: Forense, 1991.

SOUZA, Nelson Oscar de. *Manual de Direito Constitucional*. Rio de Janeiro: Forense, 1994.

STRECK, Lenio Luiz. *Jurisdição Constitucional e Hermenêutica*. Porto Alegre: Livraria do Advogado, 2002.

TEMER, Michel. *Elementos de Direito Constitucional*. 12. ed. São Paulo: Malheiros, 1996.

THEDORO JUNIOR, Humberto. *Curso de Direito Processual Civil*. v. II, 22. ed. Rio de Janeiro: Forense, 1997.

TRIGUEIRO, Oswaldo. *Direito Constitucional Estadual*. Rio de Janeiro: Forense, 1980.

VELOSO, Zeno. *Controle Jurisdicional de Constitucionalidade*. 2.ed. Belo Horizonte: Del Rey, 2000.

ZAVASCKI, Teori Albino. *Eficácia das Sentenças na Jurisdição Constitucional*. São Paulo: RT, 2001.

———. "Eficácia das Liminares nas Ações de Controle Concentrado de Constitucionalidade", *in Ajuris* 76, v. II, nova série. Porto Alegre: Gráfica Pallotti, 1999.

Impressão:
Editora Evangraf
Rua Waldomiro Schapke, 77 - P. Alegre, RS
Fone: (51) 3336.2466 - Fax: (51) 3336.0422
E-mail: evangraf@terra.com.br